LA CRISIS DE LA DEMOCRACIA EN VENEZUELA, LA OEA Y LA CARTA DEMOCRÁTICA INTERAMERICANA

DOCUMENTOS DE LUIS ALMAGRO
(2015-2017)

Iniciativa Democrática de España y las Américas (IDEA) es un foro internacional no gubernamental de ex mandatarios, demócratas respetuosos de la alternabilidad democrática durante sus desempeños, que patrocina la **Fundación IDEA-Democrática.** Desde la sociedad civil y la opinión pública observa y analiza los procesos y experiencias democráticos iberoamericanos, reflexiona sobre las vías y medios que permitan la instalación de la democracia allí donde no existe o su reconstitución donde se ha deteriorado, así como favorecer su defensa y respeto por los gobiernos donde se encuentra radicada.

IDEA busca reforzar la solidaridad iberoamericana e internacional a favor de la democracia, del Estado de Derecho, y la garantía y tutela efectiva y universal de los derechos humanos. Al efecto diseña y realiza programas y actividades para orientar a las sociedades civiles y políticas de las Américas y España, recomendándoles medidas y soluciones que permitan la modificación de las tendencias que incidan negativamente sobre la citada tríada de la libertad o que sean sus desviaciones. Coopera, en fin, con el fortalecimiento de los elementos esenciales de la misma democracia y los componentes fundamentales de su ejercicio.

Con la firma y presentación de la Declaración de Panamá sobre Venezuela el 9 de abril de 2015, a propósito de la VII Cumbre de las Américas, **IDEA-Democrática** nace, en fin, como iniciativa que hoy forman 37 ex Jefes de Estado y de Gobierno iberoamericanos.

www.idea-democrática.org

info@ideaiberoamerica.com

LA CRISIS DE LA DEMOCRACIA EN VENEZUELA, LA OEA Y LA CARTA DEMOCRÁTICA INTERAMERICANA

DOCUMENTOS DE LUIS ALMAGRO

(2015-2017)

Segunda edición actualizada

INICIATIVA DEMOCRÁTICA DE ESPAÑA Y LAS AMÉRICAS
(IDEA)

Editorial Jurídica Venezolana International

2017

© by Editorial Jurídica Venezolana International

Hecho el Depósito de Ley
Depósito Legal: DC2016001234
ISBN: 978-980-365-366-8

Primera edición: Noviembre, 2016
Segunda edición: Abril, 2017

Editorial Jurídica Venezolana
Avda. Francisco Solano López, Torre Oasis, P.B., Local 4, Sabana Grande,
Apartado 17.598 – Caracas, 1015, Venezuela
Teléfono 762-25-53 / 762-38-42/ Fax. 763-52-39
Email fejv@cantv.net
http://www.editorialjuridicavenezolana.com.ve

Impreso por: Lightning Source, an INGRAM Content company
para Editorial Jurídica Venezolana International Inc.
Panamá, República de Panamá.
Email: ejvinternational@gmail.com

Diagramación, composición y montaje por: Francis Gil, en letra
Time New Roman 12 Interlineado Exacto 14, Mancha 11,5 x 18

CONTENIDO

PALABRAS DE PRESENTACIÓN
A LA SEGUNDA EDICIÓN

Iniciativa Democrática de España y las Américas (IDEA), foro internacional ad hoc de ex Jefes de Estado y de Gobierno comprometidos con la defensa de la democracia, a objeto de favorecerla donde está ausente, fortalecerla donde se ha debilitado y protegerla allí donde sus raíces lograron fortalecerse, presenta esta nueva edición de *La crisis de la democracia en Venezuela, la OEA y la Carta Democrática Interamericana* (Documentos de Luis Almagro 2015-2016), a propósito de la actualización reciente del Informe que sobre Venezuela presenta ante el Consejo Permanente de la Organización de los Estados Americanos su Secretario General, el 23 de junio de 2016.

Se trata de una breve obra, fundamental a la hora de conocer y ponderar, lejos de apreciaciones subjetivas, la grave alteración –en propiedad la ruptura– que hoy sufre el orden constitucional y democrático venezolano bajo el gobierno de Nicolás Maduro Moros.

El documento que ahora se incorpora junto a declaraciones de los gobiernos y el parlamento venezolano que lo apoyan, suscrito aquél el 14 de marzo último, es conteste en cuanto a que, de no adoptarse por parte de los mismos medidas eficaces y oportunas, "el desmantelamiento de la institucionalidad democrática", como lo señala la Asamblea Nacional de Venezuela el 21 de marzo siguiente, llegará al punto de hacerse irreversible.

El informe complementario de Luis Almagro destaca cómo el gobierno de dicho país viola todos los artículos de la Carta Democrática Interamericana" y expresa su preocupación por el palmario fracaso del mecanismo de diálogo puesto en marcha por la Secretaría de la Unión de Naciones Sudamericanas; que, a la par de su parcialidad, por no permitírsele participar de su estructuración a los actores de la oposición democrática, como su falta de legitimidad, no contando con la aprobación de los Cancilleres de los Estados miembros al término "fue decisivamente funcional a la estrategia del Gobierno [de Maduro Moros] de sostenerse en el poder a partir de reiteradas y continuadas violaciones a la Constitución".

La síntesis del mismo es, en pocas palabras, una interpelación directa a los gobiernos de los Estados miembros de la OEA:

"El estado de derecho no está vigente en Venezuela; ha sido eliminado por un poder judicial completamente controlado por el Poder Ejecutivo, que ha anulado cada ley aprobada por la Asamblea Nacional (AN) así como sus potestades constitucionales o los derechos del pueblo, especialmente sus derechos electorales. Hoy en Venezuela ningún ciudadano tiene posibilidades de hacer valer sus derechos; si el Gobierno desea encarcelarlos, lo hace; si desea torturarlos, los tortura; si lo desea, no los presenta a un juez; si lo desea, no instruye acusación fiscal. El ciudadano ha quedado completamente a merced de un régimen autoritario que niega los más elementales derechos. Estos atropellos han sido instrumentados y ejecutados en paralelo a un proceso de mediación que vio por esta razón socavada su credibilidad. La corrupción es generalizada y la economía va en caída libre. No hay suficiente comida; los servicios de salud son extremadamente precarios, y la profunda crisis humanitaria es de una escala inaudita en el Hemisferio Occidental. Se ignoran los derechos civiles y políticos. Todo en interés de preservar la riqueza, el privilegio y la impunidad de quienes se aferran al poder", concluye Almagro.

A la luz de ello hemos de decir, en largos trazos, sobre la tarea de observación progresiva que acerca de lo anterior realiza IDEA en sincronía con la labor del Secretario de la OEA, tal y como la presentáramos recién ante el *World Economic Forum* de Buenos Aires, el 6 de abril pasado (*Venezuela, un peligro para la estabilidad regional*); pues el informe de Almagro es, a todas luces, una suerte de hito descriptivo de un lento proceso de degeneración y quiebre que sufren la república y la democracia en Venezuela.

Estas son nuestras palabras:

"El golpe de Estado judicial que recién le pone término final a toda simulación democrática y constitucional en Venezuela, confirmado por el más reciente Informe del Secretario General de la OEA, Luis Almagro[1], ha sido evaluado por los 37 ex Jefes de Estado y de Gobierno integrantes de IDEA (*Iniciativa Democrática de España y las Américas*) como el culmen de un acelerado proceso de destrucción de su vida civil y republicana, acerca del que éstos advirtieran oportunamente a la opinión internacional con su Declaración de Panamá de 9 de abril de 2015.[2]

En esa ocasión, los ex presidentes expresan su preocupación por tres síntomas indicativos, a saber, la denuncia por Nicolás Maduro de la Convención Americana de Derechos Humanos, en una suerte de acción combinada con el Tribunal Supremo de Justicia que les lleva al anuncio de que no acatarán las decisiones de la Comisión y la Corte Interamericana de Derechos Humanos; la constatación de torturas a los presos políticos de oposición, como Leopoldo López; y el encarcelamiento de Antonio Ledezma, Alcalde Metropolitano de Caracas, por órdenes directas del mismo Maduro y a pesar de ser aquél la autoridad más importante de elección popular residente en la capital. Se hacen eco, además, de la hegemonía comunicacional instalada por el régimen, que criminaliza a los twitteros y provoca el cierre de medios impresos independientes a quienes les niega el suministro de papel o las divisas para su compra.

---

1   http://www.oas.org/documents/spa/press/informe-VZ-spanish-signed-final.pdf

2   El conjunto de las declaraciones de los ex Jefes de Estado y de Gobierno de IDEA sobre Venezuela pueden consultarse en la web www.idea-democratica.org

IDEA observa, entonces, los escándalos de corrupción, el señalamiento de altos funcionarios por sus vínculos con el lavado ilegal de dineros y, al efecto, pide la corrección de las políticas públicas que agravan la crisis económica con efectos devastadores para toda la población en general. Y con vistas a las elecciones parlamentarias planteadas hacia diciembre, en esa fecha y luego el 29 de mayo del mismo 2015 (Declaración de Ramo Verde), señala como necesarios a la equidad y transparencia electoral el establecimiento de un Poder Electoral independiente, la libertad de los presos políticos, la cesación en la persecución de la prensa, y una observación internacional calificada, oportuna e independiente. [3]

Celebradas las elecciones y obtenida por la oposición democrática una mayoría calificada en la nueva Asamblea Nacional, los expresidentes denuncian el 19 de diciembre de 2015 la creación, por el parlamento ya desapoderado y controlado hasta ese instante por el oficialismo, de un Parlamento Comunal Nacional al que le ofrecen espacios en el Palacio Federal Legislativo, como muestra de tácito desconocimiento de los resultados electorales y el claro propósito de Maduro de anular a la naciente Asamblea.

Llegado el día 22 los expresidentes de IDEA alzan otra vez su voz ante el primer golpe judicial puesto en marcha para impedir que algunos diputados electos y proclamados se juramentasen y así evitar que la oposición alcance la mayoría calificada de 112 diputados.

---

3   Desde Bogotá, el 23 de septiembre siguiente, los ex presidentes se muestran preocupados por el decreto de un estado de excepción y suspensión de las garantías constitucionales dictado por el presidente Maduro que afecta a la frontera con Colombia. Advierten que el mismo no suspende las garantías democráticas y que dicho decreto debe ser supervisado en su ejecución por los organismos internacionales de derechos humanos; tanto como manifiestan que la designación por UNASUR, con el consentimiento del gobierno y el poder electoral, de los observadores de las elecciones previstas – a la sazón los ex presidente José Luis Rodríguez Zapatero, Leonel Fernández y Martín Torrijos – no es óbice para que no tenga lugar una observación electoral técnicamente calificada, dado el andamiaje electrónico del sistema de votación venezolana. Y piden, desde IDEA, que la oposición tenga acceso al registro electoral y su auditoría, se le garantice la apertura y cierre legal y oportuno de las mesas de votación, y la contrastación de los resultados electrónicos de las elecciones con los votos efectivamente depositados en las urnas.

De consiguiente, le hacen un llamado al Secretario General de la OEA dada la grave manifestación del presidente Maduro en cuanto a que era necesario llegar a "la verdad" de las elecciones realizadas y realizar "los correctivos constitucionales" que se requiriesen. El desconocimiento de la soberanía popular manifestada el 6 de diciembre anterior se hacía palmario. [4]

El 5 de marzo siguiente es alertado de nuevo el Secretario General de la OEA acerca de las sucesivas decisiones adoptadas por las Salas Electoral y Constitucional del Tribunal Supremo, sin la presencia de la Asamblea Nacional afectada por éstas e instalada el 5 de enero anterior, cuyo objeto es permitir la vigencia de un régimen de excepción constitucional para que Maduro gobierne sin ataduras legislativas. Al efecto, desde ese momento, le son cercenadas las competencias constitucionales de control y legislación a la Asamblea, en lo particular las relacionadas con las interpelaciones de los ministros del Ejecutivo y otros funcionarios del Estado, prohibiéndosele, al paso, revisar los actos realizados de la Asamblea precedente de mayoría oficialista, incluido su irregular e inconstitucional nombramiento, a última hora, de los jueces actuantes en dichas Salas.

El 13 de mayo, desde el Miami Dade College, IDEA hace propia, como consecuencia, la declaración de la Asamblea Nacional de

---

4   Llegado el 20 de enero de 2016, los expresidentes, no sin repetirse en su pedido de servir como buenos oficiantes para que Venezuela supere su tensa situación política dentro del marco de la Carta Democrática Interamericana y logre paliar los efectos de la crisis humanitaria que toma cuerpo acelerado, no obstante y en línea con la advertencia de Luis Almagro, Secretario de la OEA, en cuanto a que los resultados electorales legislativos atan a los poderes constituidos sin perjuicio de que, con apego a la ley se sustancien los reclamos electorales oficialistas, aclaran y observan un dato de mucha gravedad: " La designación apresurada [por la Asamblea Nacional que concluyera su mandato y en vísperas de iniciar sus actividades la electa el 6 de diciembre], sin ajustarse a los mecanismos constitucionales establecidos, de nuevos magistrados del Tribunal Supremo de Justicia, en sus distintas Salas, entre estas la Constitucional y la Electoral; para lo cual nombra como jueces supremos a diputados oficialistas que cesan en sus funciones o pierden como candidatos en las elecciones realizadas". Son los mismos, justamente, quienes luego desconocen la proclamación de los 4 diputados indígenas electos por el Estado Amazonas a objeto de impedir la mayoría calificada de la oposición en la Asamblea que se inaugura.

Venezuela en la que afirma la cristalización de la ruptura del orden democrático y constitucional por parte de Maduro y el Tribunal Supremo de Justicia, quienes anulan mediante sucesivas sentencias concordadas todas las leyes sancionadas por aquélla y para frenar su ejecución; y en la que, a renglón seguido, exige del Poder Electoral generar las condiciones para la realización de un referendo revocatorio del mandato del propio Presidente de la República. [5]

En razón de lo anterior, el 31 de mayo los ex presidentes adhieren al primer Informe del Secretario General de la OEA sobre Venezuela, [6] que invoca – previo un detallado diagnóstico– la aplicación al caso de la Carta Democrática Interamericana. IDEA defiende, a propósito, en la declaración que emite esa fecha, el mecanismo del diálogo como propio a toda democracia y propicio para la resolución de los conflictos. Pero precisa como hecho delicado que la Secretaría de la UNASUR se haya manifestado en defensa de las acciones inconstitucionales de Maduro y del Tribunal Supremo de Justicia; e instalado, sucesivamente, un mecanismo de diálogo formado por los expresidentes Zapatero, Fernández y Torrijos con el evidente objetivo de desacelerar la legítima protesta democrática del país, a raíz del desconocimiento práctico por el mismo Maduro de las elecciones parlamentarias del 6 de diciembre de 2015 y sus resultados. [7]

---

5 En la respectiva declaración de IDEA se hace constar que "Venezuela atraviesa la peor crisis económica, social y de gobernabilidad de su historia republicana. En medio de esta delicada situación, el Poder Ejecutivo, en lugar de dar muestras de buena voluntad para superarla, mantiene un discurso de conflictividad institucional, promoviendo y desarrollando acciones de persecución política contra los diputados a la Asamblea Nacional y dirigentes de la oposición, así como continuas violaciones a los principios fundamentales del Estado de Derecho y de la democracia, atentando contra la estabilidad y la paz en el país".

6 http://www.oas.org/documents/spa/press/OSG-243.es.pdf.

7 El 1ro. de agosto observan la coincidencia estratégica entre el régimen de Maduro y el gobierno de Ortega en Nicaragua, consistente en acciones para la progresiva ilegalización de los partidos opositores y el desconocimiento de sus diputados electos por el pueblo. El 24 de noviembre los exmandatarios vuelven sobre el uso del diálogo como elemento de distracción puesto en marcha por el gobierno y la UNASUR, al darse anuncios contradictorios el 11 de noviembre sobre sus resultados, ajenos

Luego, el 28 de marzo IDEA le ofrece su respaldo incondicional al Informe de Actualización del secretario de la OEA, Almagro, que envía al Consejo Permanente el 14 anterior; en el que consta, justamente, el fracaso del diálogo auspiciado por la UNASUR y su uso como "una herramienta para consolidar las peores variables autoritarias del régimen"; que, a la sazón, ha incurrido –según dicho Informe– en la violación integral de los artículos de la Carta Democrática Interamericana.

Como solución a la ruptura del orden constitucional y democrático, los predicados establecidos desde la Secretaría de la OEA como deberes que debe asumir el gobierno de Maduro son, de suyo, la realización de elecciones generales con garantías, hoy proscritas, sin que sirvan de maquillaje otras opciones dada la integral fractura de la constitucionalidad ocurrida y demostrada; poner en libertad a los presos políticos; resolver estructuralmente la crisis humanitaria; y restituir de manera plena las competencias de la Asamblea Nacional, tanto como recomponer el Poder Electoral y el Tribunal Supremo de Justicia, para que sean independientes.

Debatida la cuestión por el Consejo Permanente de la OEA, al efecto expide una resolución el 3 de abril, rechazada por Venezuela y sus aliados del Socialismo del Siglo XXI, y a pesar de que ésta sintetiza lo ocurrido bajo la figura de una "alteración grave del orden constitucional y democrático" para favorecer las gestiones diplomáticas sin plantearse todavía las sanciones previstas por la Carta Democrática[8], la respuesta de Maduro ha sido la de extremar con

---

además a las realidades descritas y constitutivas de una ruptura de la democracia; a cuyo efecto se la demanda al Secretario de la OEA evaluar con seriedad su uso y los resultados habidos, con apego a la decisión del Consejo Permanente del día 16 siguiente, que protesta Maduro, a cuyo tenor dicho diálogo se había de realizar con resultados concretos y en plazo razonable. El 17 de febrero de 2017, en otra declaración de IDEA sobre los presos políticos se le recuerda a la comunidad internacional que son 2.096 las personas - jóvenes en su mayoría - sometidas a medidas judiciales restrictivas por protestar contra el gobierno y que suman 110 las condenadas o cuyo encarcelamiento se mantiene; lo que es sólo propio de regímenes dictatoriales tiránicos y totalitarios.

8   Ello se explica puesto que, al fin y al cabo, lo que importa es que Venezuela, mediante tales gestiones ahora residentes en la OEA y no en UNASUR, alcance la restitu-

otro golpe judicial –ahora terminal– a la democracia y al Estado de Derecho.

El último 30 de marzo, por ende, IDEA condena dicho golpe, como culmen del proceso destructivo de la democracia en Venezuela, originado en esas dos sentencias –la 155 de 28 de marzo y la 156 de 29 de marzo– que se suman a los 40 fallos anteriores de la Sala Constitucional del TSJ, con las que se abroga para sí todas las competencias de la Asamblea Nacional y las comparte con el presidente Maduro. Tanto que le exigen a éste gobernar por decreto, hacerlo además mediante ley marcial si es el caso, y obviando la inmunidad de los diputados.[9]

El retroceso que luego tiene lugar, mediante dos sentencias sucesivas que maquillan a las dos citadas y precedentes, por parte de la Sala Constitucional, a instancias de Maduro y en sede del Consejo de Defensa de la Nación, apenas corrobora la falta de total autonomía que afecta a la Justicia venezolana.

Así planteadas las cosas, cabe observar que detrás de la ruptura del orden constitucional y democrático ocurrida en Venezuela y del manido dilema que antes se plantearan la UNASUR y su mecanismo de diálogo fracasado [buscando reducir todo lo ocurrido a una mera crisis política sólo resoluble mediante un diálogo paciente y de largo aliento, resolutivo de una polaridad social sobre visiones democráticas distintas que se extiende a toda la región] lo que me-

---

ción plena de su democracia y reduzca su gravísima crisis humanitaria, que desestabiliza y compromete a la vez a su paz social. Suman 27.875 los homicidios que han tenido lugar durante el último año, en una tasa de 91,8 por cada 100.000 habitantes (Observatorio Venezolano de Violencia).

9   Que Maduro, en las horas recientes, le haya exigido al Tribunal Supremo de Justicia volver atrás con sus sentencias 155 y 156, con las que cierra al parlamento y acaba con la democracia en Venezuela, es la prueba palmaria de que no rige la separación de poderes y los jueces se encuentran a su servicio, para purificar sus repetidos atentados a la constitucionalidad. Que la Asamblea Nacional, en acuerdo del último 5 de abril declare la ruptura del orden constitucional y la permanencia del golpe de Estado, ordenando destituir a los magistrados del TSJ golpistas y exija de la Fiscal General establecer la responsabilidad penal del presidente Maduro en el golpe, no significa que la cuestión fondo quede zanjada.

dra es un parteaguas distinto, a saber, si es de tolerar o no, dentro de la OEA, la convivencia entre gobiernos democráticos o en procesos de democratización y otros, como el de Maduro, que transforman sus maquinarias estatales en asociaciones para la criminalidad. Al respecto el señalamiento del Secretario General de la OEA, en su Informe actualizado, no puede ser más determinante del contexto en el que ocurre el final de la vida constitucional en Venezuela: "La implicación en actividades de narcotráfico llega a los niveles más altos del Gobierno venezolano, así como al círculo familiar del Presidente".

Una parte de la familia presidencial, en efecto, está sometida a la Justicia norteamericana por crímenes de tráfico de cocaína. El vicepresidente y el ministro del interior han sido señalados como narcotraficantes y el primero, además, como eje del terrorismo islámico en el país. Por si fuese poco, al presidente de la Sala Penal y del Tribunal Supremo de Justicia, desde cuya sede se consuma el golpe de Estado a la Asamblea, se le prueba ser un ex convicto, un juez expulsado antes por su desempeño y quien purgara condena por dos homicidios.

La narco-dictadura establecida en Venezuela, cabe decirlo sin ambages, representa un desafío, en primer término, para el Sistema Interamericano –como se señala antes– y a la vez una amenaza, un peligro real y de enormes proporciones para la vida de las democracias decentes en la región; para el desarrollo de actividades económicas aseguradas por la vigencia de la ley; y para el sostenimiento de la seguridad en el hemisferio, amenazado desde ya en su paz social por los cárteles del narcotráfico y el terrorismo".

Así las cosas, IDEA-Democrática pone al alcance de la opinión pública, así, una documentación que ilustra y es pertinente, pues como lo señalara en nuestra presentación de la edición anterior "el desafío [que pesa sobre los gobiernos] es exigente e impostergable. La doctrina establecida, ordenada y clasificada adecuadamente, a la luz de los elementos esenciales de la democracia y de los componentes fundamentales de su ejercicio, es la mejor base para una consideración actual de la democracia [que se ha perdido en Venezuela] y para que ella tenga lugar lejos del templo pagano de los oportunismos, morigerados y excusados bajo una premisa profundamente antidemocrática y extraña a la democracia moral, como la es la neomedieval y muy conocida real politik".

Como lo declarara ante la prensa el autor de los papeles que siguen "los países miembros de la OEA deben reafirmar su compromiso con la democracia", o en su defecto, de suyo, volver al pasado, al momento en que en la organización coexistían dictaduras militares con gobernantes nacidos del voto popular, directo y secreto. Diría.

Al divulgar los escritos de Almagro, "un esclavo del Derecho", IDEA y sus directores –Nelson R. Mezerhane Gosen, Editor del Diario las Américas, y el suscrito– rendimos tributo a la memoria de dos de los ex presidentes firmantes de sus declaraciones y artesanos de la democracia, quienes han fallecido en 2016: Luis Alberto Monge de Costa Rica y Sixto Durán Ballén de Ecuador. Y también lo hacemos con una amiga invalorable de nuestra causa, la ex ministra de defensa de España, Carme Chacón Piqueras, pues nos ha dejado prematuramente en su viaje a la eternidad.

10 de abril de 2017

Asdrúbal Aguiar
Director Ejecutivo de IDEA

PRÓLOGO A LA SEGUNDA EDICIÓN

Por: Allan R. Brewer-Carías

Profesor emérito de la Universidad Central de Venezuela

Luis Almagro, Secretario General de la Organización de Estados Americanos, sin duda, en estas dos primeras décadas del siglo XXI quedará en los anales de América latina como el principal garante de la vigencia de la Carta Democrática Interamericana en el Continente, particularmente frente a Venezuela, respecto de la cual cumplió a cabalidad su misión, sin que se le pudiera pedir más, lo que contrastó con la pobre actuación de anteriores Secretarios Generales quienes se negaron a cumplir en esta materia las obligaciones de su cargo.

El Dr. Almagro, en cambio, frente a la sistemática demolición de la democracia en Venezuela que desde comienzos de siglo ocurrió a plena luz del día y a la vista de todos los países del Continente, asumió efectivamente al fin la necesaria evaluación de la situación de la democracia en Venezuela, produciendo dos importantes Informes a los efectos de solicitar conforme al artículo 20 de la dicha Carta, por la grave alteración del orden constitucional que se había producido en Venezuela, que había afectado gravemente el orden democrático,[1] la convocatoria inmediata del Consejo Permanente

---

1   Ello, por supuesto no es nada nuevo, como lo observamos ya en 2002: Allan R. Brewer-Carías, *La crisis de la democracia venezolana. La Carta Democrática Interamericana y los sucesos de abril de 2002*, Los Libros de El Nacional, Colección Ares, Caracas 2002. Véase además un resumen de las violaciones a la Carta Democrática hasta 2012 en Allan R. Brewer-Carías y Asdrúbal Aguiar, en, *Historia Inconstitucional de Venezuela. 1999-2012*, Editorial Jurídica Venezolana, Caracas 2012, pp. 511-534.

para realizar una apreciación colectiva de la situación y adoptar las decisiones que estimase conveniente. A tal efecto, presentó el primer Informe con fecha 23 de junio de 2016, denominado el *Informe sobre la situación en Venezuela en relación con el cumplimiento de la Carta Democrática Interamericana* de 30 de mayo de 2016;[2] y posteriormente, con fecha 14 de marzo de 2017, presentó un segundo Informe denominado *Informe de Seguimiento sobre Venezuela;* [3] cuyos textos se publican en este libro.

Se trató de un paso trascendental en la historia de la democracia en el Continente, de cuya ejecutoria dan cuenta además, todos los otros documentos previos de la autoría del Dr. Almagro que conforman este libro, de los cuales se aprecia, en definitiva, en sus propias palabras, que *"en la situación actual que vive Venezuela, no se puede más que concluir que estamos ante alteraciones graves al orden democrático* tal como se ha definido en numerosos instrumentos regionales y subregionales,"[4] de manera que después de constatar, entre múltiples hechos, que por ejemplo *"no existe en Venezuela una clara separación e independencia de los poderes públicos, donde se registra uno de los casos más claros de cooptación del Poder Judicial por el Poder Ejecutivo,"* [5] presentó su primer *Informe* con una serie de ideas con el objeto:

> "de devolver a la normalidad algunas situaciones que, analizadas del modo más objetivo, *no resultan compatibles* con lo previsto en la Carta de la OEA, en la Convención Americana de Derechos del Hombre y Convenciones Interamericanas de Derechos Humanos así como en la Carta Democrática Interamericana.

---

2   Véase la comunicación del Secretario General de la OEA de 30 de mayo de 2016 con el *Informe sobre la situación en Venezuela en relación con el cumplimiento de la Carta Democrática Interamericana*, en oas.org/documents/spa/press/OSG-243.es.pdf.

3   Véase la comunicación del Secretario General de la OEA de 14 de marzo de 2017 con el *Informe de seguimiento sobre Venezuela* en http://www.oas.org/documents/spa/press/informe-VZ-spanish-signed-final.pdf

4   Véase la comunicación del Secretario General de la OEA de 30 de mayo de 2016 con el *Informe sobre la situación en Venezuela en relación con el cumplimiento de la Carta Democrática Interamericana*, p. 125. Disponible en oas.org/documents/spa/press/OSG-243.es.pdf.

5   *Idem.* p. 73. Disponible en oas.org/documents/spa/press/OSG-243.es.pdf.

El funcionamiento democrático normal debe ser subsanado de modo urgente y en forma consistente con los elementos esenciales y los componentes fundamentales de la democracia representativa expresada en los artículos 3 y 4 de la Carta Democrática Interamericana. Sin la solución de estos principales asuntos no hay solución institucional posible para Venezuela."[6]

Por ello, en particular, el Secretario General de la Organización de Estados Americanos, en su primer *Informe*, se refirió a:

"La continuidad de las violaciones de la Constitución, especialmente en lo que se refiere a equilibrio de poderes, funcionamiento e integración del Poder Judicial, violaciones de derechos humanos, procedimiento para el referéndum revocatorio y su falta de capacidad de respuesta respecto a la grave crisis humanitaria que vive el país lo cual afecta el pleno goce de los derechos sociales de la población, todo ello implica que la responsabilidad de la comunidad hemisférica es asumir el compromiso de seguir adelante con el procedimiento del artículo 20 de una manera progresiva y gradual que no descarte ninguna hipótesis de resolución, ni las más constructivas ni las más severas."[7]

Y con base en ello, fue que el Secretario General luego de analizar la situación institucional y constitucional del país, expresó en dicho primer Informe:

"5. Exhortamos al Poder Ejecutivo de la República Bolivariana de Venezuela a eliminar toda forma de incumplimiento de los preceptos constitucionales y políticos respecto al equilibrio de poderes del Estado. En ese sentido se solicita se detenga inmediatamente el ejercicio de bloqueo permanente del Poder Ejecutivo respecto de las leyes aprobadas por la Asamblea Nacional. Así como asegurar la vigencia de las leyes que han sido aprobadas hasta ahora.

---

6   *Idem*, pp. 125-126. Disponible en oas.org/documents/spa/press/OSG-243.es.pdf.
7   *Idem*, p. 128. Disponible en oas.org/documents/spa/press/OSG-243.es.pdf.

6. Solicitamos una nueva integración del Tribunal Supremo de Justicia [...] dado que la actual integración está completa-mente viciada tanto en el procedimiento de designación como por la parcialidad política de prácticamente todos sus integrantes." [8]

En definitiva, como los expresó el Dr. Almagro el 23 de junio de 2016, ante el Consejo Permanente de la Organización de Estados Americanos, al resumir su primer *Informe* del 30 de mayo de 2016, en relación con la situación de la "alteración del orden constitucional que trastoca el orden democrático" de Venezuela:

"Lo que hemos atestiguado en Venezuela es la pérdida del propósito moral y ético de la política. El Gobierno se ha olvidado defender el bien mayor, el bien colectivo [...].

El pueblo venezolano se enfrenta a un Gobierno que ya no le rinde cuentas. Un Gobierno que ya no protege los derechos de los ciudadanos. Un Gobierno que ya no es democrático [...]

En Venezuela hemos sido testigos de un esfuerzo constante por parte de los poderes ejecutivo y judicial para impedir e incluso invalidar el funcionamiento normal de la Asamblea Nacional. El Ejecutivo repetidamente ha empleado intervenciones inconstitucionales en contra de la legislatura, con la connivencia de la Sala Constitucional del Tribunal Supremo de Justicia. Las evidencias son claras [...]

Estos ejemplos demuestran claramente la falta de independencia del poder judicial. El sistema tripartito de la democracia ha fracasado y el poder judicial ha sido cooptado por el ejecutivo [...][9]

Todavía más explícito y trágico fue lo que expresó el Secretario General Almagro en la carta abierta que envió al líder político detenido injustamente en Venezuela, Leopoldo López el día 22 de agos-

---

8   *Idem*, p. 127. Disponible en oas.org/documents/spa/press/OSG-243.es.pdf.

9   Véase el texto de la exposición del Secretario General Luis Almagro ante el Consejo Permanente de la OEA, 23 de junio de 2016, en:http://www.el-nacional.com/politica/PresentacindelSecretarioGeneraldelaOEAante_NACFIL20160623_0001.pdf. Véase igualmente el texto en los Apéndices a este libro.

to de 2016, que también se publica en este libro, luego de la sentencia que confirmó su detención como preso político, refiriéndose al "horror político" que vive el país, le dijo que en su criterio, dicha:

> "sentencia que reafirma tu injusta condena marca un hito, *el lamentable final de la democracia en Venezuela*. Párrafo a párrafo es, asimismo, la *terminación del Estado de Derecho*. En esa sentencia queda claramente establecido que en Venezuela hoy no rige ninguna libertad fundamental y ningún derecho civil o político y que estos han expresamente quedado sin efecto en la conducción de los asuntos de gobierno."

En la misma carta abierta, Luis Almagro al constatar que en Venezuela "se ha traspasado un umbral, que significa que es *el fin mismo de la democracia*," expresó que:

> "Ningún foro regional o subregional puede desconocer la realidad de que *hoy en Venezuela no hay democracia ni Estado de Derecho*. El MERCOSUR, constituye hoy el mejor ejemplo a seguir y la aplicación de las cláusulas internacionales que condenan actos de ruptura del orden constitucional y del sistema democrático se hace cada vez más necesaria." [10]

Finalmente, refiriéndose al procedimiento iniciado por la oposición, conforme a la Constitución, para la realización de un referendo revocatorio del mandato del Presidente de la República, –derecho ciudadano propio de la democracia participativa que fue cercenado por el régimen–, indicó que:

> "Seguir un procedimiento previsto en la Constitución no es un golpe de Estado; Por el contrario, negar, postergar u obstruir este proceso por cualquier vía es un abuso de poder y un trastorno patente del orden democrático […]

---

10 Véase el texto de la carta abierta del Secretario General Luis Almagro a Leopoldo López, de 22 de agosto de 2016, en *Lapatilla.com*, 23 de agosto de 2016, en http://www.lapatilla.com/site/2016/08/22/almagro-a-leopoldo-lopez-tu-injusta-sentencia-marca-un-hito-el-lamentable-final-de-la-democracia-carta/.

La celebración del referendo revocatorio en 2016 es la única manera constitucional de resolver la crisis política en Venezuela [...]"[11]

Lo importante de estas apreciaciones, que resumen la trágica realidad política y constitucional que ha vivido el país, que tanto y tantos denunciamos en los últimos años, fue que fueron expresadas oficialmente por el Secretario General de la OEA ante los representantes permanentes de los Estados americanos miembros de la Organización,[12] a pesar y en contra de la oposición que formuló el gobierno de Venezuela. Ésta fue rechazada por el propio Consejo Permanente con el voto de 20 Estados Miembros, el cual entró a considerar el *Informe* que describió la grave situación de la democracia Venezuela, evidenciándose, sin duda, la situación de *golpe de Estado permanente y continuo* que se había venido dando en Venezuela por parte del Poder Ejecutivo, en colusión con el Tribunal Supremo, contra la Constitución y contra la Asamblea Nacional como la legítima representación popular electa en diciembre de 2016.

En aquella oportunidad, en todo caso, los Estados Miembros de la OEA evaluaron colectivamente la situación de Venezuela y las medidas que debían adoptarse para promover la normalización de la situación y restaurar las instituciones democráticas en el país, no

---

11   Véase el texto de la exposición del Secretario General Luis Almagro ante el Consejo Permanente de la OEA, 23 de junio de 2016, en:http://www.el-nacional.com/politica/PresentacindelSecretarioGeneraldelaOEAante_NACFIL20160623_0001.pdf. Véase igualmente el texto en los Apéndices a este libro.

12   Como lo expresó recientemente José Miguel Vivancos de Human Rights Watch: "Tras la histórica sesión del Consejo Permanente de hoy, donde una mayoría de países rechazó el intento de Venezuela para cerrar la discusión internacional sobre la situación en el país, el Presidente Maduro quedó bajo la mira de la OEA. El secretario general sobresalió con una valiente y honesta intervención sobre la gravísima crisis que aqueja a Venezuela, legitimando a la OEA como foro para fiscalizar el cumplimiento de Venezuela con sus obligaciones jurídicas internacionales en materia de derechos humanos y democracia. Maduro deberá ahora corregir sus prácticas y mostrar resultados concretos en el marco del proceso de la Carta Democrática." Véase en @HRW_Venezuela; y en "Human Rights Watch celebró votación en la OEA sobre Venezuela," en *Diario de la Américas*, 24 de junio de 2016, en http://www.diariolasamericas.com/4848_venezuela/3896835_human-rights-watch-celebro-votacion-en-oea-sobre-venezuela.html

habiéndose tomado sin embargo decisión alguna, con lo que se dejó abierto el debate después de haberse tomado nota de la presentación del Informe por el Secretario General.

Desde esa fecha, como lo observó el propio Secretario general, Almagro en su segundo *Informe de Seguimiento* del 14 de marzo de 2017, efectivamente:

> "los miembros del Consejo Permanente, los ciudadanos de América y la comunidad internacional han sido testigos de la agudización de la crisis económica, social, política y humanitaria en Venezuela.
>
> Las gestiones diplomáticas realizadas no han dado por resultado ningún progreso. Los reiterados intentos de diálogo han fracasado y los ciudadanos de Venezuela han perdido aún más la fe en su gobierno y en el proceso democrático. La ausencia de diálogo es la primera señal del fracaso de un sistema político, porque la democracia no puede existir cuando las voces no se escuchan o han sido silenciadas."

Y efectivamente, todo lo que siguió ocurriendo en Venezuela durante 2016 y los meses que van de 2017, muestran – como lo indicó el Secretario General "hechos no dejan lugar a dudas," concluyendo con la lapidaria apreciación de que:

> "Venezuela viola todos los artículos de la Carta Democrática Interamericana."

Frente a ello, y teniendo como mira el principio de que "la democracia y los derechos humanos son valores que deben estar por encima de la política," y de que "la tarea que tenemos ante nosotros es apoyar a Venezuela y restaurar los derechos de su pueblo," propuso el secretario general a los Estados Miembros de la OEA, que:

> "Nuestros esfuerzos deben concentrarse en restaurar el derecho a la democracia del pueblo venezolano conforme a lo que establece el artículo 1 de la Carta Democrática Interamericana: "Los pueblos de América tienen derecho a la democracia y sus gobiernos la obligación de promoverla y defenderla.""

Sí, efectivamente, en la situación de Venezuela, de lo que se trata es de restaurar el derecho a la democracia, que fue eliminado mediante un largo proceso de golpe de Estado dado contra el Estado de derecho y la democracia misma, en buena parte utilizando fraudulentamente los propios instrumentos de la democracia.

No hay que olvidar que un golpe de Estado no solo ocurre cuando unos militares deponen a un gobierno electo sino, como bien lo destacó el profesor Diego Valadés, cuando se produce "el desconocimiento de la Constitución por parte de un órgano constitucionalmente electo,"[13] como en el caso de Venezuela donde ha sido quien ejerce la Presidencia de la República en colusión con el Tribunal Supremo de Justicia, quienes han sido los golpistas, ya que desconociendo la Constitución, fueron quienes alteraron el orden constitucional y trastocaron el orden democrático del país, destruyendo el Estado de derecho.

Los venezolanos, en todo caso, debemos celebrar que al fin, la preocupación continental por el tema de la destrucción de la democracia en el país se haya comenzado a manifestar institucionalmente, con el planteamiento que ya ha hecho en dos ocasiones el Secretario General de la OEA ante el Consejo Permanente de la Organización, y que haya sido el Dr. Almagro quien lo haya hecho tan acertadamente. Con ello se confirma, lo que hemos denunciado y analizado desde hace años,[14] pues la democracia en Venezuela fue desde 1999 progresivamente desmantelada, precisamente utilizando los instrumentos e instituciones de la democracia,[15] pero con el objeto final de establecer de un régimen autoritario de gobierno en el marco de un Estado totalitario en desprecio de la Constitución y de a la ley;[16] que hoy ya puede calificarse de dictadura, por la ausencia

---

13 Véase Diego Valadés, *Constitución y democracia*, UNAM, México 2000, p. 35; y "La Constitución y el Poder" en Diego Valadés y Miguel Carbonell (Coordinadores), *Constitucionalismo Iberoamericano del siglo XXI*, Cámara de Diputados, UNAM, México 2000, p. 145.

14 Véase Allan R. Brewer-Carías, *La ruina de la democracia. Algunas consecuencias. Venezuela 2015*, (Prólogo de Asdrúbal Aguiar), Colección Estudios Políticos, Nº 12, Editorial Jurídica Venezolana, Caracas 2015.

15 Véase Allan R. Brewer-Carías, *Dismantling Democracy. The Chávez Authoritarian Experiment*, Cambridge University Press, New York 2010.

16 Véase Allan R. Brewer-Carías, *Estado totalitario y desprecio a la ley. La desconstitucionalización, desjuridificación, desjudicialización y desdemocratización de Venezuela*, Fundación de Derecho Público, Editorial Jurídica Venezolana, segunda

del más fundamental de los elementos de la democracia que es la elección de representantes. Como lo confirmó el Dr. Almagro en uno de los discursos que se publican en este volumen pronunciado en Mesa Redond con ONGs venezolanas, el 21 de marzo de 2017:

> "Venezuela se ha convertido en una dictadura. Unas elecciones cabales, libres y justas constituyen la única solución, la posibilidad de salida democrática para la continua crisis en ese país."

El régimen, en efecto, durante 2016, no sólo impidió realizar el referendo revocatorio presidencial a que tenía derecho el pueblo, sino que simplemente eliminó las elecciones de Gobernadores, Alcaldes, diputados y concejales en los Estados y Municipios que debieron realizarse en 2016.

No hay que olvidar que Venezuela, después de haber experimentado durante la segunda mitad del siglo pasado el funcionamiento de un gobierno democrático que llegó a colocar al país entre los que conforman América Latina como el que contaba con uno de los sistemas democráticos más estable de la región,[17] que fue la envidia de tantos otros, y donde tantos ciudadanos perseguidos en nuestro Continente encontraron refugio, protección y asilo seguro ante las dictaduras que entonces pululaban; a partir del asalto al poder que organizó Hugo Chávez Frías en 1999, utilizando fraudulentamente los mecanismos de la democracia, comenzó la desenfrenada carrera para su desmantelamiento y destrucción después que tanto había costado edificar; escondiéndose con las fuerzas destructoras, desde el poder, detrás de la careta de la Constitución, desarrollando un sistema político contrario a lo establecido en la misma; todo lo cual se logró mediante un proceso soterrado de concentración total del

---

edición, (Con prólogo de José Ignacio Hernández), Caracas 2015; *Authoritarian Government v. The Rule Of Law. Lectures and Essays (1999-2014) on the Venezuelan Authoritarian Regime Established in Contempt of the Constitution,* Fundación de Derecho Público, Editorial *Jurídica Venezolana,* Caracas 2014.

17 Véase por ejemplo, Robert J. Alexander, *The Venezuelan Democratic Revolution: A Profile of the Régime of Rómulo Betancourt,* Rutgers University Press, New Brunswick, NJ, 1964; Daniel H. Levine, *Conflict and Political Change in Venezuela,* Princeton University Press, Princeton, NJ, 1973. Para una crítica sobre el excepcionalismo venezolana véase Steve Ellner and Miguel Tinker Salas, (eds)., *Venezuela, Hugo Chávez and the Decline of a "Venezuelan Democracy,* Rowman & Littlefield, New York 2007, pp. 3ff.

poder, contrario al principio de la separación de poderes que es lo único que permite el control del poder, y de destrucción de la autonomía de los órganos del Estado, en particular de Poder Judicial.[18]

Desde 1999, en efecto, en Venezuela, a pesar del texto florido de la Constitución, se comenzaron a violar todos los principios democráticos que precisamente tres años después se plasmarían en la Carta Democrática Interamericana del 11 de septiembre de 2001, el mismo día de los atentados terroristas en Nueva York. Fui uno de los primeros que en Venezuela escribió sobre la misma al redactar un documento titulado: *"Aide Memoire. La democracia venezolana a la luz de la Carta Democrática Interamericana.* Caracas, febrero 2002,"[19] planteando que la democracia como régimen político además de basarse en la necesaria elección popular de los gobernantes y en el desarrollo de mecanismos de participación directa, tiene que estar montada sobre el funcionamiento de un gobierno que tiene que estar condicionado por el control del ejercicio del poder y por la separación e independencia de los poderes del Estado; el respeto y garantía de los derechos humanos; el pluralismo político; la garantía de los derechos laborales y a la vigencia de la libertad de expresión. Es evidente entonces que por ello, no basta que el origen de un gobierno esté en el sufragio para que se lo deba considerar democrático, sino que tiene que cumplir con otros elementos y componentes esenciales para tener legitimidad democrática, todos los cuales están definidos en la *Carta Democrática Interamericana.*

---

18 Véase Allan R. Brewer-Carías, *La dictadura judicial y la perversión del Estado de derecho,* (Presentaciones de Asdrúbal Aguiar, José Ignacio Hernández y Jesús María Alvarado), Colección Estudios Políticos, Nº 13, Editorial Jurídica Venezolana, Caracas 2016.*La ruina de la democracia. Algunas consecuencias. Venezuela 2015,* (Prólogo de Asdrúbal Aguiar), Colección Estudios Políticos, Nº 12, Editorial Jurídica Venezolana, Caracas 2015.

19 Disponible en http://www.allanbrewercarias.com/Content/449725d9-f1cb-474b-8ab2-41efb849fea3/Content/I,%202,%2021.%20La%20democracia%20venezolana%20a%20l a%20luz%20de%20la%20Carta%20Democratica%20Interamericana%20_02-02-_SIN%20PIE%20DE%20PAGINA.pdf. Véase además, el libro antes citado: Allan R. Brewer-Carías, *La crisis de la democracia venezolana. La Carta Democrática Interamericana y los sucesos de abril de 2002,* Los Libros de El Nacional, Colección Ares, Caracas 2002; *y* Gustavo Briceño Vivas, *Una carta para la Democracia.* Editorial Jurídica Venezolana, Caracas 2012.

A la luz de los principios definidos en dicho documento y solo varios meses después de adoptada, hacia mitades de 2002, al continuar analizando la situación de entonces de la democracia venezolana, aprecié en síntesis, lo siguiente:

"La democracia representativa, en todo caso, se ha deformado por el control del poder en manos de un solo partido, cuyo jefe es el Presidente de la República quien, además, a la vez, es jefe de su fracción parlamentaria, la cual se mueve conforme a sus designios. Por ello recordemos como en enero de 2002, cuando el partido de gobierno sintió que podía perder el control de la mayoría en la Asamblea Nacional, sus voceros, sin ningún rubor, advirtieron que si ello ocurría eso era el fin de la vía democrática de "el proceso". Quedó así disipada la ilusión de algunos diputados del propio partido de gobierno, de querer votar conforme a su propia conciencia como se lo garantizaba la Constitución, y no conforme a los dictados del Presidente de la República.

Una democracia representativa que sólo se conciba para representar un solo partido, es una caricatura de democracia; y mas aún cuando se ha puesto al Estado y a sus funcionarios al servicio de dicho partido, contra la propia Constitución, produciéndose un escandaloso y continuado delito de peculado de uso que el Contralor General de la República se niega a investigar.

La concentración del poder y la ausencia de control y contrapesos entre los poderes públicos, además, ha sido una puerta abierta para la violación de los derechos humanos, al punto de que nunca antes como ahora, los organismos internacionales de protección de los mismos han recibido tantas denuncias de violación. No olvidemos las violaciones respecto de la libertad sindical; de la libertad de expresión del pensamiento; de la seguridad personal, con los grupos de exterminio; de la privacidad de las comunicaciones; y del derecho de manifestación pública bloqueado por bandas fascistas aupadas por el gobierno. Pero es que también la institución de la cosa juzgada, pieza esencial del debido proceso, ha sido quebrantada por una Sala Constitucional que revisa juicios ya concluidos de acuerdo con los criterios particulares de algunos Magistrados, que por lo visto se han olvidado que han dejado de ser abogados litigantes y que no pueden poner la justicia al servicio de sus antiguos clientes.

La separación de los poderes y su autonomía, piedra angular de todo régimen democrático, materialmente ha desaparecido. Todos los Poderes del Estado dependen del Ejecutivo y actúan a su antojo, y el Estado se ha centralizado aún más. Por ello hemos tenido un Presidente que llegó al colmo de decir públicamente: "El Estado soy yo. La Ley soy yo", lo que no se le había oído decir a algún Jefe de Estado en el mundo moderno desde los tiempos de Luis XIV, hace casi 400 años.

El pluralismo político, por otra parte, casi ha desaparecido por la ingerencia e inconveniente presencia del Estado en la sociedad civil, lo que ha llevado al propio Presidente de la República a tratar de controlar tanto a la Confederación de Trabajadores de Venezuela como a Fedecámaras; a provocar la división de partidos políticos; y a atacar a la Iglesia Católica e, incluso, tratar de dividirla.

Todo ello, incluso, ha comenzado a dar origen a justas manifestaciones de desobediencia civil como la que ocurrió en la elección de la directiva de la Confederación de Trabajadores Venezuela y de los Jueces de Paz en el Municipio Chacao de Caracas. La sociedad civil ha comenzado a rebelarse contra el esquema intervencionista que regula la Constitución, y ello será cada vez más acentuado. La sociedad civil se niega a estar reglamentada y las asociaciones de profesionales como las de profesores universitarios, deberían incluso desconocer el llamado que acaba de hacerles el Consejo Nacional Electoral para organizar sus elecciones internas.

La Contraloría General de la República, como antes dije, parece que no existiera, y ni siquiera se ha enterado de las confesiones públicas hechas por funcionarios y generales sobre la comisión del delito de peculado de uso y malversación, que dejarían como juegos infantiles los hechos de corrupción contra los cuales se reaccionó en 1998.

En este estado del llamado "proceso", lo que sí está claro es que la democracia venezolana está al margen de la Carta Democrática Interamericana, y que nada de lo que en el país se quería cambiar en 1998, se ha logrado. Mas bien, los males que hacían inevitable los cambios entonces queridos se han agravado, pues tenemos más centralismo y más y peor partidismo, a lo que se agrega más presidencialismo, más estatismo, más paternalismo y más militarismo. La Constitución de 1999, lamentablemente, al consagrar este esquema abrió la vía al autoritarismo y nada positivo aportó al constitucionalismo venezolano."[20]

Para comienzos de 2002, por tanto, ya en Venezuela el gobierno contaba con un amplio expediente de violaciones a los elementos esenciales y componentes fundamentales de la democracia, el cual continuó creciendo en los últimos tres lustros, tal como lo analizamos en 2012 en el documento elaborado junto con el profesor Asdrúbal Aguiar sobre "Alteraciones graves al orden constitucional y la democracia en Venezuela (Carta Democrática Interamericana)."[21]

En todo caso, ese expediente es el que en cierta forma considero que ha sido rescatado y actualizado por el Dr. Luis Almagro, denunciando abierta y francamente como Secretario General de la

---

20 Véase Allan R. Brewer-Carías, *La crisis de la democracia venezolana, la Carta Democrática Interamericana y los sucesos de abril de 2002*, Libros El Nacional 2002, pp. 55 ss., y 120. Texto disponible en http://www.allanbrewercarias.com/Content/449725d9-f1cb-474b-8ab2-41efb849fea5/Content/II,%201,%2097.%20LA%20CRISIS%20DE%20LA%20DEMOCRACIA%20VENEZOLANA%20...%20_EL%20NACIONAL.pdf. Sobre el proceso de desobediencia civil y militar que había ocurrido en el país por las violaciones a los principios democráticos contenidos en la Carta Democrática Interamericana y los aspectos jurídicos de la crisis de gobierno que ocurrió en la madrugada del 12-02-02, véanse mis declaraciones a Edgar López, *El Nacional*, 13-04-02, p. D-2. Véase la reseña sobre el trabajo que venía elaborando relativo a la Carta Democrática Interamericana y la democracia en Venezuela, en *El Universal*, 05-05-02, p. 1-2.

21 Véase en texto en los "Anexos" del libro de Asdrúbal Aguiar, *Historia Inconstitucional de Venezuela 1999-2012*, Colección Estudios Políticos, N° 6, Editorial Jurídica Venezolana, Caracas 2012, 511-534. Véase además, Asdrubal Aguiar; *El problema de Venezuela 1998-2016*, Colección Estudios Políticos, N° 14, Editorial Jurídica Venezolana, Caracas 2016.

Organización de Estados Americanos, la violación del orden democrático que se ha producido en Venezuela, tal y como resulta de todos sus documentos que conforman este libro.

Entre los elementos medulares de esa ruptura del orden constitucional y democrático en violación de la Carta Democrática Interamericana, en todo caso, durante 2016 debe destacarse el ataque al funcionamiento de la Asamblea Nacional, al punto de lograr su aniquilación, utilizándose para ello al Tribunal Supremo de Justicia. Éste, en efecto, como es bien conocido, mediante una serie de sentencias dictadas durante todo el año 2016 hasta enero de 2017, precisamente en violación del orden constitucional y democrático, suspendió el funcionamiento de la Asamblea Nacional, regulándole su funcionamiento interno, suplantando el *interna corporis* que solo la Asamblea puede sancionar; impidiéndole el ejercicio autónomo de su potestad de legislar, sometiéndola al visto bueno previo del Poder Ejecutivo; declarando nulas absolutamente todas sus actuaciones pasadas y futuras; eliminándole la potestad de controlar al Gobierno y a la Administración Pública; impidiéndole ejercer el poder revisar sus propios actos; declarando nulas absolutamente todas las leyes que fue sancionando; eliminando su potestad constitucional de intervenir y controlar el proceso presupuestario; y en fin, eliminando hasta la potestad de la Asamblea de expresar sus opiniones políticas mediante Acuerdos. [22] Con todo ello, sin duda, se ha producido un golpe de Estado, es decir, la ruptura de la Constitución y de los principios de la Carta Democrática Interamericana, que en este caso tuvo lugar como lo ha observado el Secretario General de la OEA, por obra del Poder Ejecutivo y del Tribunal Supremo en un sistema de ausencia de separación de poderes.

Eso fue lo que el mismo Secretario General expresó el 30 de marzo de 2017, en documento que se publica en este libro, al referirse, luego de las últimas sentencias de la Sala Constitucional del

---

22 Véase los comentarios a todas esas sentencias en Allan R. Brewer-Carías, *La dictadura judicial y la perversión del Estado de derecho*, (Presentaciones de Asdrúbal Aguiar, José Ignacio Hernández y Jesús María Alvarado), N° 13, Editorial Jurídica Venezolana, Caracas 2016; y *La consolidación de la dictadura judicial en Venezuela*, N° 14, Editorial Jurídica Venezolana International, Caracas 2017.

Tribunal Supremo de marzo de 2017 usurpando las funciones de la Asamblea Nacional, al:

"auto-golpe de Estado perpetrado por el régimen venezolano contra la Asamblea Nacional, último poder del Estado legitimado por el voto popular."

A ello agregó, en Comunicado de prensa del 4 de abril de 2017, que también se publica en esta obra, que:

"Es absolutamente inadmisible que el desenfreno autoritario que ha llevado al gobierno de Venezuela a abandonar la democracia a través de un auto golpe de Estado, y a situarse al margen de la legalidad constitucional interamericana, se vuelque una vez más en represión contra su propio pueblo."

Frente a esta situación, por tanto, de derrumbamiento de la democracia, además de que el Gobierno cumpla con la Constitución, "no hay otra salida a la crisis política que no sea la de consultar la voluntad del pueblo," [23] que es a lo que más le teme el gobierno,; por lo cual ha estado haciendo y seguirá haciendo todo lo posible para que dicha consulta no se produzca.

Ha sido precisamente el logro de esa consulta a la voluntad del pueblo, lo que con el apoyo y soporte de la sociedad democrática internacional y la intermediación de la Organización de Estados Americanos, ha estado entre los propósitos de la gestión del Dr. Almagro quien está convencido, tal como se lo expresó a la Presidenta del Consejo Nacional Electoral en carta que se incluye en este libro, que "solamente el pueblo proscribe y proscribe a través del

---

23   Véase en Allan R. Brewer-Carías, *La crisis de la democracia venezolana, la Carta Democrática Interamericana y los sucesos de abril de 2002*, Libros El Nacional 2002, pp. 55 ss., y 120; disponible en http://www.allanbrewer-carias.com/Content/449725d9-f1cb-474b-8ab2-41efb849fea5/Content/II,%201,%2097.%20LA%20CRISIS%20DE%20LA%20DEMOCRACIA%20VENEZOLANA%20...%20_EL%20NACIONAL.pdf. Sobre el proceso de desobediencia civil y militar que había ocurrido en el país por las violaciones a los principios democráticos contenidos en la Carta Democrática Interamericana y los aspectos jurídicos de la crisis de gobierno que ocurrió en la madrugada del 12-02-02, véanse mis declaraciones a Edgar López, *El Nacional*, 13-04-02, p. D-2. Véase la reseña sobre el trabajo que venía elaborando relativo a la Carta Democrática Interamericana y la democracia en Venezuela, en *El Universal*, 05-05-02, p. 1-2.

voto," considerando en otra carta enviada a Leopoldo López, la cual igualmente se incluye en este libro, que:

"El pueblo de Venezuela es víctima de la intimidación, convertida en el signo político gubernamental más tangible. Es el corolario de una gestión ineficaz de gobierno, que procura mantener el poder negando al pueblo la posibilidad de decidir mediante el voto, recurriendo a la violencia contra quienes manifiestan o tienen otras opiniones y sobre quienes votan las leyes."

Y el voto, por ello, tenía que estar como condición en las mesas de diálogo que en forma fallida se intentaron montar durante 2016, incluso con la intermediación del Vaticano, y que por no incluir esa condición fracasaron rotundamente.

En una situación como la que existe en Venezuela, como lo hemos expresado en otro lugar, donde "no hay Estado de derecho, no hay gobierno democrático, no hay respeto a la separación de poderes, no se respeta el pluralismo político, no se respetan los derechos humanos, no hay transparencia ni probidad en el manejo de los recursos públicos," un diálogo "entre el Gobierno y la oposición tiene que basarse, primero, en que el Gobierno acepte la situación política antes resumida que se busca resolver; segundo, que acepte que su interlocutor no es otro que el mismo pueblo a través de sus representantes electos para la Asamblea Nacional que conforman la mayoría de la oposición democrática que en ella actúan, por lo cual tiene que aceptar que el pueblo se manifieste de nuevo a través del referendo revocatorio que regula la Constitución" o, por supuesto, a través de cualquier otra vía electoral que permita al pueblo expresar su voluntad, de manera que la solución pacífica a la crisis política del país en definitiva la dé el pueblo mediante las urnas, como lo expresó el Secretario General de la Organización de Estados Americanos en su Informe.[24]

---

24 Véase Allan R. Brewer-Carías, "Nota de Presentación" al libro: *Documentos para el Diálogo en Venezuela*, Idea Democrática España y las Américas, Editorial Jurídica Venezolana International, Caracas 2016, pp. 15-20.

En realidad, como lo precisó bien Almagro en su Segundo Informe,

> "Esperar soluciones de un proceso de dialogo que no es tal, porque ni es recíproco, ni ha ofrecido garantías, ni ha cumplido ninguna de sus premisas, que no ha hecho más que agravar la situación del país y legitimar la continuidad del deterioro de sus instituciones, nos hace cómplices desde la comodidad de esperar por la acción de otros. Genera responsabilidad por omisión. Nuestra inacción en esta situación es sinónimo de omisión en proteger la democracia y los derechos humanos en Venezuela."

Lamentó el Secretario General que durante más de un año, el mensaje enviado a la ciudadanía venezolana hubiera sido "que era la hora del diálogo"; constatando como resultado que "el diálogo ha fracasado," exigiendo que:

> "No podemos permitir que la premisa del diálogo siga siendo utilizada como cortina de humo para perpetuar y legitimar el poder autoritario de lo que se ha convertido en un régimen en Venezuela.

> Diferentes sectores políticos venezolanos, especialmente aquellos más afines al Gobierno, incluidos algunos sectores opositores, así como parte de la comunidad internacional han intentado presentar un mecanismo de diálogo como la solución a la crisis humanitaria, social, económica, financiera y política al pueblo venezolano.

> Ese mecanismo de dialogo fue decisivamente funcional a la estrategia del Gobierno de sostenerse en el poder a partir de reiteradas y continuadas violaciones a la Constitución. Esas violaciones a la Constitución tuvieron efectos devastadores sobre los derechos del pueblo y de los representantes electos por la gente.

> El pueblo de Venezuela se enfrenta a un Gobierno que ha dejado de ser responsable. La Constitución ha dejado de tener sentido.

El estado de derecho no está vigente en Venezuela; ha sido eliminado por un poder judicial completamente controlado por el Poder Ejecutivo, que ha anulado cada ley aprobada por la Asamblea Nacional (AN) así como sus potestades constitucionales o los derechos del pueblo, especialmente sus derechos electorales. Hoy en Venezuela ningún ciudadano tiene posibilidades de hacer valer sus derechos; si el Gobierno desea encarcelarlos, lo hace; si desea torturarlos, los tortura; si lo desea, no los presenta a un juez; si lo desea, no instruye acusación fiscal. El ciudadano ha quedado completamente a merced de un régimen autoritario que niega los más elementales derechos. Estos atropellos han sido instrumentados y ejecutados en paralelo a un proceso de mediación que vio por esta razón socavada su credibilidad.

La corrupción es generalizada y la economía va en caída libre. No hay suficiente comida; los servicios de salud son extremadamente precarios, y la profunda crisis humanitaria es de una escala inaudita en el Hemisferio Occidental. Se ignoran los derechos civiles y políticos. Todo en interés de preservar la riqueza, el privilegio y la impunidad de quienes se aferran al poder."

De todo ello, la conclusión del Secretario General fue recordarle a los Estrados Miembros que la democracia, no es otra cosa que "el gobierno del pueblo," de manera que "quienes son elegidos para representar al pueblo deben servir de instrumento para canalizar el sentir de la ciudadanía en el proceso de toma de decisiones," siendo ellos los "responsables ante el pueblo." Para rescatar la democracia perdida en Venezuela, por tanto, como lo dijo el Secretario General:

"Es hora de que el Consejo Permanente encamine acciones específicas con resultados concretos, que el llamado al retorno a la democracia en Venezuela no tenga ambigüedades y no quede sepultado en intereses coyunturales..

Y para ello, dijo, "la Carta Democrática Interamericana es nuestra herramienta para actuar en casos de alteración del orden constitucional y democrático en un país del Hemisferio," urgiendo a los países a asumir la responsabilidad colectiva y solidaria que deriva del hecho mismo de la creación de la OEA, consciente de que la renuencia a utilizar la Carta Democrática Interamericana he hecho que la situación en el país se haya deteriorado aún más fuertemente.

En ese contexto, la única forma en la cual Venezuela puede evitar la aplicación de la Carta es que el Gobierno adquiera el compromiso de cumplir y acatar la Constitución que ha sido violada incesantemente desde el poder, y realice de inmediato las elecciones que le ha negado a los venezolanos. Como lo expresó la Asamblea Nacional en el *Acuerdo en apoyo de la aplicación del artículo 20 de la Carta Democrática Interamericana, como mecanismo para el restablecimiento en paz del orden constitucional en Venezuela,* de 21 de marzo de 2017, que también se publica en este libro:

> "el cauce pacífico constitucionalmente establecido para resolver esta grave crisis política y social son las elecciones o consultas populares (arts. 5, 62 y 70 de la Constitución), pero el Gobierno Nacional se ha rebelado contra este último reducto de institucionalidad al lograr inconstitucionalmente la suspensión indefinida del referendo revocatorio, en acción concertada con jueces incompetentes en materia electoral; y luego el Consejo Nacional Electoral ha suspendido de facto las elecciones de Gobernadores o Gobernadoras y de Diputados y Diputadas a los Consejos Legislativos de los 23 Estados del país, siendo que debían realizarse en el 2016 pues el mandato constitucional de aquellos terminó en enero de 2017.";

Igualmente, como lo expresó el propio Secretario General de la OEA en el Editorial del diario *The New York Times* del 24 de marzo de 2017,[25] la única forma que tiene Venezuela de evitar la aplicación de la Carta Democrática Interamericana, es "convocar elecciones libres y justas."

Ese es el desiderátum. La única forma cómo la democracia podría retornar al país. O como lo precisó Almagro:

> "¿Qué podemos hacer? ¿Cuál es la salida real? La gente cuando habla de salida real habla de derrocar a un gobierno; noso-

---

25   Véase en https://mobile.nytimes.com/2017/03/24/opinion/how-venezuela-can-avoid-suspension-from-the-oas.html?_r=1&referer.

tros debemos hablar de elecciones. Esa es la única salida real que existe. Una salida sin elecciones es una salida irreal, es posponer la agonía del país fuera de la democracia, la constitución y la institucionalidad."

Es, en definitiva, lo que los representantes de los gobiernos de Argentina, Brasil, Canadá, Chile, Colombia, Costa Rica, Estados Unidos de América, Guatemala, Honduras, México, Panamá, Paraguay, Perú y Uruguay, manifestaron el 23 de marzo de 2017, recibir el *Informe de Seguimiento* del Secretario General de la OEA –aun cuando sin atreverse a decirlo comenzando por lo último–, cuando expresaron que:

"Consideramos urgente que se atienda de manera prioritaria la liberación de presos políticos, se reconozca la legitimidad de las decisiones de la Asamblea Nacional, según la Constitución, y que se establezca un calendario electoral, que incluya las elecciones pospuestas."

Debieron haber comenzado por lo último, por supuesto, sin que las dos premisas anteriores no sean de la primera importancia.

Por ello, en uno de los últimos documentos que se recogen en este libro, el Secretario General de la OEA, ante la violencia desmesurada del régimen contra las protestas pacíficas pero persistentes del pueblo reclamando su democracia, el 9 de abril de 2017 sentenció con razón:

"No hay mejor camino que las elecciones para dirimir las diferencias.

La legítima autoridad democrática se ha perdido, y el gobierno ha decidido optar por el autoritarismo y la represión para mantener un poder que no le pertenece, que le pertenece a los venezolanos.

La autoridad debe volver a los venezolanos. Y que en las elecciones se enfrenten para delegar su autoridad.

La magnitud de la cobardía de un régimen está dada por la dimensión de violencia utilizada para acallar a un pueblo.

La magnitud de la valentía de un pueblo está dada por la dimensión de su voz hoy en la calle para recuperar la Democracia."

En todo caso, mientras esas elecciones tienen lugar, como venezolanos, no podemos sino agradecerle al Dr. Almagro el haberse interesado por la situación del país y por la crisis de su democracia como se evidencia de todos los documentos que conforman este volumen, y en particular, por haber dado su acuerdo a la iniciativa de la Iniciativa Democrática España y las Américas IDEA y de la Editorial Jurídica Venezolana International para recopilar y publicar en este libro los diversos documentos de su autoría sobre la crisis democrática y constitucional del país, en sus ahora dos ediciones; cuyo propósito no solo es preservarlos para la historia de la democracia en Venezuela y de América Latina, como un todo, y difundirlos para que se tenga conocimiento de ellos; sino a la vez, rendirle homenaje de agradecimiento a este gran latinoamericano, Dr. Luis Almagro, demócrata a carta cabal, por los aportes a la democracia en el Continente.

Vaya aquí además, nuestro agradecimiento a la iniciativa del Dr. Asdrúbal Aguiar para incluir esta publicación en la Colección de Documentos de IDEA e, igualmente, por su muy ilustrativa Presentación a la edición de esta obra, que enriquece su contenido.

Allan R. Brewer-Carías

New York, 12 de abril de 2017

I. CARTA ABIERTA DEL SECRETARIO GENERAL DE LA OEA, DR. LUIS ALMAGRO, EN RESPUESTA A ELÍAS JAUA[(*)]

17 de septiembre de 2015

Ninguna revolución, Elías, puede dejar a la gente con menos derechos de los que tenía, más pobre en valores y en principios, más desiguales en las instancias de la justicia y la representación, más discriminada dependiendo de dónde está su pensamiento o su norte político. Toda revolución significa más derechos para más gente, para más personas.

La Democracia es el gobierno de las mayorías, pero también lo es garantizar los derechos de las minorías. No hay democracia sin garantías para las minorías. Y en ese sentido, he repetido en varias ocasiones que mi deber es recibir a gobiernos y a oposición, y así lo he hecho, con varios países, y sí, con el opositor Henrique Capriles o Manuel Zelaya, pero también oposición de Jamaica, Belize o Guatemala, por nombrar dos opositores pertenecientes a familias ideológicas diferentes.

Y en el mismo sentido saludé la liberación de opositores, fue un saludo a las garantías para las minorías, pero quien me critica por esto, parece no comprender la importancia del respeto a las minorías y lo importante que es que un gobierno le dé garantías a esas

(*) Véase en http://www.infobae.com/2015/09/18/1756203-la-carta-abierta-luis-almagro-elias-jaua-severas-criticas-al-regimen-venezuela/.

minorías. "Quizás esté equivocado, porque yo me equivoco mucho; pero lo digo como lo pienso", como dijo *José Mujica*, y lo seguiré haciendo, pues no se puede entender el respeto a la Democracia por parte de un Secretario General que sólo se reúne con los representantes del gobierno de un país y le da la espalda a la oposición, a las minorías.

Los principios, primero siempre

Hay algo que está por encima de cualquier comunidad ideológica, son los valores republicanos esenciales, de los cuales no podemos prescindir en ningún pensamiento, porque hacen al derecho de los pueblos y hacen a las garantías que les debemos a cada uno de los ciudadanos y ciudadanas. Ojalá pudiéramos repetir esta carta de un revolucionario uruguayo de 1904 juntos, algo que es esencial en mi pensamiento:

> *"Es por eso, hermano, que estoy en donde estoy, y aquí estaré al morir. En el bando de los administradores de buena fe; en el partido de las probidades presidenciales, junto a aquellos que suben y bajan pobres del poder. La patria es algo más de lo que tú supones; la patria es el poder que se hace respetar por el prestigio de sus honradeces y por la religión de las instituciones no mancilladas; la patria es el conjunto de todos los partidos en el amplio y pleno uso de sus derechos; <u>La patria es la dignidad arriba y el regocijo abajo.</u>"*

Esto tiene que valer para todo partido político, para toda posición ideológica.

Observación Electoral el 6/12

Por eso, también pedí la oportunidad de hacer una observación electoral en Venezuela, porque las garantías son para todos y no para algunos. Está muy bien que el Gobierno y el Partido de Gobierno confíen en el sistema electoral venezolano, pero la oposición también está pidiendo una garantía más para el día de la elección y es nuestra participación.

Y cuando te piden una garantía más y no se la das, se la quedas debiendo. Y si yo no la ofrezco, estoy en falta. Y si no les das esa garantía y hay un fondo político para no hacerlo, eso es además injusto.

De buena fe he ofrecido quizás uno de los servicios de mayor calidad que tiene la OEA, que es la observación electoral, para así brindar seguridades a todos los sectores del país sobre el proceso del 6 de diciembre. Yo sé que Venezuela tiene uno de los procesos electorales de mejor calidad, pero entiendo que nuestra presencia puede ayudar a que las minorías políticas de hoy en Venezuela lo comprendan asimismo. Nuestro ofrecimiento de apoyo, coordinado con las autoridades electorales venezolanas, se unía así al esfuerzo de UNASUR, y de hecho favorecería a todos los sectores del espectro político y al gobierno, ya que se ubica por encima de intereses partidarios; favorecería al pueblo de Venezuela, porque el pueblo es Gobierno y es oposición, es el que tiene y el que no tiene, es de cualquier edad, sexo, religión, raza. Porque las elecciones son para todos, para que todos en igualdad ante la ley puedan elegir o puedan ser candidatos, porque sólo al pueblo le corresponde decidir si determinado político no va más.

El día que fui electo Secretario General dije esto, parafraseando a Raúl Sendic: *"Si nos ponemos a discutir sobre las cosas que vemos diferentes, vamos a pasar una vida discutiendo; si trabajamos en lo que estamos de acuerdo, vamos a pasar una vida trabajando"*.

No soy como el árbitro que cobra cuando le grita la tribuna

Mi visita a Cúcuta no se trató de apoyar a colombianos, venezolanos, o colombo-venezolanos, se trató de ver de cerca la realidad de compatriotas latinoamericanos humildes, que atraviesan una situación penosa.

Y luego de estar allí, hablando con quienes no mienten, los niños, trabajadoras y trabajadores humildes, no comparto la expresión "crisis humanitaria" que se ha acuñado por diferentes actores a nivel internacional, pero sí es una situación penosa que están atravesando unos miles de personas y cientos de niños que requieren en forma urgente la reunificación familiar. Y de unos cuantos miles que perdieron todas sus humildes posesiones. Y quien se cree de izquierda y no es sensible a esta penosa realidad humanitaria no merece llamarse de izquierda, ni tiene autoridad moral para criticarme.

Hace poco alguien me recriminó porque no hablé en el reciente Consejo Permanente de la OEA que abordó el tema, pero es que yo no soy como el árbitro que cobra al grito que viene de la tribuna, tengo que verlo con mis propios ojos. Cuando lo vi, hablé claro y dije lo que había que decir. He visto que algunas cosas las han empezado a hacer, como el asegurar derechos a los niños (principalmente la educación) o la reunificación familiar. Tan mal no estarían entonces estas observaciones. Quizás vos mismo te has emocionado *al ver las escenas de reencuentro familiar.*

Y en el mismo sentido, y para no cobrar al grito, pedí también la sentencia de Leopoldo López, para documentarme, para saber exactamente de qué se trata y qué pasó. Para no tener dudas al respecto. O la menor cantidad posible.

"Vengo del sur, y como tal, cargo inequívocamente con los millones de compatriotas pobres de América Latina, patria común", dice **José Mujica,** y yo soy un simple militante de ese pensamiento.

Hoy en nuestra América, la América en la que reina tanta injusticia, donde las oportunidades siguen sesgadas y aún en buena medida dependen del lugar donde uno haya nacido, o el género, la raza, o la cuna social, quienes bregamos para que el progreso sea compartido por todos deberíamos poder tener un diálogo sin descalificadores epítetos.

Aspiramos a una nueva OEA, una OEA que esté cerca de la gente, que sea un bastión de la democracia y los Derechos Humanos, una OEA que rompa con lo más oscuro de su tradición, y en ese sentido no tuve ninguna duda en pedir una disculpa al pueblo de

República Dominicana por la barbarie histórica que cometió la OEA al validar la intervención militar norteamericana de 1965.

Siempre del lado de los débiles, ahí estaré

Quienes me llevaron a la Secretaria General, incluyendo a Venezuela, lo hicieron por esa razón.

"Nuestro mundo necesita menos organismos mundiales…, y más humanidad y ciencia", suele decir Mujica, y en el tiempo que me queda en este cargo intentaré que la humanidad, los derechos humanos, el trabajo con, por y para los más débiles, sea mi razón de trabajo.

Como lo hice en cada uno de los casos a los que te referís en tu carta, porque lo que es para vos motivo de ataque es para mí motivo de orgullo. Es de todas formas un elogio a mí como hombre de acción y de pensamiento.

Y ya lo hemos discutido. Con cada acción que he llevado adelante he procurado garantizar los derechos de todos, eso no me hace menos bolivariano ni menos de izquierda. Al contrario.

No voy a hacerte una casuística de lo que estamos haciendo o de lo que vamos a hacer, pero consta que queda mucha injusticia por derribar, queda mucha discriminación por terminar, queda mucha pobreza por resolver y quedan muchas inequidades por destruir. Y no voy a transar nunca. Estaré siempre del lado del más débil, del más discriminado y del más pobre. Algunas de ellas aparecen en mi carta, otras en la tuya.

La justicia que debemos construir tiene que sostenerse en la ley, y debemos sostener las leyes en la dimensión ética de los principios que surgen de la acción moral. *"Todos los que están agobiados por la injusticia deben ser nuestros protegidos"*. Y no habrá ninguna razón para que nos callemos ante eso, cuando falten garantías del debido proceso, cuando haya denegación de justicia o cuando existan condiciones infamantes.

Hace poco, la reconocida jueza uruguaya Mariana Mota decía: *"Pero las democracias no aseguran por sí solas que estas discriminaciones se superen sino que solamente habilitan ámbitos para que se puedan abordar esas inequidades y trabajar para superarlas. Las segregaciones y vulneraciones de derechos se verifican también en democracia, y aun dentro de los programas que pretenden superarlas."* Debemos trabajar permanentemente para hacer las cosas mejores. Debe construirse permanentemente sobre nuestras acciones.

"Lo que involucra a los derechos humanos no es neutro, no puede serlo, porque parte de analizar determinada realidad y decidirse a modificarla, identificándose y eligiendo estar del lado de la víctima (o del débil, o del sufriente), optando por un modelo que enfrente la desigualdad, que se proponga construir una sociedad sin discriminaciones, sin excluidos, participativa, valorando las diferencias como elementos esenciales para la conformación de una comunidad."

Cuando quieras discutimos de izquierda, derechos humanos, socialismo, liberación nacional, imperialismo. Porque estoy tranquilo de haber defendido fuertemente los principios que hacen a valores esenciales de mi vida política.

Un abrazo,

Almagro

II. CARTA DEL SECRETARIO GENERAL DE LA OEA, LUIS ALMAGRO, A LA PRESIDENTA DEL CONSEJO NACIONAL ELECTORAL, TIBISAY LUCENA EN RELACIÓN A LOS COMICIOS DEL 6 DICIEMBRE DE 2015[*]

10 de noviembre de 2015

Señora Tibisay Lucena,

He recibido su amable carta, a la que accedieron algunos medios de comunicación latinoamericanos, en la que lamentablemente se rechaza el ofrecimiento que realizáramos de una observación electoral de la Organización de Estados Americanos (OEA) en las elecciones parlamentarias a llevarse a cabo el 6 de diciembre de 2015.

Lamento además que el rechazo se fundara en un posicionamiento político y no en los argumentos que hacen a la justicia y a las garantías necesarias para el desarrollo de un proceso electoral.

No objeto que Usted muestre una posición política pero supongo que tiene absolutamente claro que el trabajo de justicia electoral trasciende completamente ese tipo de posiciones y requiere ponerse al frente de las garantías exigidas por los partidos, sean del Gobierno o de la oposición.

---

[*]   Véase en http://www.oas.org/documents/spa/press/Carta-a-Sra.-Tibisay-Lucena.pdf.

En su carta me reitera que el sistema electoral de Venezuela es extraordinariamente eficiente, pero entiendo que las garantías electorales no refieren únicamente a la eficiencia.

Hubiera esperado que en su carta usted se pusiera al frente de las garantías exigidas y que de la misma surgiera que están cubiertas todas las necesidades de los partidos políticos venezolanos, tanto del Gobierno como de la oposición para asegurar que las elecciones se van a llevar a cabo de una forma justa y transparente.

Si la Secretaria General de la OEA fuera indiferente a los pedidos de la oposición de los países sobre una observación electoral estaríamos faltando gravemente a nuestro trabajo, que es el de respaldar el buen funcionamiento de un proceso electoral para todos los partidos políticos involucrados.

Estaríamos faltando gravemente a nuestro trabajo si no tuviéramos en cuenta las condiciones en que se desarrolla la campaña electoral en Venezuela respecto a las futuras elecciones legislativas. Es preocupante que del análisis de esas condiciones tengamos que concluir que hoy por hoy, las dificultades solamente alcanzan a los partidos de la oposición.

En este escenario todos tenemos algo que ver, ya sea por acción o por omisión, pero ese hecho hace definitivamente a la esencia de su trabajo.

Usted está a cargo de la justicia electoral, usted es su garante. En usted deben confiar todos, todos los partidos, todos los ciudadanos y toda la comunidad internacional porque Venezuela tiene obligaciones con la democracia que trascienden a su propia jurisdicción. Una elección necesita que todos los actores involucrados, ciudadanos, partidos políticos, prensa y sociedad civil en general tengan asegurado el más pleno goce de todos sus derechos civiles y políticos.

Usted nos ha visto insistir para realizar una observación electoral porque es nuestro trabajo velar por la justicia electoral de la región, porque la justicia electoral es requisito para el buen funcionamiento de una democracia y para garantizar el más pleno respecto a los derechos civiles y políticos de todos y cada uno de sus ciudadanos.

La oposición de su país nos ha pedido reiteradamente que la misma se realice y, como ya lo expresara, las garantías usted se las debe también a ellos, pues su Gobierno tiene muchas formas de asegurarse que el resultado sea justo. Y no es que esta sea una pretensión destemplada, es una obligación suya, legal y moral. Es una obligación del CNE pero también es una obligación de la OEA.

Si yo mirara para otro lado ante el reclamo de la oposición de su país y de la comunidad internacional estaría faltando a mis deberes esenciales. Si usted no dispone de mecanismos que aseguren una observación que tenga las más plenas garantías para su trabajo, usted está faltando a obligaciones que hacen a la esencia de las garantías que debe otorgar.

Su trabajo es velar por elecciones justas y transparentes que se desarrollen con las máximas garantías. Esto implica velar por esas garantías desde meses antes de las elecciones. Es lo necesario y hacer lo necesario es una cuestión de justicia electoral.

Velar por la justicia y transparencia de las elecciones es nuestra obligación también, y no es injerencia. Injerencia seria si yo desatendiera reclamos justos y fundados, si mirara para otro lado ante esta situación. En tal caso estaría siéndolo por omisión, porque por mi inacción estaría dejando llevar adelante medidas que afectan a candidatos y que de tal manera, afectan posibilidades de que todos los ciudadanos elijan libre y plenamente.

Es por lo anterior que le presento a continuación los fundamentos de mis insistentes ofrecimientos de observación electoral, basados en la exigibilidad de condiciones y garantías de justicia electoral. Los mismos representan condiciones del proceso político electoral de Venezuela que me llevan a reafirmar que una observación internacional les brindaría a todos los venezolanos mayor tranquilidad de espíritu a la hora del conteo de los votos.

Condiciones Generales del proceso y la campaña electoral, un terreno de juego desnivelado.

He sido advertido de que *la oposición venezolana no ha gozado de condiciones de participación equitativas en la campaña electoral.*

En un contexto de elevada polarización política y desconfianza, las autoridades electorales, lejos de garantizar condiciones de plena igualdad entre los postulantes, reproducen el discurso oficial y aumentan la desconfianza del electorado opositor sobre las elecciones e instituciones del país.

Como dijo uno de los líderes políticos del Uruguay de inicios del Siglo XX, Don José Batlle y Ordóñez "No es que el pueblo nunca se equivoque, sino que es el único que tiene el derecho de equivocarse". El pueblo tiene que tener las máximas garantías de libertad para expresarse; y los partidos políticos así como los políticos tienen que tener las mayores garantías para ser elegidos. Cualquier obstáculo en este sentido limita la acción política en su más amplia expresión, limita los derechos del pueblo, los derechos de los partidos y los derechos de los ciudadanos que ejercen la política.

Lo dijo tan maravillosamente Bob Marley: "**What we really need is the right to be right and the right to be wrong**".

Debemos lograr juntos que ese derecho tan elemental de la democracia sea garantido por el CNE de Venezuela. Es esencial que yo lo manifieste.

- **Uso de recursos financieros para las campañas**

También he sido informado que la *ausencia de topes o controles al gasto de campaña* significa que los candidatos del gobierno pueden, y en efecto lo harían, utilizar recursos. El gobierno, incluso despliega a una gran cantidad de empleados públicos y recursos estatales para la campaña.

No es inútil recordar al respecto el artículo 5 de la Carta Democrática Interamericana

53

"El fortalecimiento de los partidos y de otras organizaciones políticas es prioritario para la democracia. Se deberá prestar atención especial a la problemática derivada de los altos costos de las campañas electorales y al establecimiento de un régimen equilibrado y transparente de financiación de sus actividades"

- **Acceso a los medios de comunicación**

Al parecer esto se suma a la *ausencia de garantías de acceso a los medios de comunicación para aquellas candidaturas que no cuenten con el financiamiento del Estado.*

He sido informado que el Estado y el CNE no garantizan igualdad de condiciones a todos los postulantes para la promoción de sus candidaturas y sus propuestas. No existiendo financiación estatal, el oficialismo ha recurrido a utilizar los recursos económicos que administra como Gobierno Nacional.

- **Confusión en las papeletas electorales**

Se me ha planteado preocupación respecto a eventuales *confusiones que podrían generarse en el electorado por la ubicación final que tendrían los partidos postulantes en la papeleta de votación, de acuerdo a lo anunciado por el CNE a fines de octubre.* Entiendo que la ubicación en la boleta depende del total de votos que obtengan los partidos por lista. Sin embargo, se me ha informado que al lado de la tarjeta de la Mesa de la Unidad (MUD) se ubicó la del partido Movimiento de Integridad Nacional (MIN-Unidad), partido intervenido por el Tribunal Supremo de Justicia, que fue expulsado de la MUD y que inscribió candidatos de forma autónoma. **La ubicación de la tarjeta, junto al uso de colores y nombres similares podría generar confusión al momento de la votación.**

Se me ha informado asimismo que el CNE ha prohibido el uso de colores, símbolos y nombres de otros partidos bajo el argumento de su similitud con otros partidos en la tarjeta. Las similitudes entre la tarjeta de la MUD y de MIN-Unidad van más allá de los colores y símbolos, MIN-Unidad inscribió a última hora un candidato llamado a Ismael García, quien es un obrero de 28 años de edad sin previa militancia política, para optar a un cargo de diputado. En la boleta electoral, el joven aparecerá al lado de otro Ismael García, quien es un conocido dirigente de la oposición. Incluso el presidente Maduro hizo referencia en cadena nacional de televisión a la tarjeta de MIN-Unidad como si fuera la tarjeta de la oposición (MUD).

- **Plan de Seguridad, Operación liberación del Pueblo**

A ello se suma la *implementación del plan de seguridad denominado Operación Liberación del Pueblo (OLP)*, el cual ha sido denunciado por diversas organizaciones defensoras de Derechos Humanos por ser responsable de detenciones masivas y de presuntas ejecuciones extrajudiciales.

Igualmente se desarrolla una *actividad permanente de amenazas y judicialización a los trabajadores, estudiantes o sectores populares que en la calle expresan su malestar por la situación económica y social del país*.

Es preocupante que esa actividad sea además promovida por el Presidente Nicolás Maduro, quien asegura que tendrá mano dura contra quien proteste en el marco de esta coyuntura electoral, así como por el actual presidente de la Asamblea Nacional, Diosdado Cabello, quien apoya y da difusión a actividades ilegales de espionaje y seguimiento a opositores.

- **Cambios en las reglas de juego**

La campaña electoral arrancó en 2015 con inhabilitaciones, pero al anuncio de la fecha le siguieron ajustes en cuanto a:

- la distribución de género
- nuevas inhabilitaciones
- un nuevo cambio que podría afectar la cantidad de diputados opositores: 6 estados que concentran el 52% del Registro Electoral sólo podrán elegir 64 diputados, mientras que en los 18 restantes se elegirán 100 diputados. En el Distrito Capital,

donde en 2010 se escogieron 13 diputados, esta vez se escogerán 11. El grupo de inhabilitados son reconocidos liderazgos de la oposición

- **Las inhabilitaciones a candidatos opositores**

A la fecha han sido inhabilitados para ejercer cargos públicos y participar en las elecciones de diciembre 7 individuos:

- el ex gobernador Manuel Rosales (ex candidato presidencial y ex gobernador del estado Zulia);
- el ex gobernador Pablo Pérez (ex alcalde de Maracaibo y ex gobernador del estado Zulia),
- la líder de oposición María Corina Machado (diputada electa con más votos a nivel nacional en 2010),
- el ex alcalde Daniel Ceballos (San Cristóbal, estado Táchira);
- el ex alcalde Enzo Scarano (San Diego, estado Carabobo);
- Carlos Vecchio (dirigente del partido Voluntad Popular); y
- Leopoldo López, quien ya tenía una inhabilitación anterior y que fue ratificada hasta el 2017.

Las inhabilitaciones solamente operan para dirigentes opositores, quienes muchas veces han tenido problemas para presentar descargos y plantear su defensa. Se han tenido que enfrentar a casos prejuzgados y en los que ninguna posibilidad de defensa es admitida.

Las inhabilitaciones basadas en acusaciones que no han sido sustanciadas en procedimientos en los que consta la existencia de garantías básicas para descargos y defensa limita los derechos del pueblo en cuanto a su posibilidad de elegir. La política debería abrir la puerta para que la ciudadanía se exprese y sea la ciudadanía la que juzgue la acción política que han tenido los inhabilitados.

- **Intervención de partidos políticos por el poder judicial**

A través de medidas cautelares se suspendió la directiva del CO-PEI y se nombró un Consejo Directivo nuevo por el Tribunal.

La oposición llega a las elecciones con importantes liderazgos inhabilitados o detenidos, con limitada capacidad para acceder a los medios de comunicación, bajo el escrutinio del sistema de inteligencia del país y con el peso de la interpretación del marco jurídico del país en contra.

No puedo hacer la vista gorda ante hechos concretos que claramente vulneran derechos en el marco de la campaña electoral y al propio proceso electoral:

- *ausencia de topes o controles al gasto de campaña,*
- *acceso desigual a los medios de comunicación a candidatos del oficialismo y de la oposición,*
- *nuevas regulaciones sobre la ubicación y características de las papeletas de votación que podrían llevar a confusiones al momento de sufragar,*
- *implementación de medidas de seguridad que limitan la libertad de expresión,*
- *judicialización y amenazas a manifestantes pacíficos,*
- *inhabilitaciones y cambios en las condiciones de distribución de género y de la representación estatal que podrían afectar los resultados electorales y finalmente,*
- *la intervención de partidos políticos por el poder judicial.*

Frente a estos hechos señora Lucena, no podemos mirar para otro lado ni usted ni yo.

Decretos de Estado de excepción y su impacto en el proceso electoral:

En el campo de las garantías para los electores, la situación más grave es la negación de los derechos y garantías constitucionales por vía de la declaración del estado de excepción en 23 municipios de tres Estados del país, en períodos que varían desde el 19 de agosto hasta el 7 de diciembre del 2015.

La campaña electoral y los períodos de excepción coinciden en lapsos diferentes en todos los municipios *limitando los derechos políticos de reunión, organización y movilización, eliminando efectivamente la posibilidad de realizar campaña en dichos municipios.*

Los decretos de estado de excepción en 23 municipios de 3 Estados de la República Bolivariana de Venezuela (Táchira, Zulia, y Apure) no afectan directamente los derechos a elegir, a ser electos, ni la organización de las elecciones. En consecuencia no se establecen mediante esos decretos mecanismos legales para que el Organismo Ejecutivo, el Consejo Nacional Electoral (CNE) u otra entidad del Estado afecten o impidan la realización de las elecciones.

Como usted misma ha afirmado, *"los decretos de estados de excepción emitidos por la Asamblea Nacional y el Tribunal Supremo de Justicia en ningún momento afectan la esfera de los derechos políticos y civiles de las electoras y los electores relativos al proceso comicial"* ya que *"las medidas están orientadas a combatir el contrabando de extracción y los delitos contra la moneda nacional".*

Coincidimos con usted en que no se está afectando directamente el derecho efectivo al sufragio.

Sin embargo, entiendo que los decretos limitan derechos que podrían afectar indirectamente la campaña electoral.

La declaración de estado de excepción restringe, entre otros, los derechos de la inviolabilidad del hogar y todo recinto privado, el libre tránsito en el territorio nacional, de reunión pública o privada sin permiso previo y el de manifestar pacíficamente. Las reuniones públicas y las manifestaciones pacíficas deben ser previamente autorizadas por los funcionarios en quienes se delega la ejecución de los decretos. La delegación de autoridad de los decretos recae en los Gobernadores de los Estados de los Municipios.

Los decretos también establecen que los organismos públicos competentes podrán inspeccionar y revisar el lugar de habitación, estadía o reunión de personas naturales y domicilio de personas jurídicas, entre otras, así como requisas personales y de equipaje, con el fin de ejecutar registros para determinar o investigar la perpetración de delitos sin necesidad de orden judicial previa.

Considerando que la Ley Orgánica de Procesos Electorales (LOPRE), entiende por campaña electoral las actividades de carácter público desarrolladas por los candidatos y candidatas que tengan como propósito captar, estimular o persuadir al electorado para que vote a favor de uno u otro contendiente dentro de un plazo señalado; la declaración de excepción podría afectar la campaña en al menos dos sentidos.

Por un lado, existe un riesgo *de concentración de discrecionalidad en los Gobernadores de los Estados, pues se delega en una persona la capacidad de autorizar o no, manifestaciones y reuniones que puedan tener como propósito captar o estimular el voto.*

Los Gobernadores de los Estados del Táchira, Zulia y Apure fueron todos electos por el Partido Socialista Unido de Venezuela (PSUV) y son parte de la alianza oficialista, lo que incrementa el riego implícito en la concentración de discrecionalidad.

Por otro lado, *la posibilidad de ejecutar registros sin orden judicial a cargo de los órganos públicos competentes, podría prestarse a abusos por parte de la fuerza pública con trasfondo político,* considerando sobre todo que las casas de campaña son algunas veces recinto de reunión de personas naturales o domicilios de personas jurídicas, lo cual podría generar un clima desfavorable para una campaña electoral justa.

Analizar la correlación de fuerzas políticas y el contexto en las zonas afectadas es importante para sopesar los potenciales riesgos derivados de los decretos de excepción. En las Elecciones Legislativas del 2010 el oficialismo (alianza PSUV) obtuvo la mayoría en la Asamblea Nacional: 98 de 165 curules, pero en los Estados de Táchira, Zulia y Apure obtuvo 9 frente a 18 escaños ganados por la opositora Mesa de Unidad Democrática (MUD) de los 27 en juego. En las Elecciones Regionales del 2012 el PSUV ganó las gobernaciones de los Estados aludidos y las Elecciones Municipales 2013-14 el mismo partido venció en 14 de los 23 municipios afectados en la actualidad por el estado de excepción.

El estado de excepción habilita al Presidente de la República a regular, mediante Decreto-Ley, los derechos que han sido suspendidos. Por consiguiente, al no haber sido suspendido el derecho al sufragio el Presidente no puede regular ninguno de los aspectos del proceso electoral.

Si bien los decretos de estado de excepción no afectan directamente el derecho efectivo al sufragio, si afectan indirectamente a la campaña electoral al limitar los derechos de reunión, organización y movilización, al concentrar la discrecionalidad de los gobernadores para permitir o no esas actividades y al facultar la ejecución de registros sin orden judicial.

Libertad de Prensa y de Expresión:

La Corte Interamericana de Derechos Humanos (CIDH) ha defendido que la libertad de expresión y de prensa es un elemento esencial de la democracia y que cuando ellas faltan se están creando condiciones para la formación de sistemas autoritarios.

Los conceptos que ha manejado la CIDH en cuanto a la necesidad de "crear un clima de respeto y tolerancia hacia todas las ideas y opiniones" y que "la diversidad, el pluralismo y el respeto por la difusión de todas las ideas y opiniones, son condiciones fundamentales en cualquier sociedad democrática". En consecuencia, las autoridades deben contribuir decisivamente a la construcción de un clima de tolerancia y respeto en el cual todas las personas puedan expresar su pensamiento y opiniones sin miedo a ser agredidas, sancionadas o estigmatizadas por ello.

Asimismo, es "deber del Estado crear las condiciones que permitan que todas las ideas u opiniones puedan ser libremente difundidas, incluyendo la obligación de investigar y sancionar adecuadamente a quienes usan la violencia para silenciar a los comunicadores o a los medios de comunicación".

La libertad de expresión es un derecho esencial del funcionamiento de la democracia, como lo es el derecho al acceso a la información. Ambos deben ser garantizados en su más amplia expresión.

Periodistas de *El Universal* expresaron que "alarma el creciente cerco comunicacional que se ha venido levantando sobre algunos voceros e instituciones de la sociedad venezolana que representan a importantes sectores que, poco a poco, están quedando al margen del registro noticioso, en detrimento del derecho constitucional a la información."

En ese sentido y considerando el contexto electoral en Venezuela, preocupa que se hayan censurado artículos sobre conferencias de prensa y actos políticos del gobernador de Miranda, Henrique Capriles, así como cualquier información procedente de dirigentes políticos de la MUD. Esto habla de una *inequidad de acceso a los medios entre los representantes del oficialismo y de la oposición.*

Es preocupante que se continúen reportando en gran cantidad *amenazas, acosos y violencia contra periodistas y medios* en Venezuela.

Podemos enumerar algunos casos como el despido de las periodistas Eliana Andrade del programa de opinión *"Polos Encontrados,* Ingrid Bravo de *FM Center"* por presiones del Gobierno", Génesis Arévalo que fue despedida el 10 de junio del diario *La Verdad* y Mariana de Barros despedida de *Globovisión,* el despido de José Hurtado quien tenía fueros sindicales, todos estos casos denunciados como despidos por presión política gubernamental de una u otra forma, lo mismo ocurre con los casos de Juan José Peralta o Vanessa Sénior; la denuncia de renuncia inducida de Víctor Amaya por artículos críticos al Gobierno, la cancelación de programas como "Al Rojo Vivo", de *Radio Anaco y 104.3 FM* luego de 18 años al aire. Podría seguir mencionándole casos en los que el ejercicio de la libertad de expresión los afecto laboralmente con el despido.

El principio 13 de la Declaración de Principios sobre Libertad de Expresión de la CIDH sostiene que: "[l]a utilización del poder del Estado y los recursos de la hacienda pública; la concesión de prebendas arancelarias; la asignación arbitraria y discriminatoria de publicidad oficial y créditos oficiales; el otorgamiento de frecuencias de radio y televisión, entre otros, con el objetivo de presionar y castigar o premiar y privilegiar a los comunicadores sociales y a los medios de comunicación en función de sus líneas informativas, atenta contra la libertad de expresión y deben estar expresamente prohibidos por la ley. Los medios de comunicación social tienen derecho a realizar su labor en forma independiente. Presiones directas o indirectas dirigidas a silenciar la labor informativa de los comunicadores sociales son incompatibles con la libertad de expresión".

Otros problemas recurrentes para el periodismo que hace planteos opositores es la *escasez de papel de prensa,* que afecto a varios rotativos del país.

Como lo es también la *concentración de medios de comunicación por parte del Estado,* sobre todo televisivos, como parte de la realidad política de Venezuela en 2015.

El principio 12 de la Declaración de Principios sobre Libertad de Expresión de la CIDH establece que "los monopolios u oligopolios en la propiedad y control de los medios de comunicación deben estar sujetos a leyes antimonopólicas por cuanto conspiran contra la democracia al restringir la pluralidad y diversidad que asegura el pleno ejercicio del derecho a la información de los ciudadanos".

La *falta de renovación de concesiones* también ha colocado a medios independientes en situación de absoluta vulnerabilidad en cuanto a que a que operan en un limbo jurídico y están expuestos a presiones directas o indirectas de las autoridades.

La Corte Interamericana de Derechos Humanos dictaminó el 22 de junio que el cierre de *RCTV* fue arbitrario y que el motivo era "acallar al medio de comunicación". Por ello, ordenó al Estado venezolano a "restablecer la concesión de la frecuencia" y "devolver los bienes" que le habían sido incautados, para luego abrir un "proceso abierto, independiente y transparente" para otorgar el uso de la frecuencia. El Tribunal resaltó que "al realizar el gobierno un trato diferenciado basado en el agrado o disgusto que le causaba la línea editorial de un canal, esto conlleva que se genere un efecto disuasivo, atemorizador e inhibidor sobre todos los que ejercen el derecho a la libertad de expresión, ya que envía un mensaje amedrentador para los otros medios de comunicación respecto a lo que les podría llegar a ocurrir en caso de seguir una línea editorial como la de *RCTV"*. La Corte consideró que el Estado era "responsable de la violación del derecho a la libertad de expresión establecido en el artículo 13 en relación con el deber de no discriminación contenido en el artículo 1.1 de la Convención Americana".

La condena de Leopoldo López:

Desde hacía tiempo en nuestro continente no se daba que uno de los máximos dirigentes opositores estuviera preso cuando una elección. La última referencia es la de Wilson Ferreira Aldunate en Uruguay en 1984.

En un fallo de primera instancia del 1 de octubre de 2015 se condena a varios ciudadanos venezolanos por hechos ocurridos el 12 de febrero de 2014. Es un juicio oral por lo que buena parte del fallo transcribe las intervenciones de las partes, de los testigos y de los peritos.

Uno de los condenados, el que por otra parte recibió la mayor pena, Leopoldo Eduardo LÓPEZ MENDOZA, lo fue por los delitos de: determinador en el delito de incendio; determinador en el delito de daños; autor en el delito de instigación pública; asociación para delinquir.

Por todo ello fue condenado a 13 años, 9 meses, 7 días y 12 horas de prisión, sin posibilidad de medidas sustitutivas, o sea con "privación de libertad, debiendo permanecer recluido en el Centro Nacional de Procesados Militares".

El texto del fallo, de más de 280 páginas, comienza señalando que "los hechos objeto del presente juicio...se originaron con ocasión a los sucesos ocurridos en fecha 12 de febrero de 2014, día en que un gran número de manifestantes...entre los cuales (los demás condenados en este fallo)..., en atención al llamado efectuado por el ciudadano Leopoldo Eduardo López Mendoza y otros dirigentes políticos del partido Voluntad Popular, éste expresándose a través de los distintos medios de comunicación realizó llamados a la calle, los cuales produjeron una serie de hechos violentos, el desconocimiento de las autoridades legítimas y la desobediencia de las leyes, desencadenándose el ataque desmedido por un grupo de personas contra la sede del Ministerio Público, así como siete carros, de los cuales seis eran patrullas..., al igual que causaron daños, destruyendo la plaza Parque Carabobo, a través de actos vandálicos ejecutados con objetos contundentes e incendiarios".

La acusación en contra de Leopoldo López fue interpuesta por el Ministerio Público el 4 de abril de 2014, para los que el Fiscal Franklin Nieves expuso los hechos y los fundamentos de la ratificación de la acusación el 23 de julio de 2015. El fallo transcribe su exposición. En ella comienza diciendo que expondrá los hechos y que, según él, la jueza "podrá apreciar cómo este ciudadano Leopoldo Eduardo López Mendoza expresándose a través de los distintos medios de comunicaciones sociales, así como las redes sociales y en especial a través de su cuenta Twitter, influyendo en sus seguidores emitió una serie de mensajes lo que desencadenó un ataque desmedido de ese grupo de personas que él mismo convocó para el 12 de febrero...todo lo cual se llevó de una manera premeditada en virtud de que todos estos actos estaban preparados previamente a los fines de su ejecución, crónica de una muerte anunciada....".

Describe luego los hechos: manifestantes que pretenden ver a la Fiscal General, sin éxito, para entregarle una petición, luego discusiones que allí suceden y que terminan en actos de violencia, según él "bajo la mirada complaciente de su líder Leopoldo López, quien se montó en su camioneta y se retiró". "Una vez que se retira comienza la arremetida contra la sede del Ministerio Público".

Luego describe daños que se producen e insiste en supuestos: "qué hubiese pasado si hubiese sido un día de clases con los niños de la escuela vecina", etc... y concluye que "todos estos hechos fueron realizados bajo la persuasión y determinación del ciudadano López quien ejerció esta influencia a través de las diferentes alocuciones, discursos, ...mensajes a través de las redes sociales...para poder desarrollar este plan criminal que ellos se han propuesto con el fin de obtener el poder en Venezuela...".

Exponen luego los abogados defensores de los distintos acusados. Por Leopoldo López lo hace el abogado Juan Carlos Gutiérrez. Dice entre otros puntos que la fiscalía "no desarrolla, no prepara, no le explica... cómo se consumaron (los cuatro delitos de los que lo acusa)". Y ejemplifica en un caso: el de asociación para delinquir (por el que será condenado a ocho años), donde dice que "el Ministerio Público presenta imaginativamente diciendo que él se imagina que detrás del discurso de Leopoldo López hay un grupo de personas que le redactan el discurso, que le financian,...que actúan de manera en común... los hechos relacionados con este tipo penal son total y absolutamente inexistentes, y de igual manera con los restantes cargos...".

Analiza presunto delito tras presunto delito para concluir que "lo único que se le imputa es la palabra, lo que dijo, y más grave aún no es lo que dijo López, es lo que la imaginación del Fiscal del discurso de López.... y determinador (que es de lo que se acusa a López) es lo que se conoce como el autor intelectual del hecho,....el determinador no es una conducta que se ejecuta mediante persuasión ni inducción, es una conducta que se ejecuta mediante ordenes...o instrucción directa dirigida hacia un sujeto específico individualizado y determinado ..." y detalla numerosas intervenciones de López llamando a la paz, democracia, justicia, etc.

Expone luego Leopoldo López. Refiere a la larga historia de enfrentamientos con el gobierno, fallo de la Corte Interamericana incluido, a sus denuncias a las autoridades, y declara "asumo mi responsabilidad de haber convocado a una manifestación pacífica no violenta en el contexto de una protesta nacional...". Detalla sus posiciones e insiste en que "el camino que nosotros hemos propuesto (renuncia, revocatorio, asamblea constituyente) está dentro de la constitución". Le sigue luego el interrogatorio que le formula la representante del Ministerio Público sobre los hechos del 12 de febrero, su conocimiento, su participación, donde reitera su condena a los hechos violentos ocurridos.

La Fiscalía (Sanabria y luego Franklin Nieves) expuso sus conclusiones las que inicia diciendo que "un político por ambición de poder llegó a cometer hechos delictivos...con un único objetivo...capitalizar políticamente así tuviese que delinquir....y comienza con este ciudadano haciendo llamados a la población diciendo que la salida debía ser violenta"...aunque inmediatamente precisa que "claro él no lo dijo con esas palabras que la salida debía ser violenta pero....". Y Nieves concluye que "todos... fueron contestes en que ese día los daños en la sede del Ministerio Público la participación del ciudadano Leopoldo López no consistió en él mismo lanzar piedras, hormigones, sino que esa determinación provocó que esas personas provocadas por esos mensajes fueran las que reaccionaran..."..."que el discurso conduce a una acción que puede a la violencia como lo que ocurrió ese día...". Sobre el delito de instigación pública por los discursos y sobre el delito de asociación para delinquir dice que se realizó un allanamiento en la plaza Altamira donde se encontró "gran cantidad de alimentos, vinagre, miguelitos..."

En respuesta, la defensa de López retoma en detalle los argumentos ya expuestos. Y, por ejemplo, en relación al asunto de la Plaza Altamira menciona que nunca se mencionó a López, que hay vicios en la forma en que fue hecho el procedimiento, etc... El propio López nuevamente se declara inocente, reconoce haber convocado la marcha pacífica y que así se retiraron; los hechos de violencia fueron posteriores y provocados...que en ningún momento instigó a la violencia, que los caminos que propuso para el cambio de gobierno son los que indica la constitución, que no hay vínculo entre él y los daños causados.

Se adjuntan luego las declaraciones de testigos de los hechos, expertos, peritos.

La jueza concluye que:

. "quedó demostrado que un grupo nutrido de manifestantes
....acataron el llamado efectuado por el ciudadano Leopoldo
López y otros dirigentes políticos del partido Voluntad Popular, para lo cual el ciudadano Leopoldo López, expresándose a
través de los distintos medios de comunicación hizo llamados
a la calle los cuales produjeron una serie de hechos violentos,
desconocimiento de las autoridades legítimas y la desobediencia de las leyes que desencadenó el ataque desmedido por
un grupo de personas que actuaron determinados por los discursos del mencionado ciudadano contra la sede....".

. Los que "luego del discurso dado por el ciudadano Leopoldo
López, una vez retirado del lugar, procedieron a realizar una
serie de actos violentos"....

. que, de acuerdo a lo que opinó un semiólogo, sobre el poder
de los twitters los que según el fallo "tales emisiones de mensajes causan en el ánimo de sus seguidores una conducta agresiva, poniendo en peligro la tranquilidad pública" y que de
acuerdo a otra semióloga, "a través de sus discursos envió
mensajes descalificativos que desencadenaron las acciones
violentas..". De ahí la jueza afirma que es "clara la estrategia
fijada por el ciudadano López y su grupo estructurado, de utilizar los medios de comunicación social convencionales y al-
ternativos para darle fuerza a sus discursos de contenido violento, pues su único propósito era desaparecer la tranquilidad
pública...".

"que el ciudadano López.....utilizó el arte de la palabra para
hacer creer en sus seguidores que existía una supuesta salida
constitucional....." y que "envió un mensaje no adecuado a
sus seguidores, quienes en su mayoría eran jóvenes...".

Y la jueza entonces dictamina que:

. "quedó demostrado que los imputados...... determinados
por el ciudadano Leopoldo López instigaron a la desobediencia de las leyes, con el fin de que se generara violencia y de
esta forma crear el caos..."

. " que el ciudadano….. y otros, determinados por el ciudadano López estuvieron golpeando al portón,...causando destrozos..." .

"que el ciudadano López fue determinador en el delito de instigación pública…..determinó a través del uso de los medios de comunicación social…..sus discursos de contenido violento, pues su único propósito era desaparecer la tranquilidad pública...".

. que "el ciudadano ….. determinado por el ciudadano Leopoldo López participó y de hecho resultó aprehendido en momentos en que estaba efectuando el incendio de siete unidades.."

. En cuanto a la asociación para delinquir la jueza dice que se trata de un delito "que se consuma por el solo hecho de formar parte de la asociación, independientemente de los delitos que pudiese llegar a cometer"....y que "el requisito subjetivo del tipo está constituido por el objetivo criminal consistente en la finalidad de la comisión de uno o más delitos". Y que, en este caso, "contó con un grupo estructurado" y "quedó demostrado que el ciudadano Leopoldo López forma parte de una asociación delictiva, siendo su fin iniciar una campaña pública y agresiva contra el Presidente de la República...".

. y concluye que actuó "sin tomar en cuenta que su llamado no es el llamado de un ciudadano común sino de una persona que mueve masas...".

Por todo lo cual es condenado por los delitos ya mencionados a la pena de más de trece años de reclusión.

Esta pena es la suma de las siguientes:

a. determinador en el delito de incendio: 6 años

b. determinador en el delito de daños: 1 año y 15 días

c. instigación pública: 4 años y 6 meses

d. asociación para delinquir: 8 años

La jueza dice que hay concurso real de delitos y en base a ello, recurriendo al artículo 88 del Código Penal aplica la pena mayor correspondiente al delito más grave (asociación para delinquir) y le suma de mitad de las demás. Lo que dan los casi catorce años.

Este fallo pone en manos de interpretaciones judiciales muy subjetivas la interpretación de los discursos políticos opositores y derecho a la asociación que significa la constitución de movimientos políticos.

El derecho a manifestar y el derecho a asociarse con fines políticos están expresamente reconocidos en la Declaración Americana de los Derechos y Deberes del Hombre (artículos XXI y XXII), así como toda persona tiene derecho a la libertad de expresión y de difusión de su pensamiento (artículo III). *Es cierto que todo ello de manera pacífica pero, en este caso, el vínculo entre lo dicho por el líder político y lo que ocurrió posteriormente como actos violentos se pueden poner en duda, al existir dudas razonables tanto sobre la instigación como la asociación para delinquir.* Dudas que se vuelven más importantes ante las recientes declaraciones del entonces Fiscal Nieves.

Por lo que yo insistiré en la importancia de estos dos aspectos: las garantías para el discurso opositor y para el libre funcionamiento de los partidos opositores.

De la misma manera que considero fundamental traer estas citas de la sentencia de Leopoldo López, también considero fundamental *decirle que la muerte de 43 personas es un horrendo crimen y es un horrendo crimen callar ante 43 muertos, ante 43 homicidios.*

Es un horrendo crimen callar ante la muerte de un estudiante que está manifestando pacíficamente. Es un horrendo crimen callar ante los estudiantes que permanecen encarcelados sin acusación fiscal por el mismo delito de manifestar pacíficamente.

La sentencia contra un líder de la oposición es un asunto de funcionamiento de la democracia, por eso yo mismo insistí en pedir la sentencia, por eso estudie la sentencia y analice el respeto de las garantías durante el proceso.

Por eso usted también debió analizarla. La libertad o condena de todo ciudadano hace al mal o buen funcionamiento del sistema judicial. La sentencia de condena a un líder opositor es una muestra muy grande del funcionamiento de todo el sistema democrático y, por lo tanto, un tema relevante para toda la comunidad internacional y para el hemisferio.

Es ilegitimo que se me pida que no refiera a estos asuntos que hacen a la esencia de un buen funcionamiento del sistema democrático. Si yo no prestara atención o callara ante los hechos respecto a los cuales hice referencia en la presente, me deslegitimaria, especialmente ante la esencia de los principios en que creo y espero nunca abandonar de defensa de la democracia y firmeza en la promoción de los derechos humanos.

Toda esta concatenación de eventos reviste una enorme gravedad en el funcionamiento del sistema democrático. No podemos mirar para otro lado Señora Lucena, ni usted ni yo.

El 6 de diciembre habrá elecciones legislativas en la República Bolivariana de Venezuela y le cabe a usted una responsabilidad fundamental al respecto. En sus manos está la legitimidad del arma política fundamental que le queda a su pueblo, que es el derecho al voto con garantías para todos.

Al defender la democracia y los derechos humanos a elegir y a ser electo, me es imposible dejar de referirme a lo que significa una elección con candidatos proscriptos.

Proscribir un candidato es *denegarle un derecho civil básico a ser elegido* y a su vez desde esa proscripción, *limitar el derecho civil básico del ciudadano a elegir.* Reducir el espectro de posibilidades de elegir en una democracia es limitar las posibilidades de esa democracia.

Recuerde señora Lucena que solamente el pueblo proscribe y proscribe a través del voto.

Por todo lo expuesto en esta carta, existen razones para creer que las condiciones en las que el pueblo va a ir a votar el 6 de diciembre no están en estos momentos garantizadas al nivel de transparencia y justicia electoral que usted desde el CNE debería garantizar.

Sin perjuicio de ello tengo la esperanza que en el tiempo que queda hasta esa fecha usted pueda brindar soluciones a por lo menos algunas de esas condiciones esenciales, para evitar que las dificultades que ya se plantean en el proceso electoral y en la campaña se trasladen al proceso de escrutinio.

Usted puede y debe corregir esas dificultades, aun cuando sus efectos negativos persistan, porque esa es su función. Desde las herramientas de justicia electoral y desde el derecho, usted debe brindar las garantías para que las dificultades y los problemas puedan superarse.

Desde la acción, usted debe disponer de los instrumentos con los que cuenta para hacer efectivas esas garantías antes, durante y después del momento de la elección, tanto para el gobierno como para la oposición y principalmente, para hacer cumplir la voluntad de los votantes.

El 6 de Diciembre es de todos. La libertad, la democracia y el respeto a los derechos humanos son valores de todos. Frente a la más mínima duda sobre el funcionamiento de la democracia, nuestro deber, el suyo Señora Lucena y el mío es dar garantías para todos y no desviar la vista ni hacer oídos sordos a la realidad que tenemos frente a nosotros.

Sinceramente,

Luis Almagro
Secretario General

III. MENSAJE DEL SECRETARIO GENERAL DE LA OEA AL PRESIDENTE DE VENEZUELA NICOLÁS MADURO[(*)]

18 de mayo de 2016

Presidente Nicolás Maduro,

No soy agente de la CIA. Y tu mentira, aunque repetida mil veces, nunca será verdad. De todas formas conviene aclararlo, aunque esto sea denegar el absurdo. Mi conciencia está limpia, Presidente, y mi conducta mucho más. No hay ninguna amenaza que me puedas hacer que ni remotamente roce a ninguna de las dos.

No soy traidor. No soy traidor ni de ideas, ni de principios, y esto implica que no lo soy de mi gente, los que se sienten representados por los principios de libertad, honestidad, decencia, probidad publica (sí, de los que suben y bajan pobres del poder), democracia y derechos humanos. Pero tú sí lo eres, Presidente, traicionas a tu pueblo y a tu supuesta ideología con tus diatribas sin contenido, eres traidor de la ética de la política con tus mentiras y traicionas el principio más sagrado de la política, que es someterte al escrutinio de tu pueblo.

Debes devolver la riqueza de quienes han gobernado contigo a tu país, porque la misma pertenece al pueblo, debes devolver justicia a tu pueblo en toda la dimensión de la palabra (incluso encontrar a los

(*) Véase en http://www.oas.org/es/centro_noticias/comunicado_prensa.asp?sCodigo=C-062/16

verdaderos asesinos de los 43 y no los que tienes presos por sus ideas, aunque no sean ni las tuyas ni las mías). Debes devolver los presos políticos a sus familias.

Debes devolverle a la Asamblea Nacional su legítimo poder, porque el mismo emana del pueblo, debes devolver al pueblo la decisión sobre su futuro. Nunca podrás devolver la vida a los niños muertos en los hospitales por no tener medicinas, nunca podrás desanudar de tu pueblo tanto sufrimiento, tanta intimidación, tanta miseria, tanto desasosiego y angustia.

Que nadie cometa el desatino de dar un golpe de Estado en tu contra, pero que tú tampoco lo des. Es tu deber. Tú tienes un imperativo de decencia pública de hacer el referéndum revocatorio en este 2016, porque cuando la política esta polarizada la decisión debe volver al pueblo, eso es lo que tu Constitución dice. Negar la consulta al pueblo, negarle la posibilidad de decidir, te transforma en un dictadorzuelo más, como los tantos que ha tenido el continente.

Sé que te molesta la OEA y mi trabajo porque entre los Ceibos estorba un Quebracho. Lamento informarte que ni me inclino ni me intimido.

Referencia: C-062/16

IV.   PRIMER INFORME SOBRE VENEZUELA: CARTA DEL SECRETARIO GENERAL OEA, LUIS ALMAGRO, AL PRESIDENTE DEL CONSEJO PERMANENTE DE LA OEA JUAN JOSÉ ARCURI, PARA CONVOCAR CONSEJO PERMANENTE EN VENEZUELA Y ACTIVAR LA CARTA DEMOCRÁTICA INTERAMERICANA[*]

OSG/243-16

30 de mayo de 2016

Señor
Embajador Juan José Arcuri
Representante Permanente de Argentina
ante la Organización de los Estados Americanos
Presidente del Consejo Permanente
Washington, DC

Estimado Presidente:

Tengo el agrado de dirigirme a Usted a los efectos de solicitar la convocatoria a una sesión urgente del Consejo Permanente de los Estados Miembros entre el 10 y el 20 de junio de 2016, conforme al procedimiento establecido en el artículo 20 de la Carta Democrática Inter americana de acuerdo al cual "...el Secretario General podrá

(*)   Véase en http://www.oas.org/documents/spa/press/OSG-243.es.pdf.

solicitar la convocatoria inmediata del Consejo Permanente para realizar una apreciación colectiva de la situación y adoptar las decisiones que estime conveniente.

El Consejo Permanente, según la situación, podrá disponer la realización de las gestiones diplomáticas necesarias, incluidos los buenos oficios, para promover la normalización de la institucionalidad democrática.

Si las gestiones diplomáticas resultaren infructuosas o si la urgencia del caso lo aconsejare, el Consejo Permanente convocará de inmediato un período extraordinario de sesiones de la Asamblea General para que ésta adopte las decisiones que estime apropiadas, incluyendo gestiones diplomáticas, conforme a la Carta de la Organización, el derecho internacional y las disposiciones de la presente Carta Democrática.

Durante el proceso se realizarán las gestiones diplomáticas necesarias, incluidos los buenos oficios, para promover la normalización de la institucionalidad democrática".

Este procedimiento deberá atender la "alteración del orden constitucional" y como la misma afecta gravemente "el orden democrático" de la República Bolivariana de Venezuela lo cual se sustenta en las denuncias formuladas a la Secretaría General por la Asamblea Nacional de Venezuela, así como en las siguientes consideraciones de hecho y de derecho:

I. DEFENSA INTERNACIONAL DE LA DEMOCRACIA

Desde la creación de la Organización de los Estados Americanos, en 1948, sus miembros consideraron la democracia y el respeto de los derechos humanos dos propósitos esenciales para los cuales debían establecerse los instrumentos comunes que permitan la cooperación solidaria para ello.

En 1959, los países de la región, en ocasión de la Quinta Reunión de Consulta de Ministros de Relaciones Exteriores definieron los elementos principales de la democracia representativa y establecieron la Comisión Interamericana de Derechos Humanos. Diez años después adoptaron la Convención Americana sobre Derechos Humanos con lo que quedó constituido el tribunal interamericano.

En 1991, la Asamblea General de la OEA aprobó su resolución 1080 por la que se instruyó al Secretario General -y solo a él- a que "solicite la convocación inmediata del Consejo Permanente en caso de que se produzcan hechos que ocasionen una interrupción abrupta o irregular del proceso político institucional democrático o del legítimo ejercicio del poder". Dicha resolución fue la que le permitió a la Organización, a poco de adoptada, enfrentar la crisis producida en Haití por un golpe militar contra el Presidente Aristide.

Un año después los países incorporaron a la Carta de la OEA su actual artículo 9 el que permite la suspensión de la participación en las actividades de la Organización de un miembro "cuyo gobierno democráticamente constituido sea derrocado por la fuerza".

Asimismo, los Estados americanos ante la posibilidad de otras alteraciones al orden democrático aprobaron, en setiembre de 2001, la Carta Democrática Interamericana, la que desarrolló el concepto de democracia reconocido por los países americanos y estableció las situaciones en las que la comunidad de países miembros de la OEA podría cooperar y asistir a uno de sus miembros.

Se contempla que dicha asistencia pueda brindarse a solicitud del país afectado, de cualquier otro de los países miembros o del Secretario General, ya sea que esté en riesgo su proceso político institucional democrático, se vea afectado el legítimo ejercicio del poder o se produzca una alteración grave de su orden constitucional.

Estas disposiciones han sido invocadas en reiteradas ocasiones, comenzando por el caso de Venezuela en el año 2002 luego de la crisis institucional que enfrentara el Presidente Chávez. En dos ocasiones el gobierno de Nicaragua solicitó la asistencia de la Organización (2004 y 2005), en dos ocasiones lo hizo el gobierno ecuatoriano (2005 y 2010) y lo mismo el gobierno boliviano (2005 y 2008). En el año 2009, el golpe de estado en Honduras llevó, en aplicación de las disposiciones de la Carta Democrática Interamericana, a que este país fuese suspendido de su participación en las actividades de la Organización.

El continente americano ha sido pionero en la adopción de normas internacionales para la defensa de la democracia. Así como ocurre con la defensa de los derechos humanos, el velar por el mantenimiento del orden democrático en la región, es una responsabilidad de todos.

En cada uno de los casos en que se aplicó la resolución 1080 o la Carta Democrática, todos los países así como la Secretaría General cooperaron para asistir al Estado afectado. **Desde entonces todos los miembros de la OEA han compartido el criterio de que este apoyo lejos de vulnerar el principio de no intervención fortalece el principio de solidaridad regional.**

Prueba de ello es que cláusulas democráticas similares a las que adoptara la OEA han sido aprobadas por las distintas organizaciones subregionales que se fueron constituyendo, en particular por el MERCOSUR al suscribirse el Protocolo de Ushuaia sobre compromiso democrático, incluso antes que la Carta Democrática, en el año 1998, y por la UNASUR con el Protocolo adicional al Tratado Constitutivo, en vigor desde 2014.

El velar por el buen cumplimiento de estas obligaciones adoptadas por todos en el marco de la organización regional es deber tanto de los países miembros como también de su Secretaría General.

Este deber no solamente se desprende de las obligaciones específicas contenidas en los instrumentos citados, sino que se enmarca en un principio general del Derecho Internacional que impone a los Estados el cumplimiento de buena fe de todos los Tratados Internacionales de los que es parte, (*pacta sunt servanda*, artículo 26 de la Convención de Viena sobre Derecho de los Tratados de 1969).

La defensa internacional de la democracia es imprescindible. Esta obligación de defensa de la democracia se refuerza doblemente al asumir compromisos internacionales en la materia.

El Estado pasa a ser responsable no solamente frente a su juris-dicción interna al incorporar dicha normativa a su ordenamiento jurídico, sino frente a la comunidad de estados signatarios que han asumido dicha normativa como derecho internacional de aplicabili-dad general Al hacerlo los países piden el escrutinio internacional sobre su propio funcionamiento democrático y ello no solo es im-portante para el país, sino que además esta responsabilidad también se traslada a la comunidad internacional que se obliga por su parte a observar las condiciones, el funcionamiento y la integralidad de las democracias.

Ello es esencial, pues la visión integral del funcionamiento de la democracia tiene que ver con las buenas prácticas que los países lleven adelante -en concordancia con los acuerdos **internacionales firmados- en la protección de los derechos civiles y políticos de sus ciudadanos, de sus partidos políticos, de los grupos de in-terés y de presión, así como de las organizaciones de la sociedad civil. Por otra parte, la comunidad internacional y las autorida-des de Organizaciones Internacionales y regionales deben pre-servar esas buenas prácticas y controlar permanentemente la aplicación de malas prácticas ajenas al orden constitucional y los acuerdos internacionales por parte de países pues las mis-mas tienen un pernicioso efecto de "contagio".**

El concepto de democracia debe aparecer como necesario, como imprescindible, como fundamental en la dimensión de las relaciones internacionales en el hemisferio. En ese sentido la democracia es imprescindible para la OEA. En la defensa de la democracia debe-mos evitar dobles estándares y aplicar los mecanismos, como el de la Carta Democrática Interamericana en todos los casos en que se constaten situaciones de deterioro en el respeto de los elementos esenciales de la democracia representativa y de los componentes fundamentales del ejercicio de la democracia. **La acción es la que le da eficacia a la protección internacional de la democracia.**

El Artículo 3 de la Carta dice que "Son elementos esenciales de la democracia representativa, entre otros, el respeto a los derechos humanos y las libertades fundamentales; el acceso al poder y su ejercicio con sujeción al estado de derecho; la celebración de elecciones periódicas, libres, justas y basadas en el sufragio universal y secreto como expresión de la soberanía del pueblo; el régimen plural de partidos y organizaciones políticas; y la separación e independencia de los poderes públicos."

Por su parte, el articulo 4 expresa que "Son componentes fundamentales del ejercicio de la democracia la transparencia de las actividades gubernamentales, la probidad, la responsabilidad de los gobiernos en la gestión pública, el respeto por los derechos sociales y la libertad de expresión y de prensa."

"La subordinación constitucional de todas las instituciones del Estado a la autoridad civil legalmente constituida y el respeto al estado de derecho de todas las entidades y sectores de la sociedad son igualmente fundamentales para la democracia."

El más pleno respeto a esos principios es esencial. Sin su más absoluta vigencia es inevitable que la democracia se deteriore, se erosione o desaparezca.

El concepto de democracia aparece como necesario, imprescindible, fundamental, en nuestro continente, la democracia debe ser la sustancia de las relaciones entre países y sus principios y valores deben hacer los contenidos sobre los cuales debemos cooperar.

La OEA cambio la lógica de cómo defender la democracia, antes que ninguna otra organización regional o subregional con cometidos al respecto. Hoy, tenemos el compromiso multilateral de defender valores y principios semejantes, tenemos el deber de señalar cuando existen disfuncionalidades en el sistema, cuestión que se pone de manifiesto, de manera objetiva cuando nuestros derechos son violados.

Y esos principios fundamentales se deben aplicar siempre. Es claro que evaluar la calidad democrática y el sistema de protección de los DDHH de un país que presenta disfuncionalidades hace muy compleja la tarea de entablar un dialogo. Sin embargo, eso es exactamente lo que debe hacer la OEA -señalar las cosas que molestan y que enojan y que deben superarse- para hacemos todos mejores, como países, como comunidades y como ciudadanos.

Tenemos instrumentos valiosos que han producido resultados valiosos. Es nuestro deber protegerlos y no erosionarlos. Los países han estado dispuestos a defender el sistema a la hora de la verdad. Y a fortalecer los instrumentos disponibles en el día a día. La cooperación entre todos los países es esencial.

A la hora de construimos más fuertes hemos sido muy sistémicos.

Dijimos cuando asumimos que "La democracia y los DDHH son valores que están por encima de tiendas políticas porque a la hora de perderlos, somos todos los que perdemos, es la sociedad entera la que pierde. Importa tanto el derecho a decir cada uno su verdad como el derecho del otro, por ejemplo un opositor, a decir la suya. Y ello es así porque quien hoy es gobierno mañana puede ser opositor. Pero además porque la democracia debe dar garantías a Gobierno y a oposición a expresar sus opiniones. Es por eso que como Secretario General de la OEA soy Gobierno y soy oposición".

Debo ser el más acérrimo defensor de derechos. Debo ser el más pobre en términos económicos, debo ser el que sufre la desigualdad desde abajo, debo ser el que no tiene voz, o debo ser el que su voz no es escuchada, debo ser el discriminado, debo ser el que sufre la falta de protección de sus derechos civiles o políticos o económicos o sociales o culturales. Debo ser la voz de los que no tienen voz, o, de aquellos a quienes se les acalla su voz.

Los argumentos arriba expuestos son claros en cuanto a la responsabilidad que cabe a la OEA en la función de garantizar y promover la democracia, desde sus instrumentos fundacionales hasta la redacción y aplicación de una carta específica sobre la materia, de acuerdo a lo encomendado por los Estados parte.

A continuación, se desarrollan los argumentos que al amparo de lo exigido por la Carta Democrática Interamericana y en función de la responsabilidad que me cabe como Secretario General, hacen imperativa la aplicación del artículo 20 de ese instrumento a la situación de la República Bolivariana de Venezuela.

II. ALTERACIÓN GRAVE DEL ORDEN DEMOCRÁTICO

La Carta Democrática Interamericana establece cuáles son los elementos esenciales de la democracia representativa (artículo 3) y aquellos que considera fundamentales (artículo 4) y aclara que esta lista no es exhaustiva. El artículo 3 resalta como elementos esenciales el respeto a los derechos humanos, la sujeción al estado de derecho, a elecciones periódicas, libres y justas, a la separación e independencia de los poderes públicos. Por su parte, el artículo 4 menciona la transparencia, la probidad, la libertad de expresión y de prensa. Esta enumeración retoma, en buena medida, la ya formulada en 1959 por los Ministros de Relaciones Exteriores. Estos son algunos de los elementos que definen un régimen democrático, de acuerdo con la reiterada reafirmación hecha por todos los países de las Américas.

¿A partir de cuándo una alteración a alguno o algunos de estos elementos esenciales o fundamentales debe ser considerado grave?

En el año 2009 el Comité Jurídico Interamericano, que desde hace muchos años viene estudiando el tema de la democracia en las Américas, analizó específicamente este punto sin poder avanzar ninguna conclusión ya que se trata de un análisis casuístico. Luego de repasar los distintos componentes de la democracia ya antes reseñados, el órgano consultivo de la Organización en materia jurídica señaló la necesidad de *"enfatizar que existe un vínculo vital entre el ejercicio efectivo de la democracia representativa y el Estado de Derecho, el cual se expresa concretamente en la observancia de todos los elementos esenciales de la democracia representativa y los componentes fundamentales del ejercicio de la misma. Por consiguiente, el régimen democrático no se agota en los procesos electorales, sino que se expresa también en el ejercicio legítimo del poder dentro del marco del estado de derecho que incluye el respeto a los elementos, componentes y atributos de la democracia arriba referidos".*

Veamos entonces algunos de los principales elementos que permiten afirmar que estamos frente a un orden democrático y cómo éstos han sido alterados en las circunstancias actuales que vive Venezuela.

III. ÉTICA EN LA POLÍTICA

Desde los orígenes de nuestra civilización, la ética de la política ha estado en su dimensión de lucha constante, en el principio básico de no rendirse ante la adversidad. Los problemas en la política están para ser enfrentados. Ya lo expresaba con toda claridad el principio griego, es un acto criminal cuando un ciudadano se encoge ante la controversia. Esta lógica también vale para los países.

Como decía Desmond Tutu: "Si eres neutral en situaciones de injusticia, has elegido el lado del opresor" ("If you are neutral in situations of injustice, you have chosen the side of the oppressor.")

Se hace imprescindible enfrentar la incertidumbre y la volatilidad en la política porque al no hacerlo, la política queda en manos de oportunistas y no de servidores que se orienten por el interés público. La política es una cuestión de representatividad y quien haya sido electo como representante está obligado/a asumir la misma, pues él/ella constituye el instrumento del ciudadano para canalizar las soluciones que necesita en el ámbito de los poderes con que cuenta un Estado para ejercer el gobierno, tanto desde el ejecutivo como desde el legislativo.

Esa representatividad es esencial, así como también es esencial tener claro siempre que la democracia reside en el pueblo, en la ciudadanía. **Toda solución de crisis institucional se resuelve en la legitimidad que otorga el pueblo. Toda polarización de la dirigencia política, que induzca a una crisis, hace necesario consultar a la gente.**

Además, la función pública no debe de ser vista como un negocio. Es más bien una vocación de servir para el bien común. No es una profesión donde el propósito central es el enriquecimiento monetario o el favorecerse personalmente. La función pública basada en principios y valores éticos tiene una misión noble. Una política sin ética deshumaniza porque pierde su finalidad, que es justamente el servicio a la sociedad en miras del bien común.

Sin embargo, en la práctica, la relación ética-política es altamente tensa y conflictiva. Por ello no sorprende observar el hartazgo ciudadano con la política en años recientes. Esta falta de confianza en la clase política, y su derivada crisis de representación, llevaron a un auge en protestas sociales. Estas fueron en gran medida provocadas por la percepción de la falta de ética pública de los gobernantes.

En América Latina y el Caribe, la región más desigual del planeta y donde millones viven en situación de exclusión social y sin derechos, la falta de ética pública es todavía un insulto más grave a la ciudadanía. Es incompatible, que los políticos se enriquezcan de forma irresponsable, mientras ejercen un cargo público donde en teoría trabajan para el bien de un pueblo que es mayoritariamente pobre y vulnerable. Ética en la política significa ejercer el liderazgo con humildad, y no con soberbia - pero esto pareciera ser más la excepción y no la regla en nuestro Hemisferio.

Ética en la política significa también ser consecuente entre la intención y la acción. Ética es honrar el puesto de liderazgo sin abusar de éste. Ética es ser fiel a los valores y motivaciones que hacen a una persona participar en la política, como la justicia social, sin importar cuán grande sean las tentaciones que usualmente acompañan al poder.

La responsabilidad de la ética pública no solamente recae en la clase política. Para que una nueva clase política surja y prevalezca es indispensable una sociedad que premie y valore la ética en la función pública mientras señala y denuncia con fuerza e indignación la vulneración de principios y valores. Afortunadamente, en las Américas ya hay indicios del surgimiento de ciudadanías cero tolerantes a la falta de ética en la política. Se necesitan desincentivos a las conductas no éticas, de la misma forma que se necesitan incentivos para las conductas éticas.

Según José Antonio Marina, "cuando hablamos de ética, no estamos hablando de un escaparate; estamos hablando de nuestra única solución. Todo nuestro sistema está configurado de tal manera que un marco ético es esencial para asegurar su buen funcionamiento. Es posible vivir sin ética en el corto plazo; pero a largo plazo es imposible -y esto es porque las sociedades fallan-. Así, como la ética solo funciona si se aplica en el largo plazo por la sociedad como un todo. Cuando se recortan las puntas de la ética, alguien siempre paga el precio."

La crítica situación de Venezuela

Por definición un sistema democrático, no debe tolerar ningún tipo de exclusión o discriminación.

Del mismo modo, abanderarse de una causa tan noble como la justicia social y la inclusión, no puede constituir jamás un cheque en blanco para actuar sin ética, para el beneficio de vina parte de la sociedad. Al contrario, las expectativas de actuar a favor del bien común son más altas cuando se ostenta la bandera de la justicia e igualdad social.

En Venezuela se perdió la finalidad de la política. Se olvidó defender el bien mayor y colectivo a largo plazo sobre el bien individual a corto plazo. Un gobernante debe basar su acción en una visión de Estado, una visión de largo plazo.

El político inmoral es aquel que pierde esta visión porque lo único que le interesa es mantenerse en el poder, a costa de la voluntad de la mayoría.

Idealmente, ética y política no deberían ser mutuamente excluyentes. En la práctica, los dobles estándares predominan. No importa el costo, no debería de existir una distinción entre la ética y la política. Nuestra región exige, con urgencia, que revisitemos la relación intrínseca entre ambos conceptos.

IV. SITUACIÓN HUMANITARIA

Concurrencia simultánea de múltiples crisis

En el presente contexto de crisis resultaría esencial la existencia de un fuerte sistema político que actuase en el más pleno apego a las instituciones y al estado de Derecho. Ellos son elementos esenciales de funcionamiento de la democracia que permite fortalecer las condiciones de democratización en función de los claros preceptos constitucionales que están establecidos para guiar la vida política del país.

Apartarse de los mismos ha significado potenciar las condiciones de crisis y de vulnerabilidad de la población, afectando fuertemente derechos de orden público como acceso a la salud y alimentación.

A continuación, se realiza un detallado análisis de la situación de crisis multidimensional que atraviesa Venezuela, que, desde la precariedad de su situación económica y financiera, compromete su futuro social y político.

A partir de las cifras oficiales disponibles, así como de informes de organismos internacionales y de la sociedad civil organizada, se busca reflejar de la manera más fidedigna posible la situación del sistema de salud, la situación alimentaria y nutricional, el acceso a servicios básicos de agua potable y electricidad y la situación de la seguridad ciudadana.

La situación de un país con las reservas de petróleo más grandes del planeta, es crítica desde el punto de vista económico, social y humanitario. El Fondo Monetario Internacional (FMI) pronostica una reducción adicional de 8% del PIB en 2016. Se estima que la inflación es del 700%, el déficit fiscal es de 17% del PIB y la deuda externa es de US$130 mil millones o 6 años de exportaciones de petróleo. Ya que la renta petrolera se ha visto severamente afectada por la caída en los precios del petróleo y Venezuela importa la mayor parte de lo que consume el resultado ha sido la escasez de productos básicos, alimentos y medicamentos.

Se informa que la escasez de medicamentos y de equipos médicos es de 80%. La disponibilidad de camas en hospitales públicos ha disminuido de 30 a 40%, y 70% de los hospitales previamente administrados por doctores cubanos se han clausurado. De acuerdo a la Encuesta de Condiciones de Vida 2015 (Encovi) elaborada por la Universidad Católica Andrés Bello, la Universidad Central de Venezuela y la Universidad Simón Bolívar, 85.3% de la población de ingreso es afectada por malnutrición.

La pobreza medida por ingresos creció hasta 76% en 2015 de acuerdo a Encovi. Según el estudio, la pobreza de 2015 supera el nivel de pobreza del año del Caracazo de 1989 (58,9%).

La pobreza de hogares subió de en un 24,5% y la pobreza de individuos subió un 23,4% durante el mismo periodo tiempo.

Por otro lado la Comisión Económica para América Latina de la ONU (CEPAL), sostiene que la pobreza se incrementó en casi 10 puntos porcentuales durante 2013, pero CEPAL tampoco ha proporcionado cifras sobre la pobreza en Venezuela desde 2013.

Las cifras más recientes disponibles en el Banco Mundial muestran una tendencia hacia el aumento de la pobreza, sin embargo tampoco ofrecen datos posteriores a 2013. La situación de violencia empeora en cuanto a intensidad, frecuencia y cobertura geográfica, según fuentes no oficiales. Según las ONGs: Observatorio Venezolano de Violencia y el Consejo Ciudadano para la Segundad Pública y la Justicia Penal, la tasa de homicidios es de 90 y 73 por cada 100,000 habitantes, respectivamente.

Las cifras oficiales publicadas por el Ministerio Público reportan tasas de violencia más bajas. Según el Informe Anual de Gestión del Ministerio Público de 2015[1] presentado a la Asamblea Nacional por la Fiscal General de la República, Luisa Ortega Díaz, la tasa de homicidios para ese año fue de 58,1 por 100,000.

---

1   http://www.mp.gob.ve/c/document_file?uuid=010ba734-247c-4da1-859f-1ae55772b5&groupId=10136.

Esto representa un total de 17,778 víctimas de homicidios durante el transcurso del año. El informe reportó que el total de víctimas de homicidios frustrados o tentados fue de 1,675 equivalente a una tasa de homicidios 5,5 por 100,000 habitantes. En 2015, se consumaron 121 feminicidios, por los cuales fueron imputadas 182 personas y 176 resultaron acusadas.

Además de estos problemas Venezuela enfrenta otros dos desafíos externos no atribuibles cuyo impacto se ve expandido por la ineficacia del Estado:

El fenómeno de El Niño así como la sequía resultante que ha afectado la distribución de energía eléctrica; presa El Gurí, clave en la generación de energía eléctrica, está cerca del colapso.

El virus del Zika que afecta alrededor de 400,000 venezolanos y venezolanas que lo han contraído mientras que existen otros 5,000 casos sospechosos.

Existe una crisis subyacente a la confluencia de la crisis económico, social, y humanitaria y que resulta ser la madre de todas las crisis: la política porque responde a una disfuncionalidad estructural.

Como antes mencionado, el choque entre poderes y la politización de la justicia son expresiones de esta realidad. La situación de polarización política entre el oficialismo y la oposición se encuadran hacia un contexto de alta fragmentación, desconfianza y hostilidad. Venezuela tiene una clase política, y una sociedad, altamente dividida y polarizada.

Sectores y mecanismos de control de la economía. El Banco Central de Venezuela (BCV) no ha publicado las cifras oficiales de escasez en el país desde el año 2013. Para ese año la cifra era de 25% de escasez. Empresas de análisis como Eco analítica estiman que el índice de escasez para 2015 fue de por lo menos de 56% del total de la canasta básica y por encima del 70% en ciertos rubros. Un área de especial preocupación es el sector farmacéutico.

La crisis por falta de acceso a medicinas es difícil de cuantificar. Tanto la patronal de fármacos como el sindicato de farmacéuticos y el BCV, coinciden en que la escasez de medicinas es alarmante. No sólo se trata de la nula variedad de medicamentos, se trata en muchos casos de una ausencia absoluta de determinados remedios.

El gobierno y el sector farmacéutico han llegado a varios acuerdos para la asignación de divisas preferenciales, pero el sector farmacéutico funciona bajo la misma estructura burocrática que el resto de los sectores regulados de la economía. Tres sectores son claves para explicar la escasez:

el sistema cambiario controlado,

el sistema de aduanas y puertos, y

las empresas beneficiadas por contratos del Estado.

Cada uno de esos sectores responde a distintas facciones del partido de gobierno.

El sistema cambiario ha estado en disputa entre grupos al interior del gobierno. En el más reciente cambio en el gabinete ministerial un sector pasó a ejercer el control sobre el sistema de asignación de divisas—con la dificultad de que por la coyuntura económica y financiera imperante, existe menos disponibilidad de divisas a asignar. Las aduanas y puertos son controladas por la Guardia Nacional y el Ejercito. Las empresas beneficiadas no pertenecen a ningún grupo específico.

Salud:

Tanto los actores locales como externos coinciden en que la situación humanitaria en el país se ha vuelto crítica en cuanto al deterioro de todos los indicadores.

Aspectos generales:

La situación, en esta área es crítica. Se registra un volumen creciente de enfermedades no transmisibles que demandan cada vez más servicios de salud, hospitalización y cuidados económicamente costosos, que afectan a la población en general, mientras que causas exógenas tales como las que resultan de la violencia criminal y de accidentes, tienen mayor impacto en el segmento de población joven, especialmente a los varones en etapa productiva.

Simultáneamente las enfermedades transmisibles, prevenibles, mediante vacunas y/o eficientes programas de control de vectores, saneamiento ambiental, calidad del agua de consumo humano y educación para la salud, que no se cumplen eficientemente, han reaparecido y amenazan con la ampliación de las áreas de transmisión.

Enfermedades transmisibles:

Los casos de malaria y dengue: el Informe Mundial de Malaria de 2015 sitúa a Venezuela como uno de los dos países en el mundo en los que tanto la incidencia de la enfermedad como la mortalidad han aumentado, La malaria se ha venido incrementando paulatinamente desde el 2008 para trepar en más de 130.000 casos en 2015, siendo en particular el más afectado el Estado Bolívar (fronterizo con Guyana y Brasil).

La disminuida capacidad de respuesta del sistema de salud, para realizar la vigilancia y control de las enfermedades endémicas y epidémicas, se ha visto rebasada con la introducción reciente de enfermedades infecciosas emergentes, como Chikungunya y Zika, a las que se ha dado respuesta insuficiente o tardía.

Institucionalidad e infraestructura:

Existe un aumento en la debilidad del sistema de salud aunado a la falta de provisión de información de gobierno, que, en los últimos años, no ha facilitado la publicación de información epidemiológica, continua, periódica y completa. Desde octubre del 2014 no se publica el *Boletín Epidemiológico* semanal donde se informa acerca de enfermedades de notificación obligatoria, enfermedades prevenibles por vacuna, enfermedades por vectores, mortalidad infantil y materna.

Esta falta de información estadística priva a los profesionales de la salud de una herramienta para el diagnóstico y conducción de casos clínicos y a la población en general a reconocer factores de riesgo y a cómo actuar preventivamente.

A esta debilidad del sistema de salud -para promover conductas saludables, garantizar la calidad del ambiente y la disponibilidad de agua en cantidad y calidad suficiente- se suma el deterioro de acceso y cobertura de los servicios de asistencia médica, severamente afectados, por el deterioro de su infraestructura, mantenimiento y actualización planificada de recursos técnicos y equipos, fallas agravadas de medicamentos e insumos.

A esto se agrega un grave déficit de personal de salud, altamente calificado, como consecuencia de la migración masiva de profesionales de la salud, impulsados por razones de inestabilidad política, social y económica.

Las carencias han afectado la red pública de hospitales y más recientemente a las clínicas y hospitales privados. Estos últimos no dan abasto para atender un volumen creciente de consultas que no pueden ser atendidas en la red de servicios públicos. Cerca del 70 % de las consultas externas atendidas por los contingentes de médicos cubanos se han reducido notablemente.

Una inversión fuerte de recursos financieros en el sector salud por parte del gobierno, entre 2003 y 2015 llevó a la creación de la Misión Barrio Adentro, que ha tenido un gran impacto positivo en su momento de mayor auge de implementación.

Sin perjuicio de ello, en los últimos 5 años ha disminuido su efectividad notablemente, tanto por falta de inversión como por una debilidad desde su génesis: la falta de complementariedad en su diseño, implementación y extensión con el sistema nacional de salud. Esto ha convertido a la Misión Barrio Adentro en un sistema paralelo de salud.

Medicinas:

Escasez de medicinas. Ante la falta de estadísticas oficiales es difícil conseguir datos precisos. Se estima que desde 1998 a 2014 la importación de medicinas aumentó en 1345%. El aumento refleja la disminución de producción nacional y la creación de empresas de importación que funcionaban con la asignación de dólares a cambio preferencial. En áreas vitales como oncología, la escasez se estima en 65% de los medicamentos.

En los dos últimos años, como consecuencia de la crisis financiera, la falta de planes de contingencia para asegurar los recursos necesarios para la atención de las necesidades básicas en salud de la población, ha producido una insolvencia comercial en el sector farmacéutico y de insumos y equipos médicos, cercana a 6.000 millones de dólares, que provocó el cierre del crédito con proveedores internacionales con su consecuente impacto en la disponibilidad de medicamentos e insumos.

La capacidad de producción nacional de los bienes e insumos farmacéuticos y médicos es limitada y la gran mayoría de estos bienes deben ser" importados. Según estudios, Venezuela es el país más vulnerable de América del Sur, respecto a los medicamentos esenciales. El desabastecimiento de estos medicamentos para atender la demanda de la población, ampliamente ha superado los niveles críticos en el área metropolitana de Caracas. La carencia es mayor en el resto del país.

De acuerdo a un informe de DATANALISIS, preparado para Bank of América-Merrill Lynch; Venezuela era el mayor importador de medicinas en América Latina, la última cifra oficial es del año 2013 y en ese momento se importaron 3,7 billones de dólares. El informe utiliza las estadísticas de las exportaciones farmacéuticas a Venezuela a través de los socios comerciales que aparecen en la base de datos de **Comtrade** de Naciones Unidas, se evidencia una caída de 39,1% de las importaciones de medicinas entre 2013 y 2015.

El informe calculó las importaciones en 2015 tomando como base su disminución y las situó en 2,3 billones de dólares. A pesar de la reciente disminución en las importaciones, las compras de medicamentos en el exterior se situaron en 31% del total de importaciones del año pasado, cifra que está por encima de la media de los países de América del Sur.

Según la Federación Farmacéutica Venezolana la escasez de medicinas en Venezuela se ubica en 80%, y parlamentarios de la bancada opositora han señalado que el desabastecimiento puede acercarse a 91% en medicamentos esenciales, pero de nuevo sin presentar cifras oficiales.

La Federación Farmacéutica de Venezuela, reportó un aumento de 15% a 60% entre los años 2011 y 2015 de fallas de medicamentos en Caracas, ubicándose en 70% para el resto del país. A mediados del año 2015, FEFARVEN notificó que el desabastecimiento de medicinas había llegado a 70% a nivel nacional y en algunos estados a 80%. Para enero de 2016 alcanzaba 80% en todo el país.[2] El Presidente de la Federación, entrevistado en el programa "Por Donde Vamos" de la Unión Radio el 19 de mayo de 2016, indicó que la situación se agudiza cada vez más, sobre todo para aquellos que distribuyen medicamentos para enfermedades crónicas. "La situación se encuentra sumamente crítica, pasamos al 85% de desabastecimiento en medicamentos (...) Hay problemas para conseguir para la próstata, antibióticos y para combatir la flora intestinal"[3].

La Cámara de la Industria Farmacéutica (CIFAR) expresó que durante el año 2015 sus 32 laboratorios afiliados -públicos y privados- recibieron 55% menos de las divisas que se cancelaron en el año 2014. Esta Cámara afirmó también que, hasta enero 2016, la deuda con proveedores internacionales era de 6 mil millones de dólares. CIFAR también reportó que, hasta enero de 2016, las dro-

---

2   *Informe sobre el Derecho a Medicamentos Esenciales para proteger la Salud y la vida de las Personas en Venezuela, Transparencia* Venezuela, 27 de abril de 2016.

3   Sr. Freddy Ceballos, Presidente de la Federación Farmacéutica de Venezuela, Unión Radio, http://unionradio.net/177149-2/, consultado el 23 de mayo de 2016.

guerías solamente podían surtir 7 de cada 100 medicamentos solicitados y que los inventarios de muchas plantas llegaban hasta abril de 2016.[4]

Por su parte, la Junta Directiva de la Sociedad Venezolana de Otorrinolaringología advirtió en febrero de 2016 que "debido a la escasez absoluta de medicamentos, especialmente antibióticos adecuados para contrarrestar gérmenes de la vía respiratoria, antiinflamatorios, esferoides locales y sistémicos, antialérgicos, descongestionantes, anti-vértigo, los pacientes no pueden recibir la terapia idónea observándose cada vez más un incremento en las complicaciones de éstos casos, con riesgo potencial de fallecer el paciente, pudiendo ser entidades tratables, curables y prevenibles".[5] Ante la falta de medicamentos, la Sociedad Venezolana de Oftalmología, exhortó al Gobierno Venezolano y a la Asamblea Nacional, a "buscar una solución expedita a la creciente escasez de medicamentos e insumos médicos, que aqueja a toda la población". Según esta sociedad, la falta de productos oftalmológicos, equipos y medicamentes representa "una causa creciente de morbilidad y ceguera irreversible".[6]

La organización Acción Ciudadana Contra el SIDA, reportó a principios de mayo de 2016 que las vidas y salud de más de 61 mil personas con VIH1 se encuentran en alto riesgo en Venezuela, puesto que los medicamentos antirretrovirales disponibles en los depósitos del Ministerio de Salud se agotarán totalmente el próximo junio de 2016.[7]

4   Informe sobre el Derecho a Medicamentos Esenciales para proteger la Salud y la vida de las Personas en Venezuela, Transparencia Venezuela, 27 de abril de 2016.

5   Carta de la Junta Directiva de la Sociedad Venezolana de Otorrinolaringología, dirigida al Presidente de la Red de Sociedades Científicas de Venezuela, 10 de Febrero de 2016.

6   Comunicado, Sociedad Venezolana de Oftalmología.

7   Informe Situación del Acceso a Medicamentos Antirretrovirales en Venezuela para el 3 de mayo de 2016, Acción Ciudadana Contra el SIDA, 3 de mayo de 2016.

El problema no se limita únicamente a la falta de medicamentos, el sistema de salud en general está colapsando debido a la situación económica y la falta de inversión.

Las últimas cifras oficiales publicadas indican un gasto público destinado a salud en Venezuela de 74.019,9 millones de Bolívares en el año 2012 y de 88.867,3 millones de Bolívares en el año 2013[8]. Sin embargo, mientras la mayoría de los países de América Latina realizaron esfuerzos que permitieron aumentar sus niveles de gasto en salud, Venezuela se ubicó para el año 2012 entre los países con la inversión más baja en relación con su Producto Interno Bruto (PIB)[9].

Un artículo del New York Times es ilustrativo de las condiciones del sistema de salud en país. Describiendo las condiciones en las ciudades de Caracas, Barcelona y Mérida, el periodista del Times notó que cuando el equipo médico en los hospitales deja de funcionar, incluyendo máquinas de rayos-X, máquinas de diálisis e incubadoras, no es reemplazado ni reparado.

De las nueve salas de quirófanos de Hospital de Niños J. M. de los Ríos cerca de Caracas, solo funcionan dos. En los hospitales, a los pacientes que necesitan atención médica se les entrega una lista de medicinas y otros suministros para que sus familiares o amigos intenten conseguir los artículos en el mercado negro.

Los pacientes deben traer todo lo que necesitan al hospital, desde papel higiénico, a jeringas, medicinas y cobijas; cuando se acaban los suministros, se interrumpe el tratamiento. Existen pacientes que acuden a los hospitales para tratamientos que no son de urgencia, y caen de enfermedades contagiosas, o hasta pierden la vida, por la

---

8   MPPP: Venezuela en Cifras. Fuente: Oficina Nacional de Presupuesto (ONAPRE), http://www.infoplan.mppp.gob.ve/?`page_id=365

9   *Informe Sobre el Derecho o Medicamentos Esenciales para Proteger la Salud y la Vida de las Personas en Venezuela*, Transparencia Venezuela, 27 de abril de 2016.

falta de condiciones sanitarias, la falta de medicinas y de equipos. Sin antibióticos, las bacterias crecen y se propagan. [10]

La situación en el sector salud y alimentos en Venezuela se encuentra altamente deteriorada, y por ahora no existen señales de mejoras. La situación ha alcanzado el punto de no poder atender en su totalidad las necesidades de salud de la población debido a varios factores, algunos habituales y otros potenciados por el contexto de la crisis, entre ellos los grandes niveles de escasez de alimentos, lo que ha incrementado las enfermedades -habitualmente ubicada en los rangos de normalidad- y a estar ante una situación de malnutrición, según denuncias del sector especializado en salud.

La importación de medicinas depende de dos procesos: la asignación de divisas por parte del gobierno; y los complicados trámites burocráticos de nacionalización, aduana y distribución. Como se señala más arriba: cada una de esas etapas es controlada por distintos sectores del gobierno.

Dentro del hermetismo que existe en torno a la información oficial sobre la distribución de medicinas, hay dos datos confirmados, el primero es que ha habido una disminución en las importaciones de medicinas; y el segundo es que no se ha honrado la deuda con los productores e importadores nacionales. Extraoficialmente se conoce que el gobierno ha empezado a liquidar bonos PDVSA 202 í para hacer pagos al sector farmacéutico.

La problemática de provisión de medicamentos reside básicamente en los siguientes causales: falta de divisas para proveer al sector farmacéutico de recursos para la importación; desvío de medicinas -adquiridas a precio de dólar oficial- para revenderlos a precio del dólar paralelo, acción realizada desde el ámbito privado, y mala gestión estatal en los procesos de asignación de recursos, pro-

---

10 *Dying Infants and No Medicine: Inside Venezuela's Failing Hospitalis,* New York Times, May 15, 2016.

http://www.nytimes.com/2016/05/16/world/americas/dying-infants-and-no-medicine-inside-venezuelas-failing-hospitals.html?_r=0

blemas en la celeridad de distribución de los medicamentos que ingresan al país e incidencia del factor corrupción.

Con relación a la escasez de insumos médicos: Douglas Natera, presidente de la Federación Médica Venezolana afirmó que se maneja una cifra del 95% de escasez de material médico- quirúrgico en los hospitales y cerca del 90% de escasez de medicamentos en farmacias, lo que se traduce en que de cada 10 medicamentos, solo se consigue uno.

> Julio Castro, investigador y doctor del OVS, señaló que la OMS cuenta con programas de ayuda de medicamentos que estarían en 2 días en Venezuela, pero para ello el gobierno debe solicitarlo. También relató que el 92% de la lista de medicamentos esenciales no puede conseguirse en el país; tratamientos para controlar la tensión, para diabetes, oncológicos, inhaladores para el asma, antibióticos y hasta dermatológicos. El 62% de este grupo están en "falla absoluta" lo que se traduce en que no se encuentra en ninguna parte del país.
>
> Debido a esta fuerte crisis se ha producido el fallecimiento de pacientes con enfermedades crónicas y de niños en hospitales o centros de salud tanto públicos como privados, por el mismo deterioro del sistema de salud, ya que las condiciones básicas no están dadas para una atención de calidad. A esto se le debe sumar la inexistencia de tratamientos para personas con VIH y hepatitis C, porque no hay presupuesto aprobado para ello.
>
> La Red Defendamos la Epidemiología Nacional y la Sociedad Venezolana de Salud Pública también han encendido las alarmas por la crisis humanitaria de salud que ha desencadenado una evidente carencia de medicamentos esenciales que asciende a 85% y un déficit de fármacos de alto costo que alcanza 75% a escala nacional, según la Federación Farmacéutica de Venezuela (FEFARVEN).

Respuesta institucional:

El pasado 26 de enero, la Asamblea Nacional (AN), aprobó una Declaración en la que exhortó al Gobierno Nacional a garantizar los medicamentos e insumos esenciales, básicos, imprescindibles, que deben ser accesibles en todo momento, así como a restablecer la publicación de información epidemiológica e invitó a las autoridades de salud a establecer reuniones de trabajo para buscar soluciones en conjunto con la industria farmacéutica y de insumos para la salud, las sociedades científicas médicas y farmacéuticas, los gremios de la salud y las organizaciones que representan a los pacientes.

La AN propuso al Ejecutivo reconocer la existencia de la crisis humanitaria de la salud, agravada por la escasez de divisas, y la poca disposición del Gobierno a ofrecer soluciones y por negarse a aceptar iniciativas de apoyo y donaciones de diversas instituciones públicas y privadas, nacionales e internacionales, para activar los mecanismos de ayuda humanitaria internacional. Desde entonces, han transcurrido más de tres meses, sin respuesta del Poder Ejecutivo en ninguno de sus niveles.

La situación de la salud en Venezuela acentuará el deterioro y empeorará los indicadores de salud, que se detallan en el Cuadro 1, ya deteriorados, como la mortalidad materna, la mortalidad neonatal, la incidencia de enfermedades endémicas, o el acceso y cobertura a medicamentos y servicios esenciales. Asimismo, ampliaría más brechas para que Venezuela cumpla con los compromisos para el desarrollo sustentable de las Naciones Unidas.

Cuadro I: Indicadores de Salud, Venezuela (2)

Mortalidad materna (2013) Anuario de mortalidad MPPS	377 (2013)
Tasa de Mortalidad Materna (2013) x 100.000 NV	66;6 (1990)
Nacidos vivos (NV) 2014 (Proyección, Censo 2011, (NE)	598.433
Tasa bruta de natalidad (por 1.000 hab.) 2014	19,81
Esperanza de vida al nacer (años) 2013	74,07
Tasa de mortalidad 2012 (Anuario de Mortalidad MPPS)	
Infantil (por 1.000 NV)	15,58
Neonatal (por 1.000 NV)	11,55
Post-neonatal (por 1.000 NV)	4,03
Morbilidad	
Casos reportados de malaria (2015) Bol Epid Sem 52, 2015	136.402
Casos reportados de dengue (2015) Bol Epid Sem 52, 2015	54.152
Tasa incidencia anual de SIDA (por 100.000 hab.) (*)	6,59
Gasto público en salud según el producto interno bruto (PIB) 2010. Fuente: SISOV.	2,48%

Fuentes:

1. José Félix Olerta L, Ángel Rafael Orihuela. Pablo Pulido M, Carlos Walter V., ex Ministros de Salud de Venezuela
2. Datos aportados por ex Ministros de Salud venezolanos
3. Informe de ECHO/UE
4. Oficina de la SG de la OEA en la República Bolivariana de Venezuela (OSG-OEA-RBV)
5. Federaciones de farmacéuticos, médicos, etc.

El 5 de abril de 2016, la Asamblea Nacional de Venezuela, "en conocimiento de hechos preocupantes, relativos a la tasa de mortalidad por enfermedades, a la falta de aplicación de tratamientos oportunos, deterioro o inexistencia de los equipos médicos indispensables para la prestación del servicio de atención médica, así como la escasez de medicinas, tanto en los hospitales, como en los centros privados de salud y comercios especializados en el área farmacéutica" aprobó en primera lectura, el proyecto de "Ley especial para atender la crisis humanitaria en salud".[11] La ley tendría como propósito permitir que lleguen al país medicamentos procedentes de la comunidad internacional, así como solicitar ayuda a la Organización Mundial de la Salud,

La escasez de medicinas que motivó el proyecto de ley de la Asamblea General, así como el desabastecimiento de alimentos no puede desvincularse del deterioro económico del país y el aumento en la tasa de pobreza.

Alimentación y nutrición:

Desde el año 2003[12], el gobierno estableció un listado con 165 productos cuyos precios serían fijados unilateralmente por el Ejecutivo para controlar la inflación.

Algunos de esos productos recibían un subsidio directo, otros eran subsidiados a través de la red de comercialización y venta del Estado. Durante los primeros años esa fijación estuvo acorde con el aumento inflacionario, pero desde el 2007 la brecha entre costos de producción y el precio fijado aumentó y llevó a muchas empresas al cierre o la quiebra. Desde entonces ha habido un aumento en las importaciones de alimentos al mismo tiempo que ha habido una reducción en la capacidad de producción agroalimentaria local.

Este proceso vino acompañado de una serie de intervenciones a empresas agro alimentarias y la confiscación o nacionalización de empresas estatales productoras de café, centrales azucareras, arroceras y productoras de pasta. También fue expropiada la principal distribuidora de semillas (Agroisleña); la principal productora de productos lácteos (Lácteos Los Andes), unas 10.000 hectáreas de

11   Ley Especial para atender la Crisis Humanitaria en Salud, Asamblea Nacional de Venezuela,
     http://www.asambleanacional.gob.ve/uploads/documentos/doc_a41b084cdfbef69ce8
     7dccedd2fb9ae0d59131c9.pdf

12   En 10 años de control de precios la escasez de alimentos se triplicó. (2016). El-nacional.com. Retrieved 24 April 2016, from http://www.el-nacional.com/economia/con-trol-precios-escasez-alirnentos-triplico_0_129589009.html

99

fincas productoras de ganado y leche, al menos cinco empresas de producción de harina de maíz, dos fabricantes de aceite, además de las principales cadenas de supermercados.

El índice de escasez en algunos productos supera el 90%. Los datos de la encuesta de DATANALISIS mencionada anteriormente muestran porcentajes de escasez que reflejan las consecuencias de las situaciones mencionadas arriba. Como referente, la siguiente tabla demuestra los índices de escasez para los productos básicos:

aceite de maíz	95,5%
aceite de mezcla vegetal	94%
café molido	83,6%
leche en polvo en sobre	83,6%
harina de maíz	83,6%
margarina	82.1%
atún en aceite	82.1%
Azúcar	80,6%
carne de res	64,2%

En la red estatal Mercal la escasez llega a 80%; en abastos y bodegas es de 75%; en los supermercados independientes llega a 57,4%; en la red estatal Pdval 56%; en los supermercados de cadena 50,3%; en Abastos Bicentenario 39% y en el "comercio informal" la escasez cae a 38,7%. Esto indica que hay incentivos para el comercio informal y la venta de productos regulados a precios del mercado paralelo.

La escasez en el mercado es paliada con la provisión de alimentos básicos que llegan a la población a precios subsidiados a través de distintos mecanismos, algunos que ya no están vigentes luego de que se comprobaran casos de corrupción en la que funcionarios públicos desviaban productos al sector privado.

Recientemente el Estado ha implementado una nueva modalidad -para suplir la red de distribución anterior y que viene siendo cerrada progresivamente a causa de los problemas de corrupción e ineficiencia- conocida como CLAP (Comités Locales de Abastecimiento y Producción, que constituye un sistema de distribución de alimentos casa por casa, implementado por los Consejos Comunales desde el 16 de marzo de 2016. Esta medida inicialmente efectiva, es tardía.

Esta escasez que se origina en la distorsión de precios, producto de la existencia de varias tasas cambiarías, de un subsidio estatal que no guarda relación con los precios reales del mercado, más el acaparamiento de algunas empresas y el consecuente florecimiento del negocio conocido como "bachaqueo" (la reventa de productos a escala individual pero multiplicada en un amplio segmento de la población que vive de este negocio informal)

Esto repercute como un efecto multidimensional en la nutrición de la población, afectando especialmente a los adolescentes y niños. El ausentismo escolar por primera vez se ha incrementado en un 12 a 18%, debido a que muchos niños son obligados a sumarse a la búsqueda de alimentos en los negocios expendedores de alimentos a precios subsidiados, mientras que otros son utilizados, por sus propias familias dedicadas al "bachaqueo", para formar largas horas de filas para conseguir los productos a precios subsidiados y luego ingresarlos al círculo de la reventa. Como estas prácticas se dan en los segmentos de población de escasos recursos, el ausentismo escolar y mal nutrición impacta con fuerza en este sector social.

Las largas filas para conseguir productos a precios subsidiados han dado lugar también al incremento de la conflictividad a baja escala pero cada vez más extendidas horizontalmente. Se producen trifulcas, incluso ya se registraron algunos muertos, por discusiones en la ubicación en las filas, las que en muchos casos son antecedidas de una fila de 12 horas previas, donde los lugares son relevados por familiares y en algunos casos son "alquilados" los turnos. Esto obviamente, deviene en problemas de seguridad pública también dado que las fuerzas de seguridad suelen vigilar estos lugares para evitar disturbios que en no pocos casos terminan en intentos de saqueos de negocios o la materialización de los mismos.

A enero de 2016, el índice global de escasez de alimentos era de 82.8%[13]

Debido al desabastecimiento, la gente en Caracas compraba alimentos cada 4.8 días en 2015 y cada 3 días en 2016, en promedio. Para ello, tuvieron que visitar 4.1 locales en 2015, y 4.8 locales en 2016; esperando un promedio de 3.23 horas en colas en 2015, y 4.42 horas en colas en 2016. Más de dos tercios de la población ha cambiado sus hábitos alimenticios por la crisis, y un cuarto de la población hace menos de tres comidas diarias.[14]

No es sorprendente entonces, que en 2016 empezó una serie de violentos saqueos de tiendas y supermercados en varios estados del país y en la capital. Entre enero y febrero de 2016, el Observatorio Venezolano de Conflictividad Social contabilizó 64 saqueos e intentos de saqueo. En febrero se reportaron 41, el número más alto en los últimos 12 meses. De estos datos se destaca que el 81 % de los hechos fue en contra de transportes de alimentos o bebidas, mientras cubrían sus rutas de distribución. El 19% restante fue contra centros de expendio de alimentos, depósitos y otras instalaciones.[15]

Servicios básicos (agua y electricidad):

Los cortes de provisión de agua y energía eléctrica se han vuelto muy habituales en los últimos seis meses. Las causas son varias, pero el detonante reciente ha sido el impacto de la sequía producida por el fenómeno climatológico de El Niño, afectando la única represa hidroeléctrica del país -El Gurí, ubicada en el Estado Bolívar- que provee de energía a todo el país, y que ha alcanzado los niveles de agua críticos de 3.5 metros sobre el punto de colapso. Varias

---

13 *Entorno Económico y Político*, Datanalisis, Mayo de 2016.

14 *Entorno Económico y Político*, Datanalisis, Mayo de 2016.

15 *Conflictividad social en Venezuela en febrero de 2016*, Observatorio Venezolano de Conflictividad Social,

   http://www.observatoriodeconflictos.org.ve/oc/wp-content/uploads/2016/03/Conflictividad-social-en-Venezuela-en-febrero-2016.pdf

zonas del país padecen cortes tanto programados como abruptos por varias horas al día, tanto de energía como de agua potable.

La falta de químicos, tales como el cloro, y de repuestos para los sistemas de tratamiento de agua, ha incrementado los casos de diarrea. Por su parte, la previsión de acumulación de agua en los hogares para paliar la falta de la misma por los cortes, contribuye a la proliferación de vectores que transmiten dengue, Chikungunya y Zika.

Seguridad:

La situación atinente a Seguridad, es a la fecha la de mayor impacto y preocupación en la población, con su inevitable efecto secundario en las áreas de Salud, Alimentación, así como de la calidad de vida en general.

La problemática de seguridad ciudadana no es nueva en Venezuela, que históricamente ha tenido altísimos niveles de impacto de actividad criminal y homicidios. Sin embargo, en los últimos 3 años esto se ha incrementado a niveles alarmantes. Luego de algunos años en que el gobierno no ha provisto de información estadística acerca de la tasa de homicidios, el Ministerio Público informó que para el año 2015 la cifra fue de 17.778 homicidios, es decir 58,1 por 100.000 habitantes. Mientras que la ONG Observatorio Venezolano de Violencia (OVV) afirma que fueron 27.875, es decir 90 por 100.000 habitantes.

A esto debe sumarse el incremento del impacto de las grandes bandas delictivas que ejercen control territorial con la impunidad que esto conlleva. Incluso se ha registrado el inédito caso de la ciudad de Maracay, Estado Aragua, de un "paro armado" decretado por una de estas bandas que afecto a un sector de la ciudad mencionada. El Estado ha venido tratando de combatir enérgicamente este fenómeno de las grandes bandas armadas de delincuentes con la implementación de operativos especiales llamados "OLP" Operación Libertad del Pueblo, que han tenido impacto favorable en la opinión publica pero a la vez han producido muchas denuncias por ejecuciones sumarias.

Finalmente se le debe sumar un nuevo fenómeno que es la altísima tasa de policías, militares y miembros de fuerzas de seguridad asesinados desde el 1ro de enero de este año, cifra que ya ha superado los 109 casos.

V. INDICADORES SOBRE CORRUPCIÓN

Venezuela necesita definitivamente un operativo limpieza. Los indicadores internacionales de corrupción colocan al país en el fondo y demuestran un estado endémico de la misma.

Las investigaciones sobre corrupción que se llevan a cabo en la Comisión Permanente de Contraloría de la Asamblea Nacional son por un monto de 69.000 millones de dólares estadounidenses. No existen fuentes primarias disponibles con respecto al estado de la corrupción en Venezuela lo cual ya es de por si un elemento extremadamente preocupante. A continuación, se presentan seis fuentes secundarias, la mayoría citando opinión pública: Transparencia Internacional, Transparencia Venezuela, Gallup, LAPOP, Latino barómetro, y Worldwide Governance Indicators (WGI) del Banco Mundial.

1. Transparencia Internacional - índice de la Percepción de la Corrupción 2015

El Índice de Percepción de la Corrupción 2015 (EPC), analiza la forma en que los ciudadanos de 168 países perciben al sector público, a través de un puntaje en el que 1 es "altamente corrupto" y 100 es "muy limpio de corrupción". Venezuela obtuvo 17 puntos sobre 100, **ubicándose en el puesto No. 158 de los 168 países evaluados.** Esto supone una caída porque el año pasado Venezuela obtuvo 19/100.

Venezuela está ubicado en la última posición del continente, el más corrupto de la región según este indicador.

2. Transparencia Venezuela - Informe para el Segundo Ciclo del Examen Periódico Universal de Venezuela del Consejo de Derechos Humanos de Naciones Unidas

El Estado venezolano no ha adoptado un programa de planificación anticorrupción, y, por el contrario, incentiva esta práctica al limitar el derecho al acceso a la información pública y a la contraloría social.

El informe elaborado por Transparencia Venezuela señala como una de las principales raíces de la mala práctica pública a la institucionalización del hermetismo oficial amparado por sentencias del Tribunal Supremo de Justicia. En este sentido, durante el período comprendido **entre 1999 y 2014** la ONG contabilizó 60 **normas que violan o limitan el derecho de acceso a la información pública.**

De acuerdo con la ONG, la Sala Constitucional y la Sala Político Administrativa del **Tribunal Supremo de Justicia** limitan el acceso a la información por las siguientes razones: la falta de legitimidad por parte de los solicitantes; la falta de justificación sobre la administración del control que se pretende ejercer; el amparo como vía no idónea; y el agotamiento de mecanismos judiciales previos.

Por su parte, de acuerdo con la ONG, el **Ministerio Público** incentiva la corrupción por su negativa para investigar casos como el del Presidente de la Sala Penal del Tribunal Supremo de Justicia, magistrado Eladio Aponte Aponte, quien ofreció declaraciones detalladas de sus vínculos con narcotraficantes y de operaciones realizadas en Venezuela; ex ministro de Planificación Jorge Giordani, quien denunció irregularidades en el manejo de la Empresa Petrolera Nacional (PDVSA) y el Banco Central de Venezuela, así como un gasto excesivo y desorden dentro de la gestión del gobierno; y el Capitán de Corbeta Leamsy Salazar, quien denunció a Diosdado Cabello ante la DEA, en Washington, por narcotráfico.

3. Gallup- Encuesta de Percepción sobre Corrupción en Venezuela

De acuerdo con la encuesta realizada por Gallup en Venezuela, la percepción del empeoramiento en los niveles de corrupción parece haber contribuido a la erosión de la confianza en el gobierno. A pesar de que la corrupción gubernamental siempre se ha percibido como extensa, se registró un aumento de 63% en 2012 a **75% en 2013 en el número de personas que consideran a la corrupción como un problema extendido** en el gobierno del Presidente Maduro. Otro signo del deterioro en las percepciones públicas sobre el gobierno es que el 31% de los venezolanos confían en el sistema judicial nacional.

Venezuela, RB, 1996-2014
Aggregate Indicator: Control of Corruption

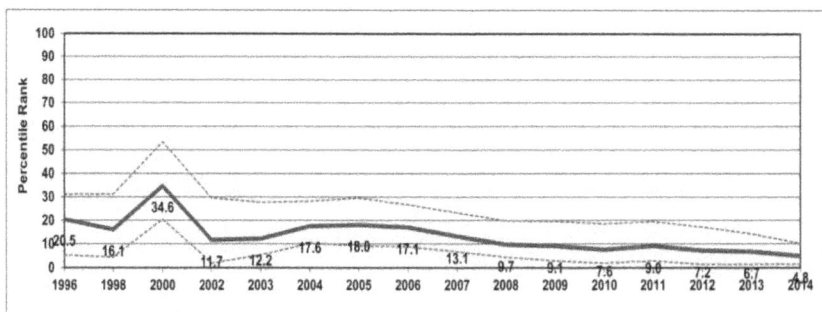

En **2014 Venezuela obtuvo 4.8%** lo que ubica al país muy distante del promedio de América Latina y el Caribe (52%) y mucho más aún de los **países con mayores ingresos de la OCDE (85%)** donde la norma es un alto control de corrupción. Por su parte, los países más ricos que no pertenecen a la OCDE reportan en 2014 un nivel de control de la corrupción de 74%.

VI. CONTRADICCIÓN ENTRE DEMOCRACIA Y EXISTENCIA DE PRESOS POLÍTICOS

La democracia no es compatible con las detenciones de personas por sus ideas. Este no es un concepto abstracto, está plasmando de manera clara en los instrumentos a través de los cuales se han comprometido los Estados miembros de la OEA. Desde la Convención Americana sobre Derechos Humanos que en el cuadro de las instituciones democráticas, buscó ser un instrumento para consolidar "un régimen de libertad personal y de justicia social, fundado en el respeto de los derechos esenciales del hombre"[16] que reconoce el derecho de reunión y de libertad de pensamiento y expresión hasta la Carta Democrática Interamericana que reconoce como componente fundamental del ejercicio de la democracia "la transparencia de las actividades gubernamentales, la probidad, la responsabilidad de los gobiernos en la gestión pública, el respeto por los derechos sociales y la libertad de expresión y de prensa"[17].

En Venezuela el gobierno ha cerrado los canales de diálogo naturales de una democracia. La ciudadanía encuentra en las manifestaciones públicas la forma de ser escuchada. Son espacios válidos de expresión para un sector de la sociedad que el gobierno busca combatir. En el contexto de polarización que vive el país, los manifestantes son oprimidos y reaccionan ante esa opresión.

---

16   Preámbulo de la Convención Americana sobre Derechos Humanos: http://www.oas-org/dil/esp/tratados_B 32_ Convención _Americana_sobre_Dere-chos_Humanos.htm
17   Artículo 4 de la Carta Democrática Interamericana:
http:/www.oas.org/charter/docs_es/resolucion1_es.htm

La criminalización de las protestas, el acoso y el encarcelamiento de opositores son prácticas propias de un Estado opresor. Estas personas están presas en la conciencia del gobierno venezolano.

No entender como derecho la posibilidad de expresarse y manifestarse de todos los sectores de la ciudadanía es sinónimo de una visión limitada e injusta de la democracia. Asimismo, el uso del derecho penal para crítica política es altamente inhibitorio para la ciudadanía y va en contra de los tratados internacionales de Derechos Humanos.

En su informe de 2009 sobre *Democracia y Derechos Humanos en Venezuela*, la Comisión Interamericana de Derechos Humanos, expresó su preocupación sobre los impedimentos para que la ciudadanía ejerciera el derecho a manifestarse de manera pacífica. En el reporte la CIDH observó:

> "con preocupación cómo en Venezuela la respuesta institucional a las manifestaciones pacíficas se ha caracterizado por la criminalización de la protesta social a través de la persecución penal a las personas involucradas, desvirtuando la aplicación de las leyes punitivas del Estado. Esta situación resulta de particular preocupación en tanto la represión y las penas privativas de la libertad para las personas que participan en acciones de protesta tienen por efecto inducir a los actores sociales a no participar en manifestaciones pacíficas"[18].

He seguido con detenimiento las acusaciones por parte de sectores del Gobierno de ser "traidores a la patria" por haberme visitado en Washington y haber expresado su postura sobre la situación que atraviesa el país.

---

18   CIDH, *Democracia y Derechos Humanos en Venezuela*, 2099. Puede consultarse en: http://www.cidh.org/countryrep/Venezuela2009sp/VE09CAPIISP.htm#_ftn91 (última visita 25/5/201), capítulo relativo al derecho de protesta pacífica.

Llamar "vende patria" [19] a los opositores es un control a la di-sidencia de sus opiniones y de sus manifestaciones. Al ser un representante del Estado, estas manifestaciones son actos de intimidación, porque cuando un ciudadano pasa a ser Presidente, no habla a título personal sino como jefe de un poder que tiene a su cargo las fuerzas armadas y los órganos de inteligencia y policiales de la Nación.

Acusar a personas que no coinciden con un tipo determinado de régimen y equipararlos con traidores a la patria o a la revolución chavista, es en su esencia como diría Noam Chomsky "una de los mecanismos más comunes en regímenes totalitarios."

Esos diputados, se quiera o no, son parte esencial de su patria. Creen en sus ideas y manifiestan sus preocupaciones. Ellos con sus ideas, que pueden o no coincidir con las del gobierno, se han expresado por una Venezuela democrática e inclusiva. Equiparar la oposición a su Gobierno con la traición a la patria, es manifestar que su Gobierno es lo único que representa a Venezuela y dejar a un lado su historia, su pueblo y su cultura.

De acuerdo con la intervención del Director Ejecutivo del Foro Penal Venezolano, Alfredo Romero, en la sesión sobre la situación de derechos humanos en Venezuela celebrada en el marco del 157 Período de sesiones de la Comisión Interamericana de Derechos Humanos: "hay 82 presos políticos al día de hoy en Venezuela calificados por el Foro Penal, y sólo desde 2014 ha habido 3.785 detenidos por motivos políticos hasta el día de hoy, 1.882 personas se encuentran con procesos judiciales pendientes"[20].

19 Presidente Nicolás Maduro: "Esta semana fueron testigos de cómo a Washington fueron unos diputados venezolanos vende patria a solicitar a los Estados Unidos para que sancione a Venezuela" Fuente: video: http://entodonoticias.com/no-vayan-creer-aqui-inmunidad-la-traicion/ (última visita 26/5/201).

20 157 Periodo de sesiones de la Comisión Interamericana de Derechos Humanos, Audiencia sobre la situación general de derechos humanos en Venezuela, Intervención de Alfredo Romero, Director Ejecutivo del Foro Penal Venezolano, lunes 4 de abril de 2016:

Tras la marcha contra el gobierno del Presidente Maduro realizada el 18 de mayo de este año, el Foro Penal manifestó que se habían producido 41 detenciones. Hasta el día 19 de mayo, esta organización registró 3.932 detenciones producto de las manifestaciones contra el gobierno nacional.[21]

Alfredo Romero, reportó en su cuenta de Twitter que al 25 de mayo el número de presos políticos aumentó a 96 con las detenciones luego de la marcha del 18 de mayo. Entre las personas encarceladas hay estudiantes, profesionales y militares que fueron detenidos por manifestar, por el uso de redes sociales, acusados de rebelión militar y civil, entre otras causas.

Para comprender mejor esta situación es importante tener en cuenta también el informe publicado por Human Rights Watch (HRW) el 5 de mayo de 2014 y titulado *Castigados por Protestar*[22] sobre violaciones de derechos en las calles, centros de detención y el sistema de justicia en Venezuela. En este informe se plasman los resultados de una investigación realizada por la organización en la que se halló "un patrón de graves abusos".

Según consta en el informe, HRW encontró evidencias de graves violaciones de derechos humanos cometidos por las fuerzas de seguridad venezolanas en 45 casos y los relatos de las víctimas de esos casos aportaron evidencias creíbles de que más de 150 personas fueron víctimas de abusos en incidentes relacionados.

Los presos políticos son aquellas personas encarceladas por sus actividades o expresiones contrarias a un gobierno o régimen. La

---

http://www. oas.org/es/cidh/multimedia/sesiones/157/default.asp (última visita 25/5/201).

21 Foro Penal Venezolano: https://foropenal.com/node/2429 (última visita 25/5/201)

22 Human Rights Watch, *Castigados por Protestar,* Puede consultarse en: https://www.hrw.org/es/report/2014/05/castigados-por-protestar/violaciones-de-derechos-en-las-calles-centros-de (última visita 25/5/201).

Asamblea Parlamentaria del Consejo de Europa reafirmó en 2012 criterios establecidos por el Consejo de Europa en 2001[23]:

> "Una persona privada de su libertad personal debe ser considerada como un 'preso político':
>
> a. si la detención se ha impuesto en violación de una de las garantías fundamentales establecidas en la Convención Europea de Derechos Humanos y sus Protocolos (CEDH), en particular la libertad de pensamiento, de conciencia y de religión, la libertad de expresión y de información, la libertad de reunión y asociación;
>
> b. si la detención ha sido impuesta por razones puramente políticas sin conexión con un delito;
>
> c. si, por motivos políticos, la duración de la detención o de sus condiciones están claramente fuera de proporción con el delito por el cual la persona ha sido encontrada culpable, o es sospechosa de;
>
> d. si, por motivos políticos, él o ella es detenido de manera discriminatoria en comparación con otras personas;
>
> e. si la detención es el resultado de procedimientos que fueron claramente injustos y esto parece estar conectado con motivos políticos de las autoridades."(SG/Inf (2001) 34, párrafo 10).

VII SEPARACIÓN E INDEPENDENCIA DE LOS PODERES PÚBLICOS DEL ESTADO

En el entendido que el principio de separación de poderes es requisito básico para el funcionamiento de un sistema democrático, esa separación hace al Estado de Derecho y a la más plena vigencia de la Constitución, la Secretaría General de la OEA analiza en detalle las situaciones comprobadas de vulneración del mismo en la República Bolivariana de Venezuela, a la luz de los impedimentos

---

23 Asamblea Parlamentaria del Consejo de Europa: http://assembly.coe.int/nw/xml/X-Ref/Xref-XML2HTML-en.asp?fileid=19150&lang=en

al normal desarrollo de los trabajos de la Asamblea Nacional a partir de la acumulación de recursos de revocación del proceso legislativo desde el poder Ejecutivo con la anuencia de la Sala Constitucional del Tribunal Supremo.

Esto se refleja especialmente en el decreto de recorte de poderes y atribuciones de la AN, la prórroga de la declaración del Estado de excepción y emergencia económica, la revocación de leyes, y la decisión sobre la nulidad interpuesta con relación a la reforma parcial del Reglamento Interior y de Debates de la Asamblea Nacional.

Se considera de vital importancia que el Presidente de la Asamblea Nacional Henry Ramos Allup preste su testimonio ante el Consejo Permanente respecto a este capítulo y al siguiente.

Esta disfuncionalidad se manifiesta asimismo en algunas características del poder judicial venezolano, que por el alto índice de funcionarios designados en carácter temporal hacen que se atente contra la imparcialidad y continuidad necesaria para que este poder del Estado pueda brindar las garantías básicas del debido proceso judicial, también requisito de los sistemas democráticos.

El resultado electoral del 6 de diciembre que otorgó inicialmente 112 curules en la Asamblea Nacional (AN) a la oposición planteó la oportunidad de un ligero cambio en el equilibrio entre el Poder Ejecutivo, Legislativo y Judicial que previamente era dominado por el oficialismo.

La mayoría oficialista en la AN designó y juramentó a 13 de 32 magistrados y 21 suplentes del Tribunal Supremo de Justicia (TSJ) antes que la nueva AN entrara en funciones el 5 de enero. El cambio fue ligero puesto que a raíz de un fallo que amenazaba a la AN de quedarse sin competencias reales, la oposición perdió a tres diputados y con ello la mayoría calificada.

Situación de las leyes aprobadas por la ASAMBLEA NACIONAL

Desde el 5 de enero, fecha en que asume la Asamblea Nacional (AN) controlada por la oposición con una mayoría absoluta (109 de 163 diputados), el choque entre el Poder Ejecutivo y el Poder Legislativo se ha expresado principalmente por la vía del Poder Judicial. Se observa la intención del gobierno de hacer uso del Tribunal Supremo de Justicia (TSJ) para inhabilitar a la AN y debilitar a la oposición. Al menos 17 decisiones del TSJ son indicativas de la cooptación del Poder Judicial por el Poder Ejecutivo.

El listado de las 17 decisiones se detalla a continuación[24]:

1. La Sala Electoral suspendió las proclamaciones de cuatro diputados (3 de la MUD y 1 del PSUV) del estado Amazonas.

Sentencia 260 del 12 de diciembre de 2015: http://historico.tsj.gob.ve/decisiones/selec/diciembre/184227-260-301215-2015-2015-000146.HTML.

2. La Sala Electoral ordenó desincorporar de la Asamblea Nacional a los diputados del estado Amazonas y nulos los actos siguientes de la AN. El retiro de tres diputados de oposición electos el 6 de diciembre por el estado de Amazonas evitó que la oposición controlara el Poder Legislativo con mayoría calificada. La oposición acató la decisión del supremo para evitar que la AN quedara sin competencias reales.

Sentencia 1 del 11 de enero de 2016: http://historico.tsj.gob.ve/decisiones/selec/enero/184253-1-11116-2016-X-2016-000001.HTML

3. La Sala Constitucional ratificó las decisiones de la Sala Electoral con respecto a los diputados del estado Amazonas (Sentencia 260 del 12 de diciembre de 2015 y sentencia 1 del 11 de enero de 2016).

---

24 El listado fue elaborado en base a la información publicada en http://www.el-nacional.com/política/Guerra-sentencias-TSJ-decisiones:AN_0_836316569.html; y fue complementado con información primaria publicada en www.tsj.gob.ve

Sentencia 3 del 14 de enero de 2016:
http://historico.tsj-gob.ve/decisiones/scon/enero/184316-03-14116-2016-16-0003.HTML

1. La Sala Constitucional interpretó como constitucional el Decreto Número 2.184 de Emergencia Económica presentado por el presidente Nicolás Maduro. El bloque mayoritario lo había rechazado, sin embargo, la Sala Constitucional sentenció a favor del gobierno.

Sentencia 4 del 20 de enero de 2016:
http://historico.tsj.gob.ve/decisiones/scon/enero/184426-04-20116-2016-16-0038.HTML.

2. La Sala Constitucional decretó "en vigencia" el Decreto de Emergencia Económica a pesar de que, como antes mencionado en el punto 5, éste no fue aprobado por la AN.

Sentencia 7 del 11 de febrero de 2016:
http://historico.tsj.gob.ve/decisiones/scon/febrero/184885-07-11216-2016-16-0117.HTML

3. La Sala Constitucional limitó las facultades contraloras de la AN, que representa un derecho constitucional de este poder *vis a vis* otros poderes del Estado. La sentencia 9 "interpreta constitucionalmente las funciones contraloras de la Asamblea Nacional y establece sus límites democráticos para garantizar el equilibrio entre Poderes".

Sentencia 9 del 1 de marzo de 2016:
http://historico.tsj.gob.ve/decisiones/son/marzo/185627-09-1316-2016-16-0153.HTML.

4. Tras cumplir el tiempo del Decreto de Emergencia, el presidente y su gabinete determinaron que necesitaban una prórroga al Decreto de Emergencia Económica, La misma fue rechazada por el Poder Legislativo, pero la Sala Constitucional aprobó la prórroga del Decreto.

Sentencia 184 del 17 de marzo de 2016:
http://historico.ts.gob.ve/decisiones/scon/marzo/186437-184-17316-2016-16-0038.HTML.

8. En respuesta a la demanda contra el nombramiento de magistrados "por ser ilegal e inconstitucional", la Sala Constitucional estableció que es inadmisible la demanda de nulidad parcial interpuesta por el abogado Robert Luis Rodríguez Noriega. Esta decisión del TSJ impidió revocar las designaciones de magistrados del TSJ realizada el 23 de diciembre de 2015 en sesión extraordinaria de la anterior AN controlada por el chavismo.

Sentencia 225 del 29 de marzo de 2016:
http://historico.tsj.gob.ve/decisiones/scon/marzo/186523-225-29316-2016-16-0042.HTML.

9. La Sala Constitucional declaró inconstitucional la Reforma de la Ley del Banco Central de Venezuela, sancionada por la AN el 3 de marzo. La Ley pretendía reforzar la independencia del Banco Central. El TSJ argumentó que la ley atenta contra la autonomía del BCV y la estabilidad de la economía.

Sentencia 259 del 31 de marzo de 2016:
http://historico.tsj.gob.ve/decisiones/scon/marzo/186656-259-31316-2016-2016-0279.HTML.
Ley: http://www.asambleanacional.gob.ve/uploads/leyes/2016-03-03/doc_a1f3cc396c1baf852bd2b57677e1c9ad4a0150c6.pdf

10. La Sala Constitucional decidió por la inconstitucionalidad de la Ley de Amnistía y Reconciliación Nacional, sancionada previamente por la AN el 29 de marzo.

Sentencia 264 del 11 de abril de 2016:
http://historico.tsj.gob.ve/decisiones/scon/abril/187018-264-11416-2016-16-0343.HTML
Ley: http://www.asambleanacional.gob.ve/uploads/leyes/2016-03-29/doc_6b63c35ab412e6d99cd561e9190df5b0681b181.pdf

11. La Sala Constitucional del TSJ admitió a una solicitud realizada por la oposición el 9 de marzo de 2011. La respuesta fue de-

clarar la nulidad por inconstitucionalidad de la Reforma Parcial del Reglamento Interior y de Debates de la AN (publicado en la Gaceta Oficial número 6.014 del 23 de diciembre de 2010.

Sentencia 269 del 21 de abril de 2016:
http://historico.tsj.gob.ve/decisiones/scon/abril/187363-269-21416-2016-11-0373.HTML

12.   En respuesta al recurso de interpretación presentado el 15 de marzo de 2016 con respecto a la constitucionalidad del artículo 340 de la Constitución, la Sala Constitucional argumentó a favor de la "irretroactividad absoluta"[25]. El TSJ determinó que "cualquier enmienda que pretenda efectuarse a la Constitución de la República Bolivariana de Venezuela, no puede tener efectos retroactivos en el tiempo o ser de aplicación inmediata"[26]. Esto significa que una enmienda constitucional sobre el período presidencial no sería de aplicación inmediata, es decir, no sería aplicable al actual mandatario.

Sentencia 274 del 21 de abril de 2016:
http://historico.tsj.gob.ve/decisiones/scon/abril/187368-274-21416-2016-16-0271.HTML

13.   La Sala Constitucional declara constitucional pero inaplicable la Ley de Bono para alimentación y medicinas de pensionados y jubilados sancionada por la AN. Aunque fue declarada constitucional, la sentencia declara la Ley inviable por razones económicas, por lo que la anula.

Sentencia 327 del 28 de abril de 2016:
http://historico.tsj.gob.ve/decisiones/scon/abril/187498-327-28416-2016-16-0363.HTML

---

25   www.tsj.gob.ve/-/una-enmienda-constitucional-sobre-ei-periodo-presidencial-no-seria-de-aplicacion-inmediata.

26   http://www.tsj.gob.ve/-/una-enmienda-constitucional-sobre-ei-periodo-presidencial-no-seria-de-aplicacion-inmediata.

Ley: http://www.asambleanacional.gob.ve/uploads/leyes/2016-03-03-0/doc_5e7206c4716004ece964bf844a834f05b3315921.pdf

14.   La Sala Constitucional declara la inconstitucionalidad de la Ley de Reforma Parcial de la Ley Orgánica del TSJ.

Sentencia 341 del 5 de mayo de 2016:
http://historico.tsj.gob.ve/decisiones/scon/mayo/187589-341-5516-2016-16-0396.HTML
Ley: http://www.asambleanacional.gob.ve/uploads/documentos/doc_b546de39577942fde98fcac5f7d06abel100d78e.pdf

15.   La Sala Constitucional declara la inconstitucionalidad de la Ley de Otorgamiento de Títulos de Propiedad a Beneficiarios de la Gran Misión Vivienda Venezuela y Otros Programas Habitacionales del Sector Público que otorga propiedad sobre las viviendas de la Misión Vivienda. Previo al fallo de la Sala Constitucional, la ley fue sancionada por la AN el 13 de abril.

Sentencia 343 del 6 de mayo de 2016:
http://historico.tsj.gob.ve/decisiones/scon/mayo/187591-343-6516-2016-16-0397.HTML
Ley: http://www.asambleanacional.gob.ve/documentos/show/id/1482

16.   La Corte Segunda de lo Contencioso Administrativo (inferior al TSJ pero nacional) prohíbe las manifestaciones "no autorizadas" al Consejo Nacional Electoral y ordena a la Guardia Nacional y a la Policía Nacional reprimir "manifestaciones violentas".

Sentencia AP42-0-2016-000021 del 18 de mayo de 2016:
http://jca.tsj.gob.ve/DECISIONES/2016/MAYO/1478-18-AP42-O-2016-000021-2016-0120.HTML

17.   La Sala Constitucional declara la constitucionalidad del Decreto No. 2323 dictado por el Presidente de la República que establece un nuevo estado de excepción y emergencia económica. Este decreto le otorga nuevamente poderes especiales al mandatario por 60 días adicionales.

Sentencia 411 del 19 de mayo de 2016:
http://historico.tsj.gob.ve/decisiones/scon/mayo/187854-411-19516-2016-16-0470.HTML

Del total de 414 sentencias efectuadas por la Sala de lo Constitucional, 5 se realizaron en enero; 2 en febrero; 252 en marzo; 69 en abril; y 85 en mayo. La mayoría de los recursos presentados corresponden a acciones de amparo (53%) y solicitudes de revisión (29.5%), seguidas por recursos de nulidad (4.6%) y de constitucionalidad de ley (2.2%).

 # Total de Sentencias Sala Constitucional TSJ

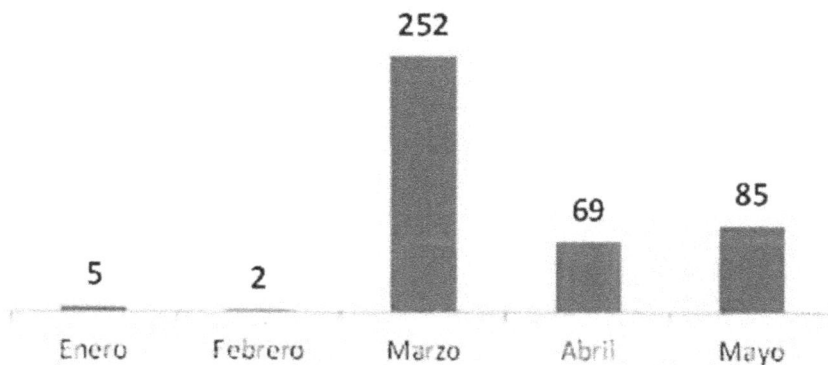

Total de Sentencias por Procedimiento

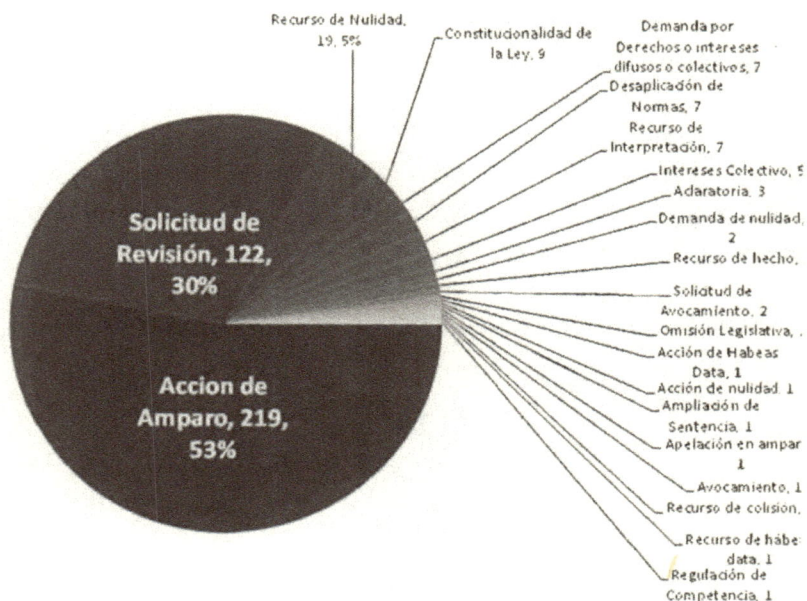

Procedimiento	Total	%
Acción de Amparo	219	53.0%
Solicitud de Revisión	122	29.5%
Recurso de Nulidad	19	4.6%
Constitucionalidad de la Ley	9	2.2%
Demanda por Derechos e intereses difusos o colectivos	7	1.7%
Desaplicación de Normas	7	1.7%
Recurso de Interpretación	7	1.7%
Intereses Colectivo	5	1.2%
Aclaratoria	3	0.7%

Demanda de nulidad	2	0.5%
Recurso de hecho	2	0.5%
Solicitud de Avocamiento	2	0.5%
Omisión Legislativa	1	0.2%
Acción do Rabeas Dala	1	0.2%
Acción de nulidad	1	0,2%
Ampliación de Sentencia	1	0.2%
Apelación en amparo	1	0.2%
Avocamiento	1	0.2%
Recurso do colisión	1	0.2%
Recurso de habeas data	1	0.2%
Regulación de Competencia	1	0.2%

Del 5 de enero al 24 de mayo se registran 8 recursos de constitucionalidad de ley y uno no clasificado (Ver tabla a continuación). Todos excepto dos son presentados por el Presidente Nicolás Maduro Moros. Para los dos casos que no fueron presentados por el Presidente, el TSJ publica en su sitio de internet "NA" en el campo de "partes". De los 9 recursos, se registran 5 decisiones de constitucionalidad y 4 de inconstitucionalidad. Cabe destacar que todas estas 9 decisiones constituyen fallos a favor del Ejecutivo.

Procedimiento	Partes	Sentencia	No. Expediente	Constitucional / Inconstitucional	A favor / En contra del Ejecut.	Decisión
Constitucionalidad de ley	Nicolás Maduro Moros	2	15-1192	Constitucional	A favor	Constitucionalidad del Decreto mediante el cual se prorroga por sesenta 60, días el plazo establecido en el Decreto N° 2071, de fecha 23 de octubre de 2015
Constitucionalidad de ley	NA	4	16-0008	Constitucional	A favor	Se declara la CONSTITUCIONALIDAD del Decreto n° 2.184, dictado por el Presidente de la República Bolivariana de Venezuela, mediante el cual se decreta el Estado de Emergencia Económica en todo el territorio Nacional.
	Nicolás Maduro Moros	194	16-0009	Constitucional	A favor	Se declara la CONSTITUCIONALIDAD del Decreto N° 2.270 del 11 de marzo de 2016, mediante el cual se prorroga por sesenta (60) días el plazo establecido en el Decreto 2.184, del 14 de enero de 2016.
Constitucionalidad de ley	NA	259	2016-0279	Inconstitucional	A favor	Inconstitucional la Ley de Reforma Parcial del Decreto N° 2.179 con Rango, Valor y Fuerza de la Ley de Reforma Parcial de la Ley del Banco Central de Venezuela, sancionada por la Asamblea Nacional en sesión ordinaria del 03 de marzo de 2016
Constitucionalidad de ley	Nicolás Maduro Moros	264	16-0343	Inconstitucional	A favor	Se declara la INCONSTITUCIONALIDAD de la Ley de Amnistía y Reconciliación Nacional, sancionada por la Asamblea Nacional, en sesión ordinaria del 29 de marzo de 2016
Constitucionalidad de ley	Nicolás Maduro Moros	327	16-0093	Constitucional	A favor	Se RESUELVE la Solicitud de Valoración de la Constitucionalidad de la Ley de Bono para Alimentos y Medicinas a Pensionados y Jubilados.
Constitucionalidad de ley	Nicolás Maduro Moros	341	16-0096	Inconstitucional	A favor	Se declara la Inconstitucionalidad de la Ley
Constitucionalidad de ley	Nicolás Maduro Moros	343	16-0097	Inconstitucional	A favor	Se declara la Inconstitucionalidad de la Ley
Constitucionalidad de ley	Nicolás Maduro Moros	411	16-0470	Constitucional	A favor	Se declara la constitucionalidad del Decreto No. 2323 dictado por el Presidente de la República que declara el Estado de Excepción y de la Emergencia Económica.

De las sentencias mencionadas anteriormente, algunos temas contenidos en las mismas que queremos desarrollar en el presente informe tiene que ver con la desincorporación de los tres diputados de Amazonas por parte del TSJ; las declaratorias de los Estados de excepción y de emergencia económica; la ley de amnistía y reconciliación; la declaratoria de irretroactividad de las enmiendas constitucionales; y la nulidad de la reforma parcial del Reglamento interior y de Debates de la Asamblea Nacional, temas que pasamos a desarrollar a continuación.

La desincorporación de tres diputados de Amazonas por parte del Tribunal Supremo de Justicia.

En otro caso reciente, la decisión de la Sala Electoral del Tribunal Supremo de Justicia sobre la desincorporación de tres diputados de Amazonas, dicho Tribunal Supremo recurrió en su argumentación a la figura del "hecho notorio comunicacional", hecho que, si bien no constituye una prueba, en el entendimiento del Tribunal, en razón de su notoriedad, la parte que lo alega está exenta de cumplir con la carga de la prueba. Basar en esto la suspensión de los efectos de los actos de totalización, adjudicación y proclamación emanados del Consejo Nacional Electoral, sin escuchar previamente ha dicho Consejo, violó de manera flagrante las garantías del debido proceso.

El 29 de diciembre de 2015, la Sala Electoral del Tribunal Supremo de Justicia de Venezuela recibió una solicitud de amparo cautelar relativo al acto de votación de las elecciones parlamentarias del ó de diciembre de 2015 en el circuito electoral del Estado de Amazonas.

En el mismo, se solicitó que se anule la elección de ciertos cargos a diputados (Julio Harón Ygarza, Norma Guaralla y Romel Guzama), proclamados por el Consejo Nacional Electoral debido, entre otros, a que el 16 de diciembre de 2015, fue difundido por los medios de comunicación social una grabación a través de la cual se puede escuchar a la Secretaría de Gobernación del Estado de Amazonas discutir con otra persona anónima cómo pagaba diversas cantidades de dinero a los electores para votar por candidatos opositores.

De esta manera, se argumentó que durante el proceso electoral se materializó una vulneración del derecho al sufragio de los ciudadanos ya que el mismo se condicionó a la entrega de beneficios económicos a cambio de un voto favorable para los candidatos mencionados.

Además, se alegó que en otros casos hubo suplantación de identidad y violación de la votación secreta, careciendo el acto de legitimidad y eventualmente existiendo el riesgo de que, al asumir sus cargos el 5 de enero de 2016, estas personas tomen decisiones sin la representatividad debida.

Se solicitó así la suspensión de los efectos del acto de votación de las elecciones parlamentarias del 6 de diciembre de 2015 en el circuito electoral del Estado de Amazonas, así como todo aquello que por vía de consecuencia se produzca por ser accesorio a la votación, es decir, el acto de proclamación de los candidatos electos a la Asamblea Nacional que se efectuada el 5 de enero de 2016. La solicitud planteaba además que se anule el acto de votación, el acto final de escrutinio, el acto de totalización y el acto de proclamación de los ganadores de los cúrales correspondientes, además de ordenar una nueva elección parlamentaria en el referido circuito.

El 30 de diciembre de 2015 la Sala Electoral del Tribunal Supremo de Justicia ordenó de forma provisional e inmediata la suspensión de efectos de los actos de totalización, adjudicación y proclamación emanados de los órganos subordinados del Consejo Nacional Electoral respecto de los candidatos electos en cuestión (Decisión 260/15).

El día 5 de enero de 2016 se instaló mediante sesión ordinaria el período constitucional de la Asamblea Nacional con los nuevos diputados electos y proclamados legítimamente. Debido a la decisión del Tribunal Supremo de Justicia, no se les otorgó la credencial respectiva a los candidatos a diputados que fueron objeto del recurso contencioso electoral. No obstante, el día 6 de enero de 2016, la nueva Junta Directiva de la Asamblea Nacional procedió a juramentar a dichos diputados, desacatando de esta manera la decisión del Tribunal Supremo.

El 7 de enero de 2016 se recibió en la Sala Electoral del referido Tribunal otra solicitud a los fines de que sea acatado el fallo de 30 de diciembre de 2015 así como para que se pronuncie sobre la inconstitucionalidad de la juramentación realizada el día 6 de enero de 2016.

Entre otros, se argumentó desacato a la decisión del Tribunal Supremo de Justicia, aduciéndose que la incorporación de los diputados en cuestión y cuya proclamación había sido suspendida, no podía en modo alguno computarse para los efectos de las votaciones que correspondían al Poder Legislativo.

El 11 de enero de 2016, la Sala Electoral del Tribunal Supremo de Justicia declaró que había existido desacato por parte de los miembros de la Junta Directiva de la Asamblea Nacional y le ordenó dejar sin efecto la juramentación antes referida procediendo con la desincorporación inmediata de los diputados en cuestión. Además, declaró nulos los actos de la Asamblea General que se hubiesen dictado o se dictasen mientras se mantenga la incorporación de los ciudadanos sujetos a la decisión del 30 de diciembre de 2015 (Decisión 1/2016).

El artículo 200 de la Constitución de Venezuela establece que los diputados a la Asamblea Nacional gozan de inmunidad en el ejercicio de sus funciones desde su proclamación hasta la conclusión de su mandato o la renuncia al mismo.

Sin embargo, el artículo 297 de dicha Constitución establece que la jurisdicción contenciosa electoral será ejercida por la Sala Electoral del Tribual Supremo de Justicia y los demás tribunales que determine la ley. Además, la Sala Electoral del Tribunal Supremo de Justicia es competente para conocer las demandas contencioso electorales que se interpongan contra los actos, actuaciones y omisiones de los órganos del Poder Electoral, tanto los que estén directamente vinculados con los procesos comiciales, como aquellos que estén relacionados con su organización, administración y funcionamiento según el artículo 27 de su Ley Orgánica.

Estas normas determinarían así la competencia de dicha Sala para hacer el pronunciamiento antes referido, con base además en el artículo 138 de la Constitución de Venezuela que establece que "toda autoridad usurpada es ineficaz y sus actos son nulos".

No obstante, el Tribunal Supremo de Justicia recurre en su argumentación a la figura del "hecho notorio comunicacional".

Al tratarse de un hecho de esta naturaleza, si bien no constituye en sí una prueba, en razón de su notoriedad la parte que lo alega está exenta de cumplir con la carga de su demostración.

En la sentencia del 11 de enero de 2016, el Tribunal Supremo de Justicia se pregunta si puede el juez fijar el hecho comunicacional como un hecho probado sin que conste en autos elementos que lo verifiquen. El Tribunal estimó que sí puede hacerlo ya que la publicidad que él ha recibido permite, tanto al juez como a los miembros de la sociedad, conocer su existencia. Por su parte, en su sentencia del 30 de diciembre de 2015, el Tribunal estableció que, de acuerdo a una anterior doctrina jurisprudencial en relación con la apreciación por el juez de un hecho notorio comunicacional alegado por alguna de las partes, la uniformidad en diversos medios impresos y digitales de comunicación social del día 16 de diciembre de 2015 de un hecho noticioso consistente en la difusión de la grabación del audio de una conversación entre la ciudadana Victoria Franchi Caballero, Secretaria de la Gobernación del estado de Amazonas y una persona no identificada, en la cual se hacen referencias a la compra de votos y pago de prebendas a electores para votar por la Mesa de la Unidad Democrática (MUD), entre otros, evidencia preliminarmente la presunción grave de presunta violación de los derechos constitucionales al sufragio y a la participación política de los electores del estado de Amazonas. Con base en ello, el Tribunal procedió a declarar procedente la solicitud de amparo cautelar.

Sin embargo, basar en estos hechos la suspensión de los efectos de los actos de totalización, adjudicación y proclamación emanados del Consejo Nacional Electoral sin escuchar previamente a dicho Consejo y los descargos de los diputados electos en cuestión viola las garantías del debido proceso.

Además, en cuanto al alcance de la decisión, como bien han afirmado algunos especialistas, en derecho no se puede anular ningún acto mediante una medida cautelar y tampoco actos a futuro. Esto se puede hacer luego de un juicio en el que se respete el debido proceso y en que las partes presentes sus pruebas. El 14 de enero de

2016, la Sala Constitucional convalidó las decisiones de la Sala Electoral del mismo TSJ sobre este tema (Decisión 3/2016).

A la fecha de hoy los diputados referidos no pueden ejercer sus atribuciones en el seno de la Asamblea Nacional y siguen exigiendo al CNE que se pronuncie sobre la medida cautelar que emitió la Sala Electoral del Tribunal Supremo de Justicia y que los mantiene desincorporados de la Asamblea Nacional, dejando al estado de Amazonas sin voz en el Parlamento.

Declaratorias de Estados de Excepción y de Emergencia Económica

Ha sido recurrente la utilización por parte del Presidente Maduro de las declaraciones de estados de excepción en el país. En agosto del año pasado declaró dicho estado de excepción en 23 municipalidades fronterizas con Colombia, suspendiendo así los requisitos constitucionales por medio de los cuales las autoridades deben obtener una autorización por parte de las cortes para ingresar a las residencias privadas de los ciudadanos o para violar el secreto de las comunicaciones privadas de las personas, entre otros derechos.

Estos estados de excepción se han ido prorrogando consistentemente. Otra medida que se incluye en estos estados de excepción es la suspensión del derecho al libre tránsito a través del territorio nacional, que se extiende además al tránsito a través de fronteras internacionales.

Uno de los hechos más controversiales con relación a estas declaratorias aconteció a finales del mes de enero cuando el Presidente Nicolás Maduro presentó ante la Asamblea Nacional un Decreto de Emergencia Económico.

El bloque mayoritario lo rechazó, siendo la Sala Constitucional del Tribunal Supremo de Justicia la que sentenció a favor del Poder Ejecutivo. Mediante Decisión 4/2016 de 20 de 2016 dicha Sala declaró constitucional el Decreto de Emergencia Económica y ordenó su cumplimiento.

Con fecha 11 de febrero de 2016, la Sala Constitucional, mediante Decisión 7/2016 puso en vigencia el Decreto, siendo una clara muestra de que a pesar que la oposición en Venezuela cuenta con una amplia mayoría en la Asamblea Nacional, las leyes que éstas aprueban encuentran trabas bajo el fundamento de que son "inconstitucionales".

Posteriormente, y tras haberse cumplido el tiempo de aplicación del Estado de Emergencia, el Presidente Maduro y su Gabinete determinó que se requería una prórroga. La misma fue rechazada por el Poder Legislativo y nuevamente aprobada por la Sala Constitucional del TSJ (Decisión 184/2016 de 17 de marzo de 2016).

El hecho más reciente con relación a este tema aconteció el 13 de mayo de 2016, cuando el Presidente Nicolás Maduro aprobó el decreto N° 2.323 declarando nuevamente el estado de excepción y de emergencia económica en todo el territorio nacional, "dadas las circunstancias extraordinarias de orden social, económico, político, natural y ecológicas que afectan gravemente la economía nacional, el orden constitucional, la paz social, la seguridad de la nación, las instituciones públicas y las ciudadanas y ciudadanos habitantes de la República, a fin de que el Ejecutivo Nacional adopte las medidas oportunas excepcionales y extraordinarias, para asegurar a la población el disfrute pleno de sus derechos, preservar el orden interno, el acceso oportuno a bienes y servicios fundamentales, e igualmente disminuir los efectos de las circunstancias de orden natural que han afectado la generación eléctrica, el acceso a los alimentos y otros productos esenciales para la vida."

En dicho decreto se establece la vigencia del estado de excepción por 60 días, prorrogables por 60 días más de acuerdo al procedimiento constitucional. En efecto, la Constitución de la República Bolivariana de Venezuela establece en el artículo 236 como una atribución y obligación del Presidente de la República declarar los estados de excepción y decretar la restricción de garantías en los casos previstos en la Constitución.

Los artículos 337, 338 y 339 detallan aún más esta atribución. El artículo 337 entiende por "estado de excepción", las circunstancias de orden social, económico, político, natural o ecológico que afecten gravemente la seguridad de la Nación, de las instituciones y de los ciudadanos y ciudadanas, a cuyo respecto resultan insuficientes las facultades de las cuales se disponen para hacer frente a tales hechos. Se establece que en tal caso podrán ser restringidas temporalmente las garantías consagradas en la Constitución, salvo las referidas a los derechos a la vida, prohibición de incomunicación o tortura, el derecho al debido proceso, el derecho a la información y los demás derechos humanos intangibles.

El artículo 339 establece que dicho decreto que declara el estado de excepción será presentado, dentro de los 8 días siguientes de haberse dictado, a la Asamblea General o a la Comisión Delegada, para su consideración y aprobación, y a la Sala Constitucional del Tribunal Supremo de Justicia, para que se pronuncie sobre su constitucionalidad.

La Ley Orgánica sobre Estados de Excepción del 15 de agosto de 2001 (No 37.261), profundiza en esta figura. El artículo 27 establece que el decreto que declare el estado de excepción será aprobado por la mayoría absoluta de los diputados. El artículo 30 señala que la Asamblea Nacional podrá modificar los términos del decreto atendiendo a las circunstancias del caso. Luego el Presidente de la Asamblea Nacional enviará, a la Sala Constitucional el Acuerdo mediante el cual se apruebe el estado de excepción (artículo 32). El artículo 34 de la Ley Orgánica señala además que la Sala Constitucional del Tribunal Supremo de Justicia omitirá todo pronunciamiento, si la Asamblea Nacional o la Comisión Delegada desaprobaren el decreto de estado de excepción o denegare su prórroga, declarando extinguida la instancia.

Por su parte LA ASAMBLEA NACIONAL DE LA REPÚBLICA BOLIVARIANA DE VENEZUELA Con fundamento en los artículos 339 de la Constitución y 27 de la Ley Orgánica sobre Estados de Excepción, dicta un acuerdo sobre el DECRETO DE ESTADO DE EXCEPCIÓN Y DE EMERGENCIA ECONÓMICA en el que señala entre otras cosas que "el Decreto N° 2.323 declara un estado de excepción genérico, que bajo la denominación de emergencia económica comprende la materia política y otras relacionadas con el orden público, el mantenimiento de la paz social, la preservación del orden constitucional y el financiamiento internacional a organizaciones privadas, junto a las de índole natural y ecológica, con lo cual podrían ser afectados, indebidamente, derechos de carácter civil o político y que el decreto vulnera varios derechos humanos o establece los fundamentos para su violación, mediante normas indeterminadas y habilitaciones genéricas".

Se denuncia asimismo **"que no puede invocarse el estado de excepción como pretexto para obtener una concentración de poderes y que el decreto de estado de excepción y emergencia económica suspende arbitrariamente preceptos constitucionales, como los relativos a las facultades de control de la Asamblea Nacional sobre los contratos de interés público, a sus poderes de control político sobre altos funcionarios ejecutivos y de control presupuestario."** Este acuerdo remarca especialmente que "el decreto se dicta en buena medida para reducir las atribuciones constitucionales de la Asamblea Nacional, en los ámbitos ya mencionados, con lo cual se está usando el estado de excepción para derribar la Constitución no para garantizarla" y que "el estado de excepción no suspende la Constitución ni el Estado de Derecho, ni puede justificar la vulneración de derechos humanos, y tampoco puede cercenar atribuciones constitucionales de otros poderes del Estado."

En su parte dispositiva hace aún más enfática la voluntad del Poder Legislativo de 'Denunciar que el Decreto N° 2.323, de] 13 de mayo de 2016, profundiza la grave alteración del orden constitucional y democrático que padece Venezuela y representa un franco abandono de la Constitución por parte del Presidente de la República."

También hace un llamado al que no podemos estar ajenos "Instar a la Organización de las Naciones Unidas, a la Organización de Estados Americanos y a los órganos del Mercado Común del Sur (MERCOSUR) y de la Unión de Naciones Suramericanas (UNA-

SUR) para que contribuyan, junto a esta Asamblea Nacional y al pueblo de Venezuela, a poner freno al desmantelamiento de la democracia y del Estado de Derecho que está siendo llevado a cabo por el Presidente de la República y las instituciones que están a su servicio." No es admisible para la OEA la omisión en la consideración de este asunto y la gravedad que el mismo reviste desde el punto de vista institucional.

Por su parte, el Tribunal Supremo de Justicia se declaró competente para revisar la constitucionalidad del Decreto No 2.323 y mediante decisión de 19 de mayo de 2016, declaró su constitucionalidad y que había sido dictado en cumplimiento de todos los parámetros que prevé el texto Constitucional, la Ley Orgánica antes referida y demás instrumentos aplicables, preservando los derechos humanos y en protección del Texto Fundamental, el Estado, sus Instituciones y el Pueblo. Sobre la base de estas razones declaró que el Decreto 2.323 entró en vigencia desde que fue dictado y que su legitimidad, validez, vigencia y eficacia jurídico-constitucional se mantiene irrevocablemente incólume, en clara contradicción con lo establecida por la Asamblea Nacional dos días antes (Decisión 411/2016).

La Ley de Amnistía y Reconciliación Nacional

Hoy en día, a cada ley aprobada por el Parlamento, el Gobierno opone su mayoría en la Sala Constitucional, la cual se ha convertido en la instancia que puede desactivar los efectos de cualquier instrumento jurídico emanado del Congreso contrario a sus intereses. Un caso concreto es la declaración del Tribunal Supremo de Justicia de Venezuela sobre la Ley de Amnistía y Reconciliación Nacional aprobada a inicios de abril por el Parlamento.

El Presidente Nicolás Maduro tuvo la opción de devolver al Parlamento dicha Ley para que él mismo incorpore sus observaciones antes de ordenar su publicación en la Gaceta Oficial, pero decidió escoger la facultad más severa que le otorga la Constitución, es decir, enviar al Tribunal Supremo la ley para que éste ejerza el control previo de la constitucionalidad y así oponerse a la liberación de los presos políticos. Mediante Decisión 264/2016 de 11 de abril de 2016, la Sala Constitucional declaró inconstitucional la Ley de Amnistía y Reconciliación Nacional.

Decisión del Tribunal Supremo de Justicia (Sala Constitucional) sobre una eventual enmienda constitucional para acortar el ejercicio de un cargo de elección popular (Decisión 274/2016)

Con fecha 15 de marzo de 2016, los señores Johnny Leónidas Jiménez Mendoza y Elsy Leonarda Silva Grimán demandaron ante el Tribunal Supremo de Justicia la interpretación del artículo 340 de la Constitución de la República Bolivariana de Venezuela con relación a una eventual enmienda constitucional para cortar el ejercicio del cargo de Presidente de la República.

Se basaron en el hecho de que la representación mayoritaria en la Asamblea Nacional ha anunciado a través de medios comunicacionales e informativos una eventual salida del Presidente Maduro a través del mecanismo de la enmienda constitucional consagrado en el mencionado artículo 340 de la Constitución y un recorte en el período presidencial, reformando de esa manera el artículo 230 que establece actualmente el período presidencial en 6 años.

En opinión de los solicitantes, se estaría ante un solapamiento de la institución popular y soberana del referéndum revocatorio consagrado en el artículo 72, y ante un fraude constitucional en detrimento de todos los electores quienes en el ejercicio de la soberanía popular eligieron a Nicolás Maduro como Presidente de Venezuela.

Los solicitantes preguntaron a la Sala Constitucional si es constitucional que a través de la enmienda se pueda revocar el mandato del Presidente de la República; si al hacerlo, no estaría menoscabando el ejercicio de la soberanía consagrado en el artículo 5 de la Constitución; cuál es el alcance y el límite de la enmienda para reformar algunos artículos de la Constitución que no toquen, afecten o menoscaben la estructura fundamental de la Constitución; si no se estaría ante un fraude constitucional si se aprobase el recorte presidencial; si no se estaría solapando el artículo 72 de la Constitución al utilizar el mecanismo de la enmienda constitucional, como el único fin de revocar el mandato presidencial; y si efectivamente se realizara tal enmienda, no se estaría en presencia de la violación parcial de la Constitución mediante un acto de apariencia legal.

La Sala Constitucional se declaró competente para el conocimiento de la demanda de interpretación ejercida, declaró la acción admisible, y además estimó pertinente entrar a decidir sin más trámites el asunto, al tratarse de una cuestión de mero derecho, lo que la llevó a pronunciarse con suma rapidez, el 21 de abril de 2016, es decir, a poco más de un mes de haberse presentado la solicitud original.

La Sala Constitucional constató que, en efecto, el Presidente de la Asamblea Nacional así como algunos diputados de la mayoría política en dicha Asamblea habían declarado abiertamente a través de diversos medios de comunicación social su intención de enmendar la Constitución, intención concretada parcialmente con la aprobación en primera discusión del proyecto de Enmienda Constitucional No 2, con el fin de recortar, con vigencia inmediata, el período constitucional del Presidente de la República.

La Sala señaló que, en principio, la modificación del período constitucional para los órganos de los poderes públicos era perfectamente viable a través del mecanismo de la enmienda, siempre y cuando se cumpla a cabalidad con el procedimiento previsto para su sanción el cual resulta análogo al de la formación de las leyes pero sujeto a aprobación popular.

Indicó sin embargo que dicha enmienda no podía tener efectos retroactivos, o ser de aplicación inmediata, pues admitir tal supuesto constituiría un quebrantamiento incuestionable al ejercicio de la soberanía previsto en el artículo 5 de la Constitución, ya que estaría desconociendo la voluntad del pueblo, manifestada ya sea a través de los resultados de un proceso comicial o de la selección que hubiese hecho la Asamblea Nacional de los integrantes del resto de los poderes públicos. En ese sentido, una enmienda de esta naturaleza sería solo aplicable a futuros procesos electorales o de selección, tal como lo había entendido históricamente el Constituyente en Venezuela.

Pretender aplicar la nueva norma a hechos consumados o a situaciones en curso significaría una retroactividad inconstitucional.

Así, la Sala Constitucional concluyó que tratar de utilizar la figura de la enmienda constitucional con el fin de acortar de manera inmediata el ejercicio de un cargo de elección popular, como el de Presidente de la República, constituye a todas luces un fraude a la Constitución, la cual prevé un mecanismo político efectivo para tales fines, tal como lo es el ejercicio del referendo revocatorio contemplado en el artículo 72 de la Constitución.

Decisión del Tribunal Supremo de Justicia (Sala Constitucional) sobre la nulidad interpuesta con relación a la Reforma Parcial del Reglamento Interior y de Debates de la Asamblea Nacional (Decisión 269/2016)

El 23 de diciembre de 2010 se aprobó la Reforma Parcial del Reglamento Interior y de Debates de la Asamblea Nacional, respecto de la cual, con fecha 9 de marzo de 2011, los diputados de dicha Asamblea Nacional Juan Carlos Caldera, Eduardo Gómez Sigala, María Corma Machado, Alfonso Marquina, Miguel Pizarro y Edgar Zambrano presentaron una demanda de nulidad por razones de inconstitucionalidad conjuntamente con una solicitud de medida cautelar.

A juicio de dichos diputados, los vicios estaban referidos a la violación de principios constitucionales como el principio democrático, el del pluralismo político, el del Estado de Derecho y el de progresividad.

Alegan que dichas reformas estaban destinadas a reducir las posibilidades de intervención de los diputados en los debates; en ampliar las potestades de la Presidencia de la Asamblea Nacional en detrimento de la plenaria o de instancias de trabajo coordinado entre diversas fuerzas políticas; en dificultar el ejercicio de algunos mecanismos de control; en eliminar ciertas garantías de funcionamiento regular o continuo de la Asamblea Nacional y de sus Comisiones Permanentes durante las sesiones ordinarias, entre otros.

Los diputados mencionados también se refirieron al hecho de que la oposición prácticamente no estaba presente en la Asamblea Nacional cuando se aprobó la reforma reglamentaria, la cual había sido impulsada por la mayoría hegemónica del partido oficial con el objetivo de limitar las posibilidades de actuación de los diputados ausentes ya elegidos, cuya voz y voto no tuvo relevancia alguna para la consideración de la normativa interna y de debates que iba en el futuro a regir su actuación.

También se argumentó que con todo ello se vulneraba el principio de participación ciudadana al estarse recortando los espacios o medios de participación política de la ciudadanía a través de sus representantes.

Recientemente, con fecha 21 de abril de 2016, y después de un largo tiempo transcurrido durante el cual se hicieron numerosas solicitudes de admisión del recurso, la Sala Constitucional del Tribunal Supremo de Justicia se declaró competente para conocer de esta demanda de nulidad. Asimismo, decidió remitir el expediente al Juzgado de Sustanciación de dicha Sala, a fin de que practique la citación del Presidente de la Asamblea Nacional, ordenando al mismo tiempo notificar a la Fiscal General de la República, al Defensor del Pueblo y al Procurador General de la República.

En cuanto a las medidas cautelares, la Sala Constitucional negó la suspensión de la aplicación de los artículos referidos al carácter y la sede del Poder Legislativo Nacional (artículo 1); a las atribuciones del Presidente o Presidenta de la Asamblea Nacional (artículo 27, numerales 3 y 6); a los informes de gestión y suministro de información (artículo 48, primer aparte); a la naturaleza de las sesiones (artículo 56, último aparte); y al procedimiento de las sesiones (artículo 64, numeral 4).

Por otro lado, acordó la medida cautelar de suspensión, mientras se decide el recurso de nulidad, de los artículos referidos a la inmunidad (artículo 25); a las sesiones ordinarias (artículo 57); al procedimiento de las sesiones (artículo 64, numerales 5, 6 y 8); a la duración de las intervenciones y derecho a réplica (artículo 73); y al estudio de proyectos de ley en comisiones (artículo 105).

Vale destacar que en todo este tiempo, la Sala Constitucional fue reconstituida el 12 de febrero de 2015, en virtud de la designación de la Junta Directiva del Tribunal Supremo de Justicia, y con fecha 23 de diciembre de 2015 se constituyó nuevamente en virtud de la incorporación de Magistrados designados por la Asamblea general en la misma fecha.

Erosión de la democracia y de la independencia de Poderes por actores públicos

En Venezuela existe una alteración del orden constitucional democrático, derivado de una gradual, sostenida y sistemática erosión de la democracia. Este hecho que se ve reflejado en las páginas de este documento se aprecia en los casos que se han reseñado respecto a:

1.- la utilización del poder público para interrumpir la libre asociación y las actividades de grupos opositores y de medios de comunicación.

2.- la violación de los frenos y contrapesos propios de la separación e independencia de los poderes del Estado.

3.- el nombramiento arbitrario de miembros del Poder Judicial con el fin de validar las acciones inconstitucionales de sus benefactores.

4.- el uso injustificado de los estados de emergencia

5.- la interferencia arbitraria, inconstitucional o ilegal en las deliberaciones del Poder Judicial o Poder Electoral

6.- la terminación arbitraria, inconstitucional o ilegal del mandato de funcionarios democráticamente electos.

7.- El permanente acoso y decisiones arbitrarias que afectan a poderes del Estado o integrantes del sistema político.

Se hacen constar las siguientes intervenciones de actores políticos tanto desde el oficialismo como desde la oposición, claramente sintomáticas de un sistema político resquebrajado y en estado terminal de erosión democrática:

Presidente de la República

17 de mayo de 2016

"La Asamblea Nacional de Venezuela perdió vigencia política, es cuestión de tiempo para que desaparezca, así lo creo. Está desconectada de los intereses nacionales."

Fuente:
http://www.panorama.com.ve/politicayeconomia/Maduro-Es-cuestion-de-tiempo-para-que-la-Asamblea-Nacional-desaparezca--20160517-0049.html

12 de abril de 2016

Durante la trasmisión de su programa "En Contacto con Maduro" el 12 de abril, el mandatario nacional acusó a los alcaldes y gobernadores de la oposición de no ayudar a la recuperación de Venezuela y de ser "autistas". "No. Ellos son autistas. No quieren ver, escuchar ni hablar. Sencillamente se divorcian del país. Solamente conspiran. Y crean otra dificultad, y otra dificultad y un malestar..."

Fuente: http://www.el-nacional.com/politica/Oposicion-declaraciones-Maduro-solidarizo-comunidad_0_829117105.html

8 de abril de 2016

En el contexto de la Ley de Amnistía promovida por la Asamblea Nacional, con la que se pretendía otorgar la libertad y cesar las causas judiciales que se le siguen a quienes consideran presos políticos, dijo: "Vamos a recoger por los menos 10 millones de firmas de la conciencia nacional, aquí está la firma pues, aprobado. Ley de amnesia criminal no va."

Fuente:
http://www.diariolasamericas.com/4848_venezuela/3736763_ma
duro-pide-al-supremo-que-declare-inconstitucional-laley-
deaministia.html

"Si algún día me hicieran algo a mí, que Dios me proteja por 100 años y más, y ustedes vieran que le hicieron algo a Maduro, encabecen ustedes una insurrección popular, revolucionaria, bolivariana y socialista cívico militar."

Fuente:
http://www.lavanguardia.com/politica/20160408/40965757250/
maduro-pide-a-sus-seguidores-una-insurreccion-popular-si-le-
hacen-algo.html

4. de febrero 2016

El Presidente de la República advirtió que se prepara para impedir, "por las buenas o por las malas", que la oposición tome el poder, en momentos en que el parlamento de mayoría opositora busca un mecanismo para acortarle el mandato. "Para eso es que nos estamos preparando, para no permitirlo ni por una vía ni por la otra, ni por las buenas ni por las malas."

Fuente:
http://www.infobae.com/2016/02/04/1787877-nicolas-maduro-
advitrtio-que-impedira-por-las-buenas-o-las-malas-que-la-
oposicion-llegue-al-poder

Diputado del PSUV por el Estado de Monagas Diosdado Cabello

4 de mayo 2016

"Los diputados y diputadas del bloque de la patria (chavismo) vamos a interponer una denuncia ante la Fiscalía por traición a la patria de todos esto señores que andan dándole la vuelta al mundo hablando mal de este país." Fuente: http://www.noticias-rcn.com/tags/diosdado-cabello

7. de marzo 2016

"No van a salir de la 'revolución bolivariana' como ellos creen que van a salir (...). Pónganse a creer que (Maduro) va a renunciar mañana, eso es hasta absurdo."

"Lo digo hoy 7 de marzo, mañana 6 de enero (de 2017) Ramos Allup no va a ser presidente de la AN, y el 15 de enero estará el compañero Nicolás Maduro dando su Memoria y Cuenta (informe anual de gestión), y los asesinos de la mal llamada 'salida', incluido Leopoldo López seguirán presos."

Fuente: http://www.eluniversal.com.mx/articulo/mundo/2016/03/7/desca rta-cabello-reuncia-de-maduro-pese-presion-opositora

29 de febrero 2016

Pronosticó el 29 de febrero el fracaso de las propuestas de la oposición para anticipar el fin del mandato del presidente Nicolás Maduro. "No tenemos ninguna duda que de cara a lo que viene ninguna de estas iniciativas tendrá éxito".

Fuente: http://www.lanacion.com.py/2016/02/29/numero-dos-del-chavismo-preve-fracaso-de-iniciativa-para-desplazar-a-maduro/

20 de enero 2016

Denunció un plan "aberrante" del opositor preso Leopoldo López junto a su esposa Lilian Tintori, con el fin de lograr "comodidades" dentro de la prisión militar de Ramo Verde, donde cumple una condena de casi 14 años. "Es una campaña, una intriga asquerosa, aberrante como son ellos, aberrados, en sus cosas, por eso yo salgo a defender al coronel Viloria y la Fuerza Armada." "Al que hay que defender es al coronel, porque estos son unos asesinos."

Fuente: http://www.elnuevoherald.com/noticias/mundo/america-latina/Venezuela-es/article55762560.html

5 de enero 2016

"Han jurado defender la Constitución y el día de hoy han incurrido en una violación al reglamento de interior y debate. La bancada de la patria no puede permitir que se esté violando el reglamento y participar en ese acto. No se trata de un capricho."

Fuente:
http://www.diariolasamericas.com/4848_venezuela/3546098_diosdado-cabello-retira-asamblea-nacional-trata-capricho.html

Presidenta del Consejo Nacional Electoral Sra. Tibisay Lucena

4 de mayo 2016

Al ser consultada sobre la comisión activada por el presidente Nicolás Maduro y encabezada por el dirigente revolucionario, Jorge Rodríguez, con el objeto de revisar las firmas consignadas por la oposición, aseguró que este proceso es un derecho del jefe de Estado. "Es el derecho que le asiste al presidente de nombrar representante y comisiones para que lo represente ante el CNE en un mecanismo que busca nada más que revocarlo del cargo."

Fuente: http://elsiglo.com/ve/2016/05/04/esta-declaraciones-tibisay-lucena/

8. de abril 2016

La presidenta del Consejo Nacional Electoral (CNE), Tibisay Lucena, aseguró en el programa Vladimir a la 1 que la Mesa de la Unidad Democrática (MUD) no ha cumplido con los requisitos establecidos y las normativas del 2007, para activar la solicitud del referendo revocatorio. "Son normas del 2007 que son conocidas (...) tienen que tener la solicitud de los electores que le pide el partido y en Asamblea aprobar, convertirse en mediador de esa organización (...) se les ha dicho de forma expresa lo que deben cumplir y las vuelven a ingresar igual."

Fuente: http://elsiglo.com.ve/2016/04/08/video-tibisay-lucena-causo-polemica-con-estas-declaraciones/

Fuerzas Armadas

General en Jefe y Ministro de la Defensa de la República, Vladimir Padrino López

24 de abril 2016

"Es mentira que la FANB sostiene al gobierno (...) Desde la Fuerza Armada está garantizada la institucionalidad de la democracia. La FANB ve y observa cuáles son las amenazas para luego actuar."

"Hay un golpe de Estado en desarrollo y ya lo ha denunciado el presidente de la república, basta con ver las corporaciones mediáticas actuando."

Fuente: http://www.lapatilla.com/site/2016/04/24/padrino-lopez-hay-un-golpe-de-estado-en-proceso-video/

6. de abril 2016

Calificó a la Ley de Amnistía como "un adefesio jurídico, ético y moral" que, a su juicio, "legaliza la violación de los derechos humanos". Este es un proyecto de ley que propicia ampliamente la impunidad, sería un graso error que (...) estemos aquí como aplaudiendo un adefesio jurídico, ético y moral que se pretende hacer ley.

Fuente: http://www.el-nacional.com/politica/Padrino-Lopez-Ley-Amnistia-adefesio_0_824917642.html

9. de marzo 2016

"Yo lamento mucho ver estas groseras acusaciones que se hace contra los líderes de las fuerzas armadas. Es un desprestigio que se hace contra las instituciones. Tenemos claro las intenciones pero no vamos a caer en las provocaciones de estos actores políticos de la vieja política."

Fuente: http://www.noticierodigital.com/2016/03/padrino-lopez-aqui-no-hay-cupula-militar-aqui-hay-un-alto-mando-militar-junto-al-pueblo/

Mayor General retirado Clíver Alcalá Cordones **16 de mayo 2016**

"La guerra económica la origina un diferencial cambiario que promueve esa corrupción. La guerra económica la genera la cantidad de trámites y la discrecionalidad de los funcionarios en la administración pública." Con respecto al referendo revocatorio señaló: "Tal vez los resultados de un Revocatorio no sean favorables para el chavismo, pero podría unificarlo."

Fuente: http://www.eluniversal.com/noticias/política/alcala-cordones-guerra-economica-genera-desde-seno-deñ-gobierno_309944

Mayor General y exministro de Interior y Justicia, Miguel Rodríguez Torres

29. de marzo 2016

"Yo creo que fundamentalmente se están dejando de hacer cosas. Hay que entender que el comandante Chávez no está y que tiene que haber cambios. Esto se venía venir desde 2013, en ese mismo momento el presidente Nicolás Maduro debió tomar las medidas económicas."

Fuente: http://www.el-nacional.com/politica/Rodriguez-Torres-Debemos-entender-Chavez_0_820118111.html

Teniente de Fragata de la Armada Venezolana, Carlos Denis Rodríguez

8 de noviembre 2015

"Intentan convencemos todos los días de desconocer los resultados del 6D si son adversos al gobierno."

Fuente: http://www.miamidiario.com/politica/patricia-poleo/teniente-de-fragata-/fuerza-armada-venezolana-/carlos-denis-rodrigues/348961.

Presidente de la AN, Henry Ramos Allup

7 de enero 2016

"No quiero ver un cuadro aquí que no sea el retrato clásico del Libertador (Simón Bolívar). No quiero ver a Chávez o Maduro. Llévense toda esa vaina para Miraflores (sede del ejecutivo) o se lo dan al aseo."

Fuente:
http://www.bbc.com/mundo/noticias/2016/01/160106_venezuela asamblea_retratos_hugo_chavez_polemica

9 de diciembre 2015

"Maduro no puede mantener presos a dirigentes y estudiantes después que se apruebe la Ley Amnistía, ni Cabello puede regalar bienes públicos."

Fuente: http://www.diariolasamericas.com/4848_vene-zuela/3504047_ramos-allup-responde-maduro-1ey-amnistia.html

"Si Maduro estuviera consciente -que ya lo ha dicho: 'yo no renuncio', y si renuncia tendríamos elecciones en 30 días y en cualquier país democrático las elecciones son la forma de composición de los conflictos, y aquí en 17 años de gobierno después de cada elección salimos con más conflictos"

Fuente:
http://www.noticias24.com/venezuela/noticia/305429/ramos-allup-acusa-a-capriles-de-estar-en-su-propia-campana/

"Debemos limpiar y sincerar la nómina de la asamblea. Los que cobran sin trabajar deberán salir! (...) Los que trabajen en ANTV se van a quedar ahí, pero los vagos no van a poder seguir cobrando ahí."

Fuente: http://globovision.com/artide/diputado-electo-henry-ramos-allup-estara-este-miercoles-en-vladiniir-a-la-1

"Aguanten porque llegado el momento nos meteremos en Conatel, para investigar lo que está pasando con la información."

"La gente votó por nosotros porque tenía mucha rabia y le pasó la factura al Gobierno. Ojalá el gobierno procese sus resultados"

Fuente: http://www.sienteamerica.com/posts/15150-henry-ramos-allup-a-favor-o-en-contra-opine?fb_comment_id=775007029292773_775028709290605

"Considerando objetivamente todos los factores de dentro y fuera del Gobierno, la situación económica y política, y lo que acaba de suceder (en las urnas electorales), no veo a este Gobierno llegando a su término natural que serían las próximas presidenciales de 2019; no lo veo, porque ¿cómo se sostiene este Gobierno?"

Fuente: http://www.efe.com/efe/america/portada/diputado-opositor-venezolano-electo-sugiere-la-renuncia-de-maduro/200000064-2785805

Henrique Capriles

20 de mayo 2016

En entrevista con el diario español El País, el líder de la oposición dio las siguientes declaraciones: "Que en el camino haya un estallido social y, como hemos repetido, un golpe de Estado. No queremos golpe de Estado. La solución en Venezuela no es un levantamiento militar. Eso sería peor que lo que hoy tenemos."

"Estoy preocupado porque esto termine con un levantamiento militar. Si hay un estallido social, ¿quién lo contiene? Las fuerzas armadas. ¿Y qué van a hacer las fuerzas armadas, matar gente o tomar el poder y decirle a Maduro que se eche a un lado porque no van a matar al pueblo? Las condiciones están ahí, por eso mi insistencia en el revocatorio, es la solución a la crisis política que vive el país."

"Las Fuerzas Armadas les viene la hora decisiva: decidir si están con la Constitución o con Maduro, que está cada vez más alejado de ella. Tenemos que hacer todo lo posible para que Maduro entre por la Constitución."

"Se le dijo que la oposición, que es mayoría, quiere diálogo. Para que el país sea gobernable tiene que haberlo. Como estamos seguros que en Venezuela va a venir un cambio, queremos que existe un clima de gobernabilidad."

Fuente:
http://internacional.elpais.com/internacional/2016/05/20/america/1463711529_331407.html

23 de diciembre 2015

El diario Tal Cual publicó el 23 de diciembre de 2015 una entrevista realizada por el periodista Víctor Amaya al excandidato presidencial Henrique Capriles Radonski.

"A la Salida hay que incluirla en los grandes fracasos nacionales; como el paro. Le dio narrativa al gobierno por un año y todavía. De haber asumido ese camino no habríamos tenido el triunfo del 6D."

"El partido que tiene la mayor representación de diputados siempre ha sido el que primero elige los puestos. Eso sí, habrá una sola fracción. Yo insto a que esas normas sean a cinco años y las cumplan todos los partidos"

Fuente: http://www.lapatilla.com/site/2015/12/26/esta-es-la-entrevista-a-henrique-capriles-que-provoco-la-polemica-en-las-filas-de-la-mud/

"La prioridad es que el país pueda estabilizarse en la economía."

Fuente:
http://www.ultimasnoticias.com.ve/noticias.com.ve/noticias/actualidad/politica/capriles-encendio-el-avispero-en-la-rnud.aspx

VIII. DEMOCRACIA Y PODER JUDICIAL

Como hemos señalado al presente no existe en Venezuela una clara separación e independencia de los poderes públicos, donde se registra uno de los casos más claros de cooptación del Poder Judicial por el Poder Ejecutivo.

Ya desde el año 2009 la Comisión Interamericana de Derechos Humanos ha reiterado en sus informes anuales información sobre irregularidades en la designación de los jueces y fiscales, perjudicando las garantías de independencia judicial en Venezuela. **La Comisión ha observado que las normas de designación, destitución y suspensión de los magistrados contenidas en la Ley Orgánica del Tribunal Supremo de Justicia carecen de previsiones adecuadas para evitar que otros poderes del Estado puedan afectar la independencia del tribunal.**

En específico la CIDH ha advertido que el hecho de que la elección de los magistrados pueda ser ejercida por la mayoría simple de la Asamblea Nacional, **elimina el requisito del amplio consenso para la elección de magistrados.** Por ejemplo, en 2004, una mayoría simple de la Asamblea Nacional, de mayoría chavista, designó 49 nuevos magistrados, 17 titulares y 32 suplentes. Entre otros se sustituyó al Magistrado que había optado por no enjuiciar a los miembros de las Fuerzas Armadas que participaron en los hechos de abril de 2002 y a los miembros de la Sala Electoral que habían decidido a favor del referéndum revocatorio presidencial.

Recientemente, en diciembre de 2015, la mayoría oficialista de la Asamblea Nacional aprobó el nombramiento de 13 Magistrados principales y 21 suplentes de la Corte Suprema, sin el apoyo de la bancada opositora, la cual argumentó que se habría presionado la salida de 13 de los 32 Magistrados para asegurarle al oficialismo el control del Tribunal Supremo, antes que la oposición se convirtiera en mayoría en el Parlamento.

Actualmente más del 60 por ciento de los jueces de las primeras instancias pueden ser removidos de sus puestos sin un debido proceso por decisión de una comisión de la Corte Suprema.

Opiniones de la Corte Interamericana de Derechos Humanos en lo que se refiere a la independencia del poder judicial en Venezuela.

El 26 de mayo de 2014, la Corte Interamericana de Derechos Humanos dictó sentencia en el caso Brewer Carias vs. Venezuela que dio la oportunidad para que dos jueces de dicho Tribunal emitieran votos disidentes relacionados con el poder judicial en Venezuela.

El caso se relaciona con "la presunta falta de garantías judiciales y protección judicial en el proceso seguido al abogado Allan R. Brewer Carias por el delito de conspiración para cambiar violentamente la Constitución, en el contexto de los hechos ocurridos entre el 11 y el 13 de abril de 2002, en particular, su supuesta vinculación con la redacción del llamado 'Decreto Carmona' mediante el cual se ordenaba la disolución de los poderes públicos y el establecimiento de un 'gobierno de transición democrática'".

En una etapa anterior, la Comisión Interamericana de Derecho Humanos consideró que "el hecho de que el proceso penal seguido contra Allan Brewer Carias estuviera a cargo de tres jueces temporales durante la etapa preliminar constituía en sí misma una violación a las garantías judiciales en el caso concreto".

Asimismo, la Comisión consideró que "en este caso se afectaron las garantías de independencia e imparcialidad del juzgador y el derecho a la protección judicial, teniendo en cuenta que uno de los jueces temporales fue suspendido y reemplazado dos días después de presentar una queja por la falta de cumplimiento de una orden emitida por él que ordenaba el acceso del imputado a la totalidad de su expediente, sumado a la normativa y práctica respecto del nombramiento, destitución y situación de provisionalidad de los jueces en Venezuela".

La Corte Interamericana de Derechos Humanos por su parte consideró que el Estado venezolano tenía razón al haber interpuesto la excepción preliminar de no agotamiento de los recursos internos, ya que en líneas generales el procedimiento penal en contra del Sr.

Brewer todavía se encontraba en la fase intermedia (aún no se había realizado la audiencia preliminar ya que Sr. Brewer se encontraba fuera de Venezuela y alegaba que no pretendía regresar por la falta de imparcialidad en el Poder Judicial venezolano). Por ende, al estar todavía en esta "etapa temprana", dicha Corte no podía "analizar el impacto negativo que una decisión pueda tener si ocurre en etapas tempranas, cuando estas decisiones pueden ser subsanadas o corregidas por medio de los recursos o acciones que se estipulen en el ordenamiento jurídico".

No obstante dicha decisión, los jueces Manuel Ventura Robles y Eduardo Ferrer Mac-Gregor Poisot emitieron votos disidentes cuyos aspectos más relevantes tienen que ver con el tema de la independencia del poder judicial.

El voto disidente señala que el tribunal debió desestimar la excepción preliminar de falta de agotamiento de los recursos internos y entrar a resolver el fondo del caso, teniendo en consideración los alegatos de la CIDH sobre la problemática estructural que afecta la independencia e imparcialidad del Poder Judicial. El voto señala que la sentencia omite considerar como hecho relevante "la situación de provisionalidad" de los fiscales y jueces en Venezuela, a pesar de ser un elemento central y particularmente debatido entre las partes.

Señala que esa problemática ya ha sido abordada por la Corte en otros casos contra Venezuela (Casos Apita Barbera y otros, Reverón Trujillo y Chocrón contra Venezuela), y se encuentra íntimamente ligada al tema de los recursos judiciales en la jurisdicción interna. Incluso la Corte ya había probado una serie de hechos en dichos casos en relación con los principales aspectos del proceso de reestructuración judicial en dicho país. La opinión disidente señala que en ese sentido lo correcto hubiera sido unir el estudio de la excepción preliminar de falta de agotamiento de los recursos internos al análisis de los argumentos de fondo, tal y como lo ha hecho la Corte en otras oportunidades.

El estudio del tema no puede ser desligado del análisis del fondo del caso y, por lo tanto, la Corte debió analizar la excepción preliminar presentada por el Estado de forma conjunta con los argumentos de fondo presentados por las partes, conforme a la jurisprudencia histórica en la materia del tribunal.

A los efectos de este informe conviene poner de relieve la constatación que en el marco del examen de dicho caso hizo la CIDH con relación a las listas de designaciones y traslados hechos por la Comisión Judicial del Tribunal Supremo de Justicia durante el año 2012 que comprueba que la totalidad de jueces y juezas corresponde a cargos temporales (en mayor número), accidentales y provisorios.

Asimismo, en cuanto a la provisionalidad de fiscales, la Comisión observó que la Fiscal General de la República en octubre de 2008 reconoció que: "la provisionalidad en el ejercicio de los cargos de fiscales, coloca a estos funcionarios en situación de vulnerabilidad ante la influencia que, sobre su actuación, podrían tener factores de poder, en detrimento de la constitucionalidad y de la legalidad de la justicia".

La provisionalidad en el ejercicio de los cargos de la función pública es contraria a lo establecido en el artículo 146 de la Constitución de la República Bolivariana de Venezuela, en la que se señala que los cargos de la administración pública son de carrera, a los que se accederá por concurso público"

En su Informe sobre el caso Allan R. Brewer Carias vs. Venezuela, la Comisión se pronunció sobre el impacto que pueden tener varios cambios de operadores de justicia en una investigación penal derivado de su condición de provisionalidad. Al respecto, indicó que múltiples asignaciones de fiscales provisionales diferentes en un mismo caso tiene efectos negativos en el impulso de las investigaciones si se tiene en cuenta la importancia, por ejemplo, que tiene la constitución y evaluación del acervo probatorio de una manera continua.

La CIDH consideró que una situación como la señalada tiene consecuencias negativas frente a los derechos de las víctimas en el marco de procesos penales relacionados con violaciones a derechos humanos.[27]

La CIDH también observó que las autoridades que adoptaron decisiones que podrían ser interpretadas como favorables al acusado habían sido removidas por la Comisión Judicial y que además, la secuela de provisionalidad había afectado significativamente tanto a los jueces como a los fiscales que atendieron el presente caso, ya que la totalidad de autoridades del Ministerio Público y judiciales que tuvieron conocimiento del mismo habían sido provisorias.

Por lo menos cuatro fiscales provisorios investigaron los hechos relacionados con lo acontecido los días 11, 12 y 13 de abril de 2002, entre ellos los relacionados con la redacción del Decreto Carmona.

---

27   El voto disidente menciona algunos datos que ilustran la provisionalidad de los jueces y fiscales, entre ellos los siguientes: al valorar la situación de la provisionalidad de los jueces en Venezuela, en el caso Reverón Trujillo, la Corte señaló que en la época de los hechos de' caso (entre 2002 y 2004), "el porcentaje de jueces provisorios en el país alcanzaba aproximadamente el 80%". Además, "en los años 2005 y 2006 se llevó a cabo un programa por medio del cual los mismos jueces provisorios nombrados discrecionalmente lograron su titularización. La cifra de jueces provisorios se redujo a aproximadamente 44% a finales del año 2008". En agosto de 2013, según un testigo presentado por el Estado, la situación del poder judicial era la siguiente: 1095 jueces provisorios, 50 jueces suplentes especiales, 183 jueces temporales, 657 jueces titulares y 12 puestos vacantes para jueces" Para el 2013 solo el 33% de los jueces eran titulares y el 67% era designado o removido por la Comisión Judicial dado que no gozan de estabilidad.

Asimismo, sobre la provisionalidad de los fiscales adscritos al Ministerio Público hasta 2005 se habían designado 307 Fiscales provisorios, interinos y suplentes, de tal forma que aproximadamente el noventa por ciento (90%) de los fiscales se encontraban en provisionalidad, sin estabilidad en el cargo y en condición de libre nombramiento y remoción por parte del Fiscal General de la República. En 2008 se designaron 638 fiscales sin que medie un concurso público, sin titularidad, y por tanto de libre nombramiento y remoción. En 2011, 230 fiscales fueron libremente escogidos y designados en resoluciones "sin motivación". En 2011 y 2013 se realizaron actividades en relación con los Concursos Públicos de Credenciales y de Oposición para el ingreso a la Carrera Fiscal, lo cual incluyó el nombramiento de *los* primeros *cuatro fiscales no provisorios.* Una testigo presentada por el Estado precisó que, en cuanto al Programa de Formación para el Ingreso a la Carrera Fiscal, durante 2011-2012 egresaron 88 alumnos y durante 2012-2013 se esperaba el egreso de 102 más.

Los jueces también tuvieron el mismo carácter provisorio y temporal y varios de ellos fueron removidos de sus cargos por resoluciones que emitieron durante el proceso penal del sr. Brewer.

La provisionalidad se vio materializada en al menos dos situaciones, a saber, "i) después de que una Sala declaró la nulidad de la prohibición de salida del país por considerarla inmotivada, dos de sus miembros fueron separados de sus cargos" y "ii) el juez de control de garantías que solicitó a la Fiscalía el expediente, y que ante la negativa de la Fiscalía ofició a su superior jerárquico, fue removido del cargo sin proceso disciplinario ni motivación alguna por la Comisión Judicial." De acuerdo con la Comisión, esto habría enviado un mensaje que ha logrado el efecto de disuadir cualquier actuación objetiva e independiente de las autoridades judiciales" que continuarían conociendo el proceso en situación de provisionalidad.

El voto disidente de los jueces de la Corte Interamericana de Derechos Humanos señala que lo anterior demuestra claramente que el estudio de la controversia presentada respecto al agotamiento de los recursos internos, específicamente lo relacionado con la excepción contenida en el artículo 46.2.a, se encuentra íntimamente ligada a la **problemática de la provisionalidad de los jueces** y **fiscales,** lo que también se relaciona con el artículo 8.1 de la Convención Americana — derecho a un juez o tribunal competente, independiente e imparcial— tomando en cuenta que los alegatos son verosímiles y que de demostrarse podrían constituir violaciones al Pacto de San José.

A su entender, la sentencia de la Corte erróneamente utiliza como uno de los argumentos centrales la artificiosa teoría de la "etapa temprana" del proceso, para no entrar al análisis de las presuntas violaciones a los derechos humanos protegidos por el Pacto de San José, lo que en su opinión "constituye un claro retroceso en la jurisprudencia histórica de esta Corte, pudiendo producir el precedente que se está creando consecuencias negativas para las presuntas víctimas en el ejercicio del derecho de acceso a la justicia; derecho fundamental de gran trascendencia para el sistema interamericano en su integralidad, al constituir en sí mismo una garantía de los demás derechos de la Convención Americana en detrimento del efecto útil de dicho instrumento."

Otros casos emblemáticos en donde la Corte constata la situación del Poder Judicial en Venezuela son: Apitz Barbera y otros vs. Venezuela (2008)[28], María Cristina Reverón Trujillo vs. Venezuela (2009)[29] y Mercedes Chocrón Chocrón vs. Venezuela (2011)[30].

El sistema de justicia también ha sido utilizado para castigar a medios de comunicación y a los críticos del Gobierno, entre ellos, a líderes opositores como Leopoldo López. Una característica del Estado de Derecho es la posibilidad de tener un juicio justo y apegado a la ley. En el caso que se le siguió a Leopoldo López, fueron evidentes los esfuerzos que se desplegaron por inculparlo por parte de los funcionarios a cargo de su enjuiciamiento.

En el marco de las protestas de 2014 se inició un proceso penal en contra del dirigente del partido de oposición Voluntad Popular, Leopoldo López luego de que altos voceros del Gobierno le responsabilizaran públicamente por los hechos ocurridos durante las manifestaciones del miércoles 12 de febrero de ese año. López se mantiene privado de la libertad y fue condenado en 2015 a 14 años de prisión por los delitos de "instigación pública" y "asociación ilícita".

La Relatoría Especial para la Libertad de Expresión ha advertido que la condena penal impuesta a Leopoldo López estaría motivada en el ejercicio de la libertad de expresión sobre asuntos de interés público a través de las redes sociales[31]. En tal sentido, la CIDH ha reiterado que resulta de enorme preocupación la alegada utilización del poder punitivo del Estado para criminalizar a los defensores de

---

28   Véase sentencia en http://www.corteidh.or.cr/docs/casos/articulos/seriec_182_esp.pdf.

29   Véase sentencia en http://www.corteidh.or.cr/docs/casos/articulos/seriec_197_esp.pdf.

30   Véase la sentencia en http://corteidh.or.cr/docs/casos/articulos/se-riec_227_esp.pdf.

31   Ministerio Público. Acusación del Ministerio Público contra Leopoldo López. Causa N° C-16-17936-2014. Pág. 185-186.
      Disponible para consulta en: http:///eluniversal.com///2014/06/02/ACUSACION LEOPOLDO.pdf

151

derechos humanos y la protesta social pacífica, y perseguir penalmente a los críticos o disidentes políticos[32].

Según el texto del fallo, los hechos se originaron con ocasión de una gran manifestación que respondió al llamado efectuado por Leopoldo López y otros dirigentes políticos del partido Voluntad Popular.

Estos, expresándose a través de distintos medios de comunicación, realizaron llamados a las calles, lo cual produjo una serie de hechos violentos, el desconocimiento de las autoridades legítimas y la desobediencia a las leyes, desencadenándose un ataque desmedido por parte de un grupo de personas contra el Ministerio Público, así como a siete automóviles de los cuales seis eran patrullas, realizando además actos calificados de vandálicos ejecutados con objetos contundentes e incendiarios.

El Ministerio Público señaló que todos estos hechos fueron realizados bajo la persuasión y determinación de Leopoldo López con el fin de obtener el poder en Venezuela. Leopoldo López fue condenado por el delito de incendio, el delito de daños, autor en el delito de instigación pública y asociación para delinquir.

En este caso particular, no se pudo probar la instigación o asociación con el delito de incendio y daño consecuente y por lo tanto sólo podría haberse concluido con la inocencia del acusado. La propia jueza encargada del caso lo acusó, entre otras cosas, de usar el "arte de la palabra" a pesar de que en ningún momento se adujo ninguna fiase que directamente haya utilizado Leopoldo López llamando a la violencia.

En resumen, el fallo puso en manos de interpretaciones judiciales muy subjetivas la evaluación del contenido de los discursos políti-

---

32 Comisión Interamericana de Derechos Humanos [CIDH]. 21 de febrero de 2014. *Comunicado de Prensa N° 17/14 CIDH manifiesta profunda preocupación por situación del derecho a la protesta pacífica, de asociación y libertad de expresión en Venezuela.*

cos opositores y de la asociación que significa la constitución de movimientos políticos.

El derecho a manifestar y el derecho a asociarse con fines políticos están expresamente reconocidos en la Declaración Americana de los Derechos y Deberes del Hombre (artículos XXI y XXII), así como toda personas tiene derecho a la libertad de expresión y de difusión de su pensamiento (artículo III). Es cierto que todo ello de manera pacífica pero, en este caso, el vínculo entre lo dicho por el líder político y lo que ocurrió posteriormente como actos violentos deja de existir, al no haberse probado ni la instigación ni la asociación para delinquir.

Designación de Magistrados para el TSJ

El Comité de Postulaciones del Tribunal Supremo de Justicia (TSJ) publicó el 5 de octubre de 2015 una convocatoria oficial para la selección de cinco magistrados. No había vacantes a suplir al momento del inicio del proceso de selección. El TSJ aprobó el 14 de octubre de 2015 la jubilación adelantada de 13 magistrados. No se respetó el período de 12 años establecido por la Ley Orgánica del Tribunal Supremo de Justicia.

El Presidente de la Asamblea Nacional saliente, Sr. Diosdado Cabello, anunció el 8 de diciembre de 2015 que el Poder Legislativo designaría a 13 magistrados del TSJ antes de la fecha de toma de posesión del Poder Legislativo apenas electo por el pueblo soberano.

El segundo período del último año de la Asamblea Nacional saliente venció el 15 de diciembre de 2015. Según el Art. 99 del Reglamento de Interior y de Debate de la AN, entre esa fecha y hasta el 4 de enero de 2016, la Asamblea Nacional sólo hubiera podido sostener sesiones extraordinarias para atender asuntos excepcionales, sobrevenidos o de urgencia. La Sala Constitucional del TSJ habilitó el 22 de diciembre a la Asamblea Nacional para actuar en sesiones extraordinarias.[33]

En sesiones extraordinarias, la Asamblea Nacional designó y juramentó el 23 de diciembre de 2015 a 13 magistrados principales y 21 suplentes. No pudiendo alcanzar la mayoría calificada requerida por la Constitución para los primeros tres votaciones, en cuarta instancia la bancada oficialista aprobó los nombramientos por mayoría simple. La Ley Orgánica del TSJ y la Constitución prevén que se requieren 2/3 de la Asamblea para la remoción de magistrados, pero existe un vacío legal en cuanto a su designación.[34]

La Academia de Ciencias Políticas y Sociales de Venezuela advirtió que la elección de los magistrados no garantizó una selección y elección pública, objetiva, transparente, independiente e imparcial de los candidatos, al incumplir los plazos mínimos de 40 días establecidos en la Ley Orgánica del Tribunal Supremo de Justicia y cerrar los espacios establecidos por la normativa para la objeción de los y las postulados.[35]

Como consecuencia de todo lo anterior, la CIDH incluyó a Venezuela en el Capítulo 4 de su informe 2015 ante "una violación grave de los elementos fundamentales y las instituciones de la de-

---

33 Tribunal Supremo de Justicia, Sentencia 1758. <http://historico.tsj.gob.ve/decisiones/scan/diciembre/184220-1758-221215-2015-2015- 1415.HTML>

34 *Ibid.* Art 265. Los magistrados o magistradas del Tribunal Supremo de justicia podrán ser removidos o removidas por la Asamblea Nacional mediante una mayoría calificada de las dos terceras partes de sus integrantes, previa audiencia concedida al interesado o interesada, en caso de faltas graves ya calificadas por el Poder Ciudadano, en los términos que la ley establezca.

35 *Ibid.* Art. 264. Los magistrados o magistradas del Tribunal Supremo de Justicia serán elegidos o elegidas por un único periodo de doce años. La ley determinará el procedimiento de elección. En todo caso, podrán postularse candidatos o candidatas ante el Comité de Postulaciones Judiciales, por iniciativa propia o por organizaciones vinculadas con la actividad jurídica. El Comité, oída la opinión de la comunidad, efectuará una preselección para su presentación al Poder Ciudadano, el cual efectuará una segunda preselección que será presentada a la Asamblea Nacional, la cual hará la selección definitiva. Los ciudadanos y ciudadanas podrán ejercer Fundamente objeciones a cualquiera de los postulados o postuladas ante el Comité de Postulaciones Judiciales, o ante la Asamblea Nacional.

mocracia representativa previstos en la Carta Democrática Interamericana, que son medios esenciales para la realización de los derechos humanos, entre ellos: i. si hubiera acceso discriminatorio o un ejercicio abusivo del poder que socave o contraríe el Estado de Derecho, tales como la infracción sistemática de la independencia del Poder Judicial o la falta de subordinación de las instituciones del Estado a la autoridad civil legalmente constituida [...]".[36]

Al menos cinco de los trece magistrados juramentados serían activistas político partidistas y ocuparon cargos dentro del Gobierno Nacional. Estos son César Sanguinetti (diputado electo por el PSUV); Lourdes Suárez Anderson (Defensora Pública); Juan Luis Ibarra (magistrado de la Sala Penal responsable de la sentencia a ocho años de prisión a Raúl Emilio Baduel y Alexander Tirado tras las protestas de febrero 2014); y Calixto Ortega (encargado de Negocios en Estados Unidos y viceministro de RR EE para Europa).[37]

En la Gaceta Oficial Número 40.816 del miércoles 23 de diciembre de 2015[38], se publicó la lista de los Magistrados y Magistradas principales y suplentes del TSJ designados por la Asamblea Nacional durante la Sesión Extraordinaria realizada el 23 de diciembre - mismo día en que se publica dicha Gaceta. Los magistrados y magistradas designados (13 principales y 21 suplentes) fueron los siguientes:

36 CIDH. Informe Anual 2015, Capítulo IV.B Venezuela <http://www.oas.org/es/cidh/docs/anual/2015/doc-es/informeAnual2015-Cap4-Venezuela-ES.pdf>

37 Ibíd. Art. 256. Con la finalidad de garantizar la imparcialidad y la independencia en el ejercicio de sus funciones, los magistrados o las magistradas, los jueces o las juezas, los fiscales o las fiscales del Ministerio Público; y los defensores públicos o las defensoras públicas, desde la fecha de su nombramiento y hasta su egreso del cargo respectivo, no podrán, salvo el ejercicio del voto, llevar a cabo activismo político partidista, gremial, sindical o de índole semejante, ni realizar actividades privadas lucrativas incompatibles con su función, ni por si ni por interpuesta persona, ni ejercer ninguna otra función pública a excepción de actividades educativas.

38 http://www.mp.gov.ve/c/document library/get file?p I id=29946&folderId=10513904&name=DLFE 10701.pdf

Sala Constitucional

Principales

1. Calixto Antonio Ortega Ríos C.I: 3.264.031
2. Luis Femando Damiani Bustillos C.I: 2.940.803
3. Lourdes Benicla Suárez Anderson C.I: 6.726.793

Suplentes

1. Federico Sebastián Fuenmayor Gallo C.I: 13.966.607
2. Celeste Josefina Liendo, C.I: 6.492.846
3. Juan Carlos Valdez González, C.I: 9.413.228
4. René Alberto Degraves Almarza, C.I 7.844.117

Sala Político Administrativa

Principales

1. Marco Antonio Medina Salas, C.I: 9.349.642
2. Eulalia Coromoto Guerrero Rivera, C.I: 6.374.305

Suplentes

1. José Leonardo Requena Cabello, C.I: 6.917.750
2. Emilio Antonio Ramos González, C.I: 6.973.119
3. Cesar Alejandro Sanguinetti Mayabiro, C.I: 8.947.858
4. Ismetda Luisa Rincón De Oliveros, C I: 7.707.701
5. Suylng Violeta Olivares García, C.I: 9.793.551

Sala Electoral

Principales

1. Fanny Beatriz Márquez Cordero, C.I: 6.272.864
2. Ctiristlan Tyrone Zerpa, C.I: 11.952.639

Suplentes

1. Leixa Elvira Collas Rodríguez, C.I: 9.282.811

2. Grisell De Los Angeles López Quintero, C.I: 10.335.012

3. Carmen Eneida Alves Navas, C.I: 6.960.029

4. Mary Tibisay Ramos Duns, C.I: 8.188.696

Sala de Casación Civil

Principales

1. Vilma María Fernández González, C.I: 10.059.945

2. Francisco Ramón Velázquez Estévez, C.I: 11.757.290

3. Iván Darío Bastardo Flores, C.I: 9.893.129

Suplentes

1. José Ángel Armas, C.I: 8.168.127

2. Aurides Mercedes Mora, C.I: 5.946.458

3. Ana Endrina Gómez (su nombre no aparece en la lista de la Gaceta Oficial Número 40.816, pág. 425.593)

Sala de Casación Penal

Principales

1. Juan Luis Ibarra Verenzuela, C.I: 6.865.372

2. Yanlna Beatriz Karabin De Díaz, C.I: 7.449.705

Suplentes

1. Juan Carlos Cuenca Vivas, C I: 10.110.577

2. Jacqueline Del Sosa Mariño, C.I: 5.612.667

3. Maggien Katíusca Sosa Chacón, C.I: 11.711.769

Sala de Casación Social

Principal

1. Jesús Manuel Jiménez Alfonso, C.I: 10.285.798

Suplentes

2. Sonla Coromoto Arias Palacio, C.I: 5.155.306

3. Bettys Del Valle Luna Aguilera, C.I: 8.394.050

Es fundamental que se autorice en este marco probatorio el testimonio del Presidente de la Asamblea Nacional de la República Bolivariana de Venezuela Henry Ramos Allup. El mismo constituye un elemento indispensable para entender cabalmente la situación respecto al desequilibrio de los Poderes del Estado en ese país. Ese testimonio debería ser en el mismo día de la sesión convocada.

IX. CELEBRACIÓN DE ELECCIONES PERIÓDICAS, LIBRES, JUSTAS Y BASADAS EN EL SUFRAGIO UNIVERSAL Y SECRETO COMO EXPRESIÓN DE LA SOBERANÍA DEL PUEBLO: REFERÉNDUM REVOCATORIO

En este acápite, se reseñan las principales disposiciones en materia de derecho electoral venezolano, que permiten garantizar la soberanía del pueblo y asegurar la legitimidad del gobierno electo sobre la base de esa voluntad popular. A tales efectos, se analizan las características de las elecciones legislativas de diciembre 2015 y las variables de integridad electoral en esa instancia, así como el marco jurídico y el procedimiento existente en materia del recurso de referéndum revocatorio previsto en la Constitución del país para el cual a la fecha, se entiende que no se han brindado garantías suficientes desde el Consejo Nacional Electoral.

ANTECEDENTES - ELECCIONES LEGISLATIVAS 2015

Integridad Electoral

La jornada electoral del 6D transcurrió de manera pacífica y con alta participación ciudadana (74,25%). Se destacó el respeto al secreto y el correcto conteo de los votos, que reflejó de manera fidedigna la voluntad popular.

Sin embargo, el proceso electoral como tal afrontó desafíos en materia de integridad electoral:

Durante las elecciones de diciembre 2015 cuatro de los cinco miembros del Consejo Nacional Electoral eran figuras de alguna manera relacionadas al PSUV. Este hecho, sumado a un supuesto actuar sesgado en las elecciones del 2010, ponían en cuestionamiento al órgano electoral por falta de independencia e imparcialidad.

El registro electoral recibió críticas debido a la ausencia de información respecto a la ubicación de los 1.568 puntos activados para la inscripción y actualización del padrón, cuya última auditoría fue en el año 2005.

La falta de transparencia en la definición de los circuitos electorales generó dudas respecto a los cambios (con respecto a las elecciones del 2010) en la asignación de cargos o escaños a diputados en 5 circunscripciones por desplazamiento y por asignación de escaños adicionales en respuesta a la proyección poblacional. Estos cambios se realizaron a menos de cinco meses de las elecciones, cuando para las elecciones del 2010 se produjeron con nueve meses de anticipación y en dos etapas.

La principal crítica del proceso fue en materia de equidad de la competencia electoral, manifestada en el uso de los recursos del Estado, la inequidad en el acceso a los medios de comunicación, así como la falta de regulación en el financiamiento político-electoral. El CNE declaró al respecto del uso de recursos públicos en campaña, que el órgano no puede reglamentar el periodo previo a la campaña oficial.

La SG de la OEA en una carta a la Presidente del CNE remarcó especialmente: i) inhabilitaciones arbitrarias ii) situación absolutamente inaceptable en cuanto a libertad de expresión y prensa iii) denuncias de la prisión de liderazgos políticos opositores iv) la implementación de un sistema para inducir a la confusión de los votantes en cuanto a nombres y colores de las boletas de votación v) la intervención de Partidos Políticos opositores por el

Poder Judicial vi) la declaración de estados de excepción como mecanismo de cortar derechos civiles y políticos durante el proceso electoral. Se anexa referida carta.

En términos del derecho a la participación política, fue reprochada la decisión del CNE de inhabilitar el registro de nueve partidos políticos, negando el uso de la denominación provisional, así como las alternativas presentadas por cada organización política. Asimismo, se inhabilitaron a varios dirigentes políticos de oposición.

Los Decretos de Estado de excepción declarados en municipios fronterizos con Colombia implicaron la restricción de las garantías de los derechos de inviolabilidad del domicilio, secreto e inviolabilidad de las comunicaciones privadas, libertad de tránsito, derecho de reunión, derecho de manifestación y libertad económica.

Referendo Revocatorio

Las soluciones políticas a la hora de la verdad las da el pueblo en las urnas. El hecho de llamar a un revocatorio conforme a la constitución no es ser golpista, ser golpista es anular esa posibilidad constitucional de que el pueblo se exprese. O diferirla. O ponerle obstáculos. O promover fórmulas insanas políticamente como la del diputado Diosdado Cabello: que se haga el revocatorio en marzo del 2017, Maduro lo pierde, se nombra Presidente al Vicepresidente y a Maduro vicepresidente, el nuevo Presidente renuncia y queda Maduro de Presidente.

Esa declaración constituye un absurdo mecanismo de violencia que se puede perpetrar sobre la voluntad popular.

La responsabilidad política de tener un Presidente que no ha sido votado por el pueblo siempre es costosa, siempre acarrea debilidades y cuestionamientos, de la misma naturaleza jurídica también lo es cuando se elude una clara responsabilidad política establecida en la constitución de consulte al pueblo durante el mandato. Ello implica sostenerse en el poder por medios ilegítimos.

Respetar y representar la decisión del soberano es la función primaria de los y las políticos/as. Eso es válido para los que pierden y para los que ganan.

El derecho a elegir es inherente a la democracia y a la libertad. Es el bien máximo protegido por el pacto social, por la constitución y por las leyes.

Es fundamental en una democracia el brindar todas las garantías de transparencia en el manejo de la información y la gestión pública, de la misma manera que facilitar los mecanismos correspondientes de rendición de cuentas a los representados, es decir, a quienes decidieron por sufragio universal en el marco de un sistema democrático, quienes van a gobernar el país.

El derecho a elegir y a ser electo hace a la esencia de una democracia. Para garantizar su buen funcionamiento, es fundamental tanto el respeto al equilibrio de poderes en la administración, como la rendición de cuentas por y para el soberano-Respetar y hacer respetar la voluntad popular es entonces el primer mandato de un representante del pueblo, sea en el Ejecutivo o en el Legislativo.

Por lo tanto **se debe asumir que si el soberano, el Pueblo, toma la decisión de cuestionar la gestión realizada por el primer mandatario elegido por el mismo pueblo; ese Presidente, celador principal de la voluntad popular, desde su responsabilidad y la convicción ética debe asumir que existen elementos suficientes para considerar que el orden público y el estado de derecho están en peligro si no realiza la consulta popular solicitada, o si la demora o la obstaculiza.**

En el marco de ese sistema del que el forma parte, en la decisión de la gente que el colaboró a construir y también representa, ahí él también es responsable. Así como el Pueblo está dispuesto a defender su decisión o a cambiarla juzgando al primer responsable de la administración ejecutiva, éste también debe estar dispuesto a rendir cuentas por sus propios actos, por su responsabilidad en ese contexto.

Como señalé al inicio de esta carta, **en casos de polarización política, la solución de las crisis debe volver al pueblo.**

Frente a un proceso de esta naturaleza, en que además se cuestiona el funcionamiento de la institucionalidad democrática del país, es imperativo que se cumplan estrictamente todos los pasos formales y sustantivos que exige la legislación. Es esencial en estas circunstancias, asegurar una consideración objetiva de los requisitos sustanciales presentados, ajustándose a principios de justicia y legalidad, libres de consideraciones político partidarias.

Se trata de un estado de situación excepcional que exige que el Presidente y el CNE actúen en nombre de la voluntad popular que busca expresarse. **Teniendo la potestad de dejar sin efecto o confirmar esa voluntad popular, se hace imprescindible que esta vuelva a pronunciarse directamente.**

Nadie está por encima de la constitución, cuestión que asumimos que tendrán presente el Presidente y el CNE respecto al cumplimiento de la misma, pues cargan con el peso y la responsabilidad de mantener el orden público y hacer respetar la voluntad popular.

Marco jurídico

En Venezuela, todos los cargos y magistraturas de elección popular son revocables[39]. El artículo 72 de la Constitución Nacional estipula que un referendo revocatorio puede realizarse "transcurrida la mitad del período para el cual fue elegido el funcionario o funcionaría". En el caso del Presidente Nicolás Maduro, la mitad del período se cumplió el pasado 10 de enero de 2016. La convocatoria de un referendo podrá ser solicitada por un número no menor al 20% de los electores inscritos en el registro electoral.

Esta no es la primera ocasión que Venezuela realizaría un referendo de este tipo. El 15 de agosto de 2004 se celebró un referendo revocatorio para decidir la continuación del Presidente Hugo

---

39 Articulo 72, Constitución Nacional.

Chávez como Jefe de Estado. El resultado del referendo fue la permanencia de Chávez, con 59,1% de los votos en contra de su destitución.

Según la Constitución, si el referéndum de revocatoria resultara a favor de la oposición y sucediera durante los primeros cuatro años del período constitucional -que se cumplen el 19 de abril de 2017-, "se procederá a una nueva elección universal, directa y secreta dentro de los treinta días consecutivos siguientes (Art. 233). Mientras se elige y toma posesión el nuevo Presidente o la nueva Presidenta, se encargará de la Presidencia de la República el Vicepresidente Ejecutivo o la Vicepresidenta Ejecutiva." Es importante recalcar que, si el plebiscito se dilata hasta después del 19 de abril de 2017 - fecha en que se cumplen los cuatro primeros años del mandato- el Vicepresidente Ejecutivo o Vicepresidenta Ejecutiva asumirá la Presidencia de la República hasta completar dicho período.

Hasta la fecha, Venezuela no cuenta con una Ley que regule los referendos. Su regulación se basa en resoluciones del Consejo Nacional Electoral (CNE). Ante la inexistencia de una Ley reguladora, y como mecanismo para transparentar los requisitos, tiempos y métodos para un Referendo Revocatorio, la Asamblea Nacional aprobó en segunda discusión el pasado 20 de abril de 2016, un Proyecto de Ley Orgánica de Referendos.

El paso siguiente es el aval del carácter "orgánico" del Proyecto por la Sala Constitucional y finalmente su promulgación por el Presidente de la República. La Ley entra en vigencia una vez sea publicado en la Gaceta Oficial y podría aplicarse a solicitudes de referendo revocatorio presentadas al momento de su promulgación. Al respecto, tanto diputados del partido oficialista como el CNE sostuvieron que dicha ley contraviene la Constitución, con el fundamento que esta iniciativa corresponde únicamente al Poder Electoral. Estas declaraciones apuntan a que la ley no superaría una revisión del Tribunal Supremo de Justicia.

Al momento de elaboración de este informe, la solicitud de Referendo Revocatorio solicitada por la Mesa de la Unidad Democrática es regulada por la Resolución N° 070906-2770, publicada en la Gaceta Electoral N° 405 de 18 de diciembre de 2007. Por su parte, el referendo en sí se regirá por la Ley Orgánica de Procesos Electorales y por la Resolución N° 070327-341 del CNE, publicada en la Gaceta N° 369 del 13 de abril de 2007.

Procedimientos

El procedimiento del revocatorio puede dividirse en tres etapas:

1. Constitución del Grupo Promotor

La iniciativa del referendo es ejercida por los electores a través de organizaciones políticas o por agrupaciones. Tanto en el caso en que la iniciativa se ejerza por medio de agrupaciones o por medio de organizaciones políticas, es necesario contar con el apoyo del 1% de los electores inscritos en el Registro Electoral. El trámite para cumplir con dicho requisito incluye recoger las manifestaciones de voluntad del 1% de los electores en las planillas proporcionadas por la Comisión de Participación Política y Financiamiento del CNE. Seguidamente, se realiza la verificación del número de manifestaciones y posteriormente la validación de las firmas.

2. Solicitud de Referendo Revocatorio Presidencial

De acuerdo con el artículo 72 de la Constitución, la solicitud de referendo debe estar apoyada por al menos 20 % de los electores inscritos en el Registro Electoral.

Una vez concluida la fase de constitución del grupo promotor (por medio de la recolección de 1% de manifestaciones de voluntad), dicho grupo deberá solicitar al CNE la oportunidad de recabar un mínimo de 20% de voluntades necesarias para la convocatoria del referendo.

De ser declarada procedente la solicitud, la Junta Nacional Electoral debe proponer al CNE los centros de recepción de manifestaciones de voluntad. Una vez definidos los centros se fijará el plazo para la recolección de dichas voluntades por medio del registro de la huella del elector mediante la plataforma de identificación biométrica y estampando su firma.

La Junta Nacional Electoral verificará y cuantificará las solicitudes y de comprobarse el cumplimiento del requisito del 20%, el CNE convocará al Referendo Revocatorio Presidencial.

3. Celebración del Referendo Revocatorio Presidencial

El proceso de votación para el referendo es similar a otras jornadas electorales. Para la revocación del mandato presidencial es requisito cumplir con los siguientes requisitos:

Participación de al menos 25% del total del cuerpo electoral.

Número de votos válidos a favor de la revocatoria igual o superior al número de votos de los electores que eligieron al funcionario revocable. En este caso, es necesario al menos 7.587.579 votos para revocar el mandato del Presidente Nicolás Maduro.

Número de votos a favor de la revocatoria superior al número de electores que votaron en contra de la revocatoria.

Cronograma Referendo Revocatorio Presidencial

Plazos

Existen numerosos reclamos por parte de los promotores del Referendo Revocatorio respecto a una aparente intención deliberada de dilatar el proceso de convocatoria de Referendo, que son a causa de vacíos y falta de claridad en cuanto a los plazos estipulados en la Resolución Nº 070906-2770. Al respecto, el pasado 24 de mayo, el Rector Principal del Consejo Nacional Electoral, Luis Emilio Rondón declaró[40] que al interior del CNE, no existe consenso respecto a los plazos y se presentan interpretaciones distintas, en ocasiones encontradas sobre lo estipulado en la resolución

---

40   Entrevista a Rector Luis Emilio Rondón en Vladimir a la 1:
      https://www.youtube.com/watch?v=vTXmH3AnolU&index=4&list=PLqFRlr55wN
      ZBMSLcOrIV-W2LtaHShBR6z

que regula el procedimiento de promoción y solicitud de referendos revocatorios a cargos de elección popular.

Esta situación contraviene los principios rectores del derecho administrativo como el de celeridad, claridad, temporalidad y el principio general de simplificación de trámites administrativos. A continuación, se detallan algunas de las inquietudes latentes respecto al respeto de los lapsos que regulan el proceso de revocatoria.

a) **Entrega de la Planilla aprobada por la Comisión de Participación Política y Financiamiento del CNE para recolectar las manifestaciones de voluntades necesarias para la promoción del referendo revocatorio:** La organización política Mesa de la Unidad Democrática (MUD) presentó el 9 de marzo de 2016 una primera solicitud de esta planilla al CNE. Ante la ausencia de una respuesta por parte del Poder Electoral, se realizaron dos solicitudes adicionales el 15 de marzo y el 7 de abril del mismo año. La Planilla fue entregada por el CNE el 26 de abril, habiendo transcurrido 48 días desde la solicitud inicial de la MUD. Es importante recalcar que la Resolución No. 070906-2770 no estipula el lapso de respuesta del Poder Electoral ante esta solicitud. La dilatación de la respuesta del CNE vulnera el derecho de petición que estipula que toda petición debe ser atendida de manera oportuna, en un tiempo razonable.[41]

b) **Recaudación de manifestaciones de voluntad (1%) y fase de Constatación:** la Resolución No. 070906-2770 estipula un plazo *máximo* de 30 días para la presentación de la solicitud de constitución, que incluye la recaudación del 1%

---

41   El Derecho de Petición en Venezuela se encuentra establecido en el contenido de los Artículos 28, 31, 51, 58, de la Constitución de la República Bolivariana de Venezuela (1999) y en los Artículos 7° y 8 de la Ley Orgánica de la Administración Pública, considerado como el derecho de petición y de oportuna respuesta, donde se determina la obligatoriedad a la que están sujetos los entes públicos de solventar aquellas peticiones formuladas por los particulares.

de manifestaciones de voluntad. Este proceso inició oficialmente el 27 de abril, y concluyó 6 días después (2 de mayo) con la presentación de la solicitud ante el CNE, la cual incluía un aproximado de 1.850.000 manifestaciones de voluntad. Al respecto, y ante la notoria celeridad con la que se efectuó este proceso, la Rectora Principal del CNE, Tania D'Amelio, declaró que "se debe cumplir el lapso de 30 días para la recolección del 1 % de manifestaciones de voluntad popular para pasar a la fase de constatación". Esta interpretación del lapso regulado en la Resolución ha sido fuertemente cuestionada por la oposición.

c) **Validación de la Solicitud:** la Resolución que regula este proceso determina que "recibida la solicitud de constitución [...], en un lapso no mayor a cinco (05) días continuos, las Oficinas Regionales Electorales o la Comisión de Participación Política y Fin andamiento, según el caso, constatarán si el número de manifestaciones de voluntad cumple con el mínimo exigido" (Art. 10.5). Este paso estipula únicamente la constatación del cumplimiento del porcentaje requerido, independientemente del proceso de validación - posterior- de las firmas. Hasta la fecha (23 días después de la presentación de la solicitud) no se han verificado el número mínimo de manifestaciones recabadas.

d) **Digitalización, transcripción de firmas y auditorias de planillas:** la Rectora del CNE, Socorro Hernández detalló ante diversos medios un cronograma que incluye el "traslado de cajas el 13 de mayo; del 16 de mayo la auditoría el código para la aplicación de la digitación, la digitalización del 16 de mayo al 20, al día siguiente se transcriben las planillas y desde el 18 de mayo hasta el 2 de junio la auditoría de las planillas". Existe confusión y desconocimiento respecto a estos procesos dado que no se encuentran detallados dentro de la Resolución No. 070906-2770. Los criterios para el establecimiento de los plazos expuestos por la rectora no son de conocimiento público.

e) **Consulta de firmas recogidas:** el CNE anunció que, con el espíritu de mantener la transparencia y facilitar al ciudadano una forma de consultar si su identidad fue utilizada al momento de llenar las planillas, se creará una base de datos en línea. Este trámite, que no viene estipulado en la resolución **regulatoria del referendo, ha generado reclamos respecto al derecho de confidencialidad de los datos personales y podría ser usada para discriminar políticamente a opositores al gobierno.** Es importante recalcar que una situación similar ocurrió en el 2004, cuando se presentó un caso de despido arbitrario de funcionarios tras haber firmado la convocatoria a referendo revocatorio del mandato presidencial del entonces Presidente Chávez. Este caso (12.923) fue presentado por la Comisión Interamericana de Derechos Humanos ante la Corte Interamericana *de* Derechos Humanos[42]

f) **Cronograma:** el artículo 31 de la resolución No. 070906-2770 estipula que el CNE establecerá mediante un cronograma los lapsos para el proceso de constitución de las agrupaciones de ciudadanas y ciudadanos y para la promoción y solicitud de los referendos revocatorios, **A la fecha de la preparación de este informe, no se ha hecho público un cronograma oficial de este tipo.**

g) **Obstáculos al referendo revocatorio y su proceso de activación**

La figura del referendo revocatorio está prevista en la Constitución de la República Bolivariana de Venezuela desde 1999 en su artículo 72. Fue una de las grandes innovaciones de la arquitectura constitucional presentada por el Presidente Chávez durante su propuesta de Asamblea Constituyente en 1999 y el mecanismo mas emblemático de lo

---

42 Comisión Interamericana de Derechos Humanos. Disponible en: http://www.oas.org/es/cidh/prensa/comunicados/2016/035.asp

que para entonces era denominado la nueva forma de democracia que debía descansar ya no en la representación sino en la "Democracia Participativa y protagónica".

Bajo ese espíritu, la Constitución venezolana prevé en su artículo 72 la figura del referendo revocatorio en los siguientes términos:

Artículo 72. Todos los cargos y magistraturas de elección popular son revocables.

Transcurrida la mitad del período para el cual fue elegido el funcionario o funcionaria, un número no menor del veinte por ciento de los electores o electoras inscritos en la correspondiente circunscripción podrá solicitar la convocatoria de un referendo para revocar su mandato.

Cuando igual o mayor número de electores y electoras que eligieron al funcionario o funcionaría hubieren votado a favor de la revocatoria, siempre que haya concurrido al referendo un número de electores y electoras igual o superior al veinticinco por ciento de los electores y electoras inscritos, se considerará revocado su mandato y se procederá de inmediato a cubrir la falta absoluta conforme a lo dispuesto en esta Constitución y en la ley.

La revocación del mandato para los cuerpos colegiados se realizará de acuerdo con lo que establezca la ley.

Durante el período para el cual fue elegido el funcionario o funcionaría no podrá hacerse más de una solicitud de revocación de su mandato.

La Constitución es clara al establecer solo dos requisitos para activar el referendo revocatorio: i) que se haya cumplido la mitad del periodo del funcionario cuyo mandato se quiere revocar, y ii) un número no menor del 20 % de los electores debe realizar la solicitud. Ahora bien, en el caso actual que se ha planteado La oposición venezolana para revocar el mandato del Presidente Nicolás Maduro, es evidente que ya se ha cumplido el primer requisito por cuanto se ha cumplido la mitad del mandato el 10 de enero de 2016.

En cuanto al segundo requisito, es allí donde comenzamos a percibir señales que nos dejan ver una dilación en cumplimiento de los tiempos previsto en la normativa en cuestión.

Es de resaltar, que luego de 17 años no se ha dictado una Ley de Referendo, por ello dicho proceso es regulado por una normativa dictada en el año 2007 por el Poder Electoral y la cual es identificada bajo el N° 070906-2770.

Bajo esa normativa, se exige un nuevo requisito que consiste en recabar en unas planillas emitidas por el Poder Electoral el 1% de manifestaciones que expresan la voluntad para iniciar el proceso para revocar el mandato de un funcionario público. Esas manifestaciones sirven para la constitución de un grupo de ciudadanos que es exigido por la normativa en cuestión.

El 9 de marzo de 2016 la oposición venezolana solicitó lo más sencillo del procedimiento que era que se le otorgara la planilla para recoger el 1% de esas manifestaciones. Pues bien, el Poder Electoral tardó aproximadamente 48 días para entregar dicha planilla. Una vez otorgada, la oposición indicó que había consignado el 2 de mayo de 2016 un número superior al 1% de manifestaciones.

Ahora bien, conforme a la normativa indicada, en el numeral 5 del artículo 10 de la Resolución N° 070906-2770, el Poder Electoral, una vez que le fueron entregadas esas manifestaciones de voluntad debía "en un lapso no mayor de cinco (5) días continuos", constatar si "el número de manifestaciones de voluntad cumple con el mínimo exigido".

En efecto, el numeral 5 del artículo 10 de la normativa establece:

Recibida la solicitud de constitución de la agrupación de ciudadanas y ciudadanos, **en un lapso no mayor cinco (5) días continuos,** las Oficinas Regionales Electorales o la Comisión de Participación Política y Financiamiento, según el caso, **constatarán si el** numero de manifestaciones de voluntad presentado cumple con el mínimo exigido, participándole a los promotores que deben convocar a las ciudadanas o los ciudadanos que aspiran a constituir la agrupación de ciudadanas y ciudadanos **para que en un lapso no mayor de cinco (5) días hábiles siguientes a la participación** se presenten en la Oficina Regional Electoral correspondiente a la entidad donde se encuentran inscritas o inscritos en el Registro Electoral **a los fines de validar las manifestaciones de voluntad.** En el caso de que la solicitud de constitución de la agrupación no reúna el número de manifestaciones de voluntad requerido en el lapso previsto se procederá a rechazar en un lapso no mayor de tres (3) días hábiles, (resaltados nuestros).

Conforme a lo anterior, una vez presentada las planillas que contienen el 1 por ciento para la constitución de las agrupaciones ciudadanos, el Poder Electoral solo tenía que constatar o verificar, dentro de los 5 días continuos siguientes, si el número de manifestaciones que les presentaron cumple al menos con el 1%, es decir, un poco menos de 200 mil firmas.

Luego de verificado eso, es decir, de contar si había al menos 1% de las manifestaciones de voluntad, vendría el único mecanismo de control que consiste en llevar dentro de al menos 5 días hábiles continuos a los ciudadanos o electores para que ellos sean quienes validen personalmente sus manifestaciones de voluntad que contienen las planillas. Sin embargo, no se ha podido avanzar ya que se han presentado requisitos no previstos en la normativa aprobada en 2007.

En este sentido podemos destacar

1. Recolección del 1% una vez entregada la planilla por parte del Poder Electoral:

La oposición debía recabar las manifestaciones de voluntad del 1% "dentro de los treinta días" siguientes a la entrega de la planilla, conforme al numeral 4 del Artículo 10 de la Resolución.

Sin embargo, el Poder Electoral interpreta que ese lapso debe dejarse transcurrir íntegramente. Como vemos se trata de un lapso y no un término. Una vez consignadas las planillas, es absurdo dejar transcurrir integro ese lapso. Recordemos que la oposición consignó esas manifestaciones de voluntad del 1 % en menos de una semana.

2. **Revisión del 1% de las manifestaciones de Voluntad consignadas por la oposición para activar el Referendo Revocatorio.**

El CNE no cumple con el lapso de cinco días continuos previsto en el numeral 5 del Artículo 10 de la Resolución, ya que no contó las manifestaciones de voluntad dentro de ese lapso. El Poder Electoral incumplió el deber de dar respuesta sobre el cumplimiento del mínimo del 1% dentro de ese lapso.

3. **Nuevos requisitos creados por el Poder Electoral fuera de la normativa**

El Poder Electoral pretende verificar detalladamente las firmas cuando la norma solo establece constatar que hay al menos 1% de manifestaciones. Un simple conteo ya que luego, como hemos mencionado, cada ciudadano debe ir personalmente a validar su manifestación de voluntad.

Ahora bien, El Poder Electoral estableció un nuevo trámite no previsto en la Resolución N° 070906-2770. En ese sentido indicó que todas las planillas serian digitalizadas, un trámite que duró hasta el 20 de mayo.

Todo aquel que lea la Resolución N° 070906-2770 podrá darse cuenta que esa digitalización no es un trámite previsto en la Resolución.

Debemos destacar que ese trámite es innecesario, ya que el control sobre la fidelidad de los datos contenidos en las planillas corresponde exclusivamente al elector, a través del trámite de validación regulado en los numerales 6 y 7 del Artículo 10 de la Resolución.

4. Creación de Comisión de Verificación de firmas

El Poder Electoral ha permitido la creación de una "Comisión de Verificación de firmas" no prevista en el reglamento que busca verificar las firmas.

Es de resaltar que la Resolución en cuestión solo prevé verificar la manifestación de voluntad del elector, no su firma. Para ello, la Resolución regula el trámite de validación, en el cual cada elector, en un proceso controlado por el CNE, ratificará su voluntad tal y como lo prevé el numeral 5 de la tantas veces mencionada Resolución.

5. Transcripción de las planillas

Luego de digitalizadas, las planillas serán transcritas hasta el 1 junio. Nuevamente el CNE crea un trámite que no está previsto en la Resolución y que, además, no es necesario como lo hemos indicado anteriormente.

6. Trámite de auditoria

El CNE ha creado una "auditoría" sobre las manifestaciones de voluntad, que iniciará el 2 de junio. Esa auditoría no está prevista en la Resolución.

Una vez consignadas las planillas que contienen el 1% para la constitución de grupo de ciudadanos, la única validación posible consiste en algo parecido a una elección: en un proceso controlado por el CNE, donde cada elector manifestará su voluntad a favor del revocatorio. Cada elector se convierte en el único contralor de su propia manifestación de voluntad.

Ese control, a través de la validación, es el único trámite regulado en la Resolución, que es ignorada por su autor, al crear cuatro trámites (digitalización, verificación, transcripción, auditoria) que, además de no estar previstos en (a Resolución, son trámites que retrasan innecesariamente el ejercicio del derecho reconocido en el Artículo 72 constitucional.

Apego a Principios Rectores en Materia Electoral

Los principios y estándares en materia de justicia electoral constituyen no solo una herramienta para dirimir conflictos electorales y para garantizar los derechos políticos de los ciudadanos, sino también para elaborar esquemas electorales complejos como un elemento de mantenimiento de la paz, dando soluciones jurídicas a problemas políticos.

En ese sentido, en Venezuela es fundamental el apego a los principios de *legalidad*, otorgando legitimidad al proceso por llevarse a cabo de acuerdo a un marco jurídico claramente establecido; *certeza*, que se deriva de la apropiada actuación de los jueces que componen la autoridad electoral; la imparcialidad, que garantice una consideración equitativa de las partes y la *transparencia*, asegurando el acceso adecuado a la información respecto a las actividades del Estado.

Sin perjuicio de todo lo señalado la decisión del referéndum revocatorio es absolutamente política y con el objetivo de alcanzar una solución política. Por lo tanto intentar entrampar esta solución en demoras y en la creación de nuevos procedimientos tal como se ha hecho constituye un flagrante atentado a la democracia.

X. SITUACIÓN DE DERECHOS CIVILES Y POLÍTICOS. LIBERTAD DE EXPRESIÓN Y PRENSA

Además de la situación de crisis humanitaria expuesta más arriba, que pone en jaque el respeto y cumplimiento de los derechos "humanos económicos, sociales y culturales, se agregan variables de disfuncionalidad en garantizar el goce y ejercicio de los derechos civiles y políticos, entre ellos la libertad de expresión y de prensa, de acuerdo a análisis realizados por el Sistema Interamericano de Derechos Humanos (S1DH) y la Relatoría sobre libertad de expresión.

Respecto a la situación de la libertad de expresión y de prensa, se han diagnosticado violaciones flagrantes a la misma que van desde procesos penales y administrativos contra periodistas y medios de prensa, pasando por medios de censura indirecta, situaciones de hostigamiento y discurso estigmatizado^ represión y criminalización de la protesta social y violaciones al derecho de acceso a la información pública.

Todo esto se evidencia en el desconocimiento e incumplimiento de sucesivas decisiones y recomendaciones del SIDH y se agudiza en la medida de denuncia de la Convención Americana y el apartamiento del sistema por parte del gobierno venezolano en el año 2014.

Situación derechos civiles y derechos políticos[43]

No existe un Estado democrático de derecho que proteja efectivamente el goce y disfrute de los derechos humanos de todas y todos los venezolanos. Según el Informe Anual 2015 de la Comisión Interamericana de Derechos Humanos (CIDH), en su capítulo IV. B sobre Venezuela, existen situaciones estructurales que afectan la situación de derechos humanos en el país.

Una de las fallas estructurales mencionada es la provisionalidad de los jueces y fiscales que conlleva a la fragilidad del poder judicial y a su falta de independencia e imparcialidad. La Comisión considera que "...esta falla estructural impacta de manera, negativa en el ejercicio del derecho de acceso a la justicia y el debido proceso, por lo que constituye uno de los puntos más débiles de la democracia venezolana".[44]

Adicionalmente, la CIDH identifica como uno de los puntos de mayor fragilidad la falta de independencia y autonomía del Poder Judicial frente al poder político. Por lo tanto, la Comisión expresa preocupación con respecto al uso del poder punitivo del Estado "para hostigar y estigmatizar a los defensores de derechos humanos, y

---

43   Para una lectura completa y justificada de la situación de derechos civiles y derechos políticos en Venezuela, se recomienda hacer uso del Informe Anual 2015 de la CIDH, Capítulo IV.B.

44   https//www.oas.org/es/cidh/docs/anual/2015/índice.asp

periodistas, y perseguir penalmente a disidentes políticos e inhabilitar a varios de sus dirigentes."

Según la CIDH, los altos grados de impunidad que se registran en el país, aunado a la situación de inseguridad ciudadana y de violencia en los centros penitenciarios "son elementos que generan un especial afectación al ejercicio de los derechos humanos a la vida, a la integridad personal y acceso a la justicia de sus habitantes, entre otros."

La Comisión ha señalado que los derechos políticos, entendidos como aquellos que reconocen y protegen el derecho y el deber de todos los ciudadanos de participar en la vida política de su país, son por esencia derechos que propician el fortalecimiento de la democracia y el pluralismo político[45]. *En el mismo sentido, el TSJ IDH ha expresado que el ejercicio efectivo de los derechos políticos constituye un fin en sí mismo y, a la vez, un medio fundamental que las sociedades democráticas tienen para garantizar los demás derechos humanos previstos en la Convención*[46].

Respecto a la persistencia de la persecución a la disidencia política, durante la audiencia sobre situación general de derechos humanos celebrada en marzo de 2015, las organizaciones de la sociedad civil indicaron que ésta acarrea, a su vez, nuevas formas de violación de derechos[47]. *Asimismo, denunciaron la ausencia de espacios institucionales para que el Estado ac-*

---

45 CIDH. *Informe Democracia y Derechos Humanos en Venezuela.* 30 de diciembre de 2009, Capítulo II, párr. 18.

46 TSJ IDH. *Caso Castañeda Gutman Vs. México.* Sentencia de 6 de agosto de 2008. Serie C N° 184, párr. 143.

47 *Información presentada por la sociedad civil durante la Audiencia sobre lo Situación General de tos Derechos Humanos en Venezuela, en el 154° período ordinario de sesiones de la CIDH,* 17 de marzo de 2015.

túe como verdadero defensor de los derechos e intereses de sus ciudadanos[48].

Al respecto, en junio el Centro de Justicia y Paz (CEPAZ) presentó su sistematización de patrones de persecución a la disidencia política ante el Comité de Derechos Humanos de la ONU en la cual ha logrado documentar 34 ejemplos de perseguidos políticos en Venezuela contra representantes de oposición ante el Poder Legislativo, autoridades de los Poderes Ejecutivos Nacionales, Poderes Legislativos Municipales, otros líderes políticos de oposición, estudiantes y otros liderazgos[49]. *Entre los patrones empleados para la persecución, CEPAZ*[50] *ha identificado la apertura de procesos judiciales, la persecución a través de los medios de comunicación, la destitución de*

48 *Información presentada por la sociedad civil durante la Audiencia sobre lo Situación General de tos Derechos Humanos en Venezuela,* en el 154° período ordinario de sesiones de la CIDH, 17 de marzo de 2015.

49 CEPAZ ha documentado los casos de Richard Mardo, María Aranguren, Julio Borges, María Corina Machado, Juan Carlos Caldera, Henrique Capriles, Daniel Ceballos, David Smolansky, Gerardo Blyde, Gustavo Marcano, Vincenzo Scarano, Darío Ramírez, Giuseppe Di Fabio, Carlos García, Leopoldo López, Raúl Baduel, Carlos Vecchio, Óscar López, Hernando y Sandra Garzón, Alexander Tirado, Rosmít Mantilla, Gaby Areliano, Enrique y Javier Sierra, Renzo Prieto, Rodolfo González, Gerardo Resplandor, Sariam Rivas, Julio César Rivas, Vilca Fernández, Ricardo Hausmann y Antonio Rivero. Persecución política en Venezuela. Sistematización de patrones de persecución a la disidencia política venezolana. Informe al Comité de Derechos Humanos de las Naciones Unidas con motivo del Examen del 4to Informe Periódico del Estado Venezolano en el 114 Período de Sesiones de junio 2015 sobre el pacto internacional de Derechos Civiles y Políticos, Ginebra, junio 2015.

50 CEPAZ en Sistematización de patrones de persecución a la disidencia política venezolana. Informe al Comité de Derechos Humanos de las Naciones Unidas con motivo del Examen del 4to Informe Periódico del Estado Venezolano en el 114 Período de Sesiones de junio 2015 sobre el pacto internacional de Derechos Civiles y Políticos, Ginebra, junio 2015, registra los siguientes ejemplos: Daniel Ceballos y Leopoldo López. Persecución política en Venezuela, págs. 15 y 116; CEPAZ registra entre otros estos dos ejemplos. Henrique Capriles fue acusado por el Presidente de la República en los medios de "ser cómplice de una red de corrupción y prostitución gay" y María Corina Machado fue acusada en radio y tv por el Presidente del República al indicar: "no exagero cuando digo que es una asesina. Estaba planificando la violencia y la muerte en este país", págs. 16 y 17. CEPAZ registra como ejemplos a María Corina Machado, Daniel Ceballos, Vincenzo Scarano, la Jueza María Lourdes Afiuni, y el juez Edgar Aliza Macia, págs. 18 y 19.

cargos públicos a políticos disidentes, allanamientos irregulares a la propiedad privada, allanamiento de la inmunidad parlamentaria, inhabilitación política, usurpación de funciones públicas y aquiescencia de actos violentos en contra de dirigentes políticos[51].

La tortura continúa siendo un procedimiento habitual para procurar confesiones que involucren a actores políticos, así como hubieron torturados durante el proceso a Leopoldo López, al presente se ha utilizado para intentar impulsar denuncias contra el diputado Lester Toledo.

A ello se suma la permanente violencia ejercida por militantes del partido de Gobierno contra autoridades de la Asamblea Nacional o de partidos de la oposición en lugares públicos.

En la sesión del Consejo Permanente que active el mecanismo previsto en el artículo 20 se presentarán asimismo videos testimonio de los casos de Marcos Coello, Efrain Ortega, José Santamaría, Rony Navarro, Angel Contreras y Jarvin Gabriel Sandoval Prado.

Libertad de expresión y prensa

En diversas oportunidades la Relatoría Especial para la Libertad de Expresión de la CIDH ha expresado profunda preocupación ante las graves y reiteradas vulneraciones del derecho a la libertad de expresión en Venezuela. A lo largo de los últimos años esta oficina

---

51 CEPAZ registra como ejemplos a Richard Mardo Diputado de la AN a quién se le habría levantado la inmunidad parlamentaria con mayoría simple en vez de la mayoría de las dos terceras partes requerida. Sistematización de patrones de persecución a la disidencia política venezolana. Informe al Comité de Derechos Humanos de las Naciones Unidas con motivo del Examen del 4to Informe Periódico del Estado Venezolano en el 114 Período de Sesiones de junio 2015 sobre el pacto internacional de Derechos Civiles y Políticos, Ginebra, junio 2015, pág. 21. En inhabilitación política CEPAZ registra como ejemplos a David Uzcátegui (2013-2018), Carlos Arocha (2008-2013) y Leopoldo López (2008-2014), pág. 22; respecto de usurpación de funciones públicas CEPAZ registra como ejemplos a Oswaldo Álvarez Paz ex Gobernador del Estado de Zulia y Ricardo Hausmann ex Ministro de Planificación, pág. 23; CEPAZ registra como ejemplo el ataque contra Julio Borges, dirigente político, durante la sesión de 30 de abril de 2014 en la AN pág. 24.

ha llamado la atención sobre el deterioro del derecho a la libertad de expresión en Venezuela, como resultado de la continua imposición por parte de autoridades del Estado venezolano de severas restricciones al ejercicio de este derecho con la finalidad de excluir del debate público las voces críticas o disidentes del gobierno[52].

La Relataría ha denunciado de manera particular las restricciones impuestas a periodistas y medios de comunicación de línea editorial e informativa independiente o con una postura crítica al gobierno, entre las que se encuentran procesos penales y administrativos por parte de altos funcionarios de) Estado a medios y periodistas por difundir información de interés público, despidos de periodistas y trabajadores de medios en función de su independencia para ejercer la profesión, señalamientos, vigilancia y estigmatización continua, agresiones e incluso el exilio.

Procesos penales y administrativos contra periodistas y medios de comunicación

La apertura de procesos penales contra periodistas que cubren noticias sobre corrupción estatal ha sido acompañada de restricciones legales, como la prohibición de salida del país, que limitan de forma desproporcionada la posibilidad de continuar ejerciendo el derecho a la libertad de expresión. Periodistas críticos de larga trayectoria nacional, como Teodoro Petkoff, Director del Diario *Tal Cual*, Miguel Enrique Otero del Diario *El Nacional* han resultado particularmente perjudicados por la apertura de procesos penales en su contra[53].

---

52   Relatoría Especial para la Libertad de Expresión de la CIDH. Comunicado de Prensa R 107-14. 22 de septiembre de 2014. Relatoría Especial manifiesta su preocupación por la situación de la libertad de expresión en Venezuela. 22 de septiembre de 2014.

53   CIDH. Comunicado de Prensa 93/15. CIDH y su Relatoría Especial manifiestan profunda preocupación ante la estigmatización y el hostigamiento judicial contra tres medios de comunicación en Venezuela. 24 de agosto de 2015.

La Relatoría también ha advertido la apertura de procedimientos administrativos de manera discrecional contra medios de radiodifusión con base en la Ley de Responsabilidad Social en Radio, Televisión y Medios Electrónicos (Ley Resorte) que han derivado en restricciones ilegítimas al ejercicio de la libertad de expresión. Esta normativa contiene figuras ambiguas y desproporcionadas para controlar contenidos[54], que han permitido la aplicación de cláusulas sobre "incitación al odio", a la "intolerancia" o "llamamiento a la violencia" para iniciar procesos administrativos contra medios y periodistas que difunden informaciones contrarias a los intereses gubernamentales[55].

Estas medidas han generado un clima de autocensura en los periodistas y directores de los medios de comunicación que impide la libre difusión de opiniones críticas o adversas al gobierno, o de información sobre asuntos de interés público que pueda ofender a los funcionarios públicos. En efecto, la Relatoría ha reiterado que este tipo de medidas busca enviar un mensaje a los restantes medios de comunicación y periodistas venezolanos sobre las consecuencias de no seguir la línea editorial e informativa marcada por el gobierno. Todo esto ocurre en un marco de falta de independencia y autonomía del Poder Judicial frente al Poder Ejecutivo.

Mecanismos de censura indirecta

La situación de periodistas y medios de comunicación se ve agravada por la aplicación de mecanismos para restringir el derecho de expresión por vías o medios indirectos, tales como el abuso de controles oficiales de las frecuencias radioeléctricas y del papel para periódicos, expresamente prohibidos por la Convención Americana de Derechos Humanos.

---

54 CIDH. Comunicado de Prensa 13/14. CIDH manifiesta profunda preocupación por hechos de violencia en Venezuela y urge el Estado a garantizar una seguridad democrática. 14 de febrero de 2014

55 CIDH. Informe Anual 2013. Informe de la Relatoría Especial para ¡a Libertad de Expresión. Capítulo II [Evaluación sobre el estado de la Libertad de Expresión en el Hemisferio]. OEA /Ser.L/V/11.149. Doc. 50. 31 diciembre 2013. Párrs, 876 y 877

En efecto, en Venezuela cientos de medios de radiodifusión privados operan en situación de inseguridad jurídica con concesiones vencidas desde hace más de un año ante la falta de respuesta de pedidos de renovación realizado a la entidad competente. La CIDH y su Relatoría Especial han afirmado que los procesos de renovación de frecuencias del espectro radioeléctrico no son llevados bajo criterios claros, transparentes, objetivos y compatibles con una sociedad democrática[56], lo que ha permitido que el gobierno ejerza una presión indebida sobre medios con el propósito de limitar el ejercicio del periodismo independiente y el libre flujo de información en el país. En igual sentido se pronunció la Corte Interamericana al determinar que en Venezuela la facultad legítima que tiene el Estado para la administración del espectro radioeléctrico es utilizada con el objetivo de alinear editorialmente a los medios de comunicación con las posturas del gobierno, implicando un trato discriminatorio incompatible con el ejercicio del derecho a la libertad de expresión[57].

En el caso de los medios de comunicación impresos, la empresa estatal Corporación Maneiro controla el mercado de papel prensa. Se ha reportado que su distribución es discriminatoria en favor de los medios estatales o los medios afines al gobierno. El dato objetivo es que este control ha determinado el cierre temporal o la reducción de ediciones impresas de importantes periódicos regionales, afectando de manera sensible la difusión de información sobre asuntos de interés público y el derecho a la información en el interior del país.

A ello se suma la compra de importantes medios de comunicación por parte de empresarios que presuntamente estarían vinculados al gobierno. Periodistas y organizaciones de la sociedad civil

---

56 CIDH. Informe Anual 2015. Informe de la Relatoría Especial para la Libertad de Expresión. Capítulo II [Evaluación sobre el estado de la Libertad de Expresión en el Hemisferio]. OEA/Ser.L/V/11. Doc. 48/15.31 diciembre 2015. Párr. 1131.

57 Corte IDH. *Caso Granier y otros (Radio Caracas Televisión) Vs. Venezuela*. Resumen oficial emitido por la Corte Interamericana de la sentencia de 22 de junio de 2015. (Excepciones Preliminares, Fondo, Reparaciones y Costas).

han denunciado que la compra de varios medios, como los diarios Ultimas Noticias y El Universal, ha determinado el viraje en la línea editorial de los medios adquiridos, hacia un periodismo complaciente con el gobierno[58], y ha generado el despido o renuncias forzadas de decenas de periodistas[59].

Hostigamiento y discurso estigmatizador

Los espacios de debate público también se han visto afectados con las continuas declaraciones estigmatizantes dirigidas a medios de comunicación y periodistas críticos por parte de altos funcionarios públicos[60], entre los cuales se cuentan el actual presidente de la República Nicolás Maduro v el ex presidente de la Asamblea Nacional Diosdado Cabello[61], configurando un escenario restrictivo que inhibe el libre ejercicio de la libertad de expresión como condición de una democracia fundada en el pluralismo y la deliberación pública. Los medios públicos han sido convertidos en espacios de propaganda gubernamental y plataforma para señalar, hostigar y exponer al escarnio a periodistas, defensores de derechos humanos y opositores, en muchos casos divulgando información proveniente de tareas de vigilancia e inteligencia.

La CIDH ha advertido con preocupación que tras la descalificación por parte de altas autoridades venezolanas en contra de distintos grupos y organizaciones de la sociedad civil que son identifica-

---

58 CIDH. Informe Anual 2015. Informe de la Relatoría Especial para la Libertad de Expresión. Capítulo II (Evaluación sobre el estado de la Libertad de Expresión en el Hemisferio). OEA/Ser.L/V/11. Doc. 48/15. 31 diciembre 2015. Párrs. 1130 y 1131.

59 CIDH. Informe Anual 2014. Informe de la Relatoría Especial para ¡a Libertad de Expresión. Capítulo II (Evaluación sobre el estado de la Libertad de Expresión en el Hemisferio], OEA /Ser.L/V/II. Doc. 13. 9 de marzo de 2015. Párr. 1138.

60 CIDH. Comunicado de Prensa 13/14. CIDH manifiesta profunda preocupación por hechos de violencia en Venezuela y urge el Estado a garantizar una seguridad democrática. 14 de febrero de 2014.

61 CIDH. Informe Anual 2014. Informe de la Relatoría Especial para la Libertad de Expresión. Capítulo II (Evaluación sobre el estado de la Libertad de Expresión en el Hemisferio). OEA /Ser.L/V/11. Doc. 13. 9 de marzo de 2015. Párr. 978.

dos como de oposición se ha registrado diversos hechos de violencia o actos de represión policial.

Represión y criminalización de la protesta social

Las restricciones indebidas a la protesta social, el uso desmedido de la fuerza contra manifestantes y la criminalización de opositores y disidentes constituyen otro patrón de actuación del actual gobierno venezolano. Igualmente, fue reportado un bloqueo informativo a medios de comunicación en el país durante el desarrollo de estas manifestaciones y el cubrimiento noticioso que venían haciendo de las mismas.

En particular, el Foro Penal Venezolano (FPV), por su parte, informó que desde el 4 de febrero de 2014 al 31 de mayo de 2015 se registraron 3.758 detenciones relacionadas a manifestaciones dentro de los cuales hay 372 niños, niñas y adolescentes. Indicó que, de estos detenidos, 296 fueron privados de libertad por orden de un tribunal y estuvieron o están privados de libertad y las demás personas estuvieron detenidas entre 1 y 4 días, siendo puestas en libertad por orden judicial[62].

Asimismo, reportó que a mayo de 2015 2,048 personas se encontraban en libertad restringida o bajo medidas cautelares; que 767 personas detenidas les fue otorgada la libertad plena; y que al menos 638 personas fueron puestas en libertad sin haber sido presentadas ante un tribunal[63]. Reportó además que para el 31 de mayo de 2015 se mantenían 31 personas encarceladas como consecuencia de las manifestaciones y otras 46 por motivos políticos. Entre estas 77 personas se encuentran 12 estudiantes y 6 mujeres[64].

---

62 FPV. *Detenciones por motivos políticos, torturas y otros tratos crueles, inhumanos y degradantes, asesinatos. Resumen a mayo 2015.*

63 FPV. *Detenciones por motivos políticos, torturas y otros tratos crueles, inhumanos y degradantes, asesinatos. Resumen a mayo 2015.*

64 FPV. *Detenciones por motivos políticos, torturas y otros tratos crueles, inhumanos y degradantes, asesinatos. Resumen a mayo 2015.*

Asimismo, el Centro de Derechos Humanos de la Universidad Católica Andrés Bello (CDH-UCAB) también reportó una serie de violaciones que habrían sido cometidas durante la detención y proceso judicial iniciado contra los manifestantes, tales como: la incomunicación de detenidos que resultaron heridos en los lugares de detención y en hospitales militares, donde se mantenía hermetismo sobre su salud y se obstaculizaba el acceso a familiares; presiones a víctimas de violaciones al derecho a la integridad física, quienes fueron obligadas a firmar actas y declaraciones en las que negaban haber sido sometidos a malos tratos; impedimento de entrevistas privadas entre detenidos y abogados; el uso de la Defensa Pública como mecanismo para impedir que, en las audiencias de presentación, las víctimas expusieran las circunstancias en que se produjeron sus lesiones; la presentación en audiencia de personas visiblemente lesionadas o en condiciones de salud precarias, sin que los jueces dejaran constancia de los hechos en las actas de audiencia; la falta de consignación de informes médico forenses en los expedientes; la pretensión de transformar a víctimas en victimarios, alegando que las lesiones que presentaban se produjeron en respuesta a supuestas lesiones ocasionadas por éstas a funcionarios; y la consignación en expedientes de informes médicos no independientes realizados por profesionales de salud adscritos al órgano de detención[65].

Sumado a estos alarmantes hechos, la CIDH recibió con especial preocupación la sentencia de la Sala Constitucional del Tribunal Supremo de Justicia del 24 de abril de 2014 a través de la cual se prohibió el derecho a la manifestación sin autorización- lo que es incompatible con el derecho internacional y las mejores prácticas

---

65 UCAB. Centro de Derechos Humanos. Que no quede rastro. *El ocultamiento de evidencia médica y legal en el marco de manifestaciones y detenciones, abril de 2015.*

además de determinar que quienes manifiesten sin contar con dicha autorización estarían incurriendo en un delito penal[66] .

Según un informe del Centro de Derechos Humanos de la Universidad Católica Andrés Bello, tras la decisión del TSJ se "ha observado un recrudecimiento de la represión a la protesta pacífica y un incremento en la severidad de las medidas solicitadas por el Ministerio Público en contra de manifestantes"[67]. Se registraron "más de trescientas cincuenta detenciones en tan solo dos episodios" y también "aumentó el número de personas pasadas a tribunales".

Otro de los temas de extrema preocupación para la CIDH y la Relatoría Especial es la publicación de las "normas sobre la actuación de la Fuerza Armada Nacional Bolivariana en funciones de control del orden público, la paz social y la convivencia ciudadana en reuniones públicas y manifestaciones" (Resolución 8610 de 2015 del Ministerio del Poder Popular para la Defensa, 27 de enero de 2015).

Esta norma autoriza expresamente el uso de armas de fuego en el control de reuniones públicas y manifestaciones pacíficas. Los numerales 3 y 9 de su artículo 15 establecen la posibilidad del uso de agentes químicos con precauciones extremadas y el uso de armas de fuego en el control de reuniones y manifestaciones públicas[68]. Es pertinente señalar que dicha Resolución es contraria a la propia Constitución del país, la cual la cual establece el derecho a la

---

66 CIDH. Informe Anual 2014. Informe de la Relatoría Especial para la Libertad de Expresión. Capítulo II (Evaluación sobre el estado de la Libertad de Expresión en el Hemisferio). OEA /Ser.L/V/II. Doc. 13.9 de marzo de 2015. Párr. 1096.

67 Universidad Católica Andrés Bello. Centro de Derechos Humanos. Licencia para protestar. Junio de 2014.

68 CIDH. Informe Anual 2015. Informe de la Relatoría Especial para la Libertad de Expresión. Capítulo II (Evaluación sobre el estado de la Libertad de Expresión en el Hemisferio). OEA/Ser.L/V/il. Doc. 48/15.31 diciembre 2015. Párrs. 1138.

manifestación pacífica y prohíbe el uso de armas de fuego y sustancias tóxicas en el control de manifestaciones pacíficas[69].

Durante el 2016 se han realizado en Venezuela una serie de manifestaciones por el descontento ciudadano y en protesta por la escasez y falta de alimentos, medicinas, agua y energía eléctrica. Según información de público conocimiento, se reportó el despliegue de miembros de las fuerzas armadas en varias ciudades del país y cerca de un centenar de personas fueron detenidas por participar en protestas.

Asimismo, los medios reportaron que el Secretario de Seguridad y Orden Público de la Gobernación del Estado Zulia advirtió que: "[e]n lo que veamos que las protestas se conviertan en algo político, usaremos la fuerza contra la manifestación".

En su más reciente informe anual de 2015, la CIDH y esta Relatoría Especial identifican como uno de los mayores desafíos para el ejercicio mismo de la democracia en Venezuela, la falta de mecanismos para el acceso a la información pública sobre la gestión de los órganos del Estado así como respecto de las cifras que permitan evaluar la efectiva vigencia de los derechos humanos. La CIDH y su Relatoría observaron que "Venezuela sigue sin adoptar una ley de acceso a la información pública y se ha reportado la negativa a publicar o entregar información sobre asuntos de indudable interés público, como la salud o la marcha de las cuentas públicas.

La justicia venezolana ha rechazo recursos de amparo para garantizar el derecho de acceso a la información, basado en motivos contrarios a los principios internacionales que informan este derecho"[70].

---

69 CIDH. Informe Anual 2015. Informe de la Relatoría Especial para la Libertad de Expresión. Capítulo II (Evaluación sobre el estado de la Libertad de Expresión en el Hemisferio). OEA/Ser.L/V/ll. Doc. 48/15.31 diciembre 2015. Párrs. 1140.

70 CIDH. Informe Anual 2015. Informe de la Relatoría Especial para la Libertad de Expresión. Capítulo II (Evaluación sobre el estado de la Libertad de Expresión en el Hemisferio). OEA/Ser.L/V/II.149. Doc. 50.31 de diciembre de 2015. Párr. 1128.

Un tema de máxima preocupación lo constituye el reciente fallo de la Corte de lo Contencioso Administrativo de Venezuela, que prohíbe manifestar en las inmediaciones del Consejo Nacional Electoral. El 18 de mayo de 2016 la Corte Segunda de lo Contencioso Administrativo de Venezuela admitió una acción de amparo constitucional ejercida por funcionarios del Consejo Nacional Electoral para impedir la realización de marchas hasta el CNE de partidos políticos de oposición para exigirle cumplir plazos Referendo Revocatorio.

En su decisión, la Corte decidió ordenar "en resguardo de los derechos invocados y para favorecer un ambiente de paz social y ciudadana, así como prevenir una situación de perturbación psicológica de la colectividad en general, en especial, a los trabajadores y Rectores del Consejo Nacional Electoral.

En ese sentido la Corte ordenó:

PRIMERO: AL COMANDANTE DE LA GUARDIA NACIONAL BOLIVARIANA y al DIRECTOR DE LA POLICIA NACIONAL BOLIVARIANA, adoptar las medidas de seguridad necesarias para resguardar permanentemente las sedes del Consejo Nacional Electoral y sus alrededores, a nivel nacional, a los fines de impedir los actos no autorizados, marchas, protestas, concentraciones no permitidas y manifestaciones violentas, convocadas por las organizaciones políticas y civiles, que puedan limitar el acceso de los trabajadores y perturbar el normal funcionamiento de las sedes del Consejo Nacional Electoral, a nivel nacional.

Se insta a las autoridades municipales para que en el marco de las competencias relativas al otorgamiento de permisos, cumplan con los requisitos legales a fin de evitar concentraciones violentas.

Se INSTA al Poder Ejecutivo Nacional a evaluar conforme al artículo 47 y 48 de la Ley Orgánica de Seguridad de la Nación, la declaratoria de zonas de seguridad de los espacios adyacentes a las sedes del Poder Electoral.

Violaciones al derecho de acceso a la información pública

La CIDH y la Relatoría Especial han expresado su preocupación por las restricciones permanentes al derecho de acceso a la información pública bajo control del Estado. A la falta de recursos administrativos y judiciales idóneos, se suma el desarrollo de interpretaciones judiciales que restringen el ejercicio del derecho y desconocen el principio de máxima divulgación de la información, aún en temas de interés público preponderante para una democracia.

De acuerdo a los criterios desarrollados por del Tribunal Supremo de Justicia a partir de 2010, para acceder a información es necesario "i) que él o la solicitante de la información manifieste expresamente las razones o los propósitos por los cuales requiere la información; y ii) que la magnitud de la información que se solícita sea proporcional con la utilización y uso que se pretenda dar a la información solicitada"[71].

En aplicación de estos criterios restrictivos los tribunales venezolanos han declarado inadmisibles diversos recursos de amparo interpuestos por miembros de la sociedad civil ante la negativa de dar acceso a información de interés público, tales como: i) información a sobre presuntos derrames de petróleo por parte de Petróleos de Venezuela[72]; ii) información sobre planes de atención y prevención de violencia contra la mujer al Ministerio del Poder Popular para la Mujer y la Igualdad de Género[73], iii) información sobre la inversión

---

71 Espacio Público solicitó información acerca del salario y otras erogaciones del Contralor General de la República, así como la tabla de remuneraciones del personal de esa institución. Tribunal Supremo de Justicia. Sala Constitucional. 15 de julio de 2010. 745-15710-2010-09-1003.

72 Espacio Público. 16 de marzo de 2012. Juzgado Sexto de lo Contencioso Administrativo Región Capital Caracas. Expediente 12-3217. Parte *in fine*; Espacio Público. Información presentada a la CIDH. 146 Periodo de Sesiones. 1 de noviembre de 2012. *Audiencia sobre el Derecho a la libertad de expresión en Venezuela*. Disponible en: Archivo de la CIDH.

73 Sala Constitucional del Tribunal Supremo de Justicia. 23 de mayo de 2012. Decisión N° 679. Expediente 12-0389: Espacio Público. Información presentada a la CIDH. 146 Periodo de Sesiones. 1 de noviembre de 2012. *Audiencia sobre el Derecho a la libertad de expresión en Venezuela*. Disponible en: Archivo de la CIDH.

en publicidad oficial por parte del Ministerio del Poder Popular para la Comunicación e Información[74]; iv) información sobre la importación, conservación y distribución de medicinas por parte del Ministerio Popular para la Salud[75]; v) tasas de criminalidad[76]; vi) información sobre bloqueos y restricciones comunicacionales a determinados servicios de internet durante las protestas que tuvieron lugar en este país en 2014[77]; vi) índice de inflación 2015[78].

Además, la CIDH y la Relatoría Especial han visto con especial preocupación la promulgación de decretos y normas que imponen restricciones indebidas al acceso a la información por razones de seguridad nacional. Por ejemplo, en el año 2013 el Gobierno de Venezuela oficializó, a través del decreto N° 458, la creación del Centro Estratégico de Seguridad y Protección de la Patria (Cesppa)[79], organismo que tendría la función de solicitar, organizar, integrar y evaluar "las informaciones de interés para el nivel estratégico

---

74   Sala Constitucional del Tribunal Supremo de Justicia. 5 de junio de 2012. Decisión N° 782. Expediente 12-0281 Espacio Público. Información presentada a la CIDH. 146 Periodo de Sesiones. 1 de noviembre de 2012. *Audiencia sobre el Derecho o la libertad de expresión en Venezuela.* Disponible en: Archivo de la CIDH.

75   Sala Constitucional del Tribunal Supremo de Justicia. 18 de junio de 2012. Decisión N° 805. Expediente 12-0355: Espacio Público. Información presentada a la CIDH. 146 Periodo de Sesiones. 1 de noviembre de 2012. *Audiencia sobre el Derecho a la libertad de expresión en Venezuela.* Disponible en: Archivo de la CIDH.

76   Corte Segunda de lo Contencioso Administrativo. 2 de octubre de 2012. Expediente N° AP42-0-2012-000070: Ministerio Público de la República Bolivariana de Venezuela. Ley del Cuerpo de Investigaciones Científicas, Penales y Criminalísticas (G.O. 38.598 del 05/01/07). Según el artículo 11.3, corresponde al CICPC "Elaborar, analizar, en coordinación con el Instituto Nacional de Estadística, y presentar al ministerio con competencia en materia de interior y justicia las estadísticas de criminalidad, cuando sean requeridas, con el objeto de adoptar las políticas de prevención y aplicar las medidas necesarias para garantizar el fin del Estado en materia de seguridad".

77   Tribunal Supremo de Justicia. Sala Política Administrativa. Fallo de 2 de diciembre de 2014. EXP. N° 2014-1142. Disponible en: http://tsj.gov.ve/decisiones/spa/diciembre/172301-01636-31214-1142.HTML

78   Información entregada por organizaciones de la Sociedad Civil en el marco de la Audiencia celebrada en el 156 Periodo de Sesiones de la CIDH, disponible para consulta en la Relatoría Especial para la Libertad de Expresión de la CIDH.

79   Gaceta Oficial de la República Bolivariana de Venezuela N° 40.266. 7 de octubre de 2013. Decreto N° 458 que crea el Centro Estratégico de Seguridad y Protección de la Patria (Cesppa).

de la Nación, asociadas a la actividad enemiga interna y externa, provenientes de todos los organismos de seguridad e inteligencia del Estado y otras entidades públicas y privadas, según lo requiera la Dirección Político-Militar de la Revolución Bolivariana"[80].

Organizaciones civiles han rechazado la creación del Cesppa por los efectos negativos que podría tener para el acceso a la información pública[81], en particular, el artículo 9 del decreto[82], que habilita al director del Cesppa a declarar "el carácter de reservada, clasificada o de divulgación limitada a cualesquiera información, hecho o circunstancia, que sea tramitada" en esa entidad[83].

Incumplimiento de las decisiones y recomendaciones del CIDH

Finalmente, la CIDH ha señalado reiteradamente que la posición adoptada por Venezuela de no aceptar ni cumplir ciertas decisiones y recomendaciones de organismos internacionales de derechos humanos, y en particular de los órganos del sistema interamericano de derechos humanos, bajo el argumento de que contravienen la soberanía nacional, no se corresponde con los principios del derecho internacional aplicables.

La Comisión observó con preocupación que en 2015, la Sala Constitucional del Tribunal Supremo de Justicia (TSJ) emitió una nueva decisión mediante la cual declaró "inejecutable" la sentencia

---

80 Gaceta Oficial de la República Bolivariana de Venezuela N° 40.279. 24 de octubre de 2013. Decreto N° 458 que crea el Centro Estratégico de Seguridad y Protección de la Patria (Cesppa).

81 Espacio Público. 25 de octubre de 2013. *Modificaron decreto que crea el Cesppa*: Reporteros Sin Fronteras (RSF). 11 de octubre de 2013. *El decreto de creación de un nuevo organismo de inteligencia pone en riesgo el acceso a la información*; Colegio Nacional de Periodistas (CNP). 14 de octubre de 2013. *CNP Caracas denuncia y rechaza contundentemente la creación del Cesppa*; Instituto Prensa y Sociedad (IPYS). 7 de octubre de 2013. *Venezuela: Ejecutivo constituye mecanismos de restricción a la información pública*

82 Gaceta Oficial de la República Bolivariana de Venezuela N° 40.279. 24 de octubre de 2013. *Decreto N° 458 que crea el Centro Estratégico de Seguridad y Protección de la Patria (Cesppa).*

83 Espacio Público. 25 de octubre de 2013 *Modificaran decreto que crea el Cesppa.*

de la Corte IDH en el caso *Granier y otros (Radio Caracas Televisión)* contra Venezuela[84]. En este fallo la Corte Interamericana declaró responsable al Estado de Venezuela por la violación de varios derechos como consecuencia del cierre del canal de televisión Radio Caracas Televisión ("RCTV") ocurrido el 27 de mayo de 2007.

El Estado había decidido entonces no renovar la licencia asignada a RCTV y, por tanto, impedir la participación en los procedimientos administrativos a un medio de comunicación que expresaba una línea crítica contra el gobierno.

En particular, la Corte decidió que se configuró una restricción indirecta al ejercicio del derecho a la libertad de expresión de directivos y periodistas del medio, así como una vulneración del derecho a la libertad de expresión en relación con el deber de no discriminación. Los argumentos esgrimidos por la Sala reafirman la postura de que la actuación de los órganos internacionales de protección de derechos humanos, atentan contra la soberanía nacional, cuando fue en virtud de ésta que el propio Estado se obligó a las disposiciones de los tratados internacionales de protección de derechos humanos y que otorgan competencia a dichas instancias. A juicio de la Comisión, Venezuela registra un grave precedente en este ámbito ya que el Estado no ha dado cumplimiento sustancial a las sentencias emitidas por la Corte IDH y sus órganos de justicia han llegado a declarar la inejecutabilidad de ciertas decisiones de dicho Tribunal por considerarlas contrarias a la Constitución.

Este debilitamiento en la protección de los derechos humanos de las y los habitantes de Venezuela, se reflejó también en la denuncia de la Convención Americana por parte del Estado el 10 de septiembre de 2012, que entró en vigencia a partir del 10 de septiembre de 2013.

---

84 TSJ. Sala Constitucional. Sentencia N° 1175 de 10 de septiembre de 2015. Expediente N° 15-0992.

XI. RESUMEN DE LA INTERVENCIÓN DE LA SRA. MINISTRA DEL PODER POPULAR PARA LAS RELACIONES EXTERIORES DE LA REPÚBLICA BOLIVARIANA DE VENEZUELA DELCY RODRÍGUEZ GÓMEZ

Se estima que es de fundamental importancia en el análisis de este documento tener especialmente en cuenta las consideraciones formuladas por la Ministra Delcy Rodríguez en su reciente visita al Consejo Permanente. Sin perjuicio que sus declaraciones tuvieron una enorme difusión, es de rigor incluir un resumen de las mismas en el presente documento. Sin perjuicio de que la Representación Permanente de la República Bolivariana de Venezuela ampliará sobre las argumentaciones realizadas presentamos un resumen de las mismas:

* Las grandes corporaciones no dan espacio para la verdad sobre Venezuela.

* En la organización de los Estados Americanos se enfrentan dos modelos, el de expansión imperialista contra el de igualdad soberana de los Estados.

* Reafirma el principio de no intervención en asuntos de jurisdicción interna de los Estados miembros.

* Se constata un desequilibrio entre uno de los imperios más poderosos que ha visto la humanidad y los Estados miembros que defendemos la soberanía de nuestros países.

* Se constata una operación para subvertir el orden democrático en Venezuela.

* La amenaza de utilizar la Carta Democrática Interamericana contra Venezuela es grave y risible.

* Los factores antidemocráticos buscaron el golpe de estado en Venezuela en 2002.

* Existen tan solo tres países en el mundo que contemplan el referéndum revocatorio en su ordenamiento jurídico.

* En 17 años de Revolución Bolivariana se han realizado más de 20 procesos electorales.

- 2008 marco el inicio de la agresión financiera contra Venezuela.
- En paralelo a esta agresión la Revolución Bolivariana consolidaba el proyecto de inclusión social.
- Venezuela ha recibido premios de FAO y UNESCO y se destaca el trabajo por la inclusión social de los menos favorecidos.
- En 2013 la oposición venezolana desconoce los resultados electorales y llama a la violencia a "descargar la arrechera en las calles".
- Desde abril de 2013 ha arreciado la campaña de desestabilización por parte de intereses imperiales.
- La Embajada de EE.UU. en Caracas pretende el derrocamiento del gobierno legítimo de Venezuela.
- En los 3 últimos años Venezuela ha realizado cancelaciones por más de 30.000 millones de dólares. En lo que va de 2016 las ha realizado por más de 2000 millones de dólares. Cuenta con la reserva petrolera más grande del mundo, con la 5ª reserva de gas a nivel mundial y con activos por más de 70 mil millones de dólares. Lo que vive Venezuela es un embargo, un boicot financiero y una campaña de falsedad.
- En el último mes el "Washington Post" dedicó 6 editoriales contra Venezuela, un record en el mundo.
- Toda guerra mediática precede la ocupación imperial y la intervención internacional.
- Una foto aparecida en más de 300 medios internacionales sobre el supuesto abastecimiento de supermercados en Venezuela en realidad corresponde a Nueva York antes del huracán Irene.
- El ex alcalde de Bogotá tomó una foto en supermercado de Venezuela con los anaqueles llenos demostrando la falsedad sobre el desabastecimiento.

- Se elabora una realidad virtual para construir un supuesto de intervención.
- Se realizan bajas maniobras por parte de la Secretaría General de la OEA.
- Venezuela ha importado alimentos que serían suficientes para alimentar a tres países del tamaño de Venezuela.
- La oposición generó la destrucción del Ministerio Publico, incendio centros escolares, realizó ecocidio con la destrucción de más de 2000 árboles, hubo 4 víctimas fatales y más de 900 heridos.
- La verdad es que desde 1999 la Revolución ha estado permanentemente amenazada.
- La orden ejecutiva de EE.UU contra Venezuela constituye una agresión contra un país miembro y recabó el apoyo solidario de los países del mundo.
- Se trata de una violación al estado de derecho internacional, de una violación flagrante de la jurisdicción soberana de los Estados, de intervencionismo puro.
- La oposición venezolana ha combinado medidas de lucha licitas e ilícitas, pero mayormente ilícitas. Sin embargo los medios de comunicación y el Secretario General de la OEA juegan un rol de no imparcialidad conjugando la agenda de la Secretaría General con la agenda de la oposición y con instrucciones que sabemos que recibe de EE.UU. Tenemos las pruebas para mostrar su apoyo a la oposición y su desviación de funciones.
- La respuesta del Estado de Venezuela ha sido afianzar los mecanismos de diálogo político.
- Diálogo de paz de diciembre 2014.
- Venezuela vive una situación económica como tantos otros países. En el caso de Venezuela se vincula a la caída de los precios del petróleo. La oposición venezolana ha desarrollado un plan de desabastecimiento de productos básicos, medicinas y alimentos.

- La caída de precios tiene la intención geopolítica del hegemón.
- La estrategia ha sido el golpe de estado, el boicot petrolero, financiero y socio-económico.
- 59 empresas petroleras de EEUU quebraron.
- Hemos llamado a encontrar soluciones políticas de forma cordial.
- Se ha publicado una interpretación de la Secretaría de Asuntos Jurídicos de la OEA pretendiendo justificar la invocación de la Carta Democrática Interamericana.
- La oposición venezolana ha acompañado para derrocar al gobierno constitucional.
- El año pasado se dijo que no habría elecciones legislativas en Venezuela, o que habría fraude, o que los resultados no serían reconocidos. Nada de eso sucedió.
- Tenemos el mejor sistema electoral automatizado del mundo. Nadie hizo análisis de campaña mediática de mentiras.
- La nueva Asamblea Nacional asumió y las primeras palabras de su presidente fueron que en 6 meses sacaban al Presidente Maduro.
- Aprobación de ley inconstitucional de auto perdón de delitos cometidos. Tanto pasados como presentes y futuros. Desvirtúan la figura de la amnistía. Hacen llamado a derrocar el gobierno, desvirtúan la función del Estado de Derecho y del Poder Judicial. El planeta se ha acostumbrado que centros imperiales desvirtúen el Estado de Derecho. Es una vergüenza mundial y la OEA ha fracasado. Es un enfrentamiento entre bolivarianismo e imperialismo.
- No hay una crisis humanitaria en Venezuela. Los índices socio-económicos de CEP AL lo demuestran. Calificar de crisis humanitaria la situación en Venezuela es irrespetuoso frente a las crisis producto del cambio climático con responsabilidad en los centros imperiales. Ofendemos a la cri-

sis humanitaria del Mediterráneo, consecuencia del intervencionismo.

- No permitiremos que EE.UU., el Secretario General de la OEA y la oposición realicen una intervención en Venezuela.

- Sé que hay preocupaciones de buena voluntad sobre Venezuela.

- La democracia participativa y la democracia representativa están contempladas en la Constitución de Venezuela. También la promoción y protección de los DDHH. He invitado a un debate público al Secretario de Estado Kerry sobre DDHH.

- En Venezuela hay democracia y diálogo, el Estado debe responder ante las acciones criminales y preservar el Estado de Derecho.

- Hay una confusión conceptual, hemos solicitado venir al Consejo Permanente a presentar la verdad, no a buscar solución.

- La OEA tiene un pasado intervencionista. Con intervenciones en Panamá, Grenada, República Dominicana entre otros.

- En Venezuela se crean artificiosamente problemas en la economía. EEUU promueve el desabastecimiento. Tenemos pruebas de que empresas boicotean y generan desabastecimiento. Contrabando sin precedentes.

- Vinimos a informar y a denunciar.

- El poder de EE.UU. se caracteriza por el doble estándar. El Consejo de DDHH ha realizado 348 recomendaciones a EE.UU. Ha solicitado poner fin a la detención de niños y familias migrantes, hay 48 millones de personas bajo la línea de pobreza, ha solicitado poner fin a las torturas, hay inseguridad alimentaria, padres indocumentados, campesinos indocumentados, el mayor número de personas privadas de libertad del planeta, en su mayoría afrodescendientes y latinos.

- Las grandes corporaciones dirigen las políticas públicas de EEUU.
- Venezuela no es responsable del cambio climático.
- Vivimos los efectos de El Niño, y sin embargo la oposición venezolana llama a consumir más electricidad. Como en el golpe de estado a Allende se crean situaciones artificiosas de penuria social. No hay crisis humanitaria, se ha distribuido un millón de viviendas a ciudadanos beneficiando a los sectores más desfavorecidos.
- El gobierno ha preservado la paz e hizo lo posible por preservar el desarrollo humano.
- Nuestra Constitución contempla mecanismos de pesos y contrapesos.
- UNASUR, Alba, CELAC, Petrocaribe son mecanismos para la integración.

XII. <u>CONCLUSIONES</u>

El Secretario General de la OEA tiene como principal función la de velar por el cumplimiento de las normas interamericanas, comenzando por las establecidas en la Carta y las resoluciones de la Asamblea General.

En especial debe ser guardián de los principios rectores del sistema entre los cuales figuran el respeto a los derechos humanos, la promoción y fortalecimiento de la democracia, y las relaciones de cooperación entre sus miembros.

Para ello numerosas disposiciones le confieren el derecho de iniciativa: la Carta de la OEA en su segundo párrafo del artículo 110 en casos en que se pueda ver afectada la paz y la seguridad del Continente o el desarrollo de los Estados miembros; la resolución 1080 de 1991 en casos de interrupción abrupta o irregular del proceso político institucional democrático o del

legítimo ejercicio del poder en un país miembro; la Carta Democrática Interamericana, en casos de alteración del orden constitucional que afecte gravemente su orden democrático.

En este último caso las normas que lo regulan y el procedimiento a seguirse ha sido detallado en un estudio de la Secretaría de Asuntos Jurídicos titulado "Consideraciones Jurídicas sobre la invocación de la Carta Democrática Interamericana (CP/INF. 7394/16 de 5 de mayo de 2016).

Queda por lo tanto claro que estos son deberes ineludibles del Secretario General y que así lo reconocen las normas que lo obligan.

Es por ello que ante una situación que pueda enmarcarse en alguno de estos supuestos, el deber de] Secretario General es el de analizar y presentar sus conclusiones. En la situación actual que vive Venezuela, luego del análisis de los hechos realizado, no se puede más que concluir que estamos ante alteraciones graves al orden democrático, tal como se ha definido en numerosos instrumentos regionales y subregionales. Nos expresamos también de manera clara contra cualquier posibilidad golpe de Estado en Venezuela contra un gobierno legítimo o una intervención armada como las que ha denunciado la Canciller.

Recomendaciones

Como ya expresado, el presente documento es resultado de un análisis imparcial, fáctico, basado en hechos y circunstancias fielmente determinadas.

Un conjunto mínimo de recomendaciones resulta imperativo para resolver las situaciones verificadas a lo largo del texto.

Las mismas procuran contribuir a una solución que, como dicho desde el primer momento, debe ser venezolana y entre venezolanos.

Por ello reitero que las ideas que señalo a continuación tienen como objeto devolver a la normalidad algunas situaciones que, analizadas del modo más objetivo, no resultan compatibles con lo previsto en la Carta de la OEA, en la Convención Americana de Derechos del Hombre y Convenciones Interamericanas de Derechos Humanos así como en la Carta Democrática Interamericana.

El funcionamiento democrático normal debe ser subsanado de modo urgente y en forma consistente con los elementos esenciales y los componentes fundamentales de la democracia representativa expresada en los artículos 3 y 4 de la Carta Democrática Interamericana. Sin la solución de estos principales asuntos no hay solución institucional posible para Venezuela:

1- Referéndum Revocatorio- La eventual realización de un referéndum revocatorio no puede ser abordada por ninguna de las partes con una perspectiva meramente administrativa o procedimental. La eventual realización de esta instancia de consulta popular es Una contingencia de la mayor importancia política en el país (y en la región) y como tal debe ser considerada. Esto obliga desde un punto de vista ético a los partidarios de su realización y a aquellos contrarios a la misma a trabajar con el mayor rigor institucional y con los más altos estándares políticos. **Esta es la solución política de Venezuela, dado que -reitero- cuando el sistema político de un país está polarizado en extremo la única solución puede surgir de la decisión del soberano.**

Corresponde únicamente al soberano decidir la realización o no del referéndum revocatorio. Ningún procedimiento administrativo puede ser obstáculo a la decisión de la gente. Este revocatorio no pertenece ni al Gobierno ni a la oposición sino al pueblo de Venezuela. Es el deber de todo Gobernante responder al mismo.

Solicitamos la cabal aceptación e internalización por parte de gobierno, oposición, actores políticos y sociales así como de la comunidad internacional respecto a la realización en el año 2016 del referéndum revocatorio, de cuya realización depende la democracia en Venezuela.

La Secretaría General de la OEA reitera desde ya su vocación y compromiso de colaboración imparcial en cualquier tarea vinculada al proceso conducente a la eventual realización del referéndum revocatorio. Las capacidades técnicas de la OEA en esta materia se encuentran sobradamente demostradas en diferentes tipos de elecciones a través del Hemisferio.

2.- Solicitamos la liberación inmediata de todas las personas aún detenidas por razones políticas, conforme señalado en el presente informe.

3.- Llamamos al Poder Ejecutivo de la República Bolivariana de Venezuela y al Poder Legislativo de la República Bolivariana de Venezuela a resolver conjuntamente, conforme a sus competencias, de manera inmediata la situación de vulneración de derechos básicos de la población como acceso a alimentos y servicios de salud.

4.- Exhortamos al Poder Ejecutivo y Legislativo de la República Bolivariana de Venezuela a trabajar conjuntamente a fin de dar cumplimiento a la obligación del Estado de brindar estándares suficientes de seguridad a sus ciudadanos

5.- Exhortamos al Poder Ejecutivo de la República Bolivariana de Venezuela a eliminar toda forma de incumplimiento de los preceptos constitucionales y políticos respecto al equilibrio de poderes del Estado. En ese sentido se solicita se detenga inmediatamente el ejercicio de bloqueo -permanente del Poder Ejecutivo respecto de las leyes aprobadas por la Asamblea Nacional así como asegurar la vigencia de las leyes que han sido aprobadas hasta ahora.

6.- Solicitamos una nueva integración del TSJ para la cual deberán trabajar conjuntamente el Poder Ejecutivo y el Poder Legislativo conforme a sus competencias dado que la actual integración está completamente viciada tanto en el procedimiento de designación como por la parcialidad política de prácticamente todos sus integrantes.

7.- Exhortamos la creación de un mecanismo independiente de combate a la corrupción integrado por expertos internacionales independientes apoyados en el sistema de Naciones Unidas (características CICIG) y/o OEA.

8.- Exhortamos a incorporar a la Comisión de la Verdad el apoyo técnico y la representación del Alto Comisionado de las Naciones Unidas para los Derechos Humanos.

La Secretaría General de la Organización de los Estados Americanos continuará su cooperación con las autoridades, sectores políticos y actores sociales de Venezuela para prestar apoyo a la necesidad de subsanar urgentemente lo reseñado en los numerales anteriores.

La SG de la OEA hace saber su disposición a la colaboración mas directa y al involucramiento mas activo en todas las instancias posibles en que se procuren alcanzar estos objetivos.

La Secretaria General de la OEA considera que la crisis institucional de Venezuela demanda cambios Inmediatos en las acciones del Poder Ejecutivo respecto a lo señalado supra a riesgo de caer en forma inmediata en una situación de ilegitimidad. La continuidad de las violaciones de la Constitución, especialmente en lo que refiere a equilibrio de poderes, funcionamiento e integración del Poder Judicial, violaciones de derechos humanos, procedimiento para el referéndum revocatorio y su falta de capacidad de respuesta respecto a la grave crisis humanitaria que vive el país lo cual afecta el pleno goce de los derechos sociales de la población, todo ello implica que la responsabilidad de la comunidad hemisférica es asumir el compromiso de seguir adelante con el procedimiento del artículo 20 de una manera progresiva y gradual que no descarte ninguna hipótesis de resolución, ni las más constructivas ni las más severas.

Concomitantemente con la urgente atención y corrección de los puntos mencionados en el numeral anterior, no existe posibilidad de normalidad democrática en Venezuela sin la necesaria disposición a la cohabitación y convivencia entre Gobierno, partidos políticos, actores sociales y la sociedad venezolana en su más amplia concepción.

Como indicado a lo largo del texto, cualquiera sea el resultado del eventual referéndum revocatorio, es imperativo asumir por parte de todos los actores este compromiso ético nacional de convivencia política.

No resultaría aceptable desde la visión de los principios democráticos interamericanos ningún esquema en que partidos o grupos políticos o sociales incurran, por el solo hecho de obtener mayorías electorales circunstanciales, en actitudes de cercenar derechos de adversarios o sectores de la sociedad venezolana.

Al presente, Venezuela necesita el más pleno respeto y absoluto compromiso del Poder Ejecutivo de cumplir con la constitución y con sus compromisos internacionales en materia de democracia.

Esto constituye un imperativo unilateral para el Poder Ejecutivo, que no necesita de una mesa de diálogo para hacerlo, solamente necesita asumir el respeto al Estado de Derecho y el imperio de la ley. Los elementos están aquí y son muy claros pero no creemos que el Gobierno los desconozca pues los mismos han sido expresados en claridad y en forma pública en reiteradas ocasiones. Solamente falta el compromiso al respecto.

Además de lo señalado ut supra en cuanto a la participación directa de la SG de la OEA en cuanto a los trabajos que prevé el presente procedimiento del artículo 20 se estima, asimismo que es una muy buena idea la participación de ex Presidentes como ha sido planteado por el Secretario General de UNASUR Ernesto Samper. El apoyo que debería dar el Consejo Permanente a esa iniciativa podría estar en sumar a esa integración dos o tres ex Presidentes más entre aquellos que han demostrado preocupación anterior por la situación venezolana como ser, por ejemplo, José María Aznar, Felipe González, Luis Alberto Lacalle, Enrique Pastrana, Enrique Piñera o Jorge Quiroga (aquellos que quieran o puedan, obviamente). Esto daría apoyo esencial al procedimiento del artículo 20. La aprobación por parte del Consejo Permanente de apoyar esta iniciativa daría aún mayores garantías de confianza a esos trabajos. La coordinación con el SG de UNASUR es entonces imprescindible a los efectos que la OEA se pueda sumar a esas gestiones y ello demostraría apertura y capacidad de cooperación entre organizaciones regionales.

Esto daría especial fuerza para resolver aquellos aspectos institucionales (como ser la fecha del revocatorio, el establecimiento de canales humanitarios y la libertad de los presos políticos) que son condiciones previas al dialogo y para apoyar el mismo una vez que se dé. Por otra parte, no es admisible que existan vetos a integrantes de las delegaciones negociadoras. La solución de estos problemas resolvería las situaciones que impidieron el encuentro de las partes en Santo Domingo.

Se deben resolver problemas de falta diálogo o construir más diálogo. No hay peor signo de mal funcionamiento de un sistema político que cuando no hay premisas fundamentales de diálogo entre los partidos, gobierno, oposición y actores sociales. Cuando la ecuación 50 por ciento más un voto es igual a 100 por ciento, cuando 50 por ciento menos un voto es igual a 0.

El diálogo y la unidad nacional construyen soluciones y resuelven problemas. Y los evitan. Dialogar no es sentarse a hablar, es demostrar compromiso con la democracia, ello evitaría situaciones como las que se han dado en Santo Domingo este fin de semana.

El compromiso con la democracia y el Estado de Derecho son requisitos a priori para demostrar la buena fe de cualquier diálogo, es el mínimo ético para hacerlo. De lo contrario la desconfianza (que se sustenta en buena parte en lo expresado en la presente comunicación) hará imposible el mismo.

Como dice José Antonio Marina "Lo de "muerto el perro se acabó la rabia" no vale ni para los perros. Lo importante es que desaparezca el bacilo de la rabia. Un problema sólo se resuelve cuando se termina dejando a salvo los valores para la convivencia. De lo contrario, retoñará, volverá.

Una vez más la Secretaría General de la Organización de los Estados Americanos pone a disposición del Estado y la sociedad venezolana sus capacidades en la materia demostradas en múltiples ocasiones en los diferentes países de la región.

Se agradecerá se distribuya la presente comunicación entre los Estados Miembros así como los anexos a la misma.

Hago propiciad la oportunidad para reiterar a Su Excelencia, las seguridades de mi más distinguida consideración.

Luis Almagro
Secretario General

V. PRESENTACIÓN DEL SECRETARIO GENERAL DE LA OEA ANTE EL CONSEJO PERMANENTE APLICACIÓN DE LA CARTA DEMOCRÁTICA INTERAMERICANA[*]

23 de junio de 2016

Antes de comenzar, señor Presidente, quisiera rendir tributo a todos los actores que han hecho viable la paz en Colombia, en especial al Presidente Juan Manuel Santos y a los líderes de las FARC, pero también a todos los países garantes de este proceso.

Este es un paso trascendental para Colombia y nuestro hemisferio. Es una muestra de que el diálogo, cuando se orienta hacia resultados tangibles, puede brindar dividendos para todos.

Nuestra mayor virtud hoy será ser justos, ése es el trabajo de la OEA, ése es el principio que anima a la Organización. La justicia es la principal y la primera virtud de las organizaciones sociales como se ha dicho ya desde Platón.

La OEA tiene que saber hoy si su Carta Democrática es un instrumento fuerte para defender los principios de la democracia, o si es para los archivos de la Organización. Ustedes, definitivamente, tienen la palabra.

(*)   Véase   en
http://www.oas.org/es/centro_noticias/comunicado_prensa.asp?sCodigo=D-011/16.

Tenemos que ser justos porque de ello dependen las reglas básicas de nuestra convivencia. Debemos partir de la decisión que se tome hoy para ser responsables respecto a lo que entendemos que debemos hacer como miembros de las comunidades políticas, por lo que la dimensión social de la justicia como virtud es la mejor forma de construir convivencia y coexistencia.

Coexistencia entre nosotros, porque compartimos valores y principios de democracia, Derechos Humanos, desarrollo y seguridad. Nunca podemos vaciar de contenido esos principios. Nunca podremos dejar por el camino esos principios principistas.

La indiferencia, o solamente abarcar nuestro interés, es una forma de vaciamiento de contenidos. Debemos ser justos porque se los debemos a Venezuela y se lo debemos a la historia de nuestro continente que ha estado signada por actos de injusticia, de indolencia, y de impunidad.

Actos por los que todavía pagamos, heridas que todavía están abiertas, y que de muy poco a poco vamos empezando a cicatrizar con memoria, verdad y justicia, y no repetición.

Hace poco tuvimos que desandar por un acto de injustica que fue cometido por la Asamblea General de la OEA en abril de 1965, con la validación de la invasión a República Dominicana.

Hoy podemos trabajar para que esa justicia emane naturalmente de nosotros. Tenemos por delante un trabajo importante, tenemos para adelante el hecho de concentrarnos y focalizarnos en el problema de fondo que Venezuela y los venezolanos enfrentan cotidianamente.

Cada uno de los problemas aquí expuestos procuran dar un marco de trabajo para este tema, pero con el mejor sentido, con el sentido más instructivo.

Nosotros nos hemos expresado —está escrito en la página 125 de nuestro informe- contra cualquier posibilidad de golpe de Estado en Venezuela contra un gobierno legítimo, o una intervención armada como las que ha denunciado la Canciller. Hemos sido muy claros al respecto. Y reafirmamos esos principios de una manera drástica y de una manera contundente.

Ustedes hoy decidirán. Estará en nosotros elegir el camino sobre la situación de los presos políticos en Venezuela, decidir si el pueblo de Venezuela puede recibir asistencia humanitaria a través de una canal internacional, si le damos la posibilidad al pueblo de Venezuela de elegir su destino, o se lo negamos. Si permitimos que los obstáculos administrativos previstos prevalezcan sobre la voluntad de a gente. Todo esto es responsabilidad nuestra.

Conforme al artículo 20 de la Carta Democrática Interamericana, y en pleno cumplimiento del derecho internacional y de las disposiciones de esta Organización, y en mi calidad de Secretario General solicito al Consejo Permanente que realice "una apreciación colectiva de la situación" en Venezuela y adopte "las decisiones que estime conveniente".

En este sentido, me permito presentarles las razones por las cuales estimo que existe una alteración del orden constitucional en ese país; una buena parte de la información que presentaré, ya con anterioridad la incluí en mi carta al Presidente del Consejo Permanente el 30 de mayo. Hoy presentaré un informe actualizado, dado el rápido deterioro de situaciones en Venezuela.

La defensa de la democracia es uno de los principales mandatos de la OEA y la base fundamental de las relaciones internacionales en las Américas.

Estos principios están claramente plasmados:

En la Carta de la Organización de los Estados Americanos,

En la Convención Americana sobre Derechos Humanos,

En la resolución de la Asamblea General 1080, "Democracia representativa",

Y en la Carta Democrática Interamericana que es la verdadera Constitución de las Américas.

Estos no son documentos que nos hayan sido impuestos.

Como Estados Miembros hemos elegido firmarlos, unirnos al consenso sobre los principios que definen quiénes somos, en qué creemos y cómo interactuamos con los otros.

Las libertades fundamentales, los derechos humanos y la democracia no existen sólo cuando es conveniente.

Si estamos comprometidos con la protección de los principios y la práctica de la democracia en el continente, debemos también estar dispuestos a actuar.

Nuestra obligación es señalar los problemas donde quiera que estén, en particular, cuando además existe una situación difícil.

Los temas que vamos a debatir hoy día están claramente delineados en la Carta Democrática Interamericana.

Es conforme a estas normas que consideramos que se ha alterado el orden democrático en Venezuela.

En el artículo 3 de la Carta se enumeran los elementos esenciales de la democracia:

El "respeto a los derechos humanos y libertades fundamentales; el acceso al poder y su ejercicio con sujeción al Estado de derecho; la celebración de elecciones periódicas, libres, justas, basadas en el sufragio universal y secreto [...]; el régimen plural de partidos y organizaciones políticas; y la separación e independencia de los poderes públicos".

En el artículo 4 se delinean los componentes esenciales para el ejercicio de la democracia:

"la transparencia de las actividades gubernamentales, la probidad, la responsabilidad de los Gobiernos en la gestión pública, el respeto por los derechos sociales, y la libertad de expresión y de prensa".

En mi informe del 30 de mayo se exponen claramente los argumentos al respecto y cómo esta situación afecta el orden constitucional en Venezuela.

Les pido que consideren las vidas, la salud, seguridad del pueblo venezolano a la luz de estos compromisos.

El Consejo Permanente debería también tomar medidas para atender a la crisis humanitaria sin precedentes e innecesaria que sufre Venezuela.

El Consejo debería expresarse claramente sobre los presos políticos y los informes persistentes de tortura.

El Consejo debería apoyar la voluntad del pueblo venezolano en su llamado a un revocatorio.

Es conforme a estos principios que debemos actuar o no.

Como decía Desmond Tutu: "si eres neutral en situaciones de injusticia, has elegido el lado del opresor".

La democracia es el gobierno del pueblo.

Aquellos que han elegido representar al pueblo, lo hacen para encauzar la voz de los ciudadanos en los procesos decisorios del Estado.

El Gobierno lo hace a través de la legitimidad que le ha conferido el pueblo, los ciudadanos.

Es un ejercicio público; una vocación de servicio para el bien común.

No es un negocio en donde las personas buscan un beneficio o el poder.

La ética política nos conmina a ser coherentes con nuestras palabras y nuestras acciones.

Es mucha la tensión entre la ética y la política como para ensalzar a los líderes sin abusar del poder que se les confiere.

Cuando los Gobiernos y los políticos no cumplen con estas normas vemos que los ciudadanos se frustran con sus líderes políticos.

Al perder la confianza en sus representantes electos, los ciudadanos buscarán que sus voces sean escuchadas.

Lo que hemos atestiguado es que no podemos ser solamente testigos de la pérdida del propósito moral y ético de la política.

Todo Gobierno debe defender el bien mayor, el bien colectivo. Eso es válido para Venezuela.

Venezuela tiene una de las más grandes reservas de petróleo del planeta, así como vastas tierras fértiles y una gran cantidad de recursos minerales.

El que debería ser uno de los países más ricos de la región se encuentra más bien enfrentando niveles de pobreza sin precedentes, una severa crisis humanitaria y uno de los más altos índices de delincuencia en el mundo.

El enfrentamiento entre las ramas de Gobierno ha ocasionado el fracaso del sistema político y una ruptura del mismo, lo que a su vez ha agravado las condiciones económicas, sociales y humanitarias del país.

La inflación ha llegado a 720%.

El PIB disminuirá, de acuerdo a los pronósticos, un 8% más en 2016.

La deuda externa ha alcanzado los 130.000 millones de dólares; es decir, el equivalente de casi seis años de exportaciones de petróleo.

Venezuela ocupa el noveno lugar mundial con la peor tasa de desempleo.

El 73% de los hogares y el 76% de los venezolanos vivieron en la pobreza en el 2015.

Después de lo que fue el 12° aumento desde que el Gobierno fue electo en 2013, el salario mínimo equivale de acuerdo a la tasa oficial, a 24 dólares, esto es menos de un dólar por día.

La falla sistemática del tipo de cambio controlado ha ocasionado que la moneda haya perdido el 99% de su valor desde 2013.

Las empresas internacionales han cerrado sus puertas porque nadie puede pagar.

La población enfrenta una escasez de alimentos y medicamentos sin precedentes en todo el país.

Esta crisis está alcanzando un punto crucial.

Estos problemas no los causan fuerzas externas.

La situación que enfrenta Venezuela hoy día es el resultado de las acciones que han emprendido y siguen emprendiendo desde el poder.

Venezuela podría y debería ser uno de los países más prósperos e influyentes en la región.

Pero más bien es un Estado plagado de corrupción, pobreza y violencia

La población sufre las consecuencias.

Es mucho más redituable para los negocios vender dólares subsidiados en el mercado negro que reabastecer los anaqueles de las tiendas. Esto lo paga el pueblo.

La escasez de alimentos e insumos alcanzó el 82,8% en enero de este año.

Desde 2003, más de 150 productos alimenticios han sido puestos en la lista de precios fijos que ha establecido unilateralmente el Poder Ejecutivo.

En principio, los aumentos en los precios iban a la par de la inflación.

Sin embargo, desde 2007 la brecha entre costos de producción y precios fijos ha crecido exponencialmente y, en consecuencia, muchos negocios han debido cerrar sus puertas.

A fin de responder a esta escasez creada, el Estado ha intervenido cada vez más en la producción de alimentos, incluyendo a través de la expropiación o nacionalización:

De productores de café, de ingenios azucareros, de productores de arroz y pasta, de Agriozlena, la principal compañía distribuidora de semillas, de Lácteos Los Andes, el principal productor de lácteos, de más de 10,000 hectáreas de ranchos ganaderos y lecheros, de por lo menos 5 productores de harina de maíz, de fabricantes de aceites, de la empresa Polar, la principal cadena de supermercados de Venezuela.

Esta escasez también ha dado lugar a una economía de mercado informal o "negro" de productos regulados. Eso, definitivamente es una responsabilidad directa.

Las comunidades más pobres fuera de la capital son las más afectadas.

El 87% de los venezolanos declaran que no tiene el suficiente dinero para comprar los alimentos que necesitan.

Se requerirían 16 salarios mínimos para alimentar debidamente a una familia.

Un cuarto de la población, un cuarto de la población, vive con menos de dos comidas al día.

La desnutrición afecta a los más vulnerables. Y las tasas de mortalidad infantil están aumentando a la par que los problemas de crecimiento entre los niños.

La falta de agua y electricidad se ha tornado común.

La única presa hidroeléctrica del país ha alcanzado niveles críticos, pues el agua apenas llega a cinco pies arriba del nivel en el que las turbinas simple y sencillamente dejarían de funcionar.

Ante esta falta de energía, las oficinas de Gobierno e instituciones públicas solo abren tres días a la semana.

La falta de insumos básicos y sustancias químicas, como el cloro para tratamiento de agua, ha dado lugar a un aumento de las enfermedades que se pueden transmitir -bacteriológicas, virus- por el agua.

El sistema de salud en Venezuela enfrenta serios problemas respecto a equipos, doctores, medicinas.

Los servicios médicos se encuentran debilitados por el deterioro de la infraestructura, la falta de mantenimiento y actualización de los recursos y equipo técnico, lo que agrava todavía más la escasez de medicinas e insumos.

Los pacientes que requieren tratamiento deben aportar todo: desde papel higiénico, jeringas, medicinas, hasta frazadas.

Cuando se les acaban estos insumos se interrumpe su tratamiento.

La inestabilidad ha dado lugar a la emigración en masa de profesionales de la salud. Incluso ha cerrado la mayoría de los hospitales cuyo personal era de origen cubano.

En enero de 2016, la Cámara de la Industria Farmacéutica reconoció una deuda de 6.000 millones de dólares con proveedores internacionales.

Las farmacias sólo pueden surtir 7 de cada 100 medicamentos solicitados.

El 27 de enero de 2016, la Asamblea Nacional de Venezuela declaró una emergencia nacional en el sistema de salud.

El 5 de abril de 2016, la Asamblea Nacional promulgó una ley para "atender la crisis humanitaria en salud".

Con esta legislación se permitiría al Gobierno venezolano buscar asistencia internacional para responder a la crisis de salud. El 9 de junio la Corte Suprema la declaró inconstitucional.

La situación ha pasado de ser desesperada. La violencia ha estado aumentando en las últimas semanas a medida que la escasez se hace intolerable.

Se han reportado más de 250 casos de saqueo en este año en todo el país. Los transportes de alimentos o bebidas fueron el blanco en el 81% de los casos de saqueo en sus rutas de distribución. El 19% restante ocurrió en centros comerciales y almacenes.

Los embarques de alimentos ahora van acompañados de guardias armados, leales al Ejecutivo, protegiendo así las limitadas raciones de ciudadanos hambrientos.

El martes pasado, mientras nos encontrábamos reunidos en la Asamblea General en República Dominicana; en Cumaná, más de 100 tiendas fueron saqueadas y destruidas, y se reportaron por lo menos 3 muertes.

En el estado de Trujillo, las manifestaciones ocurren todos los días pues la gente protesta por falta de servicios básicos del Gobierno.

Esto incluye la trágica muerte de una niña de cuatro años en un tiroteo afuera de un mercado en Guatire; son estas pérdidas irreparables del aumento de la violencia como consecuencia del aumento del desabastecimiento.

La falta completa de confianza en el aparato de seguridad estatal sirve de incentivo para que las comunidades tomen la justicia en sus manos.

La fiscalía ha abierto investigaciones en torno a 74 asesinatos presuntamente cometidos por tales grupos en los primeros cuatro meses de este año.

Los índices de violencia y delincuencia han alcanzado niveles históricos.

Las estadísticas oficiales del Gobierno, que no son publicadas con regularidad, indican que en 2015 ocurrieron 58,1 homicidios por cada 100,000 personas.

La sociedad civil cuenta 90 homicidios por cada 100,000 personas.

En 2015, el número de muertes violentas fue superior en Venezuela que el registrado en Afganistán, de acuerdo a cifras internacionales es el segundo país más violento del mundo.

El 66,7% de la población se siente muy insegura o en cierta forma insegura.

La escala de la victimización también ha aumentado drásticamente. En 2013, 54,2% de la población decía que ni ellos ni ningún familiar habían sido víctimas de un delito. En 2015, esa cifra bajó a 10,6%.

La penalización del Estado también es motivo de preocupación creciente.

Tres de cada cuatro venezolanos dijeron en una encuesta nacional que no creían que la policía podía protegerlos. Tres de cada cuatro.

La policía, la Guardia Nacional, los jueces, los fiscales y el personal carcelario están involucrados de manera tácita o expresa en temas de delincuencia organizada, incluso secuestros, asesinatos, robos o narcotráfico.

Las fuerzas paramilitares han sido acusadas de ejecuciones sumarias.

No hay datos oficiales sobre las personas que mueren a manos de las fuerzas de seguridad.

En los últimos cuatro años sí podemos decir que 1320 integrantes de fuerzas policiales y militares murieron; de ellos, 75% no estaban de servicio en el momento de su muerte.

Este año ya se han notificado más de 109 muertes de integrantes de fuerzas policiales y de seguridad. Es un estado perpetuo de lucha civil y violencia.

El colapso de una gestión de gobierno responsable y efectiva se ve exacerbado por la corrupción endémica que plaga al Gobierno.

Un estudio reciente de la Comisión Permanente de Contraloría de la Asamblea Nacional suscitó preocupación en torno a gastos del Gobierno, que ascienden a 69.000 millones de dólares que podrían estar involucrados en temas de corrupción.

Dos ex integrantes del gabinete del difunto presidente Hugo Chávez –con todos mis respetos– han presentado quejas por la desaparición de ingresos derivados del petróleo del orden de los 300.000 millones de dólares.

Transparencia International clasifica a Venezuela en el lugar 158 entre 168 países evaluados en lo que se refiere a la corrupción. Esta es la posición más baja en el continente americano.

Los países que están por debajo, es decir, Somalia, Corea del Norte, Afganistán, Sudán e Iraq, son regímenes ilegítimos o países afectados, devastados por guerras prolongadas.

El Gobierno ha perdido la confianza del público, con 75% de los venezolanos, considerando que hay hoy corrupción generalizada.

Los derechos civiles y políticos son una clase de derechos que protegen las libertades individuales.

Garantizan la participación de las personas en los procesos de adopción de decisiones que las afectan, sin discriminación y sin represión.

El gobierno venezolano ha creado un esquema que incluye la persecución en contra de quienes expresan opiniones contrarias.

Hay prensa libre cuando la prensa realiza una sana cobertura de las noticias políticas, se garantiza la seguridad de los periodistas, y la prensa está protegida de presiones jurídicas o económicas indebidas.

En Venezuela, los medios de comunicación independientes son sujetos regularmente a procedimientos penales y administrativos, a la prohibición de viajar, a censura indirecta y al acoso.

Los persiguen por publicar noticias o artículos con una óptica crítica.

Disposiciones poco precisas relacionadas con la "incitación al odio", la "intolerancia" o la "incitación a la violencia" que se han usado de manera discrecional para iniciar procedimientos administrativos contra medios de comunicación que cuestionan o impugnan acciones de Gobierno, lo cual crea un ambiente de autocensura.

Las licencias de difusión están controladas por medio de un proceso opaco y discrecional, y con frecuencia se las suspende o no se las renueva.

Se controla el acceso al papel periódico.

Se acusa a empresarios supuestamente vinculados al Gobierno de comprar medios de comunicación, dándole a la cobertura periodística un tono favorable al Gobierno.

En 2013, cuando el Presidente Nicolás Maduro asumió el cargo, según el Foro Penal Venezolano había 11 presos políticos.

Entre enero de 2014 y el 31 de mayo de 2016 se denunciaron al Foro 4253 detenciones, arrestos o encarcelamientos.

Todos ellos vinculados a diversas protestas y críticas contra el Gobierno de Venezuela.

Actualmente hay 1986 personas a quienes se les aplican medidas restrictivas. Otras 94 están en la cárcel.

Son Leopoldo López y Antonio Ledezma; los que están en la tumba, entre otros.

También son las personas utilizadas para hacer propaganda.

Ese es el caso de Manny, un hombre de 54 años, con dos hijos. También era Director General de la cadena de supermercados Día Día.

Este domingo pasado, Francisco Márquez Lara y Gabriel San Miguel fueron detenidos arbitrariamente por la Guardia Nacional mientras viajaban al Estado de Portuguesa para apoyar el proceso de referendo revocatorio.

Han sido interrogados extensivamente por la policía y por el servicio de inteligencia, sin la presencia de sus abogados.

El Grupo de Trabajo de las Naciones Unidas sobre la Detención Arbitraria ha encontrado más de 300 casos de detención arbitraria en Venezuela.

Desde 2014 se han denunciado al Foro Penal Venezolano 145 casos de castigo cruel e inhumano, incluida la tortura.

La función misma del Gobierno se ha incumplido.

La separación de poderes es uno de los elementos más fundamentales de una democracia.

Los poderes legislativo, ejecutivo y judicial tienen cada uno su propio conjunto de responsabilidades y atribuciones, para prevenir la concentración del poder y disponer de mecanismos de control y equilibrio.

En Venezuela hemos sido testigos de un esfuerzo constante por parte de los poderes ejecutivo y judicial para desconocer e incluso invalidar el funcionamiento normal de la Asamblea Nacional.

El ejecutivo repetidamente ha empleado intervenciones inconstitucionales en contra de la legislatura, con la connivencia de la Sala Constitucional del Tribunal Supremo de Justicia.

Después de los comicios del 6 de diciembre y antes de la instalación del período de sesiones de la nueva legislatura, 13 de los 32 magistrados y 21 suplentes del Tribunal Supremo prestaron juramento mediante nombramientos partidistas.

Desde el 6 de diciembre hasta la fecha 13 titulares y 21 suplentes.

Como resultado, una cadena de decisiones posteriores del Tribunal Supremo ha adoptado un modelo de bloquear cada una de las leyes promulgadas por la Asamblea Nacional.

Estas resoluciones han incluido una serie de decisiones para impedir que tres diputados ocupen sus escaños y así reducir la mayoría calificada de la oposición a una mayoría simple.

Invalidando la legislatura, el Tribunal Supremo aprobó dos decretos ejecutivos que declararon un estado de emergencia y un estado de emergencia económica, lo que concentró el poder aún más y estableció límites arbitrarios a la autoridad de la legislatura sobre los contratos públicos, los altos funcionarios y el presupuesto.

Estos decretos ejecutivos también se han prorrogado dos veces.

Por último, el Tribunal Supremo expidió un fallo oficial el 14 de junio para restringir las facultades de la Asamblea Nacional, pues afirma que se está extralimitando al pretender usurpar funciones del Ejecutivo.

Se ha disparado el activismo del Tribunal Supremo desde febrero a marzo de 2016, comparado con el 2015, al pasar de dos casos a 252.

Entre el 5 de enero y el 24 de mayo se registraron nueve apelaciones. Todas las decisiones se han dispuesto a favor del poder ejecutivo.

Estos ejemplos demuestran claramente la falta de independencia del poder judicial.

El sistema de la democracia ha fracasado y el poder judicial ha sido cooptado en la gran mayoría de sus decisiones.

Más del 60% de los jueces de los tribunales de primera instancia pueden ser destituidos de sus cargos, sin el debido proceso, si una comisión del Tribunal Supremo así lo decide.

La provisionalidad y la temporalidad de jueces y fiscales debilita aún más la independencia judicial y las posibilidades de imparcialidad.

A su vez, la falta misma de credibilidad en el poder judicial desalienta a los candidatos calificados de intentar obtener puestos en la judicatura.

La falta de independencia del poder judicial socava el acceso de los ciudadanos a la justicia.

En una encuesta reciente, solamente el 31% de las personas que respondieron tener confianza en su sistema nacional de justicia.

La legitimidad de un Gobierno requiere la confianza de su ciudadanía

En 1999, el entonces Presidente Hugo Chávez consagró la figura del referendo revocatorio en la Constitución de Venezuela como un vehículo para asegurar la "democracia participativa y protagonista".

Este proceso está previsto en la Constitución.

En Venezuela, todos los cargos y magistraturas de elección popular son revocables.

El artículo 72 señala que se puede convocar a un referendo revocatorio "transcurrida la mitad del período para el cual fue elegido el funcionario o funcionaria".

Si el referendo da como resultado la revocación del Presidente durante los primeros cuatro años, entonces "se procederá a una nueva elección universal y directa dentro de los treinta días consecutivos siguientes".

Si el plebiscito se llevara a cabo después de los primeros cuatro años, el Vicepresidente Ejecutivo asumirá la presidencia durante el período restante.

Debido a la falta de claridad en el proceso, incluso es imposible confirmar estas fechas.

Para activar el proceso revocatorio se requieren las firmas del 1% de los electores que soliciten un referendo. Luego esa activación tiene que ser apoyada por al menos por el 20%.

Si la Junta Nacional Electoral puede verificar los resultados, el Consejo Nacional Electoral convoca el referendo.

Para revocar el mandato presidencial la tasa de participación electoral debe ser superior al 25%.

Nadie está por encima de la Constitución.

Se han expresado numerosas quejas sobre intentos deliberados de demorar activamente el proceso, incluso esto último de la verificación de firmas, aparte de lo que está contenido en el informe, entre ellas:

Demoras en la entrega de las planillas requeridas para reunir el 1% de firmas; retrasos en la verificación y validación del 1% de firmas; creación de cuatro requisitos nuevos de digitalización, verificación, transcripción y auditoría, y amenazas de difundir públicamente los nombres de quienes firmen en favor del referendo.

La coalición de la oposición ha presentado más de diez veces la cantidad necesarias. El proceso de validación recién se inició esta semana.

Adicionalmente, cuatro de los cinco miembros del Consejo Nacional Electoral (CNE) pertenecen al partido de gobierno.

Hay disposiciones claras, que no han sido cumplidas, incluso la cantidad de máquinas que deben estar a disposición de los ciudadanos para las firmas. Esa disposición, definitivamente ha sido violada y la cantidad de máquinas es cinco veces menor que la que debería existir.

El objetivo hoy no es castigar ni sancionar a Venezuela.

Estamos aquí para apoyar a un Estado miembro y ayudarlo a volver al camino de la democracia – en ese sentido apoyo la idea de que se constituya un grupo de países amigos de la OEA.

Así pues, hoy les solicito a ustedes, miembros del Consejo Permanente, que consideren las recomendaciones que les he planteado:

Que se lleve a cabo antes del final de 2016 el referendo revocatorio, que aún en el cumplimiento del plazo máximo después de la recolección de firmas en 90 días, darían los plazos para que se realizara en este año.

Que se libere de inmediato a todos los presos políticos y detenciones arbitrarias.

Que los poderes ejecutivo y legislativo del Gobierno venezolano hagan a un lado sus diferencias y empiecen a trabajar juntos de inmediato para responder a la crisis humanitaria.

Que todos los poderes del Gobierno trabajen juntos para recuperar la estabilidad y seguridad en el país.

Que el poder ejecutivo cese de inmediato sus esfuerzos para socavar a la Asamblea Nacional elegida democráticamente y que se implementen y apliquen todas las leyes que han sido aprobadas por la Asamblea Nacional.

Que se nombre a un nuevo Tribunal Supremo de Justicia a través de un proceso transparente acordado conjuntamente por los poderes ejecutivo y legislativo.

Que se establezca un ente independiente para combatir la corrupción, que puede estar compuesto por expertos internacionales, facultado para hacer frente a la situación financiera en Venezuela.

Por último, ofrecemos apoyo técnico a la Comisión de la Verdad y se asegure la representación del Alto Comisionado de las Naciones Unidas para los Derechos Humanos.

La democracia requiere diálogo. Para que este diálogo sea eficaz, debe ir acompañado de acciones.

La democracia no tiene nacionalidad. La democracia es más que una elección, es libertad.

Libertad de expresión, de asociación, de reunión. Es una ciudadanía empoderada. Una judicatura independiente.

Una estructura de seguridad que tenga la confianza de la gente, del pueblo y que le rinda cuentas. Es el ejercicio legítimo del poder dentro del Estado de derecho.

Los Gobiernos democráticos tienen una responsabilidad hacia sus ciudadanos.

El ofrecimiento que se realizara de un Grupo de amigos los estimamos sumamente conveniente, y consideramos un extraordinario primer paso para acercar a la OEA a la soluciones que demanda la comunidad internacional.

Agradezco especialmente la atención de todos ustedes en el día de hoy.

Gracias señor Presidente, he hecho esto lo más breve y compacto posible atendiendo su solicitud. Obviamente que ha quedado muchísima más información para poner a disposición de los países.

Gracias señor Presidente.

Referencia: D-011/16

VI. CARTA ABIERTA DEL SECRETARIO GENERAL DE LA OEA, A LEOPOLDO LÓPEZ CON RELACIÓN A LA RATIFICACIÓN A SU INJUSTA CONDENA^(*)

OSG/441-16

22 de agosto de 2016

Leopoldo López
Prisión de Ramo Verde
Venezuela.-

Estimado amigo Leopoldo,

Te soy sincero, en un principio, tras tu detención, no sabía que eras un preso político. El gobierno había convertido la mentira en verdad continental; recién cuando vi la sentencia, asimilé palabra a palabra la dimensión del horror político que vive tu país.

De una manera u otra los dos están presos, víctimas de la expresión máxima de la miseria humana, la privación de todos los derechos, desde los más elementales derechos económicos y sociales, hasta las libertades básicas.

Tu suerte está tan atada a la de tu pueblo que seguramente sólo serás libre cuando tu pueblo lo sea y si el gobierno piensa que existe la posibilidad de que te quiebres, es porque erróneamente piensa que puede quebrar al pueblo venezolano.

(*)   Véase en https://www.oas.org/fpdb/press/osg-441.pdf.

Quizás ese título de amigo, sea un exceso de confianza de mi parte con alguien a quien nunca vi, pero debo confesar que en este tiempo me he sentido inmensamente cercano a la injusticia que sufrís, como me he sentido cercano al sufrimiento del pueblo de Venezuela.

Empero, en cada mensaje de paz y concordia que has enviado –a pesar de las amenazas contra tu vida, y las ignominias que ha sufrido tu familia por parte de los carceleros del Gobierno– mostrás que hay un camino de esperanza para tu país. En ese sentido, y en muchos otros también, encarnás la esperanza de la gente, de todos juntos y de cada uno.

La sentencia que reafirma tu injusta condena marca un hito, el lamentable final de la democracia en Venezuela. Párrafo a párrafo es, asimismo, la terminación del Estado de Derecho. En esa sentencia queda claramente establecido que en Venezuela hoy no rige ninguna libertad fundamental y ningún derecho civil o político y que estos han expresamente quedado sin efecto en la conducción de los asuntos de gobierno.

Hoy, nuestras conclusiones, son las mismas a las que llegan los países del Mercosur que se han negado a aceptar a Venezuela como Presidente Pro Témpore de esa Organización.

Es una fortísima sanción internacional, expresa y clara. Sin duda lo es también la activación de la Carta Democrática Interamericana, cuyas etapas siguientes deberán plasmar aquello que ya ha quedado establecido en el Mercosur.

Ninguna posición que sustente el derecho y los principios jurídicos fundamentales puede ignorar que el Gobierno de Venezuela tiene presos políticos y los tortura, que desconoce la separación de poderes y específicamente al Poder Legislativo, que sufre una profunda crisis humanitaria y ética y que buena parte de los afectados han sido seleccionados políticamente, que el Gobierno de Venezuela quiere desconocer el derecho constitucional de la gente de revocar a su Presidente - mecanismo de la misma jerarquía jurídica y política que elegirlo- y que el Gobierno no ha tenido ninguna voluntad de diálogo.

Reafirmo una vez más, lo dicho anteriormente, en el sentido que la existencia de presos políticos es absolutamente incompatible con un sistema democrático. Y que un preso político significaba la prisión de todos nuestros derechos políticos.

Ningún foro regional o subregional puede desconocer la realidad de que hoy en Venezuela no hay democracia ni Estado de Derecho. El MERCOSUR, constituye hoy el mejor ejemplo a seguir y la aplicación de las cláusulas internacionales que condenan actos de ruptura del orden constitucional y del sistema democrático se hace cada vez más necesaria.

Y también se han pronunciado con claridad sobre la crisis humanitaria el Secretario General de las Naciones Unidas y el Alto Comisionado para los Derechos Humanos de ONU, exhortando al gobierno de Venezuela a cumplir sus obligaciones bajo los tratados internacionales de derechos humanos.

El Parlamento Europeo ha puesto en evidencia con detalle los abusos del gobierno, la privación de derechos de los venezolanos y ha solicitado tu libertad y la de todos los presos políticos.

Analizo una y otra vez el tema y estoy convencido que no quedan razones jurídicas, políticas, morales o éticas para no pronunciarse y condenar a un gobierno (a esta altura con características de régimen) que se ha deslegitimado a sí mismo.

Se ha traspasado un umbral, que significa que es el fin mismo de la democracia. La Comunidad internacional es clara al pedir *"No más tiranía en el cielo "*, en un cielo que ya no existe.

La exigencia de la responsabilidad gubernamental, en cumplir los compromisos internacionales incluye en primer plano el compromiso de respetar la democracia y los derechos humanos en el terreno interno, algo que cementa la confianza de la ciudadanía.

El fundador del Frente Amplio, la coalición de izquierdas en el gobierno en Uruguay, el **General Líber Seregni** citaba una definición de confianza:

"La confianza es una variable dinámica de alta significación para la secularización de las instituciones políticas. Ella se produce inicialmente al nivel más básico del sistema político que es el ciudadano y se densifica a medida que operan los niveles superiores hasta hacerse impersonal y una característica genérica del sistema. Su intensidad es variable, depende de elementos como la distribución equitativa de cargas y derechos políticos, la certeza y rutina de un sistema de evaluación y control, la existencia de espacios públicos de comunicación y fundamentalmente, de la frecuencia y calidad de los intercambios entre las dirigencias políticas.""

Violencia e intimidación diaria

El pueblo de Venezuela es víctima de la intimidación, convertida en el signo político gubernamental más tangible. Es el corolario de una gestión ineficaz de gobierno, que procura mantener el poder negando al pueblo la posibilidad de decidir mediante el voto, recurriendo a la violencia contra quienes manifiestan o tienen otras opiniones y sobre quienes votan las leyes.

Quienes sufrimos las dictaduras, sabemos que intentar eliminar a la oposición y a la voces disidentes es fiel reflejo de la ignorancia de los tiranos, porque las libertades siempre latirán en la gente, los derechos siempre formarán parte de los anhelos fundamentales de la sociedad, las ideas no van a desaparecer, a pesar de someter a quienes las llevan adelante a duras penas, al espionaje, a la violencia y la extorsión.

La intimidación como política ha sido aplicada contra miles de manifestantes, contra ti mismo, contra los funcionarios públicos que pueden perder sus empleos por firmar para el revocatorio, contra decenas de líderes políticos, contra Chuo Torrealba, contra Borges, contra Maria Corina, contra Zeballos, contra Ledezma, contra tu madre o tu esposa cuando han ido a verte, contra cada uno que está en la tumba o que pasó por ella, contra Pancho y Gabo, contra cada uno de los torturados para arrancarles falso testimonio, contra cada juez que ha sufrido la intervención política, contra todo el pueblo de Venezuela que es en definitiva el destinatario final de estas acciones.

Sin embargo, Leopoldo, el sentimiento de los venezolanos es, al decir de Henrique Capriles, que *«La cárcel y el encierro jamás nos quitaran la esperanza de vivir en un país justo para todos»*.

Pobreza, Crisis Humanitaria y Corrupción.

La opacidad, negociados y el manejo dudoso de los fondos públicos e impunidad han llevado a caracterizar a Venezuela como el país más corrupto del continente por Transparencia Internacional. Tal como señalé en el informe del 30 de mayo de 2016.

Además de cercenar los derechos de la gente, se recurre lisa y llanamente a la corrupción.

Ex- altos funcionarios del equipo económico del Gobierno del ex Presidente Hugo Chávez Frías, como Jorge Giordani y Héctor Navarro han hecho denuncias de desaparición de miles de millones de dólares por malversación. Quién investiga el paradero de ese dinero que pertenece al pueblo?

Como si esto fuera poco, **Roberto Rincón** dueño de las empresas Tradequip y Ovarb Industrial, proveedores de la estatal PDVSA fue declarado culpable de dos cargos de conspiración por violar la Ley de Prácticas Corruptas en el Extranjero. Admitió su participación en un esquema de negocios corruptos para obtener contratos con PDVSA.

Rincón fue arrestado el pasado 16 de diciembre por pagar más de $1.000 millones en sobornos para obtener contratos con PDVSA entre 2008 y 2014. No está solo, es la sexta persona que se declara culpable en investigaciones recientes por vínculos corruptos con Venezuela (tres de ellos ex funcionarios de PDVSA). *Dónde fue ese dinero? En qué cuenta está? Quiénes fueron los beneficiarios?*

El caso de Efraín Campo Flores y **Francisco Flores de Freitas**, radicado en la jurisdicción de Nueva York es a todas luces preocupante. Según documentación en poder de la fiscalía, durante 2015, los acusados llevaron adelante gestiones preparatorias para el transporte de cocaína desde Venezuela a Honduras con la finalidad última del ingreso de la misma a los Estados Unidos.

En conversaciones registradas, los acusados declararon estar en guerra con EEUU, al tiempo de establecer su propósito de obtener varios millones de dólares en la operación.

Se considera demostrado por la fiscalía que los acusados mantuvieron reuniones en Honduras (4 de octubre de 2015), en Caracas (finales de octubre de 2015) y Honduras (noviembre de 2015) durante las cuales desarrollaron los preparativos de la operación de narcotráfico.

En el curso de dichas reuniones Campo describió sus conexiones con el gobierno de Venezuela explicitando: "estamos en guerra con los Estados Unidos. . . con Colombia. . .con la oposición.", dejando en claro al mismo tiempo que la droga sería destinada a Nueva York. El 10 de noviembre de 2015 los acusados fueron detenidos en Haití adonde habían viajado para ajustar detalles de la operación.

De la propia confesión voluntaria de los Sres. Campo y Flores (con pasaporte diplomático) conforme a la Fiscalía de Nueva York surge: Con dos meses de anterioridad a su arresto, Campo conoció a las personas con quienes acordó recibir la cocaína para ser trasladada a los Estados Unidos vía Honduras. Este contacto obtenía la cocaína de las FARC y se acordó la entrega bajo consignación de aproximadamente 800 kg para el primer embarque. Campo reconoció fotografías de las reuniones de preparación de la operación admitiendo la realización de las mismas. Flores, por su parte, permaneció en comunicación con los contactos para la realización de la operación luego de las reuniones de coordinación. De los 800 kilogramos del primer embarque, 100 kilogramos pertenecían al Sr. Flores, 100 kilogramos al Sr. Campo y el resto a sus dos socios en la operación. Flores, además reconoció que esperaban obtener aproximadamente USD 5.000.000 de este primer embarque de los cuales USD 560.000 le corresponderían.

Ante todos estos casos manifiestan la degradación de la cultura de probidad republicana y de transparencia en Venezuela y alimentan el permanente aumento de la corrupción. *Quien apoya este estado de cosas, o simplemente calla, es cómplice. Las instituciones venezolanas que saben esto y no lo denuncian son cómplices.*

Un Estado de Derecho daría Justicia a los venezolanos, pero hoy no se juzga la corrupción, te han juzgado a vos por hacer política, pero no han juzgado prácticamente a ningún asesino, salvo mínima excepción, de las 43 víctimas del 2014 que siguen sin tener justicia.

El Referéndum Revocatorio

Como Secretario General de la OEA, al invocar de la Carta Democrática para Venezuela y en el extenso informe preparado, sostuve que *"toda solución de crisis institucional se resuelve en la legitimidad que otorga el pueblo. Toda polarización de la dirigencia política, que induzca a una crisis, hace necesario consultar a la gente."*

Por ello, no es aceptable en ningún ámbito, quitar el poder de las manos de la gente, adonde pertenece y utilizarlo como moneda de cambio. Hacerlo es el golpe final al legado político de Chávez.

En ninguna circunstancia se debe utilizar el poder para otro fin que no sea el que se corresponde estrictamente con el mandato popular y la Constitución. Mucho menos para manejar soluciones impuestas que violentan lo dispuesto por la Constitución. Y mucho menos aún para impedir que el pueblo soberano se exprese.

El mandato popular expresado en una sociedad pluralista, la esencia del sistema democrático no es solo una exigencia moral sino una necesidad política y ciudadana para la paz y el desarrollo de nuestras sociedades. Como dijera Seregni *"El objetivo es transformar ese principio ético en una elección o conducta de vida."*

Reconocer la dignidad de las personas respetando el mandato popular y los derechos humanos es la esencia de la moral y del principio de justicia. Creer en la gente, respetar y defender su dignidad y sus derechos, ese es el objetivo de la democracia. Fallarles solamente corresponde a la degradación moral de los dictadores, del poder que sostiene la corrupción y de la corrupción que sostiene el poder, consolidando un círculo vicioso de miseria, que han pagado los venezolanos con la vida de niños en los hospitales, con miles de muertes violentas en las calles, con hambre.

La paz que necesita tu país pasa por reconstituir la confianza política de las ciudadanas y ciudadanos de Venezuela.

Hoy Venezuela necesita tanta decencia pública, tanta democracia y democratización, tanta reconciliación y paz, como la que ha anhelaba **Monseñor Oscar Arnulfo Romero** el 6 de agosto de 1978:

"Tengan en cuenta el derecho de participación que todos anhelan, porque cada uno puede aportar algo al bien común de la patria, y que se necesita hoy más que nunca una autoridad fuerte, pero no para unificar mecánica o despóticamente, sino para una fuerza moral basada en la libertad y en la responsabilidad de todos, para que todas esas fuerzas sepan converger, a pesar del pluralismo de opiniones y hasta de oposiciones al bienestar de la patria.

Y quien fue un mártir por la paz en El Salvador concluía:

"Den oportunidad de organizarse al pueblo, deroguen las leyes injustas, den amnistía a quienes han transgredido leyes que no son del bien común, cese el amedrentamiento del pueblo, principalmente en el campo. Haya libertad o consignación a los tribunales de quienes han desaparecido o están presos injustamente. Haya posibilidades de regresar al país para los expulsados o los impedidos de volver por causas políticas."

Un abrazo,

Luis Almagro

VII. CARTA DEL SECRETARIO GENERAL DE LA OEA A TIBISAY LUCENA PRESIDENTA DEL CONSEJO NACIONAL ELECTORAL EN RELACIÓN AL REFERENDO REVOCATORIO

OSG/439-16

22 de agosto de 2016

Señora
Presidente del Consejo Nacional Electoral
Doña Tibisay Lucena
Caracas,

Señora Presidente,

Tengo el agrado de dirigirme a usted en relación al anuncio por parte del Consejo Nacional Electoral (CNE) de Venezuela de la recolección de las firmas del 1% de los electores en los 24 estados del país, requisito que cumple con la primera fase del proceso de referendo revocatorio.

A posteriori también he tomado nota de su pronunciamiento del 9 de agosto respecto a los términos y plazos para la eventual realización del referendo revocatorio.

Al respecto, y en atención a lo mencionado, considero que es mi deber como Secretario General de la Organización de los Estados Americanos (OEA) llamar la atención sobre lo que parecen ser múltiples intentos deliberados de dilatar el proceso de convocatoria de Referendo por parte del CNE.

Me permito recordarle que –en consonancia con los instrumentos jurídicos vigentes en el Sistema Interamericano- garantizar el ejercicio de los derechos políticos es una obligación que determina que las autoridades deben actuar de forma expedita para no restringir los derechos de los ciudadanos.

Es por ello, que los siguientes aspectos, entre otros, merecen tenerse en cuenta:

INTENTOS DE RETRASAR EL REFERÉNDUM REVOCATORIO

1) La entrega del formulario para la recaudación de firmas fue realizada 48 días después de la primera solicitud por parte de la MUD y 19 días después de la solicitud considerada válida por el CNE;

2) La interpretación del CNE de esperar el plazo máximo de 30 días para el inicio de la validación de las firmas cuando éstas fueron entregadas en sólo 6 días;

3) La creación de numerosos pasos previos que fueron adicionados sin fundamento legal claro, como un proceso de "retiro de firmas" y que culminó retrasando el proceso;

4) La validación de la solicitud –que únicamente implica constatar si el número de firmas cumple con el mínimo exigido- se demoró 35 días cuando la norma estipula que se deberá realizar en 5 días.

5) Se venció el plazo de 15 días continuos que tenía la Comisión de Participación Política y Financiamiento (COPAFI) para aprobar, o declinar, la solicitud presentada por la Unidad Democrática para que se convoque la siguiente etapa del referendo revocatorio (RR).

Lo anteriormente reseñado, señora Presidenta, transmite la impresión de que el CNE actúa con celo dispar al exigir cumplimiento absoluto (y más allá) de las formalidades y plazos a los solicitantes pero por su parte, actúa sin la debida consideración a los plazos estipulados por la ley.

NECESIDAD DEL REFERÉNDUM REVOCATORIO COMO SALIDA POLÍTICA PARA EL PAÍS

Lamentamos que usted no haya presentado un cronograma claro hasta ahora, vemos con preocupación los obstáculos que ha puesto al proceso hasta ahora, lamentamos que el CNE no haya respetado un solo plazo del proceso hasta el presente y deploramos la falta de certeza jurídica de parte del CNE al pueblo venezolano para que pueda ejercer su derecho constitucional de llamar a un revocatorio.

En atención a lo anterior, le recuerdo que las etapas posteriores al reconocimiento de la recolección del 1 % de las firmas en el camino hacia la eventual convocatoria al referéndum revocatorio cuentan con plazos firmes debidamente reglados y que el apartamiento de los mismos no resulta acorde con el debido respeto a los derechos ciudadanos y políticos de los solicitantes. Es su deber ético y funcional como Presidenta del CNE cumplir con los mismos:

La MUD contó con dos días para solicitar la recolección del 20% de las voluntades; el CNE tiene 15 días hábiles para convocar la recolección del 20% de las voluntades; la oposición tendrá que recoger el 20% de las voluntades en un plazo de tres días; las firmas recolectadas deberán ser verificadas en los siguientes 15 días hábiles; de cumplirse todos los requerimientos, el CNE deberá convocar a referendo dentro de los 3 días siguientes, y la votación deberá celebrarse dentro de los 90 días siguientes.

Es por ello, y en atención a las obligaciones jurídicas, éticas y políticas de su función y de la mía que le reitero la necesidad del estricto apego a los plazos establecidos por la normativa. Sería absolutamente inapropiado jurídicamente que hoy el cronograma se retrasara para el año 2017 y que el pueblo venezolano pagara con su derecho constitucional los retrasos del CNE. La democracia hoy en Venezuela no admite un cronograma que falle al pueblo venezolano en ese, su legítimo derecho.

Sería absolutamente lamentable para el CNE así como para usted personalmente en su calidad de experta electoral y Presidente de la Institución que quede demostrado que la larga lista de presiones políticas de actores del gobierno y del partido de gobierno hubiera prevalecido sobre el derecho y sobre la voluntad de la gente.

Cuenta para ello con mi ofrecimiento de colaboración para desplegar una misión de observación electoral de la OEA para el proceso de recolección del 20% de las firmas del padrón electoral.

Como es de su conocimiento la OEA cuenta con una amplia y probada experiencia demostrada en materia de observación electoral en el Hemisferio.

Reitero el espíritu de lo señalado en mi nota del 31 de mayo al Presidente del Consejo Permanente de la OEA: "los principios y estándares en materia de justicia electoral constituyen no solo una herramienta para dirimir conflictos electorales y para garantizar los derechos políticos de los ciudadanos, sino también para elaborar esquemas electorales complejos como un elemento de mantenimiento de la paz, dando soluciones jurídicas a problemas políticos. En ese sentido, en Venezuela es fundamental el apego a los principios de legalidad, otorgando legitimidad al proceso por llevarse a cabo de acuerdo a un marco jurídico claramente establecido; certeza, que se deriva de la apropiada actuación de los jueces que componen la autoridad electoral; la imparcialidad, que garantice una consideración equitativa de las partes y la transparencia, asegurando el acceso adecuado a la información respecto a las actividades del Estado"

Y expreso una vez más que la realización del referéndum revocatorio resulta necesaria por ser la única solución política para el país.

Al transmitir a la Señora Presidenta mi afán de apoyo y observación en la responsabilidad que tiene por delante la saludo con el anhelo de que sus esfuerzos contribuyan a brindar garantías de que el proceso se desarrolle con plena transparencia, libertad, justicia y en estricto cumplimiento con las normas y plazos vigentes.

Luis Almagro
Secretario General

VIII. COMUNICADO CONJUNTO DE LA SECRETARÍA GENERAL DE LA OEA Y EL CENTRO CARTER

1 de septiembre de 2016

En la tarde de hoy el ex Presidente Jimmy Carter y el Secretario General de la OEA Luis Almagro se reunieron en Plains, Georgia, con la finalidad de intercambiar ideas sobre temas de democracia y derechos humanos en la región.

A lo largo de la reunión conversaron sobre posibilidades de cooperación y estuvieron de acuerdo en algunos de los principales desafíos que enfrenta el Hemisferio:

Venezuela - Se congratulan de la demostración pacífica del pueblo venezolano el día de hoy en Caracas lo cual reafirma la voluntad de la gente para una salida democrática en el contexto del referendum revocatorio.

Referendum revocatorio - el ex Presidente Carter y el Secretario General Almagro coincidieron en la necesidad de que el referendum revocatorio (derecho constitucional del pueblo venezolano) se realice en el año 2016. En este punto estuvieron de acuerdo en la responsabilidad que le cabe al CNE para que esta instancia de expresión popular se celebre en los plazos debidos.

Presos políticos - el ex Presidente Carter y el Secretario General Almagro condenan conjuntamente la existencia constatada de presos políticos en Venezuela y exigen su inmediata liberación.

Haití - A este respecto ambos señalaron la necesidad del cumplimiento del cronograma electoral y abogaron por alcanzar en los mejores plazos la estabilidad democrática necesaria para dicho país.

Colombia - Tanto el ex Presidente Carter como el Secretario General Almagro enfatizaron su compromiso con la paz en Colombia. Esperan que los acuerdos cierren un período doloroso de la historia de Colombia.

Referencia: C-091/16

IX. VENEZUELA: SECRETARIO GENERAL DE LA OEA LLAMA A INMEDIATA LIBERACIÓN DE VLADIMIR ARAQUE

15 de septiembre de 2016

El Secretario General de la Organización de los Estados Americanos (OEA), Luis Almagro, realizó un llamado urgente este jueves exigiendo la liberación de Vladimir Araque, quien fuera detenido sin la orden correspondiente el pasado 2 de mayo de 2014 en Caracas.

Además y por razones humanitarias, en virtud de su delicado cuadro de salud, el líder de la OEA reclamó que resulta imperiosa la urgente atención médica de este preso político, la cual le ha sido negada hasta el presente por las autoridades.

Referencia: C-098/16

X. COLLOQUIUM FOR DIPLOMACY & HUMAN RIGHTS SECRETARY GENERAL ALMAGRO - KEYNOTE ADDRESS

September 19, 2016

The Democratic Framework

This Hemisphere is unique. In the Americas, we have built a foundation with a common vision of what believe in. One that we have chosen.

The Organization of American States is the foremost political forum of the Hemisphere. This is the space where diplomacy, democracy and human rights to come together.

These principles are clearly articulated in the founding documents of this organization, including the OAS Charter, the American Charter of Human Rights, the Inter-American Conventions, and *General Assembly Resolution 1080 on Representative Democracy.* We drafted the Inter-American Democratic Charter as a true constitution of the Americas.

These documents outline our fundamental beliefs, the values and ideals that we agreed upon, and all share.

These agreements highlight our commitments based on democratic principles, recognizing a series of rights and obligations that ensure a basic well being for our citizens.

These documents were not imposed on us. As member states, each and every country chose to negotiate and sign onto these principles defining who we are, what we believe in and how we interact with one another.

Each country chose to sign onto these conventions, and each country has the responsibility to comply with and enforce them.

It is these agreements that make us unique. There is no other institution with the same commitment to human rights and democracy. No institution has created the same juridical and legal tools to protect democracy and human rights. This commitment is unique to our hemisphere.

Multilateral institutions, such as the OAS, exist to serve our member states. The OAS Charter, signed in 1948, is the agreement between the Member States and it was signed "in the name of their people." The "people" are the fundamental element of the Organization's founding document.

People are at the very heart of these institutions.

Our entire purpose is to fulfill these commitments to the people of the Americas.

In diplomacy, these agreements are our tools. However, diplomacy is more than language. The words we use create politics, they translate into action. It is not a game where the first movement is the last. It is about building solutions, mounting pressure, creating conditions, working principles and values.

When diplomacy is done seriously, it is the hardest work in the world. You have to mix audacity with prudence. It is timing and feeling.

When we activate the Democratic Charter or when Mercosur suspends Venezuela from its presidency pro tempore, we are using diplomacy. We are putting the mechanisms to defend democracy and human rights in action.

This is not an easy task. While everyone applauds these agreements on paper, when it comes time to act, to protect democracy, human rights, development or security, people often grow uncomfortable.

Democracy & Human Rights in the Inter-American System

Fundamental freedoms, human rights, and democracy do not only exist when it is convenient. Or solely when they reinforce what we want. They must exist always. You have to care as much as about your opponent's rights to express their views, as you do about your own.

The ethical and moral values that we define in these long legal texts mean nothing, if we do not make them a daily reality for the people of the Americas. Values must come before political interests. When we lose our values, we all lose; society loses.

When there are violations, we have an obligation to address them. Words are not enough; we must be prepared to act- Especially when it is difficult to do so.

As Desmond Tutu famously once said, "If you are neutral in situations of injustice, you have chosen the side of the oppressor." There is no small country when you are defending big principles. All countries can demonstrate their commitment to these ideals.

This Organization, this community of states, is vital to ensuring the fullest possible observance of human rights in the Hemisphere, and an essential instrument for safeguarding democracy.

As the Secretary General of the OAS, it is my responsibility to champion and protect these values at the core of this institution, and at the very heart of the Americas.

As Secretary General, I must represent government but I must also represent the opposition. I must be a voice of those without a voice; those most discriminated against. I must be a voice of those who suffer inequality; who suffer from the lack of protection of their rights; and I must be the staunchest defender of those rights.

Jose Antonio Marina says that the reason our societies fail is because we develop unjust societies. Democracy means nothing if we don't commit to work for democratization every single day. If we don't provide equal access to rights, if we keep our societies in the Americas among the most unequal in the world, we will never be able to achieve the right functioning of Democracy.

This is reason I took on this post. To meet this commitment to ensure that in the Americas, we can achieve more rights for more people.

I repeat, "More rights for more people." It is the raison d'être of my term here at the OAS. Even today, our hemisphere remains one of the world's most unequal regions. The unequal distribution of income, access to basic goods or services, and justice are a constant factor that directly affect the full enjoyment of our citizens political, economic, social and cultural rights. Human rights are at the very core of equality.

Reaffirming that the promotion and protection of human rights is a prerequisite for the existence of a democratic society, and recognizing the importance of the continuous development and strengthening of the inter-American human rights system for the consolidation of democracy,

It is incumbent on all of us as politicians, as leaders, as diplomats, as civil society, as citizens of the Americas to achieve greater equality for people.

Greater equality will deliver better citizens. The elimination of discrimination will deliver better citizens.

Democracy & Citizenship

Article 1 of the Democratic Charter states that "The people of the Americas have a right to democracy and their governments have an obligation to promote and defend it." This Charter establishes democracy as a right for the people, and what is democracy, if not a government of the people. Those who govern us have to defend our rights and liberties and if they don't do it they shouldn't be our rulers.

The charter was signed unanimously.

This hemisphere has faced more than enough exclusion. It is weary of inequality, racism, persecution, of prejudice, and of sterile conflict. It is our responsibility to refocus on the beliefs we have chosen.

As I said in my inaugural speech, the OAS must be a voice that does not compromise, or remain silent in the face of violations of these human rights. It must represent the strength and power of all individuals in the Hemisphere.

It is this voice that guarantees the right of individuals to participate in the decision-making processes that affect them, without discrimination and without repression. This is why the protection and promotion of democracy is so vital to our way of life.

We need better citizens. We need to support them and to give them a strong political character. It is the "citizen" that holds the most important position in democracy. And should also be the most respected position in a political system.

Democratic governments have a responsibility to their citizens, a responsibility to provide security, access to basic necessities, and protect their human rights.

Article 16 of the IDC states: "Education is key to strengthening democratic institutions, promoting the development of human potential, and alleviating poverty and fostering greater understanding among our peoples. To achieve these ends, it is essential that a quality education be available to all, including girls and women, rural inhabitants, and minorities."

However, citizenship comes with responsibilities. Every single citizen is responsible for the defense of democracy. Each one shall assume the Sartrian principle that "l'homme est condamne à être libre". Every citizen shall defend that for himself and for everybody.

As citizens, we have the most important role in denouncing corruption, human rights violations, and environmental issues. Technology has given each and every one of us the tools to reach the world: everyone in our local community and our international community. This new power brings us greater freedom but it also means greater responsibility.

Robert Francis Kennedy said that "Each time a man stands up for an ideal, or acts to improve the lot of others, or strikes out against injustice, he sends forth a tiny ripple of hope, and crossing each other from a million different centers of energy and daring those ripples build a current which can sweep down the mightiest walls of oppression and resistance."

As I have said before; the people's mandate, expressed in a pluralist society, the very essence of the democratic system, is not just a moral requirement; it is a political and civic necessity for peace and for the development of our societies. As Seregni would say "The goal is to transform that ethical principle into a life choice or way of life."

Government & Democracy

Government is a service to the public, a vocation for serving the common good. It is not where individuals seek profit, or power. It requires consistency between our words and our actions. To be able to honor leadership, without abusing the power that comes along with it.

Those who are elected to represent the people, are there as an instrument to channel the voice of the citizens into the decision-making process of the State. A government's legitimacy is bestowed by its citizens.

A true democracy is about much more than the pieces of paper in a ballot box. It is about what happens after Election Day. It is freedom of expression, association, and assembly. It is an empowered citizen, a strong civil society, a vibrant media, an independent judiciary, a security apparatus that is trusted by and accountable to the people, and most importantly a tolerance of dissent.

Democracy requires dialogue, and again, in order to make this dialogue effective, it must be accompanied by action. A lack of dialogue comes when voices are not heard, or when some voices have been silenced. In the political equation, 50 percent plus 1 equals 100, and 50 percent minus 1 equals 0.

It is a lack of dialogue that is the first sign of failure in a political system. Coexistence and dialogue are the essence of democracy.

This is the only possible path for a democracy, one that safeguards the rights of all citizens. The unfortunate situation in Venezuela, where these rights are in jeopardy, the OAS has denounced the situation. The risk of not doing so would have betrayed the principles and obligations enshrined in the Inter-American instruments.

It would have betrayed the very notion of citizen-centered institution and betrayed. Venezuela's rejection of these, has only led to the further erosion of democracy and human rights in this member state.

Effective and inclusive governance requires an informed and active citizenry who understand how to voice their interests, how to act collectively and how to hold public officials to account. Public power separates leaders from their people. And the longer you are in power, removed from the people, the more you lose touch with those to whom you are accountable. Losing confidence in their elected representatives, citizens will find a way to make their voices heard.

A Government cannot judge itself, it must be judged by its own people. This is the vital role that the citizens and civil society must play. Accountability comes from outside.

The decisions of the people to elect or to recall must be indestructible, if that political system is to be considered democratic. Those rights cannot be eroded or taken away. That's why these rights are considered fundamental.

The most stable, developed countries around the world are the ones where all segments of society are free to participate and influence political outcomes without bias or reprisal.

When people are engaged within the system, they are much less likely to seek alternative and destructive ways to force change. Channeling the public voice into the decision-making process is how to avoid or prevent violence.

Unfortunately, looking in our hemisphere, we fall short too often. Peaceful protests are met with a closed fist, instead of an open hand. Constitutions are treated as if they are drafted in pencil – amended or ignored to appease the individual pursuit of power.

An election is not legitimate when the opposition has been removed. Authority is not legitimate when political ambitions supersede the constitution. The rule of law no longer exists when courts and criminal prosecutions become weapons of political persecution and there is impunity for those in power.

As an international community, we must also hold each other accountable. Article 20 of the Charter states that "In the event of an unconstitutional alteration of the constitutional regime that seriously impairs the democratic order in a member state, *any member state or the Secretary General* may request the immediate convocation of the Permanent Council to undertake a collective assessment of the situation and to take such decisions as it deems appropriate."

Every single state is responsible for democracy in the continent.

Articles 17, 18 and 19 of the IDC put this responsibility in the hands of the Permanent Council. Our charters and conventions were not written to gather dust in the archives; they were drafted to defend our rights, rights that belong to the people.

This is why the defense of democracy is at the core of the OAS mandate, and fundamental to the foundation of international relations in the Americas.

The June invocation of the Charter to address the situation in Venezuela has one goal, to use every political and diplomatic means available to return the normal democratic institutional order.

The Charter states that "in the Declaration of Managua for the Promotion of Democracy and Development, the member states expressed their conviction that the Organization's mission is not limited to the defense of democracy wherever its fundamental values and principles have collapsed,

"But also calls for ongoing and creative work to consolidate democracy as well as a continuing effort to prevent and anticipate the very causes of the problems that affect the democratic system of government."

Democracy imposes tolerance, respect, the capacity to work together, dialogue, recognition of the rights of each individual, and a community spirit. People elect leaders with a commitment to ideas and a commitment to the common good. In turn, this is the work we must do.

Probity, ethics and republican decorum are not merely ideology; they are essential democratic values whose implementation brings hope to new generations. It is how we push back against the collusion of politics and money in the public arena simply drives them away from political activity and from participation in the decision-making that shapes their future.

When democracy works, the rest of the system works. When it does not, it hurts us all.

This is why institutions such as the OAS, cannot be neutral. It must reflect the commitment to the greatest possible respect for each of these fundamental tools and instruments at its disposal.

The Organization does not side with a particular government, an official party, or opposition force. It sides with the principles it embodies- freedom, democracy, and above all respect for human rights of the citizens from the 35 Member States.

We need to build in an environment where people have a voice in their government and in turn, the government meets its responsibilities to its people.

This must prompt us to act.

We are bound by these shared values. Democracy and human rights are integral to who we are and what we believe in. We cannot wait for everyone else to catch up. It will be too late. We must act on what is in sight before us.

To have a better hemisphere, we need countries that stand for principles to be more active and to be engaged in promoting and defending them. We have seen, too many times, the consequences of when things work the other way around.

To our democracies we can apply the phrase of Emiliano Zapata when he said: "I want to die as a slave to principles, not to men." For democracy to succeed, principles must be the center, not rulers.

Democracy must be seen as necessary, as essential, as a fundamental element of international relations in the hemisphere. And this is why democracy is essential for the OAS.

In our defense of democracy we must use all mechanisms available to us, including the Inter-American Democratic Charter, in _all cases_ where the essential elements of representative democracy and the fundamental components of the exercise of democracy are deteriorating.

We cannot tolerate double standards. Action is what makes the international protection of democracy effective.

The clearly IDC defines the essential elements of representative democracy as, "Respect for human rights and fundamental freedoms, access to and the exercise of power in accordance with the rule of law, the holding of periodic, free, and fair elections based on secret balloting and universal suffrage as an expression of the sovereignty of the people, the pluralistic system of political parties and organizations, and the separation of powers and independence of the branches of government."

Everybody knows what these principles are and how they should *always* be applied. It is black and white. If we allow for grey, we introduce the seeds that erode, deteriorate and destroy our democracies.

Yes, evaluating the quality of democracy in a country, questioning a system for protecting human rights can make it very difficult to start a dialogue. However, this is exactly what the OAS was created to do. When we are able to succeed – this makes us all better, as countries, as communities and as citizens.

XI. VENEZUELA: "EL REFERÉNDUM REVOCATORIO PERTENECE AL PUEBLO, ASÍ COMO LA LIBERTAD PARA EXIGIRLO

23 de septiembre de 2016

El Secretario General de la Organización de los Estados Americanos (OEA), Luis Almagro, aseguró hoy que el Consejo Nacional Electoral (CNE) de Venezuela está "obstaculizando un derecho constitucional y actuando con un claro sesgo político" al anunciar las normas y el cronograma que regirán el proceso para el referéndum revocatorio solicitado por la oposición, al tiempo que exigió su realización en 2016.

"El referendum revocatorio pertenece a la gente, y al CNE le corresponde asegurar las garantías para la libre expresión del pueblo, en lugar de cercenar y pretender anular sus derechos", subrayó el Secretario General.

Luis Almagro aseguró que las fechas anunciadas por el CNE constituyen *"una maniobra más para dilatar el proceso e impedir que el referéndum revocatorio se haga realidad este año. No es posible que se sigan violando los plazos constitucionales, no es posible que se siga manipulando la voluntad de los electores, es totalmente inadmisible que se pretenda recortar los derechos civiles y políticos a través de interpretaciones tendenciosas por parte del CNE".*

Para el líder de la OEA, además, el CNE *"cambió arbitraria-mente y con manifiesta intencionalidad las reglas del juego"* al determinar que la recolección del 20 por ciento de las firmas necesarias para convocar el referéndum se realice por estados, en lugar de a nivel nacional: "Los organismos electorales no existen para desvirtuar la democracia y actuar al servicio del gobierno de turno; es su naturaleza y su obligación la de cumplir como vehículos de afianzamiento de la voluntad de la gente", reafirmó.

En efecto, en el revocatorio contra el entonces presidente Chávez en 2004, bajo la misma Ley, la recolección del 20 por ciento de las firmas se hizo a nivel nacional, lo que tiene pleno sentido, dado que el cargo en cuestión es el de Presidente de la República, un cargo nacional.

"La Presidenta del CNE Tibisay Lucena y las rectoras Sandra Oblitas, Socorro Elizabeth Hernández y Tania D'Amelio dan muestra de una elevada impericia técnica impropia de la responsabilidad que deben cumplir. Su papel es el de asegurar que el 100% del padrón electoral venezolano esté en condiciones de firmar, si así lo desea, no el de certificar la erradicación de los derechos de las personas", añadió Almagro.

"Se requiere imperiosamente asegurar el número de máquinas necesario en la totalidad de los distritos para atender a los más de 19 millones de electores venezolanos y realizar una distribución distrital adecuada y justa que no favorezca descaradamente la posición del gobierno. Esta decisión es anticonstitucional, viola el espíritu mismo del revocatorio y pretende llevarse por delante el último atisbo de esperanza democrática en Venezuela", explicó el Secretario General Almagro.

La Secretaría General de la Organización de los Estados Americanos (OEA) reitera el llamado urgente al respeto de la institucionalidad democrática y de los derechos, a la vez que recuerda una vez más lo establecido en el párrafo 1, artículo Primero de la Carta Democrática Interamericana: ***"Los pueblos de América tienen derecho a la democracia y sus gobiernos la obligación de promoverla y defenderla"."El derecho es de los pueblos y la obligación de asegurar ese derecho es del Gobierno"****, dijo el Secretario General.*

Es hoy imperiosa la observación internacional en este proceso para evitar ulteriores violaciones a ese derecho.

XII. MESA DE DIÁLOGO
"DEMOCRACIAS BAJO AMENAZA"

Miami Dade College,

21 de octubre, 2016

Luis Almagro*:*

Nuestro hemisferio se ve sin duda claramente afectado por el agravamiento de la crisis política social económica del desmantelamiento de la democracia en Venezuela. El caso del llamado, la sesión de dialogo basado en resultados tangibles no ha prosperado, no han sido capaces de arrojar soluciones que la desesperación de la situación requiere.

Ninguna de las situaciones políticas planteadas en los tres países a los que se ha hecho referencia son similares. Ninguno de ellos reviste además las condiciones de crisis económicas, políticas sociales, humanitarias, como Venezuela.

Ninguno se ha mantenido tan apartado del escrutinio internacional y de la observación internacional como Venezuela. Ningún otro ha ido por un desmantelamiento de las instituciones como Venezuela.

Ha sido tal cual, se ha dejado el desconocimiento de los poderes legislativos como cualquier dictadura, tiene presos políticos como en cualquier dictadura. Esos presos políticos son torturados, son sujetos a malos tratos, como cualquier dictadura. El hecho de que hayan rodeado con tanques el edificio de la Asamblea Nacional no quiere decir que el resultado no sea el mismo, en cuanto al desmantelamiento del poder, de ese poder del Estado, de las competencias de ese poder.

El desconocimiento de un derecho electoral de la gente a elegir o a revocar a su presidente, como cualquier dictadura. Esas son las características que vive Venezuela hoy. Cualquier otra cosa que diga en Venezuela hay problemas eso es un eufemismo de una realidad política devastadora en términos del desmantelamiento absoluto, la exclusión absoluta de la democracia es derechos civiles y políticos de la gente.

Confiamos, por otro lado, en que el dialogo que iniciamos con Nicaragua sobre el proceso político electoral y la buena voluntad puesta de manifiesto, permita trabajar soluciones en las diferentes áreas dedicadas de acción conjunta. En Colombia y su parte esperamos que el respeto a la decisión de la gente. El diálogo y la negociación son claves para sellar definitivamente el fin de la guerra.

Se sabe, en Venezuela siguen deteriorándose en cada uno de los aspectos humanitarios económicos y políticos.

El 23 de junio al Consejo Permanente de la OEA sobre la situación que atraviesa el país, y pedí la invocación de la Carta Democrática Interamericana en base al artículo 20, y en pleno cumplimiento de las capacidades que dicho artículo concede al Secretario General. Responsabilidad que también de todas forman también abren para cada uno de los países del Sistema Interamericano porque dice "el Secretario General o cualquier Estado miembro".

Ese día llamé al inicio de una apreciación colectiva de la situación en Venezuela y adoptar las decisiones que se estimen convenientes, porque estábamos convencidos-y aún lo estamos más hoy- de la alteración del orden constitucional en ese país.

El proceso ha continuado, 15 países de las Américas –los más contundentes en cuanto a dimensión económica, territorial y política financiera– hicieron una declaración pública sobre la situación en Venezuela. Expresaron su apoyo a la convocatoria del Consejo Permanente donde presenté el informe, además hicieron expreso llamado a la convocatoria del referéndum de manera clara, cierta y sin demora en los términos que plantea la Constitución venezolana.

Esta negativa que hoy tenemos nos coloca definitivamente en una situación en la cual la última legitimación que podría de alguna manera esgrimir el régimen, que era la legitimación de origen en el sentido de que el Presidente Maduro en su momento fue electo por su gente en una elección, ha caducado, porque es tan importante ese derecho a ser elegido como el derecho a ser revocado. Y esa expresión de la gente ha sido negada en el día de ayer.

El supuesto diálogo, casi diálogo que encabezaban los ex presidentes, no es que no ha dado resultados, ha dado resultados extremadamente negativos. Cada vez los venezolanos debieron enfrentar más obstáculos, hasta el obstáculo definitivo de ayer para ejercer su derecho constitucional de elegir, de votar o de revocar un presidente.

Cada vez los venezolanos han tenido más presos políticos, cada vez han sido peores las condiciones de reclusión, cada vez hemos tenido más sentencias del TSJ anulando los poderes de la Asamblea Nacional. Hemos tenido nuevos decretos del Poder Ejecutivo dejando sin efecto poderes constitucionales de la Asamblea Nacional, hemos tenido nuevos decretos del Poder Ejecutivo, dejando sin efecto poderes constitucionales de la Asamblea Nacional.

Si cada uno de ustedes en un segundo de reflexión traslada eso a su propio país, imagínense el Ejecutivo en Uruguay dejando sin efecto poderes constitucionales del Poder Legislativo. Imagínense en España un presupuesto que no pase por el Poder Legislativo. Imagínense –obviamente– la situación de tener en nuestros países presos políticos cuando ex presidentes se han prestado a ese diálogo que cada vez ha generado condiciones más negativas, son también responsables de esta situación en que ha desembocado hoy Venezuela, porque esto ha pasado bajo su visión, bajo su trabajo con la oposición y con el gobierno. Son responsables (aplausos).

Habíamos insistido en que la mejor forma de estructurar el diálogo es por el artículo 20 de la Carta Democrática porque impone la obligación de resultados concretos, y es necesario usar mediadores que tengan la confianza de todos.

La expresión de los ciudadanos de su frustración ha sido muy fuerte, fue muy el día primero de septiembre con más de un millón de personas en las calles de Caracas, pero creo que fue más fuerte el 2 de septiembre, cuando los ciudadanos de Villa Rosa directamente le expresaron al Presidente de la República Bolivariana de Venezuela su oposición, su descontento a las condiciones en que gobierna hoy en Venezuela. Tenemos que seguir siendo responsables de cada uno de los derechos humanos y de las responsabilidades fundamentales en Venezuela.

Cada día hemos visto más atacada, más acogotada la libertad de expresión en Venezuela. Prácticamente llegando al punto de no poder operar una prensa independiente, llegando al punto de la prisión de Braulio Jatar por colgar videos de lo que había ocurrido ese día en Santa Rosa, llegando al punto en Venezuela de los pequeños golpes de Estado que ha dado el gobierno.

En cinco alcaldías de voluntad popular que han sido o puestos en prisión, o perseguidos o convocados a su detención, y esos alcaldes fueron reemplazados por alcaldes en PSUV que no fueron elegidos por nadie; esos son definitivamente golpes de estado en dimensión municipal.

Esas disonancias que tenemos en el continente, porque esto nos afecta a todos, no hay un país más pivotal en este continente que Venezuela, es el país que tiene un área de influencia más basta, desde sur América Caribe, Centro América Norte América a todos llega Venezuela a todos afecta Venezuela.

No podemos seguir hablando con eufemismos de la situación en Venezuela, es tiempo de acciones concretas, las primeras acciones concretas corresponden definitivamente a la gente; el pueblo de Venezuela tiene que decir hoy sí me importa lo que ha pasado, si le importa que ha sido caducado su derecho a revocar al presidente, ese es un punto de inflexión para el país.

Si el país se cubanizó lo suficiente como para que eso ya no le importe, eso es otro punto, tienen todavía reflejos democráticos Venezuela y la gente en Venezuela como para responder a esto; ese es el punto de inflexión hoy principal.

Toda dictadura llega a un punto de quiebre en su momento. El punto de quiebre muchas veces tiene variables democráticas como puede ser el plebiscito del 80 en Uruguay contra la reforma constitucional o el referéndum en Chile contra Pinochet, también factores exógenos como puede ser la Guerra de las Malvinas o los videos de Montesinos en Perú, hay un punto de quiebre, pero tienen que darse condiciones para aprovechar ese punto de quiebre y es una oposición homogénea y con una estrategia única para aprovechar ese punto de quiebre.

Si eso no ocurre y empiezan estrategias disonantes, es mucho más difícil que ese punto de quiebre pueda ser efectivo y pueda llevarse adelante.

Tenemos desde la comunidad internacional la responsabilidad de denunciar cada violación a los elementos esenciales de la democracia conforme al artículo 3 de la Carta Democrática Interamericana, cada una de las violaciones a los componentes que hacen a la práctica fundamental de la democracia conforme al art. 4 de la Carta Democrática Interamericana.

Somos responsables desde la comunidad internacional de cada derecho civil y político de Venezuela y tenemos que definitivamente, dejarnos también de eufemismos a la hora de llamar a la libertad de los presos políticos en Venezuela, a la hora de llamar a la libertad de expresión en Venezuela, tenemos que ser más claros y más contundentes en cada uno de los países, asumiendo las responsabilidades que tenemos conjuntas de preservar la democracia en el continente.

Muchas gracias

XIII. EDITORIAL "LEOPOLDO LÓPEZ, MIL DÍAS PRESO POLÍTICO" [*]

14 de noviembre, 2016

Los mil días como preso político de Leopoldo en Venezuela

López encarna el ejemplo de quién ha elegido anteponer la libertad de su país a la propia.

Por Luis Almagro

Ser preso político es probablemente una de las mas grandes miserias a las que se intenta someter a una persona, una familia, o a una familia mas grande, un país.

Empero, es algo que llena de dignidad al que lo es y que envilece al que comete la injusticia o es cómplice de la misma y que transforma en indigno al indiferente o al que mira para el costado.

Cada preso político en Venezuela me ha dolido. Aquel que en un momento u otro se le ha negado tratamiento médico, quienes están presos porque tuitearon, o porque operaron drones en una manifestación, a los que fueron torturados, a los que no tienen acusación, o si la tienen es por crímenes inexistentes, incluso a los que arriesgaron su vida para lograr salir del país y para quienes la persecución política es permanente y los sigue adonde quiera que vayan.

_____

(*) Editado en el Diario El País, 14 de noviembre de 2016.

Entre todos ellos hay un nombre mas, tan común como llamarse Leopoldo López y tan extraordinario a la vez, como para representarlos a todos.

Su crimen fue sacar la gente a la calle y hablarles, expresarles en realidad eso que ya sentían y sabían. En ningún otro caso se invirtió tanto para estigmatizarlo como criminal, cuantas misiones para acusarlo y denunciarlo sin fundamentos, cuanto contenido en medios de comunicación, cuanta presión, cuanta tortura para arrancar confesiones que lo involucraran en cualquier cosa, cuanto despliegue internacional tratando de cambiar las dinámicas acusatorias y transformarlo en lo que no es.

Los 1.000 días de prisión de Leopoldo López le duelen a todo un continente. Significan que el Hemisferio aún no está libre de la arbitrariedad y la persecución política, que las luchas de nuestros próceres y libertadores no están completas.

Los 1000 días Implican además, que los esfuerzos y el acumulado histórico de nuestros países en favor de la democracia no han superado aún los reflejos dictatoriales de quienes pretenden aferrarse al poder aún en contra de la marea popular que los rechaza.

La tragedia de Venezuela, hoy por hoy, tiene muchos momentos de grandeza encarnados en personas anónimas: las madres y los padres que realizan esfuerzos descomunales para obtener alimentos para sus hijos en medio de la dolorosa escasez, el sacrificio de los enfermos para sobreponerse a los problemas físicos sin contar con medicinas, las historias desgarradoras de quienes debieron partir al exilio.

Pero lamentablemente los momentos de grandeza pública han sido muy escasos.

Uno de los pocos, es el de Leopoldo López. Desde su encarcelamiento indecente, en medio de la soledad, la privación y el maltrato, nos da un ejemplo de que la perspectiva humana vale muy poco si sólo se concentra en la dimensión egoísta y que el sacrificio personal, vale cuando se trata de luchar por la patria, por la libertad y por los valores democráticos que a todos deberían unirnos.

El rabino y profeta Hillel anunció: "Si no me ocupo de mí, quién lo hará? Y si sólo me ocupo de mí, qué soy? Y si no es ahora, cuando?"

Leopoldo López encarna el ejemplo de quién ha elegido no ocuparse sólo de sí mismo, sino anteponer la libertad de su país a la propia.

Ante la urgente necesidad de restablecer los derechos y la democracia en esa nación corresponde al gobierno, a la clase política, al pueblo venezolano y a los países de la región responder la última de las preguntas: *si no es ahora, cuando? Es hora de liberar ya a Leopoldo.*

Twitter: @Almagro_OEA2015

XIV. MENSAJE DE LA OEA EN APOYO AL DIÁLOGO EN VENEZUELA[(*)]

16 de noviembre de 2016

Como Secretario General de la OEA, quiero transmitir mi saludo a las delegaciones por el esfuerzo negociador que ha concluido con la adopción de la "Declaración de apoyo al diálogo nacional en Venezuela".

Como hombre de derecho y de principios considero que la via de la negociación y el diálogo constituye la principal herramienta para alcanzar soluciones a los problemas de la región.

En dicho marco, y tal como he expresado reiteradamente, esperamos que la mediación del Vaticano en Venezuela restituya la separación de poderes, los derechos electorales del pueblo y el respeto a la Constitución.

Reitero que resulta imperativa la pronta liberación de todos los presos políticos, la agilización de los procesos electorales anteponiendo el derecho de la gente al voto y la implementación del canal humanitario.

Al confiar en que los demostrados esfuerzos del Consejo Permanente resulten fructíferos en dicho sentido, reitero a la señora Presidenta las consideraciones de mi más alta consideración.

(*) Véase en en: http://www.oas.org/es/centro_noticias/comunicado_prensa.asp?sCodigo=C-220/16

XV. COMUNICADO EN SOLIDARIDAD CON PUEBLO VENEZOLANO (*)

19 de diciembre de 2016

- Secretaría General llama al restablecimiento de institucionalidad

La Secretaría General de la Organización de los Estados Americanos (OEA) expresa su solidaridad y voluntad incondicional de apoyo al pueblo de Venezuela en relación a la reciente ola de violencia, saqueos y desesperación motivada por las medidas monetarias adoptadas por el gobierno, que restringen la circulación de efectivo y como corolario impiden cubrir las más básicas necesidades.

Al mismo tiempo, la Secretaría General hace un llamado a la calma y al restablecimiento de la convivencia ciudadana. La situación ha generado desórdenes públicos serios en por lo menos 12 estados, con reportes de manifestaciones, disturbios y/o saqueos en 27 ciudades.

A esto se le suma la alarmante y continua situación de privación de derechos civiles y políticos, de ruptura institucional y de crisis social y humanitaria.

El crítico panorama ha desembocado en una ola de disturbios que han conducido al aumento de la ya descontrolada inseguridad

(*) Véase en http://www.oas.org/es/centro_noticias/comunicado_prensa.asp?sCodigo=C-230/16

en el país y que, según informan los medios locales, habría producido la lamentable muerte de un niño de 15 años durante los saqueos en el bulevar La Limonada en el Callao.

En línea con lo expresado anteriormente en diversas oportunidades, la Secretaría General de la OEA exhorta al Gobierno venezolano al cumplimiento de sus obligaciones y a utilizar todos los medios necesarios para restablecer la institucionalidad en el país y atender las urgentes necesidades de la gente, al tiempo de recuperar la paz ciudadana.

Tal como está establecido en los pactos internacionales de derechos humanos, es responsabilidad del Estado asegurar el derecho a la vida, seguridad, los derechos sociales y económicos, así como las necesidades básicas de sus habitantes.

Del mismo modo, es responsabilidad directa de los gobernantes asegurar la restitución de los derechos políticos y del derecho a elegir y ser elegido por parte de la ciudadanía.

En este contexto de degradación política, económica y social, la Secretaría General de la OEA hace un llamado a los responsables y partes en el diálogo que se lleva a cabo en el país a tomar en cuenta en forma urgente la severa realidad humanitaria que vive el pueblo venezolano.

Ningún pueblo puede depositar esperanzas en un intento de diálogo que no implique acuerdos concretos y su cumplimiento irrestricto de buena fe, así como la ciudadanía no puede creer en un diálogo que resulte ajeno y distante a sus intereses reales y tan ineficiente, ya que durante tantos meses no ha podido resolver los problemas básicos del pueblo venezolano.

La Secretaría General de la OEA insta en forma urgente al Gobierno de Venezuela y a los integrantes y facilitadores de las mesas de diálogo a alcanzar, con la premura que la situación amerita, los acuerdos efectivos que brinden soluciones en Venezuela y que implican:

269

- apertura sin dilaciones de canal humanitario
- soluciones para el pueblo en materia de alimentos y medicinas
- restitución expedita del derecho de votar y de elegir del pueblo, conforme la gente esperaba una solución de carácter pacífico por esta vía.
- cese de la represión y la violencia contra la gente
- liberación de todos los presos políticos
- recuperación de la debida independencia de poderes, incluyendo restitución de poderes la Asamblea Nacional, un nuevo Tribunal Supremo de Justicia y un nuevo Consejo Nacional Electoral
- restablecimiento de la paz social,
- regreso a la normalidad institucional y democrática del país
- rendición de cuentas por partes de los gobernantes respecto a su responsabilidad política y judicial.

La Secretaría General de la OEA reitera su indeclinable vocación de cooperación y de apoyo al pueblo de Venezuela en la presente situación y redobla su oferta de colaboración para restablecer la normalidad institucional, política, democrática y en materia de derechos civiles y humanitarios en Venezuela.

XVI. RESPETO A LA NORMATIVA DE LA ASAMBLEA NACIONAL DE VENEZUELA^(*)

27 de diciembre de 2016

La Secretaría General de la Organización de los Estados Americanos (OEA) instó a los poderes del Estado venezolano y principalmente al Poder Ejecutivo del país caribeño a respetar la normativa interna de la Asamblea Nacional (AN) para la elección de su Junta Directiva, que deberá asumir funciones el 5 de enero de 2017.

En efecto, la Secretaría General de la OEA, califico de inaceptables y ultrajantes a la –ya violentada de forma continua– independencia y equilibrio de poderes las declaraciones y anuncios realizados por representantes del Poder Ejecutivo de Venezuela y del gobernante PSUV, relativas a desconocer las próximas autoridades de la AN. Esto genera incertidumbre política y social, reforzando el círculo perverso de crisis de democracia, ruptura institucional, desabastecimiento, hambre, inseguridad, falta de derechos y pobreza.

Ningún sistema de gobierno en el que se encuentre consagrada la separación de poderes puede admitir bajo ningún concepto que acciones del Poder Ejecutivo o del Poder Judicial pretendan paralizar definitivamente el trabajo del Poder Legislativo, en el cual recae la representación política y soberana de la nación.

(*) Véase en http://www.oas.org/es/centro_noticias/comunicado_prensa.asp?sCodigo=C-232/16

En el caso de Venezuela, admitir lo contrario llevaría el diagnóstico aún más allá del escenario actual de alteración del orden constitucional y ruptura institucional, para terminar de configurar un golpe de Estado a través de la disolución de hecho (por paralización definitiva) de uno de los Poderes del Estado.

Cualquier intervención de estas características equivaldría a la desaparición de la soberanía popular que recae en la AN, ameritando las más duras condenas por parte de la comunidad internacional.

La Junta Directiva de la AN, según su normativa interna, se integra por un Presidente (a), un Primer Vicepresidente (a) y un Segundo Vicepresidente (a), así como un Secretario (a) o Secretaria y un Subsecretario (a).

Del mismo modo, corresponde que al inicio del período constitucional y al inicio de cada período anual de sesiones ordinarias, la AN debe escoger su Junta Directiva, la cual será elegida por los diputados y diputadas presentes.

La correcta elección y funcionamiento de la Junta Directiva resultan fundamentales para el adecuado accionar del Poder Legislativo. Igualmente, como surge con claridad de la normativa, la elección de la Junta Directiva es un acto interno de la AN, debidamente reglado y que no admite interferencias por parte de otras entidades o Poderes del Estado.

Cualquier interferencia en la elección de autoridades de la AN por parte del Poder Ejecutivo o el Poder Judicial implica el desconocimiento absoluto de los principios esenciales de la democracia, que son la separación e independencia de poderes. A ello se le suma dejar a un lado la legitimidad que el pueblo de Venezuela le dio a la AN y, por lo tanto se estaría consagrando un paso más en la consolidación de un régimen autoritario.

En cambio, lo que el pueblo venezolano necesita son soluciones ya para superar la dramática crisis humanitaria, de falta de alimentos, de medicinas y de cobertura de sus necesidades básicas.

Por lo expuesto, **la Secretaría General de la OEA** exhorta al más escrupuloso respeto de los mecanismos de funcionamiento interno de la AN y así frenar el lamentable deterioro institucional y social en curso.

Al mismo tiempo, reitera su llamado a los participantes en el diálogo en curso, y a quienes ofician como facilitadores del mismo, a buscar soluciones reales, concretas y urgentes poniendo por delante los derechos y los intereses del pueblo de Venezuela, cuyo sufrimiento cotidiano debe ser el primer objeto de preocupación de los responsables políticos, porque como dijo el **ex Presidente Hugo Chávez Frías**, durante su cierre de campaña el 18 de agosto de 2012 en San Félix, estado Bolívar, *"la voz del pueblo es la voz de Dios"*.

XVII. PRESENTACION DEL INFORME ACTUALIZADO SOBRE VENEZUELA AL CONSEJO PERMANENTE[*]

14 de marzo de 2017

OSG/128-17

Su Excelencia Patrick Andrews

Embajador, Representante Permanente de Belice Ante la Organización de los Estados Americanos

Excelentísimo señor:

El 30 de mayo de 2016, presenté mi primer informe detallado en el que se describía la crisis en Venezuela, especialmente la "alteración del orden constitucional" y del "orden democrático" en ese país en virtud del artículo 20 de la Carta Democrática Interamericana. A los efectos de contribuir de una manera constructiva a la evaluación colectiva de los Estados, la Secretaría General presenta la actualización del mismo.

El 23 de junio de 2016, el Consejo Permanente convocó una sesión extraordinaria para discutir ese informe. El único punto del orden del día de esa reunión era la aceptación y el debate del informe del Secretario General.

---

[*] Véase en : http://www.oas.org/documents/spa/press/Informe-VZ-Spanish-signed-final.pdf

Durante dos horas y media, los Estados Miembros evaluaron colectivamente la situación y las medidas que debían adoptarse para promover la normalización de la situación y restaurar las instituciones democráticas. En esa ocasión no se tomó ninguna decisión, dejando abierto el debate al tiempo que se tomaba nota de la presentación que se hizo.

Desde esa fecha, los miembros del Consejo Permanente, los ciudadanos de América y la comunidad internacional han sido testigos de la agudización de la crisis económica, social, política y humanitaria en Venezuela.

Las gestiones diplomáticas realizadas no han dado por resultado ningún progreso. Los reiterados intentos de diálogo han fracasado y los ciudadanos de Venezuela han perdido aún más la fe en su gobierno y en el proceso democrático. La ausencia de diálogo es la primera señal del fracaso de un sistema político, porque la democracia no puede existir cuando las voces no se escuchan o han sido silenciadas.

Los hechos no dejan lugar a dudas. Venezuela viola todos los artículos de la Carta Democrática Interamericana. La democracia y los derechos humanos son valores que deben estar por encima de la política. La tarea que tenemos ante nosotros es apoyar a Venezuela y restaurar los derechos de su pueblo.

Nuestros esfuerzos deben concentrarse en restaurar el derecho a la democracia del pueblo venezolano conforme a lo que establece el artículo 1 de la Carta Democrática Interamericana: "Los pueblos de América tienen derecho a la democracia y sus gobiernos la obligación de promoverla y defenderla".

En mi calidad de Secretario General de la Organización de los Estados Americanos, es con desencanto que presento este informe de seguimiento en que se expone el ulterior deterioro de la situación en Venezuela. En la redacción de este informe hay tres certezas:

- la objetividad de los hechos recogidos en estas páginas;

- la importancia de los principios interamericanos, y

- la convicción de que, tarde o temprano, la democracia volverá a ser el sistema de gobierno en Venezuela.

XVIII. SEGUNDO INFORME DE SEGUIMIENTO SOBRE VENEZUELA[*]

14 de marzo de 2017

OSG/128-17

Su Excelencia
Patrick Andrews
Embajador, Representante Permanente de Belice
Ante la Organización de los Estados Americanos
Washington DC

Excelentísimo señor:

El 30 de mayo de 2016, presenté mi primer informe detallado en el que se describía la crisis en Venezuela, especialmente la "alteración del orden constitucional" y del "orden democrático" en ese país en virtud del artículo 20 de la Carta Democrática Interamericana. A los efectos de contribuir de una manera constructiva a la evaluación colectiva de los Estados, la Secretaría General presenta la actualización del mismo.

El 23 de junio de 2016, el Consejo Permanente convocó una sesión extraordinaria para discutir ese informe. El único punto del orden del día de esa reunión era la aceptación y el debate del informe del Secretario General.

---

[*] Véase en : http://www.oas.org/documents/spa/press/Informe-VZ-Spanish-signed-final.pdf

Durante dos horas y media, los Estados Miembros evaluaron colectivamente la situación y las medidas que debían adoptarse para promover la normalización de la situación y restaurar las instituciones democráticas. En esa ocasión no se tomó ninguna decisión, dejando abierto el debate al tiempo que se tomaba nota de la presentación que se hizo.

Desde esa fecha, los miembros del Consejo Permanente, los ciudadanos de América y la comunidad internacional han sido testigos de la agudización de la crisis económica, social, política y humanitaria en Venezuela.

Las gestiones diplomáticas realizadas no han dado por resultado ningún progreso. Los reiterados intentos de diálogo han fracasado y los ciudadanos de Venezuela han perdido aún más la fe en su gobierno y en el proceso democrático. La ausencia de diálogo es la primera señal del fracaso de un sistema político, porque la democracia no puede existir cuando las voces no se escuchan o han sido silenciadas.

Los hechos no dejan lugar a dudas. Venezuela viola todos los artículos de la Carta Democrática Interamericana. La democracia y los derechos humanos son valores que deben estar por encima de la política. La tarea que tenemos ante nosotros es apoyar a Venezuela y restaurar los derechos de su pueblo.

Nuestros esfuerzos deben concentrarse en restaurar el derecho a la democracia del pueblo venezolano conforme a lo que establece el artículo 1 de la Carta Democrática Interamericana: "Los pueblos de América tienen derecho a la democracia y sus gobiernos la obligación de promoverla y defenderla".

En mi calidad de Secretario General de la Organización de los Estados Americanos, es con desencanto que presento este informe de seguimiento en que se expone el ulterior deterioro de la situación en Venezuela. En la redacción de este informe hay tres certezas:

-la objetividad de los hechos recogidos en estas páginas;

-la importancia de los principios interamericanos, y

-la convicción de que, tarde o temprano, la democracia volverá a ser el sistema de gobierno en Venezuela.

La democracia es el gobierno del pueblo. Quienes son elegidos para representar al pueblo deben servir de instrumento para canalizar el sentir de la ciudadanía en el proceso de toma de decisiones. Los representantes electos deben ser responsables ante el pueblo.

Desde hace más de un año, el mensaje a la ciudanía venezolana ha sido que era la hora del diálogo. Sin embargo, el diálogo ha fracasado. No podemos permitir que la premisa del diálogo siga siendo utilizada como cortina de humo para perpetuar y legitimar el poder autoritario de lo que se ha convertido en un régimen en Venezuela.

Diferentes sectores políticos venezolanos, especialmente aquellos más afines al Gobierno, incluidos algunos sectores opositores, así como parte de la comunidad internacional han intentado presentar un mecanismo de diálogo como la solución a la crisis humanitaria, social, económica, financiera y política al pueblo venezolano.

Ese mecanismo de dialogo fue decisivamente funcional a la estrategia del Gobierno de sostenerse en el poder a partir de reiteradas y continuadas violaciones a la Constitución. Esas violaciones a la Constitución tuvieron efectos devastadores sobre los derechos del pueblo y de los representantes electos por la gente.

El pueblo de Venezuela se enfrenta a un Gobierno que ha dejado de ser responsable. La Constitución ha dejado de tener sentido.

El estado de derecho no está vigente en Venezuela; ha sido eliminado por un poder judicial completamente controlado por el Poder Ejecutivo, que ha anulado cada ley aprobada por la Asamblea Nacional (AN) así como sus potestades constitucionales o los derechos del pueblo, especialmente sus derechos electorales. Hoy en Venezuela ningún ciudadano tiene posibilidades de hacer valer sus derechos; si el Gobierno desea encarcelarlos, lo hace; si desea torturarlos, los tortura; si lo desea, no los presenta a un juez; si lo desea, no instruye acusación fiscal. El ciudadano ha quedado completamente a merced de un régimen autoritario que niega los más elementales derechos. Estos atropellos han sido instrumentados y ejecutados en paralelo a un proceso de mediación que vio por esta razón socavada su credibilidad[1].

La corrupción es generalizada y la economía va en caída libre. No hay suficiente comida; los servicios de salud son extremadamente precarios, y la profunda crisis humanitaria es de una escala inaudita en el Hemisferio Occidental. Se ignoran los derechos civi-

1 Mitzy Capriles: Rodríguez Zapatero habla de diálogo e ignora la violación de DD. HH. y torturas a los presos políticos

http://www.ntn24.com/noticia/ mitzy-capriles-rodriguez- zapatero-habla-de-dialogo-e- ignora-la-violacion-de-dd-hh- y-torturas-a-los-133601

Una activista de derechos humanos ataca furiosa a Zapatero: "¡Indecente!"

http://www.esdiario.com/ 504708485/Una-activista-de- derechos-humanos-ataca- furiosa-a-Zapatero-por- indecente.html

Capriles carga contra Zapatero y lo acusa de no lograr resultados en su mediación en Venezuela

http://www.elmundo.es/ internacional/2017/02/22/ 58ad01ade2704e29388b459c.html

Corina Machado a Zapatero: «Su propuesta es inmoral. ¿Quién le da derecho a negociar en Venezuela?»

http://www.abc.es/ internacional/abci-corina- machado-zapatero-propuesta- inmoral-quien-derecho- negociar-venezuela- 201702231425_noticia.html

El Parlamento y la Iglesia venezolana rechazan dialogar con Maduro

http://www.abc.es/ internacional/abci-palarmento- y-iglesia-venezolano-rechazan-dialogar-maduro-201702232217_ noticia.html

VENEZUELA: El juego de Santos es perverso y peligroso

http://www.entornointeligente. com/articulo/9716444/ VENEZUELA-El-juego-de-Santos- es-perverso-y-peligroso- 11032017

Diálogo en Venezuela fue una "mascarada", dice esposa de Ledezma a Samper

http://www.elnuevoherald.com/noticias/mundo/america-latina/venezuela-es/article136587808. html

Capriles: Gobierno de Venezuela quiere diálogo para evadir tema de drogas

https://www.cubanet.org/ venezuela/capriles-gobierno- de-venezuela-quiere-dialogo-para-evadir-tema-de-drogas/

El padre de Leopoldo López: "Sólo los ingenuos creen que Maduro celebrará elecciones

http://www.elespanol.com/ mundo/america/20170217/ 194481110_0.html

Lilian Tintori: "Zapatero ha empeorado la situación, es un vocero de Maduro"

http://www.libertaddigital. com/internacional/ latinoamerica/2016-11-21/ lilian-tintori-zapatero-es-un- vocero-de-maduro-1276587167/

les y políticos. Todo en interés de preservar la riqueza, el privilegio y la impunidad de quienes se aferran al poder.

Las recomendaciones formuladas en el primer informe al Consejo Permanente se proponían contribuir a una solución que, como se dijo desde un inicio, debe ser venezolana y por parte de los venezolanos, una solución que garantice el retorno a la democracia y al estado de derecho en ese país.

En su calidad de institución multilateral, la OEA existe para estar al servicio de nuestros Estados Miembros. La Carta de la OEA de 1948 fue firmada "en nombre de sus pueblos". El "pueblo" es el elemento fundamental del documento fundacional de la Organización. Como institución tenemos la obligación de hacer oír la voz del pueblo que ya no tiene voz.

Es hora de que el Consejo Permanente encamine acciones específicas con resultados concretos, que el llamado al retorno a la democracia en Venezuela no tenga ambigüedades y no quede sepultado en intereses coyunturales. En los meses transcurridos desde nuestro último debate, el Sistema Interamericano y la comunidad internacional han recurrido a todos los instrumentos disponibles para contribuir al restablecimiento del orden constitucional y las instituciones democráticas de Venezuela.

El Gobierno venezolano ha persistido en el repudio de sus obligaciones en el marco del Sistema Interamericano. Se han rechazado las "gestiones diplomáticas necesarias, incluidos los buenos oficios" encaminadas a "promover la normalización de la institucionalidad democrática", como se señala en el artículo 20 de la Carta Democrática Interamericana.

Es hora de asumir que los largos meses de mediaciones y buenos oficios han tenido resultados negativos y que no es posible continuar amparando la inacción en respetar la evolución de un proceso que perdió toda credibilidad. Esperar soluciones de un proceso de dialogo que no es tal, porque ni es recíproco, ni ha ofrecido garantías, ni ha cumplido ninguna de sus premisas, que no ha hecho más que agravar la situación del país y legitimar la continuidad del deterioro de sus instituciones, nos hace cómplices desde la comodidad de esperar por la acción de otros. Genera responsabilidad por omisión. Nuestra inacción en esta situación es sinónimo de omisión en proteger la democracia y los derechos humanos en Venezuela.

En un continente marcado por el compromiso con la solidaridad democrática, compromiso codificado mediante la creación de la Carta Democrática Interamericana, existen pocas sanciones morales o políticas para los líderes democráticamente electos de un país que no sean la confianza de su ciudadanía y la reprobación de sus pares. Está claro que la clase política ya ha perdido la confianza de su pueblo. Nuestro continente tiene ahora ante sí una obligación moral y ética: recuperar los principios del Sistema Interamericano y restaurar la democracia en ese país.

Ya lo dijo José Antonio Marina: "nada parece más peligroso que dar por hecho lo que depende de nosotros hacer." La Carta Democrática Interamericana es nuestra herramienta para actuar en casos de alteración del orden constitucional y democrático en un país del Hemisferio. Usemos nuestras herramientas asumiendo la responsabilidad colectiva y solidaria que nos llamó a crear ese instrumento y a fundar esta Organización. Al contrario de aquello que se ha pretendido hacer creer, que la CDI como instrumento bloquearía la posibilidad de alcanzar soluciones, vemos que, por el contrario la renuencia a utilizar la CDI hace que la situación se haya deteriorado aún más fuertemente.

Como dijera George Bernard Shaw "si la historia se repite, y siempre sucede lo inesperado, cuán incapaz debe ser el hombre de aprender de la experiencia".

I. EL SISTEMA INTERAMERICANO Y LA DEFENSA DE LA DEMOCRACIA

El concepto de democracia debe ser considerado elemento necesario, esencial y fundamental de las relaciones internacionales en el Hemisferio. Por lo tanto, la democracia es esencial para la OEA. El preámbulo de la Carta de la OEA afirma que "la democracia representativa es condición indispensable para la estabilidad, la paz y el desarrollo de la región".

La Resolución 1080 sobre Democracia Representativa, aprobada en 1991, es la primera medida que faculta al Consejo Permanente para actuar en caso de crisis o alteración del orden democrático o constitucional.

En 2001, esas facultades fueron adoptadas en la Carta Democrática Interamericana (CDI), que define el concepto de democracia e identifica situaciones en las que los Estados Miembros de la OEA podrían cooperar y apoyar a uno de sus miembros, ya sea a petición del país afectado, o del Secretario General. La Carta Democrática fue aprobada por unanimidad.

El artículo 1 establece que "Los pueblos de América tiene derecho a la democracia y sus gobiernos la obligación de promoverla y defenderla". Desde sus primeros párrafos, la Carta establece que la democracia es un derecho de los pueblos de América y establece obligaciones para su promoción y defensa por los gobiernos de América. Los representantes electos para dirigir los países tienen la responsabilidad de proteger esos derechos y valores y, si no lo hicieran, pierden su legitimidad como líderes.

El Capítulo IV de la Carta esboza las opciones de recurso. Los artículos 17, 18 y 19 atribuyen al Consejo Permanente el primer paso respecto de esa responsabilidad de ejecución. En el artículo 20 se esbozan las diversas medidas para un posible recurso, y se faculta al Consejo Permanente para "disponer la realización de las gestiones diplomáticas necesarias, incluidos los buenos oficios, para promover la normalización de la institucionalidad democrática". Cuando "las gestiones diplomáticas resultaren infructuosas", "el Consejo Permanente convocará de inmediato un período extraordinario de sesiones de la Asamblea General". El artículo 21 estipula el procedimiento para una posible suspensión cuando "las gestiones diplomáticas han sido infructuosas". El artículo 22 esboza el proceso de votación para el levantamiento de la suspensión, una vez superada la situación que motivó la suspensión.

La Carta Democrática ha sido invocada por los Estados Miembros en siete ocasiones y el artículo 21 activado una vez, en el caso de un golpe de estado. La solidaridad regional no puede existir a costa de los abusos contra los derechos humanos y la destrucción de las instituciones democráticas. De hecho, ocurre exactamente lo contrario. En cada uno de esos casos, todos los Estados Miembros cooperaron para apoyar al Estado afectado sosteniendo que la Carta Democrática da mayor firmeza al principio de solidaridad regional.

Asimismo, varias organizaciones subregionales han adoptado cláusulas democráticas, incluidas MERCOSUR con el *Protocolo de Ushuaia* de 1998 y UNASUR con el *Protocolo Adicional* de 2014.

Como hube de señalar en mi informe anterior, el Hemisferio Occidental ha sido pionero en la adopción de normas internacionales para la defensa de la democracia, una responsabilidad compartida por todos los Estados Miembros.

Las razones en pro de la toma de acciones siguen estando vinculadas al *pacta sunt servanda*. La defensa internacional de la democracia es esencial, y esa obligación es creada por los diferentes Estados que han firmado los tratados internacionales, con lo que se hacen responsables ante la comunidad de los Estados signatarios. Esto crea el imperativo del escrutinio internacional de su proceso democrático, y la comunidad internacional está obligada a observar las condiciones, el desempeño y la integridad de su democracia.

Se entiende que se lleva a cabo de manera continua la verificación y preservación de las buenas prácticas, y que también es necesario seguir de cerca el debilitamiento o las malas prácticas que van en contra del orden constitucional y de los acuerdos internacionales, ya que pueden constituir un peligroso precedente.

Debemos evitar el doble rasero y utilizar los mecanismos disponibles, incluida la Carta Democrática en todos los casos en que se constate una situación en la que existe deterioro de los elementos esenciales de la democracia. La protección de la democracia no debe limitarse a las palabras, requiere actuar.

El artículo 3 de la Carta define los "elementos esenciales de la democracia representativa" y menciona, entre otros, "el respeto a los derechos humanos y las libertades fundamentales; el acceso al poder y su ejercicio con sujeción al estado de derecho; la celebración de elecciones periódicas, libres, justas y basadas en el sufragio universal y secreto como expresión de la soberanía del pueblo; el régimen plural de partidos y organizaciones políticas, y la separación e independencia de los poderes públicos".

El artículo 4 de la Carta define los "componentes fundamentales del ejercicio de la democracia", a saber, "la transparencia de las actividades gubernamentales, la probidad, la responsabilidad de los gobiernos en la gestión pública, el respeto por los derechos sociales, y la libertad de expresión y de prensa". Exige "la subordinación constitucional de todas las instituciones del Estado a la autoridad civil legalmente constituida y el respeto al estado de derecho".

Esos principios fundamentales deben aplicarse en todo momento. Es evidente que la evaluación de la calidad de la democracia de un país y de su sistema de protección de los derechos humanos es tarea harto difícil. Con todo, eso es exactamente lo que la OEA debe hacer - llamar la atención sobre esos temas y velar por que se escuche la voz de todos los ciudadanos de América. El diálogo es un primer paso; y esta tarea resulta aún más difícil cuando nos vemos obligados a reconocer que el diálogo ha fracasado y que las conversaciones no han sido suficientes.

En la OEA, hemos creado valiosos instrumentos que, si son aplicados, pueden producir resultados valiosos. Los Estados Miembros han estado dispuestos a defender el sistema en los momentos más difíciles, y a defender esos instrumentos día a día. La cooperación entre todos los países es esencial. Su uso sistemático da mayor firmeza a las instituciones y, por ende, a los Estados Miembros.

Con arreglo a la declaración del Comité Jurídico Interamericano de 2009, el orden democrático impera cuando "existe un vínculo vital entre el ejercicio de la democracia participativa y el estado de derecho, el cual se expresa concretamente en la observancia de todos los elementos esenciales de la democracia representativa y sus componentes". A continuación se señala que "el régimen democrático no se agota en los procesos electorales, sino que se expresa también en el ejercicio legítimo del poder dentro del marco del estado de derecho, que incluye el respeto a los elementos, componentes y atributos de la democracia arriba definidos."[2]

En la diplomacia, esos acuerdos son nuestras herramientas y tenemos la responsabilidad de velar por que no se limiten a simples declaraciones escritas. Las palabras que elegimos generan la política, y debemos garantizar que se traduzcan en acción. Se trata de construir soluciones, aumentar la presión, crear condiciones, principios de trabajo y valores.

II. DIÁLOGO

La democracia requiere diálogo, pero es preciso reiterar que para obtener resultados satisfactorios, el diálogo debe ir acompañado de acciones. Estos esfuerzos diplomáticos se hicieron desde mayo de 2016 a febrero de 2017 y las propuestas de mediación surgieron en muchas partes. En la sesión del Consejo Permanente del 5 de mayo, se ofrecieron los buenos oficios del CP de la OEA, los cuales fueron rechazados en términos groseros y descalificadores.

Durante los primeros meses de 2016, a medida que se desarrollaba el enfrentamiento inicial entre la Asamblea Nacional recién elegida y el Poder Ejecutivo y el Tribunal Supremo de Justicia acerca de la suspensión de los tres miembros de la AN elegidos por el estado Amazonas, el Gobierno convino con el Secretario General de UNASUR, el ex presidente colombiano Ernesto Samper, contribuir a promover un diálogo institucional entre el Gobierno y la Oposición. Samper recabó la participación de tres ex presidentes, para facilitar el diálogo: el ex Presidente de Gobierno de España, José Luis Rodríguez Zapatero, el ex Presidente de la República Domini-

---

2   *Elementos esenciales y fundamentales de la democracia representativa y su vincula-ción con la acción colectiva en el marco de la Carta Democrática Interamericana,* Comité Jurídico Interamericano, CJI/RES. 159 (LXXV-O/09)

cana, Leonel Fernández, y el ex Presidente de Panamá, Martin Torrijos.

El Consejo Permanente de la OEA dio su pleno apoyo a ese "proceso de diálogo" transformándolo en la práctica en las gestiones diplomáticas que le fueron negadas a realizar directamente.

Según Zapatero, "nuestro objetivo es muy claro, es poner en marcha, intentar un proceso de diálogo nacional, y debo decir que tanto el presidente Maduro como los representantes de la Oposición, la Mesa de la Unidad Democrática (MUD) han expresado su voluntad de diálogo".[3] Sin embargo, cabe señalar que la iniciativa nunca fue ratificada por los Ministros de Relaciones Exteriores de UNASUR; asimismo, una de las partes, la MUD, tampoco pudo dar su parecer sobre la iniciativa ni sobre quiénes habrían de participar en la facilitación de un posible diálogo.

Durante los meses transcurridos, los mediadores se reunieron con las partes por separado. Desde la perspectiva de la Oposición, ello obedeció a que el Gobierno se negaba a considerar sus condiciones previas para un diálogo real. La Mesa de la Unidad Democrática insistía en que "los requisitos para el diálogo pasan por el respeto a la Constitución: y en ella están claramente establecidas las reglas para convocar el referendo revocatorio" y que "cualquier agenda para un diálogo genuino y útil debe incluir la libertad de los presos políticos, el retorno de los exiliados y el cese a la represión, el respeto a la Asamblea Nacional, y facilitar la apertura de los canales para que la ayuda internacional pueda socorrer a los venezolanos sin medicinas ni alimentos, víctimas de la crisis humanitaria provocada por el Gobierno. Hasta el momento, no se han establecido reglas claras para ningún diálogo ni negociación"[4].

3   Zapatero ve "voluntad de diálogo" entre el Gobierno venezolano y la oposición, 19 de mayo de 2016, http://www.rtve.es/noticias/20160519/zapatero-ve-voluntad-dialogo-entre-gobierno-oposicion-venezuela/1351863.shtml

4   Comunicado de la MUD: En Venezuela no hay diálogo y las actuaciones del Gobierno agravan la crisis, 21 de junio de 2016,

Aun cuando el diálogo no estaba produciendo resultados, en el cuarto trimestre de 2016, el impulso que se había creado apuntaba hacia una solución democrática a la crisis. En cinco asuntos clave, las condiciones fueron favorables, y la Oposición mantuvo una posición de fuerza para presionar al Gobierno para lograr un compromiso.

La ciudadanía se había galvanizado; salieron a las calles para exigir un cambio millones de ciudadanos venezolanos, incluido un millón en Caracas. El pueblo se había unido en torno de la última solución constitucional posible a la crisis política, el referendo revocatorio. La comunidad internacional se había movilizado y comenzaba a tomar medidas. En la OEA se cernía la amenaza de nuevas medidas en el marco de la Carta Democrática Interamericana, y MERCOSUR suspendió la adhesión de Venezuela a la organización. La amenaza de posibles sanciones aumentó la presión sobre el régimen de Caracas para encontrar una solución democrática. Las acusaciones de narcotráfico contra los sobrinos del presidente Maduro y los cargos de corrupción contra PDVSA en Houston, debilitaron aún más la posición del régimen.

En vista de esas circunstancias, la mayoría de la coalición de la Oposición de la MUD accedió a una nueva fase del diálogo, esta vez con la participación de la Santa Sede, con la intención de restablecer el respeto a la Constitución y a las instituciones del Estado. Las excepciones incluyeron *Voluntad Popular*, y algunos pequeños partidos, incluido *Vente*.

Durante la primera sesión plenaria, celebrada el 30 de octubre, se determinaron siete cuestiones clave:

- Compromiso conjunto para el mantenimiento de la paz y el entendimiento entre los venezolanos;

- Revisión de la situación de los presos políticos;

---

http://www.lapatilla.com/site/2016/06/21/mud-en-venezuela-no-hay-dialogo-y-las-actuaciones-del-gobierno-agravan-la-crisis-comunicado/

- Evaluación del caso de los diputados electos por el estado Amazonas;

- Cronograma e institucionalidad electoral y respeto a los procesos electorales previstos en la Constitución;

- Funcionamiento y autonomía de los poderes públicos y respeto de sus respectivas competencias constitucionales;

- Compromiso conjunto para mejorar las condiciones de abastecimiento de alimentos y medicinas; y

- Explorar alternativas que conlleven la acción conjunta de los órganos del Estado para atender los temas económicos más urgentes.[5]

Al concluir la reunión plenaria, se acordó instalar cuatro mesas temáticas y evaluar sus avances en forma periódica.

El 24 de octubre, UNASUR emitió un comunicado en el que se esbozaba el acuerdo sobre una mesa de diálogo entre el Gobierno de Venezuela y la Oposición en torno a cuatro temas. Cada mesa temática sería coordinada por uno de los tres ex presidentes (Zapatero, Fernández y Torrijos) y un representante de la Santa Sede. Tanto el Gobierno como la Oposición tendrían un representante que contaría con el apoyo de un equipo de asesores técnicos.

Los cuatro temas de diálogo acordados fueron: (i) Paz, respeto al estado de derecho y a la soberanía nacional (coordinado por Zapatero); (ii) Verdad, Justicia, Derechos Humanos, Reparación de Víctimas y Reconciliación (Santa Sede), (iii) Económico-social (Fernández), y (iv) Generación de confianza y Cronograma Electoral (Torrijos).

Una segunda sesión plenaria tuvo lugar del 11 al 12 de noviembre de 2016. Una declaración destacó una lista de cinco asuntos adicionales, entre ellos:

---

5   http://minci.gob.ve/2016/10/conozca-los-acuerdos-establecidos-en-el-dialogo-entre-gobierno-y-oposicion/

- El Gobierno Nacional y la MUD acordaron trabajar de manera conjunta para combatir toda forma de sabotaje, boicot o agresión a la economía venezolana y priorizar en el corto plazo la adopción de medidas orientadas al abastecimiento de medicamentos y alimentos;

- Instar a los poderes públicos competentes a actuar en la resolución de la situación de los diputados a la Asamblea Legislativa electos en el estado Amazonas, así como a trabajar conjuntamente, en el marco de lo establecido en la Constitución, para el nombramiento de los dos rectores del Consejo Nacional Electoral que culminan su mandato en diciembre de 2016;

- Defender los derechos legítimos e inalienables de Venezuela sobre la Guayana Esequiba;

- Adoptar la Declaración Conjunta "Convivir en Paz";[6] y

- Ampliar la participación en el diálogo para incorporar a la Mesa a un Gobernador estatal por cada una de las partes, e invitar a representantes de los diferentes segmentos de la sociedad.[7]

El 1 de diciembre, la Santa Sede envió una carta al Gobierno venezolano y a la Oposición en la que se reiteraba la importancia del diálogo entre las partes. La carta, firmada por el Secretario de Estado, cardenal Pietro Parolin, expresaba preocupación por un "inquietante retraso en la adopción de las medidas necesarias para la aplicación concreta de los acuerdos", y señalaba además que "fuera de las reuniones de trabajo se hacen declaraciones o se toman decisiones que no favorecen el entendimiento entre las partes".

---

6   La Declaración 'Convivir en Paz' es un compromiso ante el pueblo de Venezuela para encontrar una solución pacífica a la crisis que aspira a que "nuestras diferencias políticas solo tengan una respuesta en el estricto marco constitucional: un camino democrático, pacífico y electoral." http://vtv.gob.ve/conoce-la-declaracion-conjunta-convivir-en-paz-acordada-por-el-gobierno-y-oposicion/

7   http://minci.gob.ve/2016/11/gobierno-nacional-y-la-mesa-de-unidad-democratica-celebraron-segunda-reunion-plenaria-del-dialogo-nacional/

291

La carta planteaba una serie de cuestiones que requerían una atención inmediata, entre ellas:

- Que antes del próximo encuentro se tomen las providencias necesarias para la implementación urgente de medidas destinadas a aliviar la grave crisis humanitaria, ofreciendo a la Iglesia venezolana como un posible vehículo para facilitar la asistencia;

- Que las partes concuerden el calendario electoral que permita a los venezolanos decidir sin dilaciones su futuro;

- Que se tomen las medidas necesarias para restituir cuanto antes a la Asamblea Nacional el rol previsto en la Constitución, y;

- Que se apliquen los instrumentos legales para acelerar el proceso de liberación de los detenidos.[8]

La Oposición optó por no participar en la siguiente sesión plenaria prevista para el 6 de diciembre de 2016.

Cada una de las preocupaciones planteadas en la carta de la Santa Sede pone de manifiesto el fracaso del Gobierno venezolano para actuar, lo que da motivo para creer que el Gobierno no estaba negociando de buena fe. El diálogo no ha dado ningún resultado y, en cambio, en cada uno de los cuatro ámbitos temáticos, la Oposición ha salido perdiendo en todo momento; la situación política, económica, social y humanitaria ha empeorado; y el poder del régimen autoritario se ha perpetuado aún más.

La primera mesa de diálogo que supuestamente debía devolver sus poderes constitucionales a la Asamblea Nacional significó el fin de facto de la misma. Desde el inicio del proceso de diálogo, el Tribunal Supremo ha reducido aún más los poderes de la Asamblea Nacional, incluida la autoridad para elegir a los miembros del consejo electoral, para aprobar el presupuesto y para llevar a cabo un

8   http://www.infobae.com/america/america-latina/2016/12/07/la-carta-completa-que-el-vaticano-envio-al-regimen-de-nicolas-maduro-y-a-la-oposicion/

juicio político, o exigir al Presidente que rinda cuentas. Por otra parte, se ha despojado de su inmunidad a miembros de la Asamblea Nacional. A dos diputados, incluido el Presidente de la Comisión de Relaciones Exteriores, se les ha impedido viajar fuera del país y se les han retirado sus pasaportes, y Gilber Caro, el miembro suplente que representa a *Voluntad Popular*, ha sido detenido y actualmente está encarcelado. Cada una de esas medidas constituye una violación directa de la Constitución de Venezuela.

En el marco de la segunda mesa temática de diálogo, tras un primer gesto de liberación de algunos de los activistas políticos detenidos indebidamente, el Gobierno recurrió rápidamente a su antigua práctica de detenciones arbitrarias, arrestando y poniendo en libertad a los ciudadanos, como le place. En todo momento, el número total de presos políticos ha aumentado desde que se inició el proceso de diálogo.

La tercera mesa de diálogo, que supuestamente debía orientar los esfuerzos para recuperar la economía, deja al país en una situación en la cual la economía sigue deteriorándose cada vez más. La inflación continúa aumentando, alcanzando niveles sin precedentes, mientras que el PIB va en caída libre. El diálogo tampoco logró ningún tipo de acuerdo para abrir un canal de ayuda humanitaria. No pudo siquiera abrir un canal humanitario que resolviera temas básicos de alimentación y medicinas para la población que más ha sufrido la crisis humanitaria. Cada indicador social ha sufrido el dolor de la crisis, el aumento de la desnutrición infantil, el aumento de la mortalidad infantil, las muertes de los pacientes con enfermedades crónicas por no poder tratarse, y la muerte de niños por carencia de vacunas.

La mesa cuatro, que debía establecer un calendario electoral como la última oportunidad para una salida constitucional a la crisis, el referendo revocatorio, fue dejada de lado, lo que significa la más fuerte violación de los derechos electorales del pueblo conforme fueron otorgados por la Constitución Bolivariana. El referendo revocatorio no pertenecía al Gobierno ni a la Oposición, ni a los mediadores, ni al Vaticano; pertenecía a cada una de las personas que firmaron, arriesgando su empleo público, su libertad, la ayuda económica o alimenticia que podían estar recibiendo y que en muchos casos perdieron. Por lo tanto era completamente improcedente dejarlo sin efecto, violando la Constitución y los derechos del pueblo. Como dijo Salvador Allende "el pueblo no debe dejarse arrasar ni acribillar, pero tampoco debe humillarse". Las elecciones para gobernadores se han pospuesto, sin que se haya indicado cuándo se celebrarán o si tendrán lugar a corto plazo.

Cada retroceso que se señala ha significado la violación de la Constitución desde su más caro principio: el respeto de la voluntad popular. El pueblo de Venezuela ha perdido su derecho a expresarse a través del voto. Las sucesivas y reiteradas manipulaciones de las disposiciones electorales, la imposición de normas exiguas y poco claras desde la creación de nuevos procesos y el incumplimiento de los plazos, el uso de interpretaciones subjetivas que acomodan el curso de los hechos a la conveniencia del oficialismo, no hacen más que perpetuar su continuidad en el tiempo y postergar indefinidamente la expresión de la voluntad popular.

Cada una de esas acciones representa una violación de la Constitución venezolana y cada una de esas acciones viola los artículos 3 y 4 de la Carta Democrática.

La participación de la Santa Sede se ha convertido en una excusa para que los Estados Miembros de la OEA se retiren, esperando un progreso que no se va a materializar nunca. Es hora de que se reconozca el fracaso del diálogo como proceso para restaurar la democracia y la prosperidad de la población. El diálogo fue en realidad una herramienta para consolidar las peores variables autoritarias del régimen en la dimensión nacional y para no asumir compromisos de denuncia y presión internacional en el ámbito externo. Esos objetivos inaceptables fueron claramente cumplidos por el gobierno.

El desencanto del pueblo venezolano no ha hecho más que ir en aumento, dando lugar a una mayor desconfianza de los políticos, tanto los del Gobierno como los de la Oposición. Una encuesta realizada en febrero por Seguias indica que el apoyo del PSUV oscila entre el 18 y el 20 por ciento; el de la MUD es de un 33 por ciento, lo que representa una caída de más del 10 por ciento en los últimos meses.[9] Cerca de la mitad de la población no tiene confianza en los partidos políticos electos para representarlos. La mitad de la población venezolana busca una voz independiente y externa que la represente.

En su calidad de miembros del Consejo Permanente, ustedes han apoyado las resoluciones favorables al proceso de diálogo. Por otra parte, los países de este Hemisferio han expresado su apoyo mediante declaraciones en el marco de diferentes foros como MERCOSUR, UNASUR, el Grupo de los 15 y el Grupo de los 15 ampliado. El diálogo ha recibido apoyo incluso de fuera de la región. Todos esos esfuerzos estaban encaminados a apoyar a Venezuela, y el Gobierno ha rechazado categóricamente esos apoyos por su falta de buena fe en el proceso de diálogo.

Venezuela se destaca en la región como el único caso de un país que era una democracia y que ha descendido vertiginosamente hasta convertirse en un autoritarismo desenfrenado. El que debería ser uno de los países más ricos de la región es, en cambio, un país en el que impera un total colapso de todos los aspectos de la vida-humanitarios, sociales, económicos y políticos. Esta es una realidad que debemos estar dispuestos a reconocer, no en voz baja ni a puerta cerrada, sino en voz alta, en público, dejando constancia.

Continuar replicando los fallidos esfuerzos de mediación y las gestiones diplomáticas rechazadas sólo puede prolongar el sufrimiento del pueblo venezolano. Va siendo hora de avanzar en este proceso y poner la mira en los próximos pasos que contribuyan a que Venezuela vuelva a la vía de la democracia y la prosperidad.

---

9   http://www.elnuevoherald.com/noticias/mundo/america-latina/venezuela-es/article135302939.html

III. LAS RECOMENDACIONES

En el primer informe al Consejo Permanente se presentó un análisis imparcial de la situación en Venezuela, basado en hechos y circunstancias de demostrada veracidad. Además, el documento exponía una serie de ocho recomendaciones que serían necesarias para resolver los desafíos identificados en el texto.

Las recomendaciones tenían por objeto normalizar la situación y contribuir al restablecimiento del orden constitucional de Venezuela, para que ese país vuelva nuevamente a la senda de la democracia y la prosperidad. Es descorazonador informar que, al igual que ocurre con el diálogo, no se ha avanzado respecto de ninguna de las recomendaciones contenidas en el informe inicial. El Gobierno venezolano ha convertido su Constitución en papel mojado; la voz del pueblo venezolano ha sido silenciada y encarcelada, y se han propagado por todo el país la corrupción y el narcotráfico.

RECOMENDACIÓN 1: EL REFERÉNDUM REVOCATORIO. ES LA SOLUCIÓN POLÍTICA DE VENEZUELA DADO QUE CUANDO EL SISTEMA POLÍTICO DE UN PAÍS ESTÁ POLARIZADO EN EXTREMO LA ÚNICA SOLUCIÓN PUEDE SURGIR DE LA DECISIÓN DEL SOBERANO.

REFERENDO REVOCATORIO

Referendo revocatorio: 9 de marzo al 20 de octubre

El referendo revocatorio del mandato presidencial en Venezuela, iniciado el 9 de marzo de 2016[10] y suspendido el 20 de octubre por el Consejo Nacional Electoral (CNE), fue una iniciativa minada de obstáculos presentados por un oficialismo presionado por el umbral del 10 de enero de 2017. Si el referendo se hubiera realizado antes de esa fecha, habría sido posible que el sucesor elegido por el Presidente Chávez no terminara su mandato. Ante el temor de esa posibi-

---

10   Fecha en que la MUD introduce la solicitud de activación a la Comisión de Participación y Finanzas (COPAFI).

lidad, no debe sorprender que la iniciativa de activar un referendo sobre el mandato del Presidente Maduro fuera bloqueada deliberadamente por el Gobierno. Este no honró su deber constitucional de apegarse a la ley y facilitar el pleno ejercicio de la participación política de los venezolanos y las venezolanas, sino que optó por impedir la concreción del referendo obstaculizando y posponiendo sucesivamente los procesos de validación de firmas.

A lo largo de los 225 días de vida de la iniciativa, se identificaron malas prácticas en torno al manejo de los plazos previstos por la ley; la creación de nuevos trámites no incluidos en la norma, y la inadecuada infraestructura electoral[11]. También destaca sobremanera la inusual coincidencia de eventos casi simultáneos que llevaron a la suspensión del referendo al cabo de un día. Una mirada a hechos destacados entre el 9 de marzo y el 20 de octubre explica en parte como las malas prácticas y la intervención del Ejecutivo frenaron la activación del mecanismo, a tal punto que solo se logró completar la primera etapa[12].

Cabe destacar que el proceso transcurrió en un contexto donde la calidad de la democracia electoral en Venezuela habría estado cuestionada a nivel internacional. Un estudio de 153 países y 213 elecciones, publicado por la Universidad de Harvard en septiembre del año 2016, encontró que la percepción de integridad electoral en Venezuela es "baja o muy baja"[13]. Asimismo, en el reporte *Freedom in the World 2017* de la organización sin fines de lucro *Freedom House*, Venezuela obtiene una calificación de seis[14] en lo que se refiere a los derechos políticos, lo cual significa que el país es

11 UCAB (2016), "Informe de seguimiento sobre la activación del Referendo Revocatorio del Mandato Presidencial", Proyecto Integridad Electoral Venezuela, https://politikaucab.files.wordpress.com/2016/10/informe-de-seguimiento-sobre-la-activaciocc81n-del-referendo-revocatorio-del-mandato.pdf

12 Las tres etapas son las siguientes: Constitución del Grupo Promotor; solicitud de Referendo Revocatorio; y celebración del Referendo Revocatorio.

13 Electoral Integrity Project (2016), "The Year in Elections, mid-2016", https://electoralintegrityproject.squarespace.com/the-year-in-elections-mid2016/

14 https://freedomhouse.org/report/fiw-2017-table-country-scores

considerado como 'no libre' en esta categoría, que incluye el análisis de procesos electorales.

Freedom House aduce que el Presidente Maduro, a través de la cooptación del Poder Judicial, bloqueó el referendo revocatorio "y en la práctica cortó en seco la única vía conducente a un cambio ordenado de líderes".[15] Otras organizaciones internacionales sin fines de lucro apoyan la hipótesis de la manipulación e intervención del Gobierno para prevenir la realización del referendo revocatorio. Por ejemplo, el *International Crisis Group (ICG)* argumenta, "Al utilizar su control del Poder Judicial y de la Autoridad Electoral (CNE) para bloquear un referendo revocatorio presidencial en 2016, el Gobierno se ha asegurado de que no hay medios constitucionales para sacarlo del poder antes de las elecciones presidenciales programadas para diciembre de 2018".[16]

Incumplimiento de plazos

Una de las malas prácticas persistentes durante el proceso fue el mal manejo de los plazos previstos por la normativa. La duración de la iniciativa, en comparación con la duración de procesos similares realizados en el pasado, genera sospechas sobre el manejo de plazos por parte de la administración electoral.

Al 19 de octubre de 2016, un día antes de la suspensión del revocatorio, el atraso acumulado era de 80 días[17]. Un estudio del Proyecto Integridad Electoral Venezuela concluyó que una de las deficiencias del proceso fue el "retardo sistemático en las diferentes

15   Freedom House (2017), Freedom in the World 2017, pág. 7, https://freedomhouse.org/sites/default/files/FH_FIW_2017_Report_Final.pdf

16   ICG (2017), "Venezuela: A Regional Solution to the Political Standoff", 28 de febrero de 2017, https://www.crisisgroup.org/latin-america-caribbean/andes/venezuela/venezuela-regional-solution-political-standoff

17   UCAB (2016), "Informe de seguimiento sobre la activación del Referendo Revocatorio del Mandato Presidencial", Proyecto Integridad Electoral Venezuela, https://politikaucab.files.wordpress.com/2016/10/informe-de-seguimiento-sobre-la-activaciocc81n-del-referendo-revocatorio-del-mandato.pdf

fases del proceso de legitimación de los convocantes, así como en la convocatoria a la recolección del 20 por ciento".[18]

Los atrasos se dieron desde el inicio, durante la fase de recolección del uno por ciento y del 20 por ciento de manifestaciones de voluntad. La MUD introdujo la solicitud de activación al CNE el 9 de marzo, pero el CNE dio acuse de recibo el 7 de abril. Ante la ausencia de una respuesta por parte del Poder Electoral, la MUD realizó dos solicitudes adicionales el 15 de marzo y el 7 de abril del mismo año. El 25 de abril el CNE respondió a la solicitud de recolección de manifestaciones de voluntad y solicitó la recolección del uno por ciento en cada estado y en el distrito capital. La Planilla fue entregada por el CNE el 26 de abril. Es importante recalcar que la Resolución núm. 070906-2770 no estipula el lapso de respuesta del Poder Electoral ante esa solicitud. La dilatación de la respuesta del CNE vulnera el derecho de petición, que estipula que toda petición debe ser atendida de manera oportuna, en un tiempo razonable.[19]

La MUD tomó siete días – en lugar de los 30 días permitidos[20] – en recolectar 1,97 millones de manifestaciones de voluntad y las entregó al CNE el 2 de mayo. A partir de esa fecha de entrega, el siguiente paso era la constatación del número de manifestaciones de voluntad. En ese paso hubo retrasos. Según el artículo 10.5 de la Resolución 070906-2770, el CNE tendría cinco días continuos desde el 2 de mayo para la constatación. Sin embargo, transcurrieron un total de 39 días desde la recolección del uno por ciento de manifestaciones de voluntad (2 de mayo) hasta la aprobación por el CNE

---

18 UCAB (2016), "Informe de seguimiento sobre la activación del Referendo Revocatorio del Mandato Presidencial", Proyecto Integridad Electoral Venezuela, https://politikaucab.files.wordpress.com/2016/10/informe-de-seguimiento-sobre-la-activaciocc81n-del-referendo-revocatorio-del-mandato.pdf

19 El Derecho de Petición en Venezuela se encuentra establecido en el contenido de los Artículos 28, 31, 51, 58, de la Constitución de la República Bolivariana de Venezuela (1999) y en los Artículos 7º y 8 de la Ley Orgánica de la Administración Publica, considerado como el derecho de petición y de oportuna respuesta, donde se determina la obligatoriedad a la que están sujetos los entes públicos de solventar aquellas peticiones formuladas por los particulares.

20 Art. 10.4, Res. 070906-2770

del "Informe de Resultados de la Digitalización y Digitación de Planillas de Manifestación de Voluntad del Número de Manifestaciones de Voluntad"[21] (13 de junio).

El CNE realizó la validación de manifestaciones de voluntad en el plazo estipulado por el Consejo mismo (20 al 24 de junio). Posterior al proceso de validación, el CNE afirmó que en efecto se logró la recolección del uno por ciento de las firmas por cada una de las entidades federales. Hasta ese momento del proceso, se estima que el atraso acumulado era de 48 días[22].

La siguiente etapa se inició cuando la MUD formalmente solicitó, el 2 de agosto, la recolección del 20 por ciento de voluntades para realizar el referendo revocatorio[23]. El CNE confirmó la procedencia de la solicitud de la MUD el 24 de agosto, cuando el plazo máximo para dicha confirmación era el 19 de agosto.[24] Además, según las normas, el CNE tendría 15 días hábiles para definir los centros de recolección del 20 por ciento, que hubiera sido el 9 de septiembre. El CNE entregó el 16 de septiembre – un atraso de siete días.[25] El 6 de octubre, el CNE entregó a la MUD la distribución oficial de los centros para a la recolección del 20 por ciento de huellas.[26]

Adicionalmente, en lugar de publicar el cronograma definitivo de la etapa del 20 por ciento el 16 de septiembre, como lo había anun-

21 http://www.cne.gob.ve/web/documentos/pdf/2016/InformeFinal.pdf

22 UCAB (2016), "Informe de seguimiento sobre la activación del Referendo Revocatorio del Mandato Presidencial", Proyecto Integridad Electoral Venezuela, https://politikaucab.files.wordpress.com/2016/10/informe-de-seguimiento-sobre-la-activaciocc81n-del-referendo-revocatorio-del-mandato.pdf

23 http://ntn24webcanal.site/noticia/mud-solicita-formalmente-realizar-el-referendo-revocatorio-ante-el-poder-electoral-111248

24 http://prodavinci.com/blogs/la-encrucijada-como-salvar-el-revocatorio-por-jose-ignacio-hernandez-g/

25 http://prodavinci.com/blogs/la-encrucijada-como-salvar-el-revocatorio-por-jose-ignacio-hernandez-g/

26 http://sunoticiero.com/cne-entrego-listado-de-centros-para-la-recoleccion-del-20/

ciado públicamente la rectora Tibisay Lucena,[27] el CNE lo publicó el 21 de septiembre. El cronograma pronosticaba demoras adicionales. Al definir que la recolección del 20 por ciento sería a finales de octubre, el CNE se atrasaría un mes y medio.[28]

Lo anteriormente descrito sustenta el argumento que, al no cumplir con los plazos establecidos por la normativa, el CNE deliberadamente llevaba al límite de tiempo el revocatorio[29].

Creación de trámites

Gran parte de los atrasos en el proceso se dieron por la creación de nuevos trámites, no contemplados en las normas. El primer ejemplo relevante se dio en cuanto a la etapa de recolección del uno por ciento de manifestaciones de voluntad. El Poder Electoral solicitó que el uno por ciento correspondía a cada una de las 23 entidades federales y el distrito capital, y no al uno por ciento a nivel nacional. Es decir, se agregó un requisito que no contempla la ley e, inclusive, la contradice. De acuerdo a la normativa vigente, la recolección es en base al electorado inscrito en la circunscripción relacionada al referendo revocatorio del mandato presidencial, es decir, la circunscripción del Presidente, que es el nivel nacional.

El segundo ejemplo de creación de nuevos procedimientos se da en la verificación del uno por ciento de manifestaciones de voluntad. El directorio del CNE, con la excepción de un rector, acordó establecer los siguientes nuevos trámites para la verificación de las firmas: "Transcripción de las planillas, una segunda transcripción de la misma, verificación de la información del solicitante en el Registro Electoral, revisión de la huella dactilar, revisión de los

27 http://prodavinci.com/2016/08/09/actualidad/que-fue-lo-que-dijo-tibisay-lucena-sobre-el-referendo-revocatorio-monitorprodavinci/

28 http://prodavinci.com/blogs/la-encrucijada-como-salvar-el-revocatorio-por-jose-ignacio-hernandez-g/

29 http://prodavinci.com/blogs/la-encrucijada-como-salvar-el-revocatorio-por-jose-ignacio-hernandez-g/

"campos sensibles" tales como nombre y cargo del funcionario a revocar"[30].

El tercer ejemplo es similar al caso de la interpretación de la circunscripción mencionado anteriormente. Tal como sucedió con la etapa del uno por ciento, para la recolección del 20 por ciento el CNE indicó la posibilidad de que la recolección sería "regionalizada".[31] Socorro Hernández expresó que sería factible usar el mismo criterio ocupado en la fase del uno por ciento por cada uno de los estados[32]. Finalmente, el 17 de octubre de 2016 la Sala Electoral declaró[33] que se tendría que alcanzar el 20 por ciento de las manifestaciones de voluntad en los 23 estados y en el Distrito Capital, contradiciendo lo contenido en el artículo 72 de la Constitución y un precedente del CNE del año 2004[34]. En esa ocasión, en el revocatorio contra el entonces presidente Chávez en 2004, bajo la misma normativa, el CNE estableció que la recolección del 20 por ciento de las firmas sería a nivel nacional. El sesgo de esta decisión judicial es notable a favor del Gobierno. El cargo en cuestión era el de Presidente de la República, un cargo nacional, con lo cual lógicamente la circunscripción correspondiente es nacional.

Suspensión del proceso

El proceso de referendo revocatorio de 2016 estuvo plagado de malas prácticas en el manejo de plazos, la creación de nuevos trámi-

---

30 UCAB (2016), "Informe de seguimiento sobre la activación del Referendo Revocatorio del Mandato Presidencial", Proyecto Integridad Electoral Venezuela, https://politikaucab.files.wordpress.com/2016/10/informe-de-seguimiento-sobre-la-activaciocc81n-del-referendo-revocatorio-del-mandato.pdf

31 http://runrun.es/nacional/278865/cne-inclinado-a-regionalizar-la-recoleccion-del-20-de-firmas-para-el-revocatorio.html

32 http://runrun.es/nacional/278865/cne-inclinado-a-regionalizar-la-recoleccion-del-20-de-firmas-para-el-revocatorio.html

33 Sentencia 147/2016: http://historico.tsj.gob.ve/sr/print.asp?url=http://historico.tsj.gob.ve/decisiones/selec/octubre/190852-147-171016-2016-2016-000074.HTML

34 http://prodavinci.com/blogs/sobre-la-inconstitucional-decision-del-cne-en-cuanto-al-20-por-jose-ignacio-hernandez/

tes y la inadecuada infraestructura electoral, pero también estuvo caracterizado por la judicialización del proceso a favor del oficialismo. La forma en que se suspendió el proceso es un buen ejemplo. Contrario a lo que se sospechaba, que las medidas judiciales para frenar el referendo vendrían del TSJ, fueron los tribunales de los estados de Aragua, Carabobo, Bolívar, y Apure que emitieron sentencias - de forma casi simultánea - dejando sin efecto la recolección de firmas para el Revocatorio de Mandato por presunto "fraude"[35] perpetrado por la MUD.

La inusual coincidencia de las sentencias casi simultáneas por tribunales de estados donde los gobernadores son oficialistas genera, como mínimo, sospechas. Amparándose en esas sentencias de los tribunales anunciadas el 20 de octubre, el CNE suspendió el mismo día la recolección del 20 por ciento de manifestaciones de voluntad para la realización del referendo revocatorio, por supuesto fraude en la recolección de firmas del uno por ciento del padrón electoral. El fin del proceso de activación del referendo revocatorio del mandato del Presidente Maduro no fue resultado de inusuales coincidencias judiciales. Más bien, fue resultado de una evidente estrategia de coordinación dentro del Gobierno por suspender la iniciativa.

La actuación del oficialismo con respecto al referendo revocatorio es prueba de que el Gobierno antepone su interés de mantenerse en el poder por encima de la voluntad de los electores.

Referendo Revocatorio: Después del 20 de octubre

Según el comunicado de la primera reunión del Diálogo Nacional, celebrada el 31 de octubre, las Partes acordaron abordar una serie de temas, entre ellos el "cronograma e institucionalidad electoral y respeto a los procesos electorales previstos en la Constitución", que incluirían claramente el referendo revocatorio, así como las

---

35   http://www.eluniversal.com/noticias/politica/tribunales-dejan-sin-efecto-recoleccion-del-cinco-estados-del-pais_623473

303

elecciones de Gobernadores, aunque no se mencionaran explícitamente.[36]

Sin embargo, el Comunicado de la segunda reunión, celebrada el 12 de noviembre de 2016, sólo mencionó que "en el campo político, se acordó avanzar en la superación de la situación de desacato de la Asamblea Nacional dictada por el Tribunal Supremo de Justicia. En ese sentido se acordó instar a los poderes públicos competentes a actuar en la resolución de la situación del caso Amazonas en términos perentorios".[37] No se hacía ninguna otra mención de los procesos electorales estipulados por la Constitución, y mucho menos del referéndum revocatorio.

Al término de la segunda reunión, muchos simpatizantes de la MUD y algunas figuras de la Oposición expresaron su vivo descontento por el abandono por parte del liderazgo de la MUD del referendo revocatorio en el Diálogo, así como por haber hecho varias otras concesiones al Gobierno. Al día siguiente de la segunda reunión, el Presidente Maduro volvió a descartar la posibilidad de que su Gobierno acuerde con la Oposición una salida electoral.[38] En vista del fracaso de las perspectivas del referendo revocatorio, los miembros de la Oposición comenzaron a concentrar su atención en la posibilidad de celebrar comicios presidenciales anticipados.

En los días previos a lo que se suponía debía haber sido el tercer encuentro del Diálogo Nacional, previsto para el 6 de diciembre de 2016, varias figuras de la Oposición advirtieron al Gobierno que, a menos que cumpliera con sus compromisos acordados durante la reunión anterior, no participarían en ese encuentro del Diálogo. El 5 de diciembre, Henry Ramos Allup, Presidente de la Asamblea Na-

36 *Conozca los primeros acuerdos del diálogo entre Gobierno y Oposición*, http://minci.gob.ve/2016/10/conozca-los-acuerdos-establecidos-en-el-dialogo-entre-gobierno-y-oposicion/

37 *Lea el comunicado sobre los avances del Diálogo Nacional tras la segunda reunión plenaria de este sábado*, http://minci.gob.ve/2016/11/gobierno-nacional-y-la-mesa-de-unidad-democratica-celebraron-segunda-reunion-plenaria-del-dialogo-nacional/

38 *Venezuela: tensiones tras diálogo nacional*, http://www.dw.com/es/venezuela-tensiones-tras-di%C3%A1logo-nacional/a-36379701

cional envió un mensaje por Twitter en que afirmaba que su partido, Acción Democrática, se retiraría del Diálogo a menos que el Gobierno respetara los acuerdos.

En una carta fechada el 1 de diciembre de 2016, dirigida al Gobierno y a la Oposición, el secretario de Estado de la Santa Sede, cardenal Pietro Parolin, expresó también su preocupación por el hecho de que "estamos asistiendo a un inquietante retraso en la adopción de las medidas necesarias para la aplicación concreta de los acuerdos; [...]. En tal contexto, la Santa Sede, cumpliendo su rol de garante de la seriedad y sinceridad de las negociaciones al que ha sido llamada, considera que se debe dar un sustancial paso adelante si se quiere que el proceso de Diálogo Nacional se desarrolle de manera provechosa y eficaz. Por tanto, respetuosamente pero con firmeza, la Santa Sede demanda que: [...] b) Dado el compromiso adquirido por las partes en la Declaración Conjunta "Convivir en Paz", a que sus «diferencias políticas sólo tengan una respuesta en el estricto marco constitucional un camino democrático, pacífico y electoral» y la convicción de que «el camino electoral sea la normal vía democrática para que los pueblos expresen su propia voluntad», las partes concuerden el calendario electoral que permita a los venezolanos decidir sin dilaciones su futuro."[39]

El referendo revocatorio fue la última solución constitucional a la crisis política en Venezuela. El referendo no era una baza de negociación que el Gobierno o la Oposición pudieran utilizar como parte de las negociaciones en el Diálogo Nacional; era un derecho fundamental del pueblo establecido en la Constitución de 1999 de la República Bolivariana de Venezuela - y los derechos nunca pueden ser negociados, erosionados o retirados; deben siempre ser respetados; de lo contrario, el imperio de la ley y la democracia dejan de existir. Las decisiones del pueblo en materia de elección o de revocación deben ser indestructibles.

---

39 La carta completa que el Vaticano envió al régimen de Nicolás Maduro y a la oposición, Infobae, http://www.infobae.com/america/america-latina/2016/12/07/la-carta-completa-que-el-vaticano-envio-al-regimen-de-nicolas-maduro-y-a-la-oposicion/

ELECCIONES GUBERNATORIALES

Los comicios para la elección de 23 gobernadores estatales y los 236 miembros de las asambleas legislativas estatales deberían haber tenido lugar antes del 16 de diciembre de 2016, fecha en que expirarían los mandatos constitucionales de cuatro años para los que habían sido elegidos esos miembros de los órganos legislativos el 16 de diciembre de 2012.

A escasos dos meses antes del límite constitucional del mandato de los Gobernadores, el Consejo Nacional Electoral aprobó, en su sesión del 18 de octubre de 2016, las actividades electorales que se llevarán a cabo durante al año 2017. Según una nota de prensa del CNE, "fue aprobado el calendario de actividades presentado por la Junta Nacional Electoral para el año 2017, entre las que se destacan las elecciones regionales, las municipales, las elecciones primarias y la renovación de las nóminas de las organizaciones con fines políticos que no cumplen con el uno por ciento requerido para mantener su inscripción en el CNE. [...] Las elecciones regionales fueron establecidas para finales del primer semestre del 2017 y las elecciones municipales para el segundo semestre".[40]

Ese anuncio constituía una clara violación de los derechos políticos de los ciudadanos venezolanos. En primer lugar, porque el CNE ignoró deliberadamente la fecha límite del 12 de diciembre de 2016 para la elección, violando así el artículo 160 de la Constitución[41] sobre el mandato de cuatro años de los gobernadores. En segundo lugar, porque negaba a los ciudadanos la posibilidad de votar, que es un derecho consagrado en virtud del artículo 63 de la Constitución.[42] En tercer lugar, porque impedía que los electores participa-

---

40 CNE aprobó calendario electoral para el año 2017, Consejo Nacional Electoral, http://www.cne.gov.ve/web/sala_prensa/noticia_detallada.php?id=3482

41 Artículo 160 de la Constitución de la República Bolivariana de Venezuela: "El Gobernador o Gobernadora será elegido o elegida por un período de cuatro años por la mayoría de las personas que votan".

42 Artículo 63 de la Constitución de la República Bolivariana de Venezuela: "El sufragio es un derecho. Se ejercerá mediante votaciones libres, universales, directas y se-

sen libremente en asuntos públicos directamente o a través de sus representantes electos, otro derecho consagrado en el artículo 62 de la Constitución.[43] Y en cuarto lugar, porque en realidad no se anunció ninguna fecha específica para las elecciones, sino sólo marcos temporales amplios, lo que impide a la ciudadanía y a los partidos políticos planificar y organizarse para las elecciones.

El Centro de Estudios Políticos de la Universidad Católica de Andrés Bello ha planteado la cuestión de si las elecciones regionales incluso pudieran tener lugar durante el primer semestre de 2017. Según un informe del Centro recientemente publicado, "si se toman como referencia los lapsos aprobados por el organismo comicial para la organización de las elecciones regionales de 2012 resulta virtualmente imposible replicar esos lapsos durante el primer semestre de este año. Para la organización de los últimos comicios regionales el CNE invirtió 261 días desde la fecha de su convocatoria oficial hasta el día del acto de votación".[44]

Por otra parte, la publicación por el Consejo Nacional Electoral, el 14 de febrero de 2017, del cronograma para la renovación del registro de 59 partidos políticos (renovación de nóminas de inscritos de las organizaciones con fines políticos nacionales 2017), señala que el proceso habría de comenzar el 18 de febrero de 2017 y concluir el 21 de junio de 2017, lo que hace imposible la convocación de elecciones en el primer semestre de 2017 tal como anunció el CNE en octubre de 2016. Si a ello se añade el cálculo del Centro de Estudios Políticos acerca del tiempo que le llevó al CNE organizar las últimas elecciones para Gobernadores, podría ocurrir que en 2017 no tengan lugar ningunos comicios.

cretas. La ley garantizará el principio de la personalización del sufragio y la representación proporcional."

43 Artículo 62 de la Constitución de la República Bolivariana de Venezuela: "Todos los ciudadanos y ciudadanas tienen el derecho de participar libremente en los asuntos públicos, directamente o por medio de sus representantes elegidos o elegidas."

44 Call for Elections in Venezuela, Center for Political Studies of the Catholic University of Andres Bello, núm. 34, enero de 2017, https://politikaucab.files.wordpress.com/2017/01/boletc3adn-34-final.pdf

ELECCIONES EN EL ESTADO AMAZONAS

Existe también el caso de los tres miembros de la Oposición de la Asamblea Nacional elegidos por el estado Amazonas. Julio Ygarza, Nirma Guarulla y Romel Guzamana fueron elegidos el 6 de diciembre de 2015 como parte de la oleada de apoyo a la Oposición venezolana. Poco después de su elección, el PSUV impugnó los resultados alegando irregularidades en el proceso, y el Tribunal Supremo de Justicia emitió una medida cautelar el 30 de diciembre de 2015, suspendiendo la elección de los tres diputados, en espera de las investigaciones. Esa maniobra del PSUV y del Tribunal Supremo fue considerada en su momento como un esfuerzo del Gobierno no sólo para negar a la Oposición la mayoría cualificada en la Asamblea Nacional, que habría tenido con los miembros del estado Amazonas, sino también para utilizar el Poder Judicial para bloquear cualquier acción de la Asamblea Nacional tras la aplastante victoria electoral de la Mesa de la Unidad Democrática en diciembre.

En una reunión de la Asamblea celebrada el 13 de enero de 2016, el cuerpo legislativo acordó la remoción de los tres diputados de la Oposición elegidos por el estado Amazonas en respuesta a la decisión del Tribunal Supremo. Sin embargo, el 28 de julio de 2016, después de muchos meses de inacción por parte de las autoridades o del TSJ para aclarar las circunstancias de la elección de los tres legisladores, la Mesa de la Unidad Democrática juramentó en sus cargos a los tres diputados en cuestión. En ese momento, el Presidente de la Asamblea Nacional, Henry Ramos Allup, declaró que "no puede ser que en tanto tiempo el TSJ no ha dictado sentencia ni ha eliminado la medida cautelar sino que, por lo contrario, mantienen un estado entero (Amazonas) sin representación legislativa".[45]

De manera casi simultánea, La Comisión Interamericana de Derechos Humanos (CIDH) y su Relatoría sobre los Derechos de los Pueblos Indígenas emitieron un comunicado el 29 de julio, en el

---

45 http://noticiaaldia.com/2016/07/ramos-allup-sala-constitucional-del-tsj-interpreta-la-constitucion-contra-su-propio-texto/

cual manifestaron "su preocupación ante la situación en que se encuentran los pueblos indígenas del estado Amazonas, y en general de la Región Indígena Sur de Venezuela, los cuales carecen de representación propia ante la Asamblea [...] los pueblos indígenas de esos territorios padecen en la actualidad de problemas que los hacen especialmente vulnerables, sin que puedan ejercer su derecho a la participación política por medio de sus representantes ante el parlamento nacional, para exponer sus inquietudes y proponer soluciones."[46]

La decisión de la Asamblea Nacional de juramentar a los representantes del estado Amazonas desencadenó otra rápida reacción del Tribunal Supremo de Justicia, el que dictaminó el 1 de agosto que esa acción constituía "una violación flagrante del orden constitucional público".[47] Asimismo, el TSJ consideró además que la Asamblea Nacional se encontraba en desacato al Tribunal Supremo y reafirmó que toda actividad del cuerpo legislativo sería inválida, mientras los tres miembros de Amazonas siguieran ocupando sus escaños.

Como resultado del Proceso de Diálogo Nacional y específicamente después de la reunión del 12 de noviembre de 2016, el Gobierno y la Oposición declararon que "en el campo político, se acordó avanzar en la superación de la situación de desacato de la Asamblea Nacional dictada por el Tribunal Supremo de Justicia. En ese sentido, se acordó instar a los poderes públicos competentes a actuar en la resolución de la situación del caso Amazonas en términos perentorios."[48] Tanto la Oposición como el Gobierno entendieron que los tres diputados de la Asamblea Nacional electos por el

---

46 *CIDH expresa preocupación ante falta de representación de pueblos indígenas en Asamblea Nacional de Venezuela*, 29 de julio de 2016, http://www.oas.org/es/cidh/prensa/comunicados/2016/107.asp

47 *Venezuelan Supreme Court Blocks Swearing in of Amazonas Legislators*, 3 de agosto de 2016, https://venezuelanalysis.com/news/12116

48 *Comunicado Oficial de la II Reunión Plenaria del Dialogo Nacional*, 12 de noviembre de 2016, http://minci.gob.ve/2016/11/gobierno-nacional-y-la-mesa-de-unidad-democratica-celebraron-segunda-reunion-plenaria-del-dialogo-nacional/

309

estado Amazonas serían desincorporados para que el poder legislativo pudiera reanudar sus funciones normales y dejara de estar en desacato del Tribunal Supremo, con la condición de que se organizarían comicios en Amazonas en un breve plazo.

La Mesa de la Unidad Democrática cumplió lo pactado, cuando el 15 de noviembre Julio Ygarza, Nirma Guarulla y Romel Guzamana decidieron abandonar sus escaños. En una declaración a la Asamblea Legislativa leída por el secretario de la Asamblea Nacional, Roberto Marrero, los tres diputados expresaron: "nos dirigimos a ustedes con el propósito de solicitar la desincorporación de nuestros cargos como diputados de la Asamblea Nacional en representación de los electores del estado Amazonas".[49] Por su parte, dos días más tarde, el presidente Nicolás Maduro insinuó que las elecciones podrían celebrarse el 20 de diciembre, aunque destacó que el establecimiento de la fecha era de la competencia del Consejo Nacional Electoral.[50]

A pesar de todo ello, el Consejo Nacional Electoral no ha seleccionado ninguna fecha para realizar comicios parciales, dejando al pueblo del estado Amazonas sin representación parlamentaria y violando así sus derechos políticos para votar y elegir sus propios representantes, garantizados en los artículos 62 y 63 de la Constitución.

Según el informe elaborado por el Centro de Estudios Políticos de la Universidad Católica Andrés Bello, "en Venezuela el marco normativo ha generado una situación fuera de lo normal que conduce a malas prácticas electorales por parte del Consejo Nacional Electoral. Por un lado, la Constitución no establece fechas, ni es-

49 *Suspended Venezuelan lawmakers resign to end standoff*, United Press International, 16 de noviembre de 2016, http://www.upi.com/Top_News/World-News/2016/11/16/Suspended-Venezuelan-lawmakers-resign-to-end-standoff/5931479314340/

50 *Maduro asomó una posible fecha para las elecciones en Amazonas*, 17 de noviembre de 2016, http://runrun.es/nacional/venezuela-2/287305/maduro-asomo-una-posible-fecha-para-las-elecciones-en-amazonas.html

pecíficas ni aproximadas, para la celebración de los procesos electorales de ningún cargo de elección popular. Por otro lado, la aprobación de la Ley Orgánica de Procesos Electorales (LOPRE), aprobada por la Asamblea Nacional en 2009, trajo como resultado que la fecha de los procesos electorales en el país sea incierta, otorgando absoluta discrecionalidad a los rectores del Consejo Nacional Electoral (CNE) para establecer los lapsos y fechas de los procesos electorales. Es decir, que la LOPRE, que sustituyó a la Ley Orgánica del Sufragio y Participación Política (LOSPP), eliminó la mayoría de los lapsos legales que existían para normar la organización de comicios en Venezuela. De manera que, al no existir límites específicos para etapas tan importantes como la campaña electoral o los procesos de auditoría a la plataforma electrónica de votación y totalización de resultados es imposible prever el momento en que se efectuará una elección. Esta discrecionalidad del organismo comicial para fijar la fecha de las elecciones se ha convertido en una de las principales formas de manipulación de los procesos comiciales en Venezuela, procesos que se convocan en función del cálculo político del Ejecutivo Nacional".[51] Esto es exactamente lo que ha ocurrido en lo que respecta a las elecciones de los gobernadores, las elecciones municipales y las elecciones parciales en el estado Amazonas.

RECOMENDACIÓN 2 – SOLICITAMOS LA LIBERACIÓN DE TODAS LAS PERSONAS AÚN DETENIDAS POR RAZONES POLÍTICAS, CONFORME A LO SEÑALADO EN EL PRESENTE INFORME.

PRESOS POLÍTICOS

Un preso político es una persona que ha sido encarcelada por sus creencias o acciones políticas, porque se ha opuesto o ha criticado al Gobierno. Los principios democráticos simplemente no permiten

---

51   *Convocatoria a Elecciones en Venezuela*, Centro de Estudios Políticos de la Universidad Católica Andrés Bello, núm. 34, enero de 2017, https://politika-ucab.files.wordpress.com/2017/01/boletc3adn-34-final.pdf

el arresto ni la detención de una persona por sus ideas. La criminalización de las protestas, el hostigamiento y el encarcelamiento de los opositores son prácticas típicas de un Estado opresor y las personas detenidas por el Gobierno venezolano por estas razones son presos de conciencia.

El Gobierno venezolano ha demostrado un comportamiento sistemático de abuso contra quienes se atreven a expresar una opinión contraria a la del Gobierno. Los opositores políticos y los críticos del Gobierno continúan enfrentándose a penas de cárcel y el número total de presos políticos, en cualquier momento dado, ha ido en aumento ya que el Gobierno arresta, detiene y pone en libertad a sus opositores como le place. Los arrestos arbitrarios, la detención de personas sin que tengan acceso a su familia o a asesoramiento jurídico, las detenciones secretas, las condiciones carcelarias inadecuadas, los juicios injustos y la tortura son violaciones extremas del artículo 1 de la Declaración Americana de los Derechos y Deberes del Hombre que garantiza que "todo ser humano tiene derecho a la vida, a la libertad y a la seguridad de su persona".

Venezuela es también uno de los firmantes originales de la Convención Interamericana sobre Desaparición Forzada de Personas, de 1994, cuyo artículo II establece que "se considera desaparición forzada la privación de la libertad a una o más personas, cualquiera que fuere su forma, cometida por agentes del Estado o por personas o grupos de personas que actúen con la autorización, el apoyo o la aquiescencia del Estado, seguida de la falta de información o de la negativa a reconocer dicha privación de libertad o de informar sobre el paradero de la persona, con lo cual se impide el ejercicio de los recursos legales y de las garantías procesales pertinentes".

El artículo 9 del Pacto Internacional de Derechos Civiles y Políticos garantiza el derecho de todo individuo a "la libertad y a la seguridad personales. Nadie podrá ser sometido a detención o prisión arbitrarias. Nadie podrá ser privado de su libertad, salvo por las causas fijadas por ley y con arreglo al procedimiento establecido en ésta." Las secciones 3 y 4 garantizan el derecho a ser juzgado dentro de un plazo razonable y el derecho a recurrir ante un tribunal, a fin de que éste decida a la brevedad posible sobre la legalidad de su prisión.

No obstante, "la represión y particularmente la encarcelación sistemática con fines políticos continúa siendo una política de Estado en Venezuela. Desde el 1° de enero hasta el 31 de diciembre de 2016, el Foro Penal Venezolano ha registrado 2732 arrestos políticos por distintos motivos que van desde el haber manifestado en una protesta política como lo fue la Toma de Caracas o la Toma de Venezuela hasta el haber realizado una publicación en la red social Twitter contra el Gobierno nacional o algún funcionario público"[52]. Así comienza el Reporte sobre la Represión del Estado Venezolano Año 2016 publicado por la ONG Foro Penal.

Según datos del informe, en 2015 se registraron 51 presos políticos, mientras que en el 2016 se registraron otros 55 casos. En este sentido, "existe un acumulado desde el 2013 hasta el 31 de diciembre de 2016, de 429 presos políticos"[53].

El 30 de octubre de 2016, se instaló en el Dialogo Nacional la mesa de trabajo temática sobre "Verdad, Justicia, Derechos Humanos, Reparación de Victimas y Reconciliación" coordinada por la Santa Sede. Asimismo, se acordó revisar la situación de las personas privadas de libertad.   La Mesa de la Unidad Democrática insistió en la mesa que la liberación de los presos políticos de la Oposición era condición para garantizar la continuidad del diálogo. El 31 de octubre fueron liberados los presos políticos Andrés León, Coromoto Rodríguez, Andrés Moreno, Marco Trejo y Carlos Melo. No obstante, para finales de 2016, se mantenían tras las rejas o bajo arresto domiciliario 103 presos políticos, y para el primer trimestre

---

52 *Reporte sobre la represión del Estado Venezolano*, Año 2016, Foro Penal, https://foropenal.com/content/reporte-sobre-la-represion-del-estado-venezolano-ano-2016

53 *Ibid.*

de 2017, producto de nuevas detenciones, dicha cifra se ubica en 116 presos políticos.[54]

Esto obedece al "efecto puerta giratoria", es decir que mientras liberan a algunos presos políticos, encarcelan a un número similar, manteniendo siempre el promedio mensual. Esto también representa la absoluta falta de garantías jurídicas y es una situación en la cual las autoridades venezolanas detienen y encarcelan de manera arbitraria a quienes quieren y cuando quieren, y las liberan o no, cuando quieren.

El preso político más emblemático sigue siendo Leopoldo López Mendoza, fundador y director general del partido político Voluntad Popular, quien está preso en el Centro de Procesados Militares en Ramo Verde, Los Teques, estado Miranda, desde el 18 de febrero del 2014, luego de ser injustamente acusado de instigación pública, asociación para delinquir, daños a la propiedad e incendio. El Ministerio Público basó su acusación en el discurso político de López y sus supuestos mensajes subliminales. Fue condenado a 13 años, 9 meses y 12 horas de prisión. El 16 de febrero de 2017 el Tribunal Supremo de Justicia ratificó dicha sentencia como firme, denegando de esta manera cualquier posibilidad de apelación.

La celda en la que se encuentra Leopoldo López, mide 2,60 m por 2,70 m. En este espacio permanece desde que fue sentenciado. No tiene contacto con otros presos, no le permiten caminar por los pasillos o el patio, y solo cuando no está "castigado" lo sacan una hora al día. Los guardias tienen prohibido hablar con él y sólo se limitan a pasarle la comida por la rendija de la puerta de su celda. Leopoldo López no escucha a nadie durante el día, sino solo los sonidos propios de una cárcel. Le han quitado los libros y solo le permiten leer uno semanal, que debe ser autorizado por los funcionarios del penal, y la Biblia.

---

54   https://foropenal.com/content/aumentaron-arrestos-politicos-en-primer-trimestre-de-2017

Ha sido sometido a largos periodos de aislamiento, sin que lo saquen a ejercitarse y ver la luz solar, prohibiéndole ver a su familia y a sus abogados. Durante los primeros 15 meses de reclusión, entre castigo y castigo y los aislamientos en solitario por 15 días o 3 semanas, pasó siete meses en total sin ver a sus hijos. La CIDH dictó medidas de protección para que López pueda ver a sus hijos con regularidad, dictamen que las autoridades del penal han incumplido en varias oportunidades[55]. Ha sido objeto de requisas violentas, donde aparte de recibir golpes, le han destrozado los pocos enseres personales o se los han robado, le han destruido escritos que preparaba para su defensa, y las fotos y dibujos de sus hijos. Las reiteradas amenazas contra su vida y su integridad física suelen acrecentarse cuando es aislado o castigado, recibiendo tratos crueles y degradantes que se extienden a su entorno familiar.

El Alto Comisionado de Naciones Unidas para los Derechos Humanos, las relatorías y grupos de trabajo del mismo organismo, la CIDH, el Secretario General de la OEA, la Unión Europea, Amnistía Internacional, *Human Rights Watch*, Presidentes en ejercicio, ex Presidentes, personalidades, diputados y senadores, etc., han solicitado su libertad. Amnistía Internacional lo declaró preso de conciencia.

Cientos de otros presos políticos sufren tratos similares a los que es sometido Leopoldo López. El Consejo Permanente debe pedir la inmediata liberación de todos los presos políticos en Venezuela.

TORTURA

La prohibición de la tortura es uno de los principios más fundamentales del derecho internacional. La tortura, así como los tratos crueles, inhumanos o degradantes, están prohibidos en todo momento y en todo lugar, incluso en tiempo de guerra. Ninguna emer-

---

55 Comisión Interamericana de Derechos Humanos, Medida Cautelar núm. 355-15, 12 de octubre de 2015, https://www.oas.org/es/cidh/decisiones/pdf/2015/MC335-14-ES-ampliacion.pdf y https://www.oas.org/es/cidh/decisiones/pdf/2016/MC335-14-Es-ampliacion.pdf

gencia nacional, por terrible que sea, justifica recurrir a torturas. Sin lugar a dudas, es totalmente inaceptable en cualquier sociedad democrática.

El 26 de septiembre de 2016, el Observatorio de Derechos Humanos del Centro de Estudios para América Latina, CASLA, introdujo como anexo a la denuncia que por torturas sistemáticas lleva ante la Corte Penal Internacional contra el Gobierno venezolano - consideradas como crímenes de lesa humanidad - la lista de por lo menos 33 altos funcionarios del actual Gobierno que encabeza Nicolás Maduro, como copartícipes de dicho delito por los cargos directivos y de mando que ostentan, por su directa complicidad en la comisión de la tortura o por su inacción para evitarlas.

Entre esos altos funcionarios se encuentran, además del propio Presidente Maduro, los Vicepresidentes de los últimos cinco años, gobernadores de estados, ministros, fiscales, militares, así como directores de organismos de Seguridad del Estado.

La denuncia revela que del año 2013 al año 2016, más de 300 personas han sido víctimas de torturas, entendiendo como tortura, según el Estatuto de Roma, el causar intencionalmente dolor o sufrimientos graves, ya sean físicos o mentales, a una persona que el acusado tenga bajo su custodia o control.

Según el Observatorio, las torturas fueron ejecutadas sin importar edad, sexo, profesión, condición social, o incluso incapacidades físicas. Un detalle importante que ha caracterizado este período represivo ha sido el goce con el cual algunos funcionarios han torturado a sus víctimas, entre otros detalles, manifestando morbo sexual, deseos de infligir dolor en heridas abiertas metiendo objetos o sus propias manos. La mayoría de las víctimas fueron torturadas para obtener de ellas acusaciones contra líderes políticos de la Oposición, vinculación con partidos políticos y con las manifestaciones, además de ser usadas para dar castigos ejemplarizantes a las víctimas. Se repitieron las denuncias de asfixia con bolsas plásticas, electricidad, golpes con palos, bates, cascos, peinillas, puntapiés, intentos o amenazas de quemar a las víctimas, quemaduras con yesquero u objetos metálicos, posiciones inhumanas como de rodillas o amarrados de manos con pies por largos períodos de tiempo. Algunas víctimas recibieron descargas eléctricas, otras fueron golpeadas y vejadas dentro de tanquetas militares, otros fueron rociados con gases tóxicos directamente en el rostro para causarles asfixia, muchos fueron objeto de torturas sexuales como violación, amenazas de violación, actos lascivos, desnudamiento y la mayoría fueron aislados las primeras 48 horas de su detención e incluso por más días, sin derecho a llamar a su abogado y a su familia.

El pasado 9 de enero, Nicolás Maduro creó una estructura de represión a la que ha denominado "Comando Antigolpe", integrada por el Vicepresidente Tareck el Aissami, la ex Ministra de la Defensa Carmen Meléndez, el Ministro de la Defensa, Vladimir Padrino López, el General Néstor Reverol, el diputado Diosdado Cabello, el General Gustavo González López, Iván Rafael Hernández y Vega González, todos señalados en la denuncia interpuesta en la Corte, como cabezas de mando e incluso señalados directamente como autores intelectuales de torturas de víctimas que reposan en el citado organismo. Esta nueva estructura es ahora la encargada de vigilar la "seguridad ciudadana y la paz social", y en tan solo 72 horas de su conformación, detuvo a cinco dirigentes políticos de los partidos *Primero Justicia* y *Voluntad Popular*, incluyendo al Diputado de la Asamblea Nacional Gilber Caro.

El Observatorio observó además lo siguiente:

- La represión, detención de manifestantes y posterior tortura ha sido más cruel contra manifestantes claramente opositores.

- La sofisticación de los métodos de tortura para no dejar huella en detenidos reconocidos por motivos políticos ha hecho que la tortura blanca y el aislamiento prolongado esté de moda en los dos organismos de seguridad del Estado adscritos a la Vicepresidencia de la República, el SEBIN y el DGCIM.

- La falta de atención médica oportuna en algunas personas torturadas y que continúan detenidas, ha sido considerada por el Observatorio como prolongación de la tortura, ya que las víctimas sufren, incluso hoy, dolores intensos y graves consecuencias físicas, algunas irreparables.

- Desde el 12 de febrero del 2014 al 31 de enero de 2017 se registraron más de 200 casos de torturas, todas perpetradas contra manifestantes detenidos en distintas circunstancias. Las presentadas en la Corte Penal Internacional están debidamente respaldadas por denuncias de las propias víctimas e informes técnicos.

- Por lo menos el 40 por ciento de las víctimas fueron torturadas para tratar de obtener de ellas testimonios que implicaran a otras personas en actos delictivos o supuestas conspiraciones, y el otro 60 por ciento fueron torturadas intencionalmente para causarles intenso sufrimiento y darles con esto castigos ejemplarizantes.

- Cuatro de las víctimas de torturas entre los años 2014 al 2015, fallecieron.

- Hay un número no cuantificado de personas que fueron torturadas en los años 2015-2016 que, por temor, no quisieron presentar la denuncia, ya que fueron amenazadas tanto ellas como sus familiares por los propios funcionarios.

Lo antes expuesto es prueba del uso de la fuerza para la imposición del poder del Gobierno. La imposición por la fuerza es prueba del fracaso en la persuasión de la voluntad popular desde la acción constructiva y respetuosa desde y para esa voluntad. El temor a la crítica desde la inteligencia social y a la consiguiente pérdida del poder es lo que lleva a la persecución, la censura, la tortura y la violación sistemática de los derechos humanos. Como dijo Hanna Arendt, "desde que la autoridad requiere de una contraparte de obediencia, comúnmente se la confunde con alguna forma diferente de poder o de violencia. Sin embargo, la autoridad evita el uso de medios externos de coerción; cuando es necesario usar la fuerza, es porque la autoridad en sí misma ha fracasado."

RECOMENDACIÓN 3: LLAMAMOS AL PODER EJECUTIVO DE LA REPÚBLICA BOLIVARIANA DE VENEZUELA Y AL PODER LEGISLATIVO DE LA REPÚBLICA BOLIVARIANA DE VENEZUELA A RESOLVER CONJUNTAMENTE, CONFORME A SUS COMPETENCIAS, DE MANERA INMEDIATA LA SITUACIÓN DE VULNERACIÓN DE LOS DERECHOS BÁSICOS DE LA POBLACIÓN COMO ACCESO A ALIMENTOS Y SERVICIOS DE SALUD.

Tal y como lo señala el Artículo 12 de la Carta Democrática Interamericana, "la pobreza, el analfabetismo y los bajos niveles de desarrollo humano son factores que inciden negativamente en la consolidación de la democracia. Los Estados Miembros de la OEA se comprometen a adoptar y ejecutar todas las acciones necesarias para la creación de empleo productivo, la reducción de la pobreza y la erradicación de la pobreza extrema, teniendo en cuenta las diferentes realidades y condiciones económicas de los países del Hemisferio. Este compromiso común frente a los problemas del desarrollo y la pobreza también destaca la importancia de mantener los equilibrios macroeconómicos y el imperativo de fortalecer la cohesión social y la democracia."

El deterioro del sistema democrático en Venezuela es la causa directa de la crisis económica y humanitaria. Toda ruptura del orden constitucional, del imperio de la ley y del orden democrático debilita el sistema de gobierno y crea condiciones de crisis y vulnerabilidad. La crisis política ha llevado a una disfuncionalidad estructural. Venezuela debería ser uno de los países más ricos del Hemisferio. En cambio, la inflación sigue aumentando y alcanza niveles inauditos; el PIB va en caída libre; los niveles de pobreza sin precedentes son cada vez más extensos; los niveles de malnutrición se extienden a escala nacional; vuelven a surgir enfermedades erradicadas anteriormente como la difteria, y el país sufre de uno de los índices más altos de crímenes violentos en el mundo.

LA CRISIS ECONÓMICA

El clima empresarial de Venezuela es uno de los peores del mundo, sólo superado por Eritrea, Libia y Sudán del Sur en el Informe *Doing Business* del Banco Mundial.[56] Algunos de los problemas que enfrenta el país son engorrosos, mientras que otros son cuellos de botella, obstáculos directos a la inversión y el crecimiento económico.

En la categoría Instituciones del *Global Competitiveness Report* [Informe sobre la Competitividad Mundial] 2016-2017 del *World Economic Forum*,[57] Venezuela descendió del puesto 91/104 en 2005 al 140/140 en 2016. El imperio de la ley, en su sentido más amplio, es la restricción más limitante para la actividad económica en Venezuela. La excesiva burocracia y la complejidad de los procedimientos, especialmente los relacionados con los permisos de importación y exportación, representan un importante obstáculo para la inversión, y son también fuente de prácticas corruptas. Y como establece el artículo 4 de la Carta Democrática Interamericana, "son componentes fundamentales del ejercicio de la democracia la transparencia de las actividades gubernamentales, la probidad, la responsabilidad de los gobiernos en la gestión pública, el respeto por los derechos sociales y la libertad de expresión y de prensa".

En lo que respecta a los mercados de bienes y de trabajo, Venezuela ocupa el último lugar en el mundo en el mencionado Informe sobre la Competitividad Mundial. En cuanto al mercado de bienes, la clasificación del país se ve afectada negativamente por la escasa competencia interna, la baja calidad de la demanda y la escasa competencia extranjera. Por lo que se refiere al mercado laboral, la clasificación se ve afectada por la incapacidad de retener a los trabajadores calificados. El acceso a los insumos (materias primas) es difícil en muchos sectores de la economía, en particular la industria

---

56 Doing Business, 2017, Banco Mundial, http://www.doingbusiness.org/reports/global-reports/doing-business-2017

57 The Global Competitiveness Report 2016–2017, World Economic Forum, https://www.weforum.org/reports/the-global-competitiveness-report-2016-2017-1

manufacturera, sobre todo cuando el insumo es monopolizado por una empresa estatal. Se ha constatado que los controles de precios, que no se actualizan periódicamente y cuyo cumplimiento es irregular, son también una de las principales limitaciones.

Venezuela ocupa también un puesto poco envidiable en la categoría correspondiente a infraestructura del Informe sobre la Competitividad Mundial. El suministro de electricidad, insuficiente y errático, es especialmente problemático y restrictivo para algunos sectores económicos. También se señala que las deficiencias de la red vial, los puertos y la infraestructura de comunicaciones eran generalmente problemáticas, especialmente para las pequeñas empresas que, debido a limitaciones de escala, no son autosuficientes y dependen de esos bienes públicos. La falta de seguridad personal (secuestros, robo, pagos extraoficiales a delincuentes locales) es un problema generalizado para las empresas en todos los sectores de la economía, y es particularmente grave en el sector agrícola.[58]

Venezuela cuenta con uno de los recursos geológicos más abundantes del planeta. PDVSA representa más del 90 por ciento de las exportaciones totales de Venezuela y el 12 por ciento de su PIB, por lo que comprender la situación de la petrolera nacional es fundamental para comprender lo que ocurre en Venezuela. Las reservas probadas de crudo del país se encuentran entre las más considerables del planeta, incluso atendiendo a cálculos conservadores. Durante la última década, el país desperdició una extraordinaria oportunidad para aumentar la inversión y la producción. En vista de los elevados precios del petróleo que imperaban en ese período, las enormes reservas de petróleo del país podrían haber sido monetizadas mediante el rápido aumento de la producción con un amplio margen de rentabilidad. En cambio, la producción disminuyó constantemente debido a la falta de inversión en los nuevos proyectos

---

58 *Microeconomic Binding Constraints on Private Investment and Growth in Venezuela*, Richard Obuchi, Bárbara Lira y Daniel Raguá, Center for International Development, Harvard University, octubre de 2016, http://growthlab.cid.harvard.edu/files/growthlab/files/microconstraints_venezuela.pdf

petrolíferos no convencionales y a la incapacidad para compensar la disminución de los antiguos campos convencionales. Es una historia trágica de un gran potencial acompañado de una pésima actuación.

Entre 2010 y 2015, la producción de petróleo experimentó una disminución diaria de 253.000 barriles, lo que representa un ocho por ciento. En particular, la producción cayó un 24,3 y un 15,8 por ciento en las regiones oriental y occidental tradicionales (crudo liviano y de grado medio) y sólo aumentó un 12,0 por ciento en la Faja Petrolífera del Orinoco (crudo pesado y extra pesado). La producción en los campos operados exclusivamente por PDVSA disminuyó un 27,5 por ciento, mientras que en los campos operados por empresas conjuntas se registró un aumento del 42,3 por ciento.[59]

El servicio de la deuda de PDVSA casi se decuplicó y alcanzó los 10.200 millones de dólares en el período de 2010 a 2015, mientras que la deuda financiera total aumentó un 75 por ciento, cifrándose en unos 45.000 millones de dólares. Se observó que PDVSA experimenta continuamente grandes dificultades para aumentar las inversiones de capital con el fin de detener la disminución de la producción, y no hablemos ya de cumplir los objetivos de producción. A ello deben agregarse también los numerosos desafíos operacionales que enfrenta PDVSA, entre los que destacan la escasez de insumos; la ineficiencia de las perforaciones; las inadecuadas instalaciones de gas y energía; la insuficiencia de infraestructuras de elaboración secundaria (refinerías, unidades de mejora, etc.); riesgos en materia de seguridad, medio ambiente y criminalidad, así como la gestión corporativa de la entidad, y la política industrial.[60]

Habiendo agotado la emisión de deuda externa y nacional y optado por renunciar a la asistencia internacional, el Gobierno ha recu-

---

59 Weathering Collapse: An Assessment of the Financial and Operational Situation of the Venezuelan Oil Industry, Hernandez, I. y Monaldi, F, Center for International Development at Harvard University, noviembre de 2016, http://growthlab.cid.harvard.edu/files/growthlab/files/venezuela_oil_cidwp_327.pdf

60 *Ibid.*

rrido constantemente a la monetización del déficit. Entre 2013 y 2015, la monetización media del déficit se situaba en el 13 por ciento del PIB. En 2016, la financiación monetaria del déficit estuvo asociada a un incremento de la base monetaria del 236 por ciento. Cabe señalar que el incremento total de los "préstamos directos" a PDVSA ya mencionados fue 22 por ciento superior al incremento total de la base monetaria, lo cual confirma la dependencia de la financiación monetaria.[61]

El servicio de la deuda parece insostenible debido a la falta de acceso a fuentes de financiamiento internacionales. La deuda externa pública se eleva por lo menos a 130.000 millones de dólares, lo que equivale a 5,8 años de exportaciones, suponiendo condiciones razonables para los precios del petróleo a corto plazo. El Gobierno continúa manteniendo importantes subsidios implícitos regresivos para la gasolina, los servicios públicos y el cambio extranjero. De acuerdo con cálculos conservadores, estos subsidios oscilan entre 14.000 y 19.000 millones de dólares. Por otra parte, la recesión y las presiones inflacionarias están generando un colapso significativo de los ingresos fiscales.[62]

Al mismo tiempo, las reservas de Venezuela cayeron a un nuevo mínimo inferior a 10.500 millones de dólares. El Banco Central de Venezuela informó que cerró el año 2016 con 7.700 millones de dólares en reservas de oro, utilizando su metodología de fijación de precios de 1.272,42 dólares la onza. Ese nivel es 2.300 millones inferior a los 10.040 millones en oro reflejados en los estados financieros del país en 2015, en los que el oro se valoró a un menor precio de 1.140,43 dólares. En tan solo dos años, el monto del oro venezolano ha caído a casi la mitad, ya que Venezuela había informado que a comienzos de 2015 contaba con 14.600 millones de dólares en oro.[63]

---

61 *Ibid.*
62 *Ibid.*
63 Barron's: 2 Experts Question Venezuela's Gold, Cash Stats, http://www.venezuelaopportunityfund.com/tag/russ-dallen/

POBREZA

Incluso antes de que se iniciara la crisis de los precios petroleros en 2014, los avances en la reducción de la pobreza en Venezuela habían cesado y así lo demostraban las cifras oficiales. Según el Instituto Nacional de Estadística de Venezuela (INE) entre 2008 y 2013 el porcentaje de la población en situación de pobreza se había mantenido casi igual al pasar del 33,1 por ciento al 34,2 por ciento.

Estas son las últimas cifras oficiales de pobreza de ingreso ya que los organismos responsables no han hecho públicas bases estadísticas que permitan determinar el porcentaje de la población en situación de pobreza desde el segundo semestre de 2013. A partir de ese momento, la descripción estadística de la pobreza en Venezuela ha dependido de estudios independientes realizados, entre otros, por un consorcio de varias universidades del país que dan cuenta de la evolución de la pobreza entre 2014 y 2016 (ENCOVI, 2014, 2015 y 2016).[64]

Durante esos años los precios del petróleo cayeron en picada hasta un tercio de lo que llegaron a ser durante 2008, acelerando un proceso de deterioro en los indicadores de desempeño económico y bienestar del hogar. Según esas fuentes independientes de información, la pobreza de ingresos en Venezuela habría llegado al 55 por ciento en 2014; al 76 por ciento en 2015, y al 81,8 por ciento en 2016.[65]

En 2016, apenas 28 por ciento de la población se beneficia de algún programa social, mientras que 70,8 por ciento es excluida. Esta situación es particularmente crítica en las ciudades principales del país donde apenas 41 por ciento de la población pobre y de ba-

---

64   ENCOVI 2014: http://www.rectorado.usb.ve/vida/sites/default/files/pobreza.pdf

ENCOVI 2015: http://www.rectorado.usb.ve/vida/sites/default/files/2015_pobreza_misiones.pdf

ENCOVI 2016: http://www.rectorado.usb.ve/vida/sites/default/files/encovi/2016/UCV-UCAB-USB.%20ENCOVI%202016.%20Pobreza.pdf

65   *Ibid.*

jos ingresos se beneficia de programas sociales. Por otra parte, el 59 por ciento de los beneficiarios de programas sociales no son ni pobres ni de bajos ingresos.[66]

Deben subrayarse también los problemas distributivos generados por los controles de precios, dadas las distorsiones de los mismos en la estructura de precios y, por ende, en el acceso a los bienes esenciales y su impacto en la economía del hogar.

La significativa reducción en los niveles de pobreza de ingreso observada durante la primera mitad de la década pasada no se ha sostenido en el tiempo. La reciente crisis económica ha llevado a evidenciar niveles de pobreza superiores a los de finales de los años noventa, por lo que todo el progreso reciente en esta métrica se habría perdido.

Esta situación refleja tanto la profundidad de la crisis actual como la ineficacia de los programas sociales existentes. Estos programas no se encuentran adecuadamente focalizados ni cuentan con la cobertura suficiente. Más aún, no han sido capaces de atender las determinantes estructurales de la pobreza o de resguardar el bienestar de los hogares ante shocks exógenos sobre sus ingresos.[67]

Esto concuerda con las observaciones de que el 73 por ciento de la población informó una pérdida de peso media de 8,7 kg durante el año pasado. El colapso total de la red de seguridad social es particularmente preocupante, en vista de la complejidad de las perspectivas fiscales, la inexistencia de reformas oportunas que puedan llevar a una recuperación económica, y la decisión de dar prioridad al cumplimiento del servicio de la deuda, potencialmente insostenible, sobre otros objetivos políticos.

---

66 ENCOVI 2016, http://observatoriodeviolencia.org.ve/wp-content/uploads/2017/02/UCV-UCAB-USB.-ENCOVI-2016.-Pobreza.pdf

67 Pobreza, cobertura de las Misiones y necesidades de protección social para la reforma económica de Venezuela, CID Research Fellow & Graduate Student Working Paper N° 74, Luis Pedro España N., José Ramón Morales A., Douglas Barrios A, June 2016, https://www.hks.harvard.edu/centers/cid/publications/fellow-graduate-student-working-papers/reforma-economica-venezuela

Venezuela sufre los efectos de la inflación más elevada del mundo. Como resultado de ello, el Gobierno comenzó a reemplazar los billetes de 100 bolívares en diciembre de 2016. Los venezolanos hacían largas colas ante los bancos para canjear sus billetes de 100 bolívares, que quedarían obsoletos en pocos días. Cuando esos billetes se retiraron de la circulación, los nuevos billetes aún no habían llegado a los bancos ni a los cajeros automáticos y la gente se veía obligada a recurrir a tarjetas de crédito o transferencias bancarias, o trataba de hacer compras con fajos de billetes de menor denominación, difíciles de conseguir, que en muchos casos tenían un valor inferior a un centavo. [68]

El descontento por tener que lidiar con una economía incluso más paralizada que de costumbre desencadenó un gran malestar social. Ello provocó protestas y saqueos en varias ciudades. En Maracaibo, donde la policía intervino para poner fin a un saqueo en las cercanías de un edificio bancario, y en el estado oriental de Bolívar, donde las turbas saquearon varios negocios, los jóvenes agitaban al aire sus billetes de 100 bolívares gritando "son inútiles" hasta que se vieron obligados a dispersarse cuando la policía, con equipo completo antimotines, comenzó a disparar bombas de gas lacrimógeno. [69]

En Caracas, la gente marchó por las calles para protagonizar una cacerolada y expresar su descontento por la aparente falta de planificación del Gobierno. No había transacciones en efectivo ni en la calle ni en las tiendas. El Gobierno tuvo que volver a poner en circulación los antiguos billetes. Además, las autoridades prorrogaron el cierre de la frontera con Colombia y Brasil. Se adujo que se trataba de una medida dirigida a frustrar a las "mafias" que atesoraban bolívares, lo que llevó a los críticos a mofarse de la idea de que los

68 Venezuela: El billete más usado ahora es bueno para el nuevo año, Voice of America, https://ayrevenezuela.wordpress.com/2016/12/18/venezuela-el-billete-mas-usado-ahora-es-bueno-para-el-nuevo-ano/ y, Es el caos total: la tensa situación de Venezuela sin billetes deriva en protestas, saqueos e interminables filas, BBC, 17 de diciembre de 2016, http://www.bbc.com/mundo/noticias-america-latina-38349625

69 *Ibid.*

gánsteres prefieren mantener su riqueza en la moneda que se devalúa más rápidamente en todo el mundo. El billete de 100 bolívares vale poco más de dos centavos. El aumento de la deuda se dio con precios altos del petróleo, también el comienzo de los problemas de desabastecimiento, así como los problemas de ineficiencia productiva. Los problemas de Venezuela están más allá del precio del petróleo.

LA CRISIS HUMANITARIA

ESCASEZ DE ALIMENTOS

El 22 de Julio de 2016, la Comisión Interamericana de Derechos Humanos (CIDH) emitió un comunicado en el que lamentaba "la apremiante situación de agudo desabastecimiento y escasez de medicamentos, insumos médicos y alimentos en Venezuela. Esta situación ha conducido a un deterioro muy significativo de las condiciones de vida en el país y a un incremento de la violencia, lo que resulta en daños para la salud, la integridad personal y la vida de las personas, en detrimento de los derechos protegidos por los instrumentos interamericanos y universales de derechos humanos".[70]

Desde la publicación del primer informe del Secretario General y del Comunicado de la CIDH, la situación que vive Venezuela en cuanto a la salud y la alimentación ha empeorado significativamente y solo puede describirse como alarmante y en necesidad de una urgente acción por parte de las autoridades y otros actores nacionales e internacionales.

En enero de 2017, el precio de la Canasta Alimentaria Familiar se ubicó en 621.106,98 bolívares, un aumento del 14 por ciento respecto del mes anterior y 481,8 por ciento más respecto del mes

---

70 *CIDH llama al Estado venezolano a adoptar medidas integrales frente al desabastecimiento en Venezuela*, 22 de julio de 2016, http://www.oas.org/es/cidh/prensa/comunicados/2016/096.asp

de enero de 2016. Se requieren 15,3 salarios mínimos (40.638,15 bolívares) para poder adquirir la canasta.[71]

Según el Centro de Documentación y Análisis Social de la Federación Venezolana de Maestros, leche en polvo, carne de res, margarina, azúcar, aceite de maíz, queso blanco duro, queso amarillo, arvejas, lentejas, caraotas, arroz, harina de trigo, avena, pan, pastas alimenticias a precio regulado, harina de maíz, café, mayonesa, jabón de baño, detergente, lavaplatos, compotas, Nenerina, papel higiénico, pañales, toallas sanitarias, toallitas, servilletas, leche condensada, leche líquida de un litro, suavizante, desodorante, afeitadora desechable, crema dental, champú, jabón, e insecticidas presentan problemas de escasez.[72]

La última Encuesta sobre Condiciones de Vida indica que la inseguridad alimentaria está presente en el 93,3 por ciento de los hogares porque el ingreso no alcanza para comprar alimentos. Asimismo, aproximadamente 9,6 millones de personas ingiere dos o menos comidas al día. La población venezolana ha sufrido un cambio brusco en el patrón de alimentación, las hortalizas y los tubérculos están desplazando a las proteínas de alto valor biológico y se está acentuando la desigualdad en la calidad y cantidad de la alimentación[73].

Caritas de Venezuela instaló en septiembre de 2016 un sistema de monitoreo, alerta y atención en nutrición y salud para niñas y niños menores de cinco años, inicialmente en los estados de Miranda, Vargas, Zulia y Distrito Capital. A través de este sistema de monitoreo, Caritas pudo recopilar información de primera mano y publicó un informe para el período octubre a diciembre de 2016 el

---

71 Centro de Documentación y Análisis Social de la Federación Venezolana de Maestros, https://www.derechos.org.ve/actualidad/cendas-fvm-el-precio-de-la-canasta-alimentaria-supero-los-seiscientos-mil-bolivares

72 *Ibid.*

73 Encuesta sobre Condiciones de Vida Venezuela 2016 Alimentación. http://observatoriodeviolencia.org.ve/wp-content/uploads/2017/02/UCV-UCAB-USB.-ENCOVI-2016.-Alimentaci%C3%B3n.pdf

cual revela que en las parroquias bajo monitoreo el 25 por ciento de las niñas y niños evaluados mostraron alguna forma de desnutrición aguda y el 28 por ciento mostraron riesgo de desnutrición. El informe concluye además que "para algunos estados específicos como Zulia y Vargas, la prevalencia de desnutrición aguda global sobrepasó los umbrales de severidad media y coinciden con los límites que definen una situación de alarma o crisis en los marcos internacionales de clasificación de las crisis humanitarias." Asimismo, "son los niños menores de dos años los más afectados por la desnutrición aguda. La prevalencia de desnutrición aguda en niñas y niños menores de seis meses duplica la de los niños mayores de dos años. Esta mayor incidencia de la desnutrición en los niños más pequeños da un carácter crítico a la situación, por la irreversibilidad de los impactos de la desnutrición cuando ocurre a esa edad." Finalmente, concluye además que "lo agudo de la situación nutricional encontrada y el grupo de edad más afectado exigen una respuesta urgente. La desnutrición a este nivel de intensidad y entre niñas y niños pequeños, los predispone irreversiblemente a las enfermedades prevalentes de la infancia, al rezago escolar en el corto plazo, y al social, productivo y psico-afectivo en el mediano plazo. Produce también destitución y fragmentación familiar y, a nivel de la sociedad, tensión social y violencia."[74]

Mientras que muchos venezolanos pasan hambre porque no pueden encontrar o pagar alimentos básicos, una investigación de *Associated Press* llegó a la conclusión de que los militares venezolanos están ganando muchísimo dinero por el tráfico de alimentos, tras la decisión del Gobierno de poner a los militares a cargo de la distribución de alimentos en julio de 2016. Según la investigación, "el tráfico de alimentos se ha convertido en uno de los negocios más lucrativos en Venezuela [...]. Y desde los generales hasta el último soldado, los militares están involucrados en chanchullos, según do-

---

74 *Línea Basal del Monitoreo Centinela de la Situación Nutricional en Niñas y Niños Menores de 5 años, octubre-diciembre 2016*, Caritas de Venezuela, 13 de enero de 2017.

329

cumentos y entrevistas con más de 60 funcionarios, empresarios y trabajadores, incluidos cinco ex generales". "En los últimos tiempos, la comida es un negocio mejor que las drogas", dijo el general retirado Cliver Alcalá, quien comandó tropas encargadas de la seguridad fronteriza de Venezuela. "Los militares están ahora a cargo de la gestión de los alimentos, y no van a hacerlo sin sacar partido de la situación".[75]

SALUD

En una entrevista para Venevisión el 7 de diciembre de 2016, el presidente de la Federación Médica Venezolana, Douglas León Natera, aseguró que la red pública de hospitales tiene problemas estructurales y financieros muy graves, debido a la escasez de insumos, medicinas y recursos económicos. "Toda la red pública está en bancarrota, lo que se traduce en una crisis sanitaria y asistencial", indicó Natera. El presidente de la Federación señaló que los centros asistenciales tienen solo tres por ciento de los insumos médicos; debido a eso, los pacientes y familiares deben comprar la mayoría de los materiales para ser atendidos en un hospital. "Los pacientes deben llevar gasas, sueros e incluso comida [...]. Hay una privatización disfrazada del sistema de salud en Venezuela", agregó.[76]

En otra conferencia de prensa celebrada el 4 de enero de 2017, el presidente de la Federación aseguró que la escasez de insumos médicos quirúrgicos en los hospitales venezolanos ronda el 98 por ciento. El Doctor Natera aclaró que "el holocausto de la salud es instalado por el Gobierno. Se nos mueren los pacientes de mengua en los hospitales por falta de insumos. Las cifras no son rojas, son

---

75 Venezuelan Military Trafficking Food as Country Goes Hungry, The Associated Press, 28 de diciembre de 2016, http://bigstory.ap.org/article/64794f2594de47328b910dc29dd7c996/venezuela-military-trafficking-food-country-goes-hungry

76 http://www.el-nacional.com/noticias/salud/federacion-medica-red-publica-hospitales-esta-bancarrota_43955

súper rojas con la cantidad de muertos en cualquier lugar del país".[77]

El 7 de febrero de 2017, trabajadores de la salud y pacientes protestaron en Caracas para denunciar el "abandono" del sector, afectado por una escasez de insumos y los bajos sueldos que empujan cada vez a más médicos a emigrar. Durante la manifestación, Pablo Zambrano, Secretario Ejecutivo de la Federación de Trabajadores de la Salud, denunció al Gobierno por el "abandono manifiesto de los hospitales públicos". "Hay una falta sistemática de todo tipo de insumos médicos y de limpieza; falta hasta el agua. Muchos equipos están dañados al punto que no hay forma de hacerse una tomografía en un hospital público", aseguró el dirigente sindical.[78]

Otra fuente detalla la escasez de medicamentos como Atamel, Losartán Potásico, Amlodipina, Aspirinas, Omeprazol, Lansoprazol, Dilantin, Di-Eudrin, Glibenclamida, Glidan, Biofit, anticonceptivo Belara, Trental, Tamsulon, Zyloric, Tamsulosina, Heprox, Secotex, Urimax, Clopidogrel y antialérgicos, entre otros, e inyectadoras.[79]

Según la Encuesta Nacional de Hospitales 2017, en 78% de los hospitales públicos hay escasez de medicinas; en 71% no se pueden hacer ecografías, y en 97% hay fallas severas o son inoperativos los laboratorios; en 64% el servicio de nutrición hospitalaria no es operativo, y no hay fórmulas lácteas en los servicios pediátricos de 64% de los hospitales públicos.

El 27 de diciembre de 2016, la ex presidenta de la Red de Sociedades Científicas Médicas Venezolana, la Doctora María Yanes, escribió una columna publicada en el diario El Nacional en la cual

---

77 http://www.lapatilla.com/site/2017/01/04/fmv-falta-de-insumos-quirurgicos-en-hospitales-esta-entre-97-y-98/

78 http://www.infobae.com/america/america-latina/2017/02/07/trabajadores-de-la-salud-protestaron-en-venezuela-contra-el-abandono-estatal/

79 Centro de Documentación y Análisis Social de la Federación Venezolana de Maestros, https://www.derechos.org.ve/actualidad/cendas-fvm-el-precio-de-la-canasta-alimentaria-supero-los-seiscientos-mil-bolivares

indica que dos enfermedades han demostrado el fracaso de las políticas sanitarias en Venezuela. "La malaria [...], (cuyas) proyecciones de expertos indican que este año culminará con un aproximado de 250.000 casos, y la difteria, enfermedad que había sido erradicada, reaparece de manera alarmante. La Sociedad Venezolana de Salud Pública calcula una incidencia de 350 a 500 casos en seis estados del país. Esta última refleja el gran fracaso en la cobertura vacunal, pilar fundamental para prevenir este tipo de enfermedad. [...]. El desconocimiento de esta crisis por el Gobierno, sumado a su ignorancia en las políticas de salud, indolencia y la obsesiva negación de aceptar ayuda humanitaria a través de mecanismos de cooperación internacional han desencadenado tristemente el colapso de la salud en Venezuela."[80]

Mientras tanto, la mortalidad infantil aumenta rápidamente en Venezuela. De acuerdo a un artículo del *Wall Street Journal* publicado el 17 de octubre de 2016, "la tasa total de mortalidad infantil en el país es actualmente de 18,6 por cada 1.000 nacidos vivos. La cifra está muy por encima del extremo superior del rango que Unicef estima para Siria, un país en guerra, que es de 15,4. En los primeros cinco meses de 2016, 4.074 bebés murieron en Venezuela antes de cumplir un año, un 18,5 por ciento más que en el mismo período de 2015 y 50 por ciento más que en igual lapso de 2012".[81]

En vista de la grave crisis política, humanitaria y económica en el país, los venezolanos con recursos están saliendo del país en masa y muchos buscan asilo. Según un informe de *The Associated Press* del 12 de febrero de 2017, el mayor número de solicitudes de asilo en Estados Unidos corresponde a los venezolanos. El informe señala que "datos de los Servicios de Ciudadanía e Inmigración del gobierno de los Estados Unidos indican que el año pasado 18.155 venezolanos presentaron solicitudes de asilo, un 150 por ciento más que 2015, y seis veces más que en el 2014".

---

80   http://www.el-nacional.com/noticias/columnista/ano-2016-colapso-salud-
     venezuela_72770

81   http://lat.wsj.com/articles/SB12736863293049773839404582380761769452758

RECOMENDACIÓN 4: EXHORTAMOS AL PODER EJECUTIVO Y LE-GISLATIVO DE LA REPÚBLICA BOLIVARIANA DE VENEZUELA A TRABAJAR CONJUNTAMENTE A FIN DE DAR CUMPLIMIENTO A LA OBLIGACIÓN DEL ESTADO DE BRINDAR ESTÁNDARES SUFICIENTES DE SEGURIDAD A SUS CIUDADANOS.

SEGURIDAD CIUDADANA

El contrato social está basado en la premisa de que una persona consiente renunciar a algunas de sus libertades para vivir en una comunidad y, a cambio, recibe seguridad y la protección fundamental de todas sus otras libertades y derechos. El derecho a la seguridad del individuo está garantizado en el artículo 1 de la Declaración Americana de los Derechos y Deberes del Hombre, en que se afirma que "todo ser humano tiene derecho a la vida, a la libertad y a la seguridad de su persona", y se ve reafirmado en el artículo 7 de la Convención Americana sobre Derechos Humanos, que garantiza que "toda persona tiene derecho a la libertad y a la seguridad personales." Basados en el principio del contrato social, los gobiernos democráticos tienen la responsabilidad de garantizar a sus ciudadanos el acceso a las necesidades básicas, proteger sus derechos humanos y brindar seguridad. Cuando los Estados no protegen a su población contra la delincuencia y la violencia social, se menoscaba la seguridad de la ciudadanía, lo que señala el quebrantamiento de la relación entre el gobierno y el pueblo.

En la Declaración de Santiago sobre Democracia y Confianza Ciudadana de 1991, que dio inicio al proceso formal de seguridad hemisférica, se afirma que "la existencia de amenazas, preocupaciones y otros desafíos multidimensionales a la paz y la seguridad, afectan el goce de los derechos de todas las personas y la estabilidad democrática".[82]

El informe de 2009 de la CIDH sobre Seguridad Ciudadana y Derechos Humanos vincula la resolución de crímenes y la violencia

---

82 *Preámbulo* http://www.oas.org/xxxiiiga/english/docs/agdoc4224_03rev3.pdf

al fortalecimiento del sistema democrático, centrándose en la protección del individuo sobre la seguridad del Estado o del sistema político. "Si bien el derecho internacional de los derechos humanos no define en forma expresa el derecho a la seguridad frente al delito o a la violencia interpersonal o social, cuya prevención y control es el objetivo de las políticas sobre seguridad ciudadana, los Estados están obligados por un plexo normativo que exige la garantía de derechos particularmente afectados por conductas violentas o delictivas: el derecho a la vida; el derecho a la integridad física; el derecho a la libertad personal; el derecho a las garantías procesales y el derecho al uso pacífico de los bienes".[83]

Durante el transcurso del año pasado, la situación de inseguridad que vivió el país siguió deteriorándose. La Encuesta sobre Condiciones de Vida Venezuela 2016 revela que 94 por ciento de los encuestados piensan que la violencia ha aumentado; 21 por ciento de los entrevistados dicen haber sido víctima de un delito en los últimos 12 meses; 60 por ciento de ellos temen ser atacados o robados en su vivienda; 66 por ciento, en las calles durante el día y 80 por ciento, en los medios de transporte.

La situación de inseguridad ha cambiado la vida diaria de la ciudadanía. Según la misma encuesta, el 69 por ciento de los entrevistados dice haber limitado sus actividades de diversión y recreación; el 67 por ciento ha limitado los lugares donde van de compras; y el 40 por ciento de los encuestados ha visto la necesidad de mudarse del lugar donde vive por temor a ser víctimas de una acción violenta.[84]

Venezuela cerró el año pasado con más de 28.000 muertes por violencia en el país, padeciendo de una tasa de homicidios de 91 por 100,000 habitantes, según el Observatorio Venezolano de Violen-

83   Report on Citizen Security and Human Rights. IACHR. OEA/Ser.L/V/II. Doc. 57, 31 diciembre de 2009 http://www.oas.org/en/iachr/docs/pdf/citizensec.pdf

84   *Encuesta sobre condiciones de vida Venezuela 2016, Seguridad Personal*, https://www.derechos.org.ve/web/wp-content/uploads/UCV-UCAB-USB.-ENCOVI-2016.-Seguridad-personal.pdf

cia.[85] Ya en el año 2014, la ciudad de Caracas se había convertido en la ciudad más violenta del planeta, según el índice de las 50 ciudades más violentas del mundo publicado por la ONG mexicana, el Consejo Ciudadano para la Seguridad Pública y la Justicia Penal (CCSPJP). En 2015, la tasa de homicidios en la capital alcanzó 120 por 100,000 según *InSight Crime*.[86]

La ciudadanía no solo teme ser víctima de la delincuencia común, sino también de las fuerzas de seguridad. Luego de la puesta en práctica en julio de 2015 de la "Operación de Liberación y Protección del Pueblo" - operación de las fuerzas de seguridad concebida por el Gobierno para abordar los altos índices de delincuencia - aumentaron las denuncias de abuso de poder y violaciones de los derechos humanos.

Según un informe del Programa Venezolano de Educación-Acción en Derechos Humanos (PROVEA) y de *Human Rights Watch* publicado en 2016, existen "evidencias significativas […] de que miembros de las fuerzas de seguridad […] han cometido graves abusos. En entrevistas mantenidas con PROVEA y con *Human Rights Watch*, numerosas víctimas, testigos y otras fuentes describieron violaciones de derechos humanos que incluyen ejecuciones extrajudiciales y otros abusos violentos, detenciones arbitrarias, desalojos forzosos, la destrucción de viviendas y la deportación arbitraria de ciudadanos colombianos, a menudo acusados, sin ninguna prueba, de tener nexos con paramilitares".[87]

El Comité de Familiares de Víctimas, COFAVIC, de manera independiente ha registrado de enero a junio de 2016, 977 casos de

---

85   *La Manipulación de la Violencia*, Observatorio Venezolano de Violencia, https://observatoriodeviolencia.org.ve/la-manipulacion-de-la-violencia/

86   *Caracas World's Most Violent City: Report*, InSight Crime, http://www.insightcrime.org/news-briefs/caracas-most-violent-city-in-the-world-2015-report

87   *Poder sin Límites, Redadas policiales y militares en comunidades populares y de inmigrantes en Venezuela*, Human Rights Watch, 4 de abril de 2016, https://www.hrw.org/es/report/2016/04/04/poder-sin-limites/redadas-policiales-y-militares-en-comunidades-populares-y-de

presuntas ejecuciones extrajudiciales, mientras que en el mismo período de enero a junio de 2015 se habían registrado 590 casos de presuntas ejecuciones extrajudiciales, lo que representa un aumento del 66 por ciento.[88]

Se ha denunciado también el uso excesivo de la fuerza por parte de las fuerzas de seguridad en la represión de las protestas por la falta de alimentos y medicamentos. Según el Observatorio Venezolano de Conflictividad Social, durante el año 2016 se registraron aproximadamente 590 manifestaciones al mes. La mayoría estaban relacionadas con demandas de derechos económicos, sociales y culturales, en particular con el acceso a alimentos, salud y vivienda.[89]

Al mismo tiempo, en 2016 se registró el mayor número de asesinatos de miembros de las fuerzas de seguridad en los últimos cinco años, que se elevó a 414 casos, según un informe de la Fundación para el Debido Proceso (FUNDEPRO). El informe, publicado en enero de 2017, recopiló datos de la cobertura de noticias y entrevistas con las fuerzas de seguridad.[90] El informe señala que el principal motivo de los asesinatos fue el robo de armas de servicio o vehículos, pero también apunta a una creciente indignación contra los abusos cometidos como parte de la Operación Liberación y Protección del Pueblo.

TRÁFICO DE DROGAS

De acuerdo con el Informe de la Estrategia de Control de Narcóticos del 2016 del Departamento de Estado de los Estados Unidos, Venezuela "es una de las rutas de tráfico preferidas para las drogas ilegales, predominantemente la cocaína, de Sudamérica a la región

---

88 https://www.derechos.org.ve/actualidad/cofavic-procedimientos-de-seguridad-ciudadana-ejecutados-por-el-estado-venezolano-estan-incurriendo-en-crimenes-de-lesa-humanidad

89 Informe Anual 2016/17: Capítulo Venezuela, Amesty International, https://www.amnesty.org/es/latest/research/2017/02/amnesty-international-annual-report-201617/

90 http://www.insightcrime.org/news-briefs/venezuela-security-forces-killed-record-numbers-2016

del Caribe, Centroamérica, Estados Unidos, África Occidental y Europa, debido a la porosidad de su frontera occidental con Colombia, al deficiente sistema judicial, a la esporádica cooperación internacional en materia de narcotráfico y al entorno permisivo y corrupto".[91] La implicación en actividades de narcotráfico llega a los niveles más altos del Gobierno venezolano, así como al círculo familiar del Presidente.

El 13 de febrero de 2017, la Oficina de Control de Bienes Extranjeros del Departamento del Tesoro de los Estados Unidos señaló al Vicepresidente de Venezuela, Tareck Zaidan El Aissami Maddah, como un "traficante de narcóticos especialmente designado con arreglo a la Ley de Designación de Cabecillas Extranjeros del Narcotráfico Internacional, por tener un importante papel en el narcotráfico internacional". De acuerdo con un comunicado de prensa de ese Departamento, "El principal testaferro de El Aissami, el nacional venezolano Samark José López Bello, también fue designado por proveer asistencia material, apoyo financiero o bienes o servicios en apoyo de las actividades internacionales de narcotráfico y actuar por, o en nombre de El Aissami". El Departamento del Tesoro designó o identificó como propiedad bloqueada 13 compañías que eran propiedad o estaban controladas por López Bello u otras partes designadas, las que constituyen una red internacional que abarca las Islas Vírgenes Británicas, Panamá, el Reino Unido, los Estados Unidos y Venezuela.[92] La congelación de activos impide al Vicepresidente tener acceso a una fortuna estimada en 3.000 millones de dólares.[93]

---

91   *2016 International Narcotics Control Strategy Report*, US Department of State, Bureau of International Narcotics and Law Enforcement Affairs, https://www.state.gov/j/inl/rls/nrcrpt/2016/vol1/253323.htm

92   *Treasury Sanctions Prominent Venezuelan Drug Trafficker Tareck El Aissami and His Primary Frontman Samark Lopez Bello,* United States Department of the Treasury, 13 de febrero de 2017,

93   *US sanctions Venezuelan Vice-President and accuses him of being a drug kingpin,* Miami Herald, 13 de febrero de 2017, http://www.miamiherald.com/news/nation-world/world/americas/venezuela/article132494809.html

Según el Departamento del Tesoro, el vicepresidente "facilitó el transporte de narcóticos desde Venezuela, incluido el control de aviones que salen de una base aérea venezolana, así como el control de las rutas de tráfico de drogas a través de puertos venezolanos". En sus cargos anteriores, supervisó o fue propietario de parte de cargamentos de narcóticos de más de 1.000 kilos desde Venezuela en múltiples ocasiones, incluidos cargamentos cuyos destinos finales eran México y Estados Unidos. También facilitó, coordinó y protegió a otros narcotraficantes que operan en Venezuela. Específicamente, El Aissami recibió pagos por la facilitación de cargamentos de drogas pertenecientes al narcotraficante venezolano Walid Makled García. El Aissami también está vinculado a la coordinación de cargamentos de drogas destinados a Los Zetas, un violento cartel de drogas mexicano, además de brindar protección al narcotraficante colombiano Daniel Barrera Barrera y al narcotraficante venezolano Hermagoras González Polanco".[94]

El Aissami es simplemente el último funcionario de alto rango del Gobierno venezolano acusado de narcotráfico. El 1 de agosto de 2016, fiscales estadounidenses presentaron una acusación contra dos ex altos funcionarios de la agencia antidrogas de Venezuela. Uno de esos funcionarios, Néstor Reverol, había sido director general del órgano de lucha contra los narcóticos y había sido el comandante de la Guardia Nacional de Venezuela.[95] Un día después de que se hiciera pública la acusación, Reverol fue ascendido por el presidente Maduro, que lo nombró nuevo ministro del Interior del país. En la acusación, Reverol y otros co-conspiradores fueron acusados de "conspirar para recibir pagos y recibieron pagos de narcotraficantes a cambio de brindar ayuda a los narcotraficantes en la realización de sus negocios de narcotráfico ilícitos. En concreto, a cambio de los pagos de los narcotraficantes, los co-conspiradores,

---

94 *Ibid.*

95 U.S. indicts ex-Venezuelan anti-narcotics agency leaders on drug charges, Reuters, 1 de agosto de 2016, http://www.reuters.com/article/us-venezuela-usa-indictment-idUSKCN10C378

entre otras cosas: (a) alertaron a los narcotraficantes sobre futuras redadas o sobre lugares en que tendrían lugar actividades de lucha contra el narcotráfico, lo que permitió a los traficantes cambiar a tiempo los lugares de almacenamiento de narcóticos o modificar las rutas o los horarios de transporte, evitando así la detección por parte de las fuerzas del orden; (b) paralizaron o entorpecieron investigaciones en curso sobre narcóticos u operaciones de lucha contra los estupefacientes, permitiendo así que los vehículos cargados de narcóticos pudieran salir de Venezuela; (c) tomó medidas para poner en libertad a personas detenidas por violaciones de las leyes contra los estupefacientes, o sospechosas de actividades relacionadas con el narcotráfico; (d) dispuso el desbloqueo de narcóticos incautados o de dinero relacionado con narcóticos; y (e) impidió la detención o deportación de personas buscadas para ser enjuiciadas en otros países, incluidos los Estados Unidos", entre otros supuestos delitos.[96]

En noviembre de 2015, dos sobrinos de la primera dama venezolana, Efraín Campos y Francisco Flores, fueron arrestados en Haití por agentes de la *Drug Enforcement Administration* por conspirar para pasar de contrabando hasta 1.700 libras de cocaína en los Estados Unidos. Un año más tarde fueron declarados culpables por un jurado en el Tribunal Federal del Distrito de Manhattan. Cada uno de ellos se enfrenta a 10 años de prisión.[97] Este caso puso de relieve también la participación directa de las fuerzas armadas en el envío y transporte de drogas. Según *Insight Crime* y otras fuentes de noticias, los pilotos del jet que llevó a los sobrinos del presidente a Haití eran los miembros de la unidad presidencial de seguridad y transporte –la Casa Militar– Pedro Miguel Rodríguez, teniente co-

---

96 Indictment CR15-00020, United States District Court, Eastern District of New York, the United States of America against Nestor Luis Reverol Torres and Edylberto Jose Molina Molina.

97 *2 Nephews of Venezuela's First Lady Convicted on Drug Charges in U.S. Court*, New York Times, 18 de noviembre de 2016, https://www.nytimes.com/2016/11/19/world/americas/nephews-of-venezuelas-first-lady-convicted-in-us.html

ronel en servicio activo en la Fuerza Aérea Venezolana, y el oficial militar Pablo Urbano Pérez.[98]

Por otra parte, el vicepresidente El Aissami es también uno de los principales contactos en América Latina de organizaciones extremistas, según Luis Fleischman, asesor principal del Centro de Política de Seguridad (CSP) en Washington, DC, quien ha afirmado que "es uno de los principales contactos de Venezuela con Hezbollah".[99] El 10 de febrero, CNN y CNN en Español dieron a conocer un informe que revelaba graves irregularidades en la expedición de pasaportes y visados venezolanos, incluidos "alegatos de que se habían emitido pasaportes a personas vinculadas al terrorismo". Durante el transcurso de su investigación, la CNN pudo obtener un informe confidencial de inteligencia "de un grupo de países latinoamericanos" que "vincula al vicepresidente venezolano El Aissami con la emisión de 173 pasaportes y documentos de identidad venezolanos a personas del Oriente Medio, incluidas personas vinculadas al grupo terrorista Hezbollah".[100]

RECOMENDACIÓN 5: EXHORTAMOS AL PODER EJECUTIVO DE LA REPÚBLICA BOLIVARIANA DE VENEZUELA A ELIMINAR TODA FORMA DE INCUMPLIMIENTO DE LOS PRECEPTOS CONSTITUCIONALES Y POLÍTICOS RESPECTO AL EQUILIBRIO DE PODERES DEL ESTADO.

La falta de separación e independencia de poderes en Venezuela continúa siendo preocupante ya que socava y contraría el estado de derecho, que es la base de un sistema democrático. De acuerdo al artículo 3 de la Carta Democrática Interamericana, dos de los ele-

---

98 Venezuela Military Officials Piloted Drug Plane, Insight Crime, 20 de noviembre de 2015, http://www.insightcrime.org/news-briefs/venezuela-military-officials-piloted-drug-plane

99 US sanctions Venezuelan Vice-President and accuses him of being a drug kingpin, Miami Herald, 13 de febrero de 2017, http://www.miamiherald.com/news/nation-world/world/americas/venezuela/article132494809.html

100 http://www.cnn.com/2017/02/08/world/venezuela-passports-investigation/

mentos esenciales de la democracia representativa son "el acceso al poder y su ejercicio con sujeción al estado de derecho" y "la separación e independencia de los poderes públicos"[101].

Durante el período de junio 2016 a febrero 2017, se observaron una serie de hechos que apuntan al incumplimiento de esos principios democráticos contenidos en la CDI. En particular, la colusión del Poder Ejecutivo, el Poder Electoral y el Poder Judicial y la sistemática invalidación y desconocimiento de la Asamblea Nacional por parte del Tribunal Supremo de Justicia han contribuido a un escenario donde no existe un estado de derecho en Venezuela[102]. En lugar de un estado de derecho guiado por los principios de rendición de cuentas, imparcialidad, justicia, acceso igualitario e igualdad ante la ley, existe un Estado que guía sus acciones en función de intereses políticos con un evidente sesgo a favor del partido oficial. El resultado es un régimen que no garantiza efectivamente los derechos políticos y civiles de la ciudadanía.

Tal como lo expresamos en la Carta Abierta a Leopoldo López, "en Venezuela no hay democracia ni estado de derecho"[103]. Entre los elementos mencionados se destaca el desconocimiento de la separación de poderes y, específicamente, del Poder Legislativo.

Un gran número de organismos internacionales y organizaciones no gubernamentales internacionales y venezolanas se han pronunciado en relación a dicha situación, haciendo mención de la importancia de promover un Estado basado en leyes y la efectiva separación e independencia de poderes.

Por ejemplo, en su Informe Mundial 2017, *Human Rights Watch* explica que "el poder judicial ha dejado de actuar como una rama independiente del Gobierno. Miembros del Tribunal Supremo han rechazado abiertamente el principio de separación de poderes y han expresado de manera pública su compromiso con promover la

---

101 https://www.oas.org/charter/docs_es/resolucion1_es.htm

102 https://www.oas.org/fpdb/press/osg-441.pdf

103 https://www.oas.org/fpdb/press/osg-441.pdf

341

agenda política del Gobierno."[104] La invalidación de acciones de la
AN por el TSJ a través de resoluciones, que atenta contra la efectiva
separación e independencia de poderes, se menciona también en el
informe anual de Amnistía Internacional. En el informe 2016/2017
de esa organización internacional no gubernamental de derechos
humanos se señala que "el Tribunal Supremo de Justicia limitó
drásticamente mediante resoluciones las facultades de la Asamblea
Nacional, en la que la Oposición cuenta con mayoría, lo que entor-
pecía la capacidad de diputados y diputadas para representar a los
pueblos indígenas."[105]

La Comisión Interamericana de Derechos Humanos (CIDH), expuso su preocupación con respecto a la politización del Poder Judicial y al desconocimiento de las competencias de la AN. En junio
de 2016, tras la declaración de un segundo decreto de estado de
excepción y emergencia económica, la CIDH se pronunció: "la
Comisión nota que el decreto en cuestión vulnera el artículo 222 de
la Constitución de la República al atribuir a la Presidencia la potestad de decidir la suspensión temporal de la ejecución de 'sanciones
de carácter político contra las máximas autoridades del Poder Público', función de control propia de la Asamblea Nacional. Sumado a
lo anterior, preocupa también a la CIDH el desconocimiento de las
decisiones de la Asamblea Nacional mediante el control político
gubernamental del Tribunal Supremo de Justicia."[106] En otro comunicado del 25 de octubre de 2016, después de la suspensión indefinida del proceso de recolección de firmas del referendo revocatorio
presidencial, la Comisión observó que el contexto de Venezuela es

---

104 Human Rights Watch (2017), Informe Mundial 2017, Venezuela: Eventos 2016,
https://www.hrw.org/es/world-report/country-chapters/298568

105 Amnistía Internacional (2017), Informe Anual 2016/2017,
https://www.amnesty.org/es/countries/americas/venezuela/report-venezuela/

106 CIDH (2016), "CIDH expresa preocupación ante la declaración del estado de excepción y de emergencia económica en Venezuela", 1 de junio de 2016,
https://www.oas.org/es/cidh/prensa/comunicados/2016/071.asp

"de profundo debilitamiento de la separación de poderes en el país..."[107].

En el Informe *The Global Competitiveness Report 2016-2017* del Foro Económico Mundial (WEF, por sus siglas en inglés), Venezuela obtuvo la posición 138 en la clasificación de 138 países evaluados en las variables de (i) independencia judicial y (ii) favoritismo en las decisiones de funcionarios públicos[108]. Aun cuando el país se encuentra en el último lugar en esas clasificaciones sobre calidad institucional judicial, el WEF señala que se observa una tendencia a la baja del valor de esos dos indicadores.

Venezuela también ocupó el último lugar en el *Rule of Law Index 2016*, publicado por la organización internacional *World Justice Project*. Con una calificación de 0,28, el país ocupó el puesto 113 en la clasificación mundial de 113 países[109]. Para determinar la calificación por país, el WJP evalúa 44 indicadores organizados en las siguientes ocho áreas: limitantes a los poderes del Gobierno; ausencia de corrupción; gobierno abierto; derechos fundamentales; orden y seguridad; implementación regulatoria; justicia civil, y justicia criminal.

Además, la falta de independencia y separación de poderes explica principalmente la razón por la cual Venezuela obtuvo su peor calificación (4,68) en los diez años que lleva realizándose la clasificación *Democracy Index* elaborada por la <u>*Intelligence Unit*</u> de la revista The Economist. En la última edición del índice, el país ocupa el antepenúltimo lugar en la clasificación de países de América Latina y es considerado un 'régimen híbrido'. El informe indica que

---

107 CIDH (2016), "CIDH y Relatoría Especial condenan cierre de espacios de participación política en Venezuela y alertan sobre impacto en la democracia", 25 de octubre de 2016, https://www.oas.org/es/cidh/prensa/comunicados/2016/154.asp

108 Variables 1.06 "Judicial Independence" y 1.07 "Favoritism in decisions of government officials". WEF (2017), The Global Competitiveness Index 2016-2017, pág. 361. http://www3.weforum.org/docs/GCR2016-2017/05FullReport/TheGlobalCompetitivenessReport2016-2017_FINAL.pdf

109 WJP (2016), Rule of Law Index 2016, http://worldjusticeproject.org/rule-law-around-world

la calificación desmejoró como resultado de las acciones del Gobierno que desacreditaron y descalificaron los derechos y poderes
de la AN después del triunfo electoral de la Oposición en las elecciones de diciembre de 2015. Citando la sentencia de la Sala Constitucional que declaró la nulidad de los actos y las leyes que surgen
del poder legislativo, y la usurpación de funciones de la AN por la
aprobación del presupuesto por decreto a través de la Sala Constitucional, la *Intelligence Unit* de The Economist señala que "de hecho,
esto invalidó el poder de la Asamblea Nacional y eliminó la responsabilidad del Gobierno."[110]

Por su parte, en un comunicado publicado el 28 de octubre de
2016, el Centro por la Justicia y el Derecho Internacional (CEJIL),
organización no gubernamental regional que trabaja por la protección y promoción de los derechos humanos en las Américas reiteró
que "el Estado venezolano tiene la obligación de garantizar el pleno
acatamiento del estado de derecho, los principios constitucionales y
los derechos fundamentales, incluido el derecho a la democracia."[111]

Organismos multilaterales como la Unión Europea y Naciones
Unidas, han hecho referencia al tema. Recientemente, el lunes 27 de
febrero de 2017, el jefe de la división de Suramérica del Servicio
Europeo de Acción Exterior (EEAS, por sus siglas en inglés) de la
Unión Europea, Adrianus Koetsenruijter, expresó durante una intervención en la Comisión de Asuntos Exteriores del Parlamento Europeo que desde que la AN es dominada por la Oposición, "el Ejecutivo ha dejado de lado el papel de la Asamblea"[112]. Asimismo,
después de reunirse en Santo Domingo con los facilitadores del
entonces activo proceso de diálogo nacional, la Alta Representante

110 The Economist Intelligence Unit (2017), Democracy Index 2016, pág. 41.

111 CEJIL (2016), "Venezuela bajo examen inminente de Naciones Unidas", Comunicado de Prensa, 28 de octubre de 2016, https://www.cejil.org/es/venezuela-bajo-
examen-inminente-naciones-unidas

112 EFE (2017), "SAEE pide al gobierno Venezolano respetar la Constitución", 27 de
febrero de 2017, http://www.el-nacional.com/noticias/politica/seae-pide-gobierno-
venezolano-respetar-constitucion_82951

del EEAS, Federica Mogherini, afirmó la necesidad del respeto a los principios y mecanismos constitucionales. Indicó que "son necesarios un pleno respeto de los principios y mecanismos constitucionales, de la separación de poderes, del estado de derecho y de las libertades políticas".[113]

La Oficina del Alto Comisionado de los Derechos Humanos de Naciones Unidas (OACNUDH) inclusive ha expresado preocupación por una decisión específica tomada por la Sala Constitucional del TSJ durante el primer semestre del año 2016. En respuesta a la sentencia del TSJ del 11 de abril de 2016 sobre la Ley de Amnistía y Reconciliación Nacional, la portavoz del Alto Comisionado, Ravina Shamdasani, expresó que "Estamos muy sorprendidos con el fallo... observamos con preocupación que el tribunal declaró todo el texto inconstitucional."[114] En el mismo comunicado, la OACNUDH confirmó que habían enviado al Gobierno un análisis jurídico de la ley, en el que concluyeron que el texto se adhería en términos generales a los estándares internacionales de derechos humanos.

Meses más tarde, durante el 33° período de sesiones del Consejo de Derechos Humanos de Naciones Unidas celebrado en Ginebra en septiembre, 29 países[115] expresaron su apoyo a un proceso de diálogo que, entre otros objetivos, asegurara el respeto al debido proceso y a la separación de poderes. Adicionalmente, a través de un comunicado conjunto publicado un mes más tarde, 12 Estados Miembros de la OEA reiteraron la importancia de los esfuerzos de diálogo

---

113 Declaración de la Alta Representante y Vice Presidenta Federica Mogherini sobre Venezuela, 25 de octubre de 2016, https://eeas.europa.eu/headquarters/headquarters-homepa-ge_en/13030/Declaraci%C3%B3n%20de%20Federica%20Mogherini%20sobre%20Venezuela

114 OHCHR (2016), Press briefing note on Venezuela, Geneva, 12 de abril de 2016. http://www.ohchr.org/en/NewsEvents/Pages/DisplayNews.aspx?NewsID=19808&LangID=E

115 https://geneva.usmission.gov/2016/09/29/joint-statement-on-venezuela-at-the-human-rights-council/

nacional para encontrar soluciones duraderas a favor de la separación de poderes, entre otros temas[116].

Otros estudios e información generada en Venezuela refuerzan el argumento de la precariedad del estado de derecho por la ausencia de separación e independencia de poderes, y en especial por la parcialidad y la falta de legitimidad de la rama judicial.

Por ejemplo, un abogado constitucionalista y profesor de derecho en la Universidad Central de Venezuela (UCV) indica que mientras de enero a octubre del año 2016 la Sala Constitucional anuló en su totalidad ocho leyes en contra de la AN, en la historia del país existe solamente un caso de ley totalmente anulada. En una entrevista a Prodavinci, el experto explicó: "Si establecemos una comparación con el pasado… diría que en los 200 años de historia republicana, sólo se había anulado una ley en su totalidad, me refiero a la Ley de Vagos y Maleantes, en 1998. Las demás nulidades correspondían a uno, dos o tres artículos de una determinada ley o norma. Nunca se había derogado una ley en su totalidad, de punta a punta."[117] Añadió que "en un año se han anulado más leyes que en 200 años"[118], lo que justamente coincide con un poder legislativo dominado por la Oposición.

Las conclusiones que arroja el análisis del libro *El TSJ al servicio de la revolución* muestran que habría existido una tendencia de colusión entre los poderes públicos en el contexto previo a las elecciones de diciembre 2015. Al analizar 45.474 sentencias de las salas Constitucional, Político Administrativa y Electoral en el período 2003 a 2013, un grupo de juristas concluyó que "el Tribunal Supremo de Justicia no dictó ninguna sentencia en contra del Gobier-

---

116 https://spanish.caracas.usembassy.gov/noticias-y-eventos/noticias-embajada/comunicado-oea-venezuela-oct21.html

117 Prieto, H. (2016), "Gustavo Linares Benzo: 'Éste es un gobierno militar a todo nivel'", 23 de octubre de 2016, http://prodavinci.com/2016/10/23/actualidad/gustavo-linares-benzo-este-es-un-gobierno-militar-a-todo-nivel-por-hugo-prieto/

118 Prieto, H. (2016), "Gustavo Linares Benzo: 'Éste es un gobierno militar a todo nivel'", 23 de octubre de 2016, http://prodavinci.com/2016/10/23/actualidad/gustavo-linares-benzo-este-es-un-gobierno-militar-a-todo-nivel-por-hugo-prieto/

no"[119]. En la década analizada de sentencias de la Sala Constitucional, no se anuló una ley emanada de la AN (cuya mayoría era del oficialismo en ese tiempo) ni tampoco se encontraron casos en que la Sala Político Administrativa contrariara las políticas públicas del Gobierno chavista[120]. Por su parte, la Sala Electoral tomó decisiones de tal forma que "ocho de cada nueve sentencias beneficiaron al oficialismo"[121].

Al inicio de esa sección del informe se menciona que en Venezuela no existe un estado de derecho fundamentado en la aplicación justa de la ley, puesto que los Poderes Ejecutivo, Electoral y Judicial operan en colusión; se observa una sistemática invalidación y desconocimiento del Poder Legislativo, y se han documentado acciones sesgadas a favor del partido oficial. Lo que muestra la evidencia es un Estado que opera en función de intereses partidarios y que emplea la ley de forma discrecional, en detrimento de los principios de la justicia, la imparcialidad y la separación de poderes.

La coyuntura actual es compleja por la intensa guerra entre poderes desde que la Oposición tomó el liderazgo de la AN. La coyuntura de choque provee suficiente evidencia del uso de mecanismos judiciales y de la ley para desacreditar al poder legislativo. En los primeros diez meses del año 2016, por ejemplo, se registraron al menos 30 sentencias del TSJ en contra de la AN[122] y, como antes se

119 Unidad de Investigación Runrunes (2016), "Los 13 récords mundiales del 'comandante galáctico', 3 de abril de 2016, http://runrun.es/nacional/venezuela-2/251454/los-13-records-mundiales-del-comandante-galactico.html *apud* Canova González, et al (2014), El TSJ al servicio de la revolución, Editorial Galipán.

120 Unidad de Investigación Runrunes (2016), "Los 13 récords mundiales del 'comandante galáctico', 3 de abril de 2016, http://runrun.es/nacional/venezuela-2/251454/los-13-records-mundiales-del-comandante-galactico.html *apud* Canova González, et al (2014), El TSJ al servicio de la revolución, Editorial Galipán.

121 Unidad de Investigación Runrunes (2016), "Los 13 récords mundiales del 'comandante galáctico', 3 de abril de 2016, http://runrun.es/nacional/venezuela-2/251454/los-13-records-mundiales-del-comandante-galactico.html *apud* Canova González, et al (2014), El TSJ al servicio de la revolución, Editorial Galipán.

122 Mora, F. (2016), "TSJ ha dictado 30 sentencias contra la Asamblea Nacional", El Universal, 15 de octubre de 2016, http://www.eluniversal.com/noticias/politica/tsj-dictado-sentencias-contra-asamblea-nacional_622598; Transparencia Venezuela

347

ha mencionado, se anularon en su totalidad al menos ocho leyes en contra también del parlamento.

De junio de 2016 a febrero de 2017, se registraron al menos 32 casos o hechos que comprueban la sistemática interpretación a favor de los intereses del Gobierno, en contra del Poder Legislativo, la Oposición y/o la ciudadanía en general. A continuación, se detallan casos destacados que corroboran el incumplimiento de principios de ejercicio del poder con sujeción al estado de derecho y la separación e independencia de poderes, contenidos en la CDI.

De los 32 casos entre junio de 2016 a febrero de 2017, equivalente a casi un caso por semana, que evidencian la falta de estado de derecho y socavan la separación e independencia de poderes, se observan:

- Al menos 17 casos en los que la Sala Constitucional del TSJ emitió decisiones en contra de la AN y parlamentarios de la Oposición, y a favor del Poder Ejecutivo y el Gobierno; y al menos un caso en el que la Sala Constitucional del TSJ emitió una sentencia que afecta la garantía de derechos civiles de la ciudadanía en general;

- Al menos 2 casos en que la Sala Electoral del TSJ emitió sentencias en contra de la AN y a favor del Gobierno;

- Al menos 2 casos en los que la Sala Político Administrativa del TSJ emitió decisiones en contra de parlamentarios de la Oposición y a favor del Gobierno; y al menos un caso en el que la Sala Político-Administrativa del TSJ emitió una decisión en contra de la Contraloría General de la República, a favor del Ministerio de Defensa;

(2016), "La Asamblea Nacional en Cifras, 9 meses de gestión", Observatorio Parlamentario, noviembre de 2016, https://transparencia.org.ve/project/lla-asamblea-nacional-en-cifras-9-meses-de-gestion/

- Al menos una decisión de la Sala de Casación Social del TSJ que perjudica los derechos de niños y adolescentes venezolanos;

- Al menos dos casos donde tribunales de primera instancia emitieron decisiones en contra de los derechos de líderes de la Oposición y de la ciudadanía en general;

- Al menos cuatro casos en que el Poder Electoral (Consejo Nacional Electoral) tomó decisiones en contra de la ciudadanía en general, ciertos partidos políticos, y electores de Amazonas y Región Indígena Sur, y a favor del Gobierno;

- Al menos dos hechos directos del Poder Ejecutivo en contra de la AN y parlamentarios de la Oposición.

Se detallan a continuación cada uno de esos casos:

SALA CONSTITUCIONAL

En el período de análisis se registraron al menos 18 ocasiones en los que la Sala Constitucional del TSJ emitió decisiones en contra de la AN y parlamentarios representantes de la Oposición, y/o de los derechos de la ciudadanía. Dichas decisiones han sido a favor del Gobierno. Las siguientes sentencias son evidencia de una disolución *de facto* de la AN.

1. Sentencia 460/2016 del 9 de junio de 2016: La Sala Constitucional decidió en contra de la AN al declarar inconstitucional la "Ley Especial para Atender la Crisis Nacional de Salud", con la justificación de que la ley usurpaba funciones del Presidente de la República. La sentencia representa un ejemplo en el cual se hace uso de sentencias judiciales para desacreditar la función del Poder Legislativo.[123]

2. Sentencia 478/2016 del 14 de junio de 2016: La Sala Constitucional decidió en contra de la AN ya que suspendió los

---

123 http://historico.tsj.gob.ve/decisiones/scon/junio/188165-460-9616-2016-16-0500.HTML

efectos de los actos del Poder Legislativo realizados el 31 de mayo de 2016 y 10 de junio de 2016 por considerar – nuevamente – que la AN había usurpado funciones propias del Ejecutivo. La sentencia se convirtió en otro ejemplo del uso de sentencias judiciales para invalidar la labor de la AN.[124]

3. Sentencia 611/2016 del 15 de julio de 2016: La Sala Constitucional declaró que la inmunidad parlamentaria beneficia solamente a los diputados principales en ejercicio de funciones. La decisión afectó principalmente a los diputados suplentes de la Oposición que son a su vez presos políticos: Renzo Prieto, Rosmit Mantilla y Gilberto Sojo. En esa ocasión, el fallo iba en contra de la liberación de esos diputados.[125] También violentaba la inmunidad parlamentaria, los derechos de los diputados y presos políticos mencionados, así como los derechos colectivos del electorado de Táchira y Aragua que los eligieron.[126] Según Amnistía Internacional, el TSJ ha interpretado el artículo 200 de la Constitución (sobre inmunidad parlamentaria), de forma "regresiva".[127] El planteamiento que la inmunidad parlamentaria se aplica a los diputados que estén en ejercicio de cargos "viola lo establecido en la Constitución, que establece que la inmunidad se goza desde que el diputado es proclamado; y

---

124 https://transparencia.org.ve/wp-content/uploads/2016/11/9-meses-Observador-parlamentario.pdf

125 Amnistía Internacional explica que en el pasado se han liberado a presos políticos que son electos como legisladores. En base a decisiones de la Corte Suprema de Justicia, David Nieves y Fortunaro Herrera fueron liberados en 1978. https://www.derechos.org.ve/actualidad/amnistia-internacional-doce-preguntas-y-respuestas-sobre-la-inmunidad

126 http://www.el-nacional.com/noticias/politica/tsj-emitido-sentencias-contra-asamblea-nacional_10854;   http://www.el-nacional.com/noticias/politica/tsj-diputados-suplentes-solo-gozaran-inmunidad-cuando-suplan-los-principales_22411

127 https://www.derechos.org.ve/actualidad/amnistia-internacional-doce-preguntas-y-respuestas-sobre-la-inmunidad

la Constitución no realiza una distinción entre diputado principal y suplente".[128]

4. Sentencia 612/2016 del 15 de julio de 2016: La sentencia tiene efectos similares a los de la sentencia 611. La Sala Constitucional declaró inadmisible la incorporación de los siguientes diputados suplentes de la Oposición electos el 6 de diciembre de 2015 (mencionados en la sentencia 611), y que son presos políticos: Prieto, Mantilla y Sojo. Además de ser una medida en contra de la representación de la Oposición en la AN y a favor del Gobierno, la sentencia representaba la violación de los derechos políticos de los parlamentarios y del electorado de las circunscripciones 2 y 5 del estado de Táchira y el estado de Aragua, de donde provienen los tres diputados suplentes mencionados.[129]

5. Sentencia 614/2016 del 19 de julio de 2016: El fallo invalidó a la AN ya que la Sala Constitucional declaró nula la designación de la "Comisión Especial para el Rescate de la Institucionalidad del TSJ" y los actos realizados en la sesión del 14 de julio de 2016. La decisión en contra de la AN es muestra adicional del uso de sentencias judiciales para anular las funciones del Poder Legislativo.[130]

6. Sentencia 615/2016 del 19 de julio de 2016: La decisión declaró la constitucionalidad del Decreto 2371 en la que se permite la prórroga de 60 días al segundo estado de excepción y emergencia económica del año 2016 del Presidente Nicolás Maduro. El decreto se aprobó sin el acuerdo de la AN. Este caso es uno de seis fallos (cuatro sobre la constitucionalidad de decretos de estado de excepción y emer-

128 https://www.derechos.org.ve/actualidad/amnistia-internacional-doce-preguntas-y-respuestas-sobre-la-inmunidad
129 https://transparencia.org.ve/wp-content/uploads/2016/11/9-meses-Observador-parlamentario.pdf
130 http://historico.tsj.gob.ve/decisiones/scon/julio/189122-614-19716-2016-16-0153.HTML

gencia económica; uno sobre la presentación del informe anual del Gobierno; y otro sobre la presentación del presupuesto) entre junio de 2016 y febrero de 2017 dictados por la Sala Constitucional que muestran una relación directa de colusión entre el Poder Ejecutivo y el TSJ.[131]

7. Sentencia 618/2016 del 20 de julio de 2016: La Sala Constitucional declara la autonomía del Banco Central de Reserva para emitir deuda pública con el Fondo Latinoamericano de Reservas (FLAR). Esto anulaba la función de la AN de aprobación de endeudamiento público y, como tal, constituye una desviación de poder en contra del Poder Legislativo, y a favor del Gobierno.[132] Otro caso que pone en evidencia el desconocimiento de la AN y la falta de separación de poderes.

8. Sentencia 797/2016 del 19 de agosto de 2016: Esta decisión judicial admitió dos demandas de nulidad introducidas por el oficialismo. El fallo iba claramente en contra de la AN ya que suspendía los efectos de siete sesiones parlamentarias realizadas en abril y mayo del mismo año.[133]

9. Sentencia 808/2016 del 2 de septiembre de 2016: Esta sentencia emitida por la Sala Constitucional es de las más preocupantes ya que el TSJ declaró en desacato a la AN. Declaró "absolutamente nulos los actos de la Asamblea Nacional que se hayan dictado o se dictaren, mientras se mantenga la incorporación de los ciudadanos sujetos de la decisión núm. 260 del 30 de diciembre de 2015 y del presente

---

131 http://historico.tsj.gob.ve/sr/print.asp?url=http://historico.tsj.gob.ve/decisiones/scon/julio/189123-615-19716-2016-16-0470.HTML

132 http://www.tsj.gob.ve/-/tsj-resuelve-interpretacion-sobre-la-autonomia-del-bcv-para-suscribir-contratos

133 http://www.el-nacional.com/noticias/politica/tsj-emitido-sentencias-contra-asamblea-nacional_10854; http://www.tsj.gob.ve/-/sala-constitucional-ordena-suspender-cautelarmente-efectos-de-sesiones-de-la-asamblea-nacional-realizadas-en-abril-y-mayo

fallo"[134]. La decisión 260 de la Sala Electoral del año 2015 mencionada es la que suspendió la proclamación de diputados de Amazonas por denuncias de irregularidades por parte del oficialismo durante las elecciones parlamentarias del 6 de diciembre de 2015. El fallo 808 declaró inconstitucional la Ley de Reforma Parcial del Decreto 2165 con Rango y Fuerza de Ley Orgánica que Reserva al Estado las Actividades de Exploración y Explotación de Oro.[135] A través de esa sentencia el TSJ invalidó directamente a la AN, poder público cuyo mandato y legitimidad emana del voto popular. Es evidencia de la falta de independencia y separación de poderes en Venezuela.

10. Sentencia 810/2016 del 21 de septiembre de 2016: Se declaró la constitucionalidad del Decreto 2452 que dio paso al tercer estado de excepción y emergencia económica a nivel nacional del año 2016 del Presidente Maduro. Como en la sentencia 615 antes mencionada, el decreto se aprobó sin el acuerdo de la AN. Este caso es uno de seis fallos (cuatro sobre la constitucionalidad de decretos de estado de excepción y emergencia económica; uno sobre la presentación del informe anual del Gobierno; y uno sobre la presentación del presupuesto) entre junio 2016 y febrero 2017 dictados por la Sala Constitucional que muestran una relación directa de colusión entre el Poder Ejecutivo y el TSJ.[136]

11. Sentencia 814/2016 del 11 de octubre de 2016: Otra de las decisiones que deja en evidencia la falta de independencia y separación de poderes (en especial, entre el Poder Ejecutivo y el Poder Judicial); la sentencia a favor del Gobierno fue

134 http://historico.tsj.gob.ve/decisiones/scon/septiembre/190395-808-2916-2016-16-0831.HTML

135 Transparencia Venezuela (2016), "La Asamblea Nacional en Cifras, 9 meses de gestión", Observatorio Parlamentario, noviembre 2016, https://transparencia.org.ve/project/lla-asamblea-nacional-en-cifras-9-meses-de-gestion/

136 http://historico.tsj.gob.ve/decisiones/scon/septiembre/190408-810-21916-2016-16-0897.HTML

emitida en respuesta a la solicitud del Presidente Maduro. La Sala Constitucional del TSJ declaró que el Ejecutivo está exento de presentar el presupuesto ante la AN. En su lugar, lo presentaría en formato de decreto ante la Sala Constitucional. La decisión significa la usurpación de funciones de la AN, ya que de acuerdo a los artículos 311 y 313 de la Constitución, el presupuesto de la nación debe de ser presentado como proyecto de ley ante el Poder Legislativo.[137]

12. Sentencia 948/2016 del 14 de noviembre de 2016: La Sala Constitucional del TSJ emitió esta sentencia que atenta contra la garantía de derechos de la ciudadanía. El fallo proscribe las garantías previstas para el ejercicio del derecho a la manifestación pacífica, y en particular desconoce los artículos 53 y 68 de la Constitución.[138]

13. Sentencia 952/2016 del 21 de noviembre de 2016: Se declaró la constitucionalidad del Decreto 2548 que otorga la prórroga del tercer estado de excepción y emergencia económica del año 2016 del Presidente Maduro. Como en las sentencias 615 y 810 antes mencionadas, el decreto se aprobó sin el acuerdo de la AN. La sentencia 952 es una de las seis (cuatro sobre la constitucionalidad de decretos de estado de excepción y emergencia económica; una sobre la presentación del informe anual del Gobierno; y una sobre la presentación del presupuesto) dictadas por la Sala Constitucional entre junio de 2016 y febrero de 2017 que muestran

---

137 http://www.eluniversal.com/noticias/politica/tsj-dictado-sentencias-contra-asamblea-nacional_622598; http://historico.tsj.gob.ve/decisiones/scon/octubre/190792-814-111016-2016-2016-897.HTML

138 https://www.derechos.org.ve/actualidad/el-tsj-continua-extinguiendo-el-estado-de-derecho-en-venezuela

una relación directa de colusión entre el Poder Ejecutivo y el TSJ.[139]

14. Sentencia 1086/2016 del 13 de diciembre de 2016: La Sala Constitucional designó a dos rectores del CNE cuyo mandato expiraba en diciembre de 2016, en lugar de ser designados por la AN como dicta la ley. Un estudio reciente del Proyecto Integridad Electoral Venezuela menciona que "la Asamblea Nacional electa el 6 de diciembre de 2015 tenía la responsabilidad de nombrar a dos rectores, y sus respectivos suplentes, cuyos períodos vencían el 3 de diciembre de 2016."[140] Los sustitutos para Socorro Hernández y Tania D'Amelio, "ambas con vínculos públicos y notorios con el partido de gobierno"[141], debían haber sido nombrados por la AN y postulados por las universidades nacionales y el Poder Ciudadano según la normativa vigente, pero las designaciones fueron decididas por el TSJ. Hernández y D'Amelio fueron nuevamente designadas. El caso, por lo tanto, muestra la usurpación de funciones y competencias del Poder Legislativo, y representa una violación de la normativa vigente y la parcialidad del TSJ.[142]

15. Sentencia 2/2017 del 11 de enero de 2017: Esta sentencia es evidencia de la sistemática invalidación y desconocimiento del Poder Legislativo por parte del Gobierno. Al declarar ilegítima la Junta Directiva 2017 de la AN que fue instalada el 5 de enero, la Sala Constitucional invalidó nuevamente al Poder Legislativo. El fallo también anulaba las sesiones de la AN por continuar en desacato – como lo había hecho con

139 http://historico.tsj.gob.ve/sr/print.asp?url=http://historico.tsj.gob.ve/decisiones/scon/noviembre/192945-952-211116-2016-16-0897.HTML
140 https://politikaucab.files.wordpress.com/2016/12/sugerencias-pmgc-reporte-especial-33vf.pdf
141 https://politikaucab.files.wordpress.com/2016/12/sugerencias-pmgc-reporte-especial-33vf.pdf
142 http://historico.tsj.gob.ve/decisiones/scon/diciembre/193866-1086-131216-2016-16-1191.HTML

otras sesiones en la sentencia 797. "Se declara la inconstitucionalidad por omisión del Poder Legislativo Nacional por no haber dictado las medidas indispensables para garantizar el cumplimiento de la Constitución y órdenes emitidas por este Máximo Tribunal,"[143] declara la sentencia. De tal forma, los actos del 5 y 9 de enero de 2017 por parte de la AN quedaron anulados. A pesar de que la nueva junta directiva de la AN desincorporó a los tres diputados de Amazonas[144], el TSJ decidió que las acciones de la nueva junta directiva son nulas, por lo que el Parlamento seguía en desacato. Cabe destacar que otra de las acciones declaradas nulas fue la declaración por parte de diputados opositores de "abandono del cargo" del Presidente Maduro, efectuada el 9 de enero de 2017.[145]

16. Sentencia 3/2017 del 11 de enero de 2017: Confirmando la decisión de la Sala Electoral y la posición que la AN se encuentra en desacato, la Sala Constitucional decidió que el Presidente Maduro rendiría su Mensaje Anual al TSJ y no a la AN como lo dispone la normativa vigente. El fallo muestra la usurpación de funciones y competencias del Poder Legislativo por parte del Poder Judicial, y la colusión de intereses entre ese Poder y el Poder Ejecutivo. En respuesta a un recurso de interpretación interpuesto por el Presidente Maduro, la Sala Constitucional declaró: "Se Resuelve la interpretación constitucional solicitada y se Declara la omisión inconstitucional de la Asamblea Nacional. En consecuencia, se dispone que en esta oportunidad el Presidente

---

143 http://historico.tsj.gob.ve/decisiones/scon/enero/194891-02-11117-2017-17-0001.HTML

144 http://www.el-nacional.com/noticias/asamblea-nacional/termino-con-desacato-desincorporo-oficialmente-diputados-amazonas_74448

145 http://historico.tsj.gob.ve/decisiones/scon/enero/194891-02-11117-2017-17-0001.HTML; http://www.telesurtv.net/news/TSJ-de-Venezuela-declara-nulas-nuevas-acciones-del-Parlamento-20170111-0057.html; http://elbilluyo.com/economia-politica/tsj-anula-directiva-sesiones-la-asamblea-nacional/;

de la República, ciudadano Nicolás Maduro Moros, debe rendir su Mensaje Anual al que se refiere el artículo 237 Constitucional ante el Tribunal Supremo de Justicia."[146]

17. Sentencia 4/2017 del 19 de enero de 2017: La Sala Constitucional declara la constitucionalidad del Decreto 2667, el cuarto estado de excepción y emergencia económica a nivel nacional. Como en el caso de las sentencias 615, 810 y 952, el decreto fue aprobado sin el acuerdo de la AN. La sentencia 4 es una de las seis (cuatro sobre constitucionalidad de decretos de estado de excepción y emergencia económica; una sobre la presentación del informe anual del Gobierno; y una sobre la presentación del presupuesto) entre junio 2016 y febrero 2017 dictadas por la Sala Constitucional que muestran una relación directa de colusión entre el Poder Ejecutivo y el TSJ.[147]

18. Sentencia 7/2017 del 26 de enero de 2017: El fallo señala que diputados de la Oposición serían investigados por el Consejo Moral Republicano por responsabilidad penal individual, por delito de conspiración y usurpación de funciones. La Sala solicitó que se "ordene a los órganos que integran el Consejo Moral Republicano, que inicien la investigación que determine la responsabilidad penal individual de los diputados y diputadas de la Asamblea Nacional que integran el denominado Bloque de la Unidad, por la comisión del delito de conspiración para destruir la forma republicana que se ha dado la nación, tipificada en el artículo 132 del Código Penal, así como por usurpación de funciones, desviación de poder y por violación de la Constitución".[148] La decisión no solo transgredía el principio de se-

---

146 http://historico.tsj.gob.ve/decisiones/scon/enero/194892-03-11117-2017-17-0002.HTML

147 http://historico.tsj.gob.ve/decisiones/scon/enero/195170-04-19117-2017-2017-0069.HTML

148 http://historico.tsj.gob.ve/decisiones/scon/enero/195578-07-26117-2017-17-0010.HTML

paración e independencia de poderes, sino que atentaba contra la inmunidad parlamentaria con arreglo al artículo 200[149] de la Constitución. Según un destacado profesor de Derecho de la UCV, la Universidad Católica Andrés Bello (UCAB) y la Universidad Monteávila (UMA), "En teoría, cualquier investigación penal en contra de los diputados por este delito se enfrenta al obstáculo de la inmunidad parlamentaria, que para ser levantada, requiere de la decisión de la propia Asamblea".[150] Sin embargo, añade, "En la práctica... ya esa inmunidad ha sido desconocida, a partir de una interpretación muy reducida de su ámbito de protección. Y además, no es de extrañar que la Sala Constitucional sostenga que la inmunidad parlamentaria ya no rige pues la Asamblea, al estar en desacato, no puede ejercer sus funciones válidamente".[151]

SALA ELECTORAL

En el período de análisis se registraron al menos dos ocasiones en las que la Sala Electoral del TSJ emitió decisiones en contra del Poder Legislativo y a favor del Gobierno. Las siguientes sentencias son evidencia de la invalidación de la AN a través del uso de sentencias judiciales. En este caso, sobre la incorporación a la AN de los diputados del estado Amazonas y la Región Indígena Sur.

1. Sentencia 108/2016 del 1 de agosto de 2016: La Sala Electoral declaró inválida la incorporación de los diputados del estado Amazonas y la Región Indígena Sur: Nirma Guarulla (Amazonas), Julio Ygarza (Amazonas) y Romel Guzamana (Región Indígena Sur).[152] La Sala reiteró "la nulidad

---

149 https://www.oas.org/juridico/mla/sp/ven/sp_ven-int-const.html
150 http://prodavinci.com/tipo-blog/blog-de-jose-ignacio-hernandez/
151 http://prodavinci.com/tipo-blog/blog-de-jose-ignacio-hernandez/
152 http://historico.tsj.gob.ve/decisiones/selec/agosto/189587-108-1816-2016-X-2016-000007.HTML

absoluta"[153] de la juramentación de los tres diputados el 28 de julio de 2016 y declaró "el desacato"[154] con respecto a la sentencia 260 de la Sala Electoral del 30 de diciembre de 2015 y la sentencia 1 del 11 de enero de 2016.

2. Sentencia 126/2016 del 11 de agosto de 2016: A través de este fallo, la Sala Electoral dejó sin lugar la incorporación de los diputados de Amazonas.[155] Tanto la sentencia 108 como la sentencia 126 son decisiones en contra de la AN, y en particular de su Junta Directiva que juramentó a los tres diputados el 28 de julio de 2016, pero también perjudican los derechos e intereses colectivos de los electores de las circunscripciones de Amazonas y la Región Indígena Sur. Ambos fallos son decididos a favor del Gobierno y en contra del Poder Legislativo.

SALA POLÍTICO-ADMINISTRATIVA

Entre junio de 2016 y febrero de 2017 se observó que la Sala Político-Administrativa del TSJ emitió decisiones al menos en dos ocasiones en contra de parlamentarios de la AN miembros de la Oposición y a favor del Gobierno. Adicionalmente, se registró un caso en el que la Sala Político-Administrativa del TSJ emitió una decisión en contra de la Contraloría General de la República, del Poder Ciudadano, a favor del Ministerio de Defensa, del Poder Ejecutivo.

1. Sentencia 848/2016 del 4 de agosto de 2016: La Sala Político-Administrativa falló en contra de diputados opositores y a favor del Gobierno. La sentencia declaró desistido el recurso de nulidad presentado por diputados de la Oposición

---

153 http://historico.tsj.gob.ve/decisiones/selec/agosto/189587-108-1816-2016-X-2016-000007.HTML

154 http://historico.tsj.gob.ve/decisiones/selec/agosto/189587-108-1816-2016-X-2016-000007.HTML

155 http://historico.tsj.gob.ve/decisiones/selec/agosto/190168-126-11816-2016-2016-X-000003.HTML

contra una resolución del Ministerio del Poder Popular para la Banca y Finanzas.[156]

2. Sentencia 858/2016 del 9 de agosto de 2016: Otra decisión en contra de los diputados de la Oposición que son miembros de la Comisión Permanente de Finanzas y Desarrollo Económico. En esa ocasión el TSJ desestimó la demanda sobre la falta de publicación del Índice Nacional de Precios al Consumidor del año 2015.[157]

3. Sentencia 1421/2016 del 15 de diciembre de 2016: Muestra de la falta de controles entre poderes públicos; en esa decisión la Sala Político-Administrativa decidió en contra de la propia Contraloría General de la República – parte del Poder Ciudadano – y a favor del Gobierno y en especial de los militares. En respuesta a un recurso de interpretación de la Procuraduría General de la República del Poder Ejecutivo, la sentencia de la Sala Político-Administrativa estableció que la potestad de control del Ministerio del Poder Popular para la Defensa no la tiene la Contraloría, sino la Contraloría General de la Fuerza Armada Nacional Bolivariana (COGEFANB). Es decir, el fallo permitía que el Ministerio de Defensa se auto controlase internamente en el manejo de recursos públicos a través de COGEFANB.[158]

SALA DE CASACIÓN SOCIAL

En cuanto a la actuación de la Sala de Casación Social, se identificó al menos una decisión del TSJ que perjudica los derechos de niños y adolescentes venezolanos.

---

156 http://www.mp.gob.ve/c/document_library/get_file?uuid=ed7d4346-3715-4f91-8b94-cb46bc17c152&groupId=10136

157 http://www.talcualdigital.com/Nota/132518/las-5-sentencias-del-tsj-contra-el-parlamento-en-agosto

158 http://www.accesoalajusticia.org/wp/infojusticia/noticias/la-caja-negra-militar-el-tsj-elimina-el-control-sobre-las-empresas-militares-2/; http://historico.tsj.gob.ve/decisiones/spa/diciembre/194202-01421-151216-2016-2011-0044.HTML

1. Sentencia 1448/2016 del 16 de diciembre de 2016: El TSJ declaró inadmisible el recurso de legalidad ejercido por CECODAP, contra la sentencia del Juzgado Tercero Superior de Protección de niños y adolescentes, que niega medida preventiva para la protección del derecho a la salud de los niños ante la escasez de medicinas. Es decir, los derechos de los niños y niñas y los adolescentes venezolanos no son garantizados.[159]

TRIBUNALES DE PRIMERA INSTANCIA

Se identifican al menos dos casos en que tribunales de primera instancia han emitido decisiones en contra de los derechos de líderes de la Oposición y de la ciudadanía en general.

1. El 20 de octubre de 2016, por decisión del tribunal de control de la ciudad de Valencia, Carabobo, se prohibió la salida del territorio venezolano a los líderes de la Oposición Henrique Capriles Radonski, Jesús Torrealba, Ramón José Medina, José Luis Cartaya, Oscar Antonio Barreto, Ricardo Francisco Sucre Heredia, Luis Ernesto Aparicio Méndez, y Arnoldo Gabaldón Berti.[160] Ello sería violatorio del artículo 50 de la Constitución, relativo al derecho al libre tránsito nacional e internacional, así como de la inmunidad parlamentaria consagrada en el artículo 200 de la Carta Magna.[161]

2. El mismo 20 de octubre, tribunales penales de los estados de Aragua, Carabobo, Bolívar, y Apure emitieron sentencias que dejaban sin efecto la recolección de firmas para el Revocatorio de Mandato por presunto "fraude"[162] perpetra-

---

159 http://historico.tsj.gob.ve/decisiones/scs/diciembre/194598-1448-161216-2016-16-559.HTML

160 http://internacional.elpais.com/internacional/2016/10/21/america/1477021835_993391.html; https://twitter.com/hcapriles/status/789298001374093312/photo/1?ref_src=twsrc%5Etfw

161 https://www.oas.org/juridico/mla/sp/ven/sp_ven-int-const.html

162 http://www.eluniversal.com/noticias/politica/tribunales-dejan-sin-efecto-recoleccion-del-cinco-estados-del-pais_623473

do por la MUD, y utilizando así la vía judicial para suspender derechos políticos a la ciudadanía venezolana. Esa acción fue defendida por el diputado Diosdado Cabello (PSUV), así como por los gobernadores oficialistas Tareck El Aissami (Aragua), Francisco Ameliach (Carabobo), Francisco Rangel Gómez (Bolívar), y Ramón Carrizalez (Apure).[163]

PODER ELECTORAL (CONSEJO NACIONAL ELECTORAL)

Durante el período de análisis se observó que en cuatro ocasiones el Poder Electoral (Consejo Nacional Electoral) tomó decisiones en contra de ciertos partidos políticos, los electores de Amazonas y Región Indígena Sur, y los derechos políticos de la ciudadanía en general. Las siguientes decisiones favorecen al oficialismo:

1. El 18 de octubre de 2016, a través de un anuncio público de la rectora del CNE Tibisay Lucena, se aplazaron las elecciones de gobernadores y alcaldes para el primer semestre y segundo semestre de 2017, respectivamente. Esa acción afecta los derechos políticos de los ciudadanos y ciudadanas venezolanas en violación del artículo 63 de la Constitución, que consagra el derecho al sufragio, y del artículo 160 al prorrogar inconstitucionalmente el mandato de gobernadores.[164]

2. El 20 de octubre de 2016, el Consejo Nacional Electoral, amparándose en la posición de los tribunales penales de los estados de Aragua, Carabobo, Bolívar, Apure y Monagas antes mencionada, suspendió la recolección de manifestaciones de voluntad para la realización del referendo revocatorio, por supuesto fraude en la recolección de firmas del

---

163 http://www.eluniversal.com/noticias/politica/tribunales-dejan-sin-efecto-recoleccion-del-cinco-estados-del-pais_623473

164 http://www.bbc.com/mundo/noticias-america-latina-37699764;
http://internacional.elpais.com/internacional/2016/10/19/actualidad/1476865711_233797.html

uno por ciento del padrón electoral. Se observó en esa acción el uso de la vía judicial para suspender el derecho político al voto.[165]

3. El 20 de enero de 2017, la rectora Tania D'Amelio anunció vía Twitter una nueva norma para la renovación de militantes de 59 organizaciones políticas. Si bien los trámites establecidos podrían afectar por igual a partidos minoritarios tanto de la Oposición como alineados con el oficialismo, o que no hubieren participado en las elecciones de 2013 y 2015, sería causa de preocupación que el proceso vulnerara derechos de participación, así como el pluralismo del régimen de partidos y organizaciones políticas — consagrado en el Artículo 3 de la Carta Democrática Interamericana como uno de los elementos esenciales de la democracia.[166]

4. Por último, el CNE afectaría la garantía de los derechos políticos de poblaciones indígenas de las regiones Sur y de Amazonas, al no llamar a elecciones de nuevos diputados manteniendo a venezolanos sin representación en la Asamblea Nacional.[167]

PODER EJECUTIVO

Al menos dos hechos directos del Poder Ejecutivo en contra de la AN y parlamentarios de Oposición.

---

165 http://www.cne.gov.ve/web/sala_prensa/noticia_detallada.php?id=3483

166 http://actualidadvenezuela.org/2017/01/20/tania-d-amelio-anuncia-renovacion-de-partidos-politicos-y-no-menciona-las-regionales/;
https://twitter.com/taniadamelio/status/822462599258324994 ;
http://efectococuyo.com/politica/hasta-los-partidos-mas-antiguos-de-venezuela-tienen-que-renovar-sus-nominas El 14 de febrero de 2017, la Asamblea Nacional aprobó el Acuerdo sobre el Derecho a la Participación Política y el Proceso de Renovación del Registro de Militancia Impuesto por el Consejo Nacional Electoral, en el cual la Asamblea rechazó "las condiciones del proceso de renovación del registro de militancia "por cuanto viola derechos y principios constitucionales". http://www.oas.org/fpdb/press/07Mar1720ASAMBLEA20NACIONAL.pdf

167 https://politikaucab.net/2017/02/10/comunicado-de-organizaciones-de-la-sociedad-civil-ante-la-actuacion-reciente-del-cne/

1. El 15 de enero de 2017 el Presidente Maduro presentó el Mensaje Anual del Gobierno ante el TSJ, y no ante la AN. Esta acción de invalidación y desconocimiento del Poder Legislativo, que vulnera la facultad de control de la Presidencia de la AN, trasladando funciones al TSJ, es contraria a lo establecido en el artículo 237 de la Constitución de la República Bolivariana de Venezuela que dice: "Artículo 237. Dentro de los diez primeros días siguientes a la instalación de la Asamblea Nacional, en sesiones ordinarias, el Presidente o Presidenta de la República presentará cada año personalmente a la Asamblea un mensaje en que dará cuenta de los aspectos políticos, económicos, sociales y administrativos de su gestión durante el año inmediatamente anterior."[168]

2. Al anular su pasaporte por supuesta "denuncia de hurto",[169] el 27 de enero de 2017 y el 7 de febrero las autoridades del Servicio Administrativo de Identificación, Migración y Extranjería (SAIME) vulneraron los derechos de los parlamentarios de la MUD Luis Florido y William Dávila, respectivamente. La acción entraría en violación de facto de la inmunidad parlamentaria (artículo 200 de la Constitución), así como del derecho al libre tránsito nacional e internacional (artículo 50 de la Constitución) y del derecho civil de acceso a documento de identidad.[170]

DERECHO A LA LIBERTAD DE PENSAMIENTO Y EXPRESIÓN

"La mejor arma de una dictadura es el secreto. La mejor arma de una democracia es la transparencia". Edward Teller

El Gobierno venezolano no ha cejado en sus esfuerzos por restringir la libertad de expresión, llegando incluso a atacar a los me-

---

168 https://www.oas.org/juridico/mla/sp/ven/sp_ven-int-const.html

169 http://www.el-nacional.com/noticias/oposicion/guerra-quitaron-pasaporte-luis-florido-forma-ilegal_77946;

170 https://www.oas.org/juridico/mla/sp/ven/sp_ven-int-const.html

dios de comunicación; se han registrado violaciones flagrantes, desde actuaciones penales y administrativas contra periodistas y medios de prensa hasta la censura indirecta, el hostigamiento y la estigmatización verbal, la represión y la criminalización de la protesta social, así como violaciones al derecho de acceso a la información pública.

El Pacto Internacional de Derechos Civiles y Políticos de 1966 garantizó el derecho a "no ser molestado a causa de sus opiniones". El párrafo 2 del artículo 19 establece que la libertad de expresión "comprende la libertad de buscar, recibir y difundir informaciones e ideas de toda índole, sin consideración de fronteras, ya sea oralmente, por escrito o en forma impresa o artística, o por cualquier otro procedimiento de su elección."

En 1969, el Sistema Interamericano consagró el derecho a la libertad de pensamiento y de expresión en el artículo 13 de la Convención Americana sobre Derechos Humanos, definiéndolo como la "libertad de buscar, recibir y difundir informaciones e ideas de toda índole, sin consideración de fronteras, ya sea oralmente, por escrito, en forma impresa o artística, o por cualquier otro procedimiento de su elección". Asimismo, estableció que el ejercicio de ese derecho "no puede estar sujeto a previa censura".

La propia Constitución venezolana se hace eco de esos Convenios, protegiendo el derecho a la libre expresión en el artículo 57, que establece que "toda persona tiene derecho a expresar libremente sus pensamientos, sus ideas u opiniones de viva voz, por escrito o mediante cualquier otra forma de expresión y de hacer uso para ello de cualquier medio de comunicación y difusión, sin que pueda establecerse censura". Como dijera Nelson Mandela, "una prensa libre es uno de los pilares de la democracia".

Sin embargo, como ya he señalado, ello se ve agravado por la denuncia del Gobierno venezolano de la Convención Americana y su retirada del sistema de Derechos Humanos en 2014. Las tensiones entre los medios independientes y el gobierno siguen aumentando. El Gobierno venezolano continúa haciendo blanco de sus ataques a los medios de comunicación privados, aduciendo que están controlados por los intereses de la derecha y del imperio. El Gobierno sigue ampliando su autoridad para regular los medios y continúa tomando medidas agresivas destinadas a reducir las fuentes de información independientes disponibles que producen programación crítica.

Se ha aprobado gran número de leyes, cuyos textos están formulados en términos vagos, incluida la Ley de Responsabilidad Social en Radio, Televisión y Medios Electrónicos (Ley RESORTE[171]) de 2004, a la que se recurre sistemáticamente para justificar la prohibición de contenidos si se determina que "incitan o promueven el odio", "fomentan la ansiedad de la ciudadanía o alteran el orden público", "menosprecian la autoridad", "alientan los asesinatos", "constituyen propaganda de guerra" o "en aras de los intereses nacionales". Esa legislación faculta a la Comisión Nacional de Telecomunicaciones (CONATEL), el organismo nacional, supuestamente autónomo, encargado de regular las telecomunicaciones para aprobar, suspender o revocar licencias, imponer multas considerables a los radiodifusores, la prensa escrita y los medios digitales.

El 12 de febrero de 2017, el presidente Maduro amenazó con expulsar a la cadena de noticias estadounidense CNN en Español, aludiendo a un informe que incluía quejas públicas de una joven acerca de las condiciones de su escuela y la falta de alimentos para los estudiantes. En ese mismo sentido, la CNN había emitido también un informe sobre la supuesta venta de pasaportes por funcionarios de la embajada venezolana en Irak a personas que tenían presuntos vínculos con el terrorismo. La ministra Delcy Rodríguez acusó también a ese canal de llevar a cabo una campaña de propaganda contra Venezuela.[172]

El 15 de febrero de 2017, se dictó la suspensión del canal, y cesaron sus transmisiones en toda Venezuela. En una declaración emi-

---

171 Modificado más tarde en 2010
172 http://www.oas.org/es/cidh/expresion/showarticle.asp?artID=1052&lID=2

tida por CONATEL se informó que se había iniciado una acción administrativa punitiva, y que el contenido de las emisiones socavaban la "paz y la estabilidad democrática" de Venezuela, "al difamar y distorsionar la verdad".

Se puso fin también a las emisiones de otros tres canales internacionales, RCTV y NTN24 de Colombia y la mexicana TV Azteca, acusados por CONATEL de "distorsionar la verdad, sin pruebas, y atacar la soberanía del pueblo venezolano y sus instituciones".[173]

Los continuos ataques a los medios de comunicación por parte de funcionarios públicos, incluido el Presidente Maduro, crean un ambiente restrictivo que menoscaba la libertad de expresión y la independencia de los medios de comunicación, reduciendo el espacio para el debate público.[174]

El Gobierno venezolano también amplió su decisión para incluir el bloqueo de la señal Internet del sitio web de CNN en Español, ampliando su control del espacio digital. Ello se derivó de la sentencia del 8 de junio del Tribunal Supremo que prohibió a los sitios web de noticias *La Patilla* y *Caraota Digital* la difusión de videos de linchamientos a través de su página web o las redes sociales. La decisión fue redactada de manera que pudiera ser aplicable a otros medios en el país[175] y estos derechos están siendo coartados tanto dentro como fuera de la Internet.

En septiembre de 2016, se ordenó a tres periódicos venezolanos, *El Diario de Los Llanos*, *La Prensa* y *La Noticia*, que dejasen de publicar informes en relación con las denuncias de corrupción con-

173 http://www.conatel.gob.ve/conatel-al-pais-2/

174 CIDH, comunicado de prensa 13/14. IACHR expresses deep concern over violent acts in Venezuela and urges the State to guarantee democratic security. 14 de febrero de 2014.

175 http://www.ohchr.org/en/NewsEvents/Pages/DisplayNews.aspx?News-ID=20343&LangID=E#sthash.UO4s5ZkC.dpuf

tra el hermano del ex presidente Hugo Chávez, el gobernador Adán Chávez.[176]

En enero, altos funcionarios del Gobierno y CONATEL critica-ron la difusión de la serie de televisión "El Comandante", produc-ción extranjera inspirada en la vida del ex presidente Hugo Chávez. CONATEL y el miembro de la Asamblea Nacional, Diosdado Ca-bello, dirigieron una campaña en los medios sociales destinada a promover la protección de la memoria del difunto presidente. Aun-que no se ha verificado si se impondrán sanciones, la serie no se ha emitido en Venezuela.[177]

El artículo 13.3 de la Convención Americana estipula que "no se puede restringir el derecho de expresión por vías o medios indirec-tos, como el abuso de controles oficiales o particulares de papel para periódicos, de frecuencias radioeléctricas, o de enseres y apara-tos utilizados en la difusión de información, o por cualesquiera otros medios encaminados a impedir la comunicación y la circula-ción de ideas y opiniones".

La libertad de expresión incluye tanto una dimensión individual como una dimensión colectiva, el derecho a expresar y a recibir ideas, respectivamente. Se debe velar por la protección de ambos derechos simultáneamente. Según un dictamen consultivo de 1985 de la CIDH relativo a la *colegiación obligatoria y la asociación prescrita por la Ley para la práctica del periodismo*, en ningún caso podrá invocarse el "orden público" o el "bienestar general" con el fin de negar un derecho garantizado por la Convención o para privarle de su verdadero contenido".[178]

---

176 http://www.foxnews.com/world/2016/09/26/venezuelan-papers-barred-from-mentioning-corruption-allegations-against-hugo.html
      http://www.lanacion.com.ar/1941064-sin-titulo

177 http://www.oas.org/es/cidh/expresion/showarticle.asp?artID=1052&lID=2

178 Corte Interamericana de Derechos Humanos. Opinión Consultiva OC 5-85 del 13 de noviembre de 1985. La Colegiación Obligatoria de Periodistas (Arts. 13 y 29 de la Convención Americana sobre Derechos Humanos) párr. 67

La Constitución venezolana prohíbe terminantemente la censura en su artículo 57, que precisa "sin que pueda establecerse censura".

La Declaración de Principios sobre Libertad de Expresión proporciona protecciones adicionales. El Principio 5 establece que "la censura previa, interferencia o presión directa o indirecta sobre cualquier expresión, opinión o información difundida a través de cualquier medio de comunicación oral, escrito, artístico, visual o electrónico, debe estar prohibida por la ley. Las restricciones en la circulación libre de ideas y opiniones, como así también la imposición arbitraria de información y la creación de obstáculos al libre flujo informativo, violan el derecho a la libertad de expresión". En lo que respecta a los medios de comunicación que permanecen activos en Venezuela, el temor a las represalias gubernamentales en muchos casos puede llevar a la autocensura.

Esas medidas prohíben explícitamente el castigo o la recompensa a los periodistas atendiendo a su línea editorial. La premisa misma de los medios de comunicación independientes es que tienen el derecho de llevar a cabo su trabajo de manera independiente, sin presiones directas o indirectas destinadas a influir en sus informes.

En 2005, se amplió la definición de "difamación" en el código penal para considerar delito la "falta de respeto" a los funcionarios del Gobierno; si se tratara del Presidente, podría imponerse una pena de prisión de hasta 30 meses.

David Natera Febres, ex editor del *Correo del Caroní* fue condenado por difamación después de que su diario independiente realizara una investigación sobre la corrupción en una compañía minera estatal; actualmente cumple cuatro años de prisión.

Continúa también la práctica de utilizar mecanismos indirectos para forzar la censura. Sigue sin resolverse la cuestión pendiente relativa al elevado número de estaciones de radio que operan con licencias caducadas como resultado de la falta de respuesta del Gobierno a sus solicitudes de renovación.[179] El 10 de junio, la estación de radio *La Barinesa* fue cerrada, alegándose que su licencia había caducado.[180]

La emisora de televisión Globovisión, cuya licencia expiró en marzo de 2015, sigue esperando todavía una respuesta a su solicitud de renovación. El canal, que sigue transmitiendo, ha sido objeto de ataques verbales del Presidente Maduro. En enero de 2017, CONATEL anunció que abriría un expediente contra esa red para determinar su acatamiento de la Ley de Responsabilidad Social en Radio y Televisión.[181]

En 1949, al término de la Segunda Guerra Mundial, en los años en que se estaba estableciendo el sistema internacional, Winston Churchill expresó brillantemente que "la prensa libre es el guardián, siempre en vela, de cada uno de los derechos que atesoran todos los hombres libres; es el enemigo más peligroso de la tiranía. Donde los hombres tienen el hábito de la libertad, la prensa seguirá siendo el guardián que vela por los derechos del ciudadano común". El derecho de cada cual a afirmar lo que considera la verdad es tan importante como el derecho a que se respete la expresión de lo que otros estiman ser verdad.

En vez de permitir la expresión de la verdad, el Gobierno de Venezuela ha decidido que los medios independientes son el enemigo.

Desde el informe de mayo, el Relator Especial de la CIDH para la Libertad de Expresión, Edison Lanza, ha publicado tres declaraciones adicionales sobre la situación en Venezuela, incluida una declaración conjunta con el Relator Especial de Naciones Unidas sobre la promoción y la protección del derecho a la libertad de opi-

---

179 IACHR. 2015 Annual Report. Report of the Special Rapporteur for Freedom of Expression. Capítulo II (Evaluation of the state of Freedom of Expression in the Hemisphere). OEA/Ser.L/V/II. Doc. 48/15. 31 de diciembre de 2015. párrafo 1131.

180 http://www.ohchr.org/en/NewsEvents/Pages/DisplayNews.aspx?NewsID=20343&LangID=E#sthash.UO4s5ZkC.dpuf

181 http://globovision.com/article/conatel-anuncia-oficialmente-procedimiento-administrativo-a-globovision

nión y de expresión, David Kaye, acerca de las libertades de los medios de comunicación en Venezuela, que fue dada a conocer el 4 de agosto de 2016. La declaración destaca los informes de "recientes detenciones, interrogatorios y confiscación de equipos de al menos siete periodistas y trabajadores de los medios de comunicación." "Es evidente que el acoso a los medios de comunicación por parte de los agentes del orden público dificulta la capacidad de los periodistas para llevar a cabo su vital labor y propaga un fuerte 'efecto disuasivo' que afecta a toda la sociedad".[182]

Sigue registrándose un número cada día mayor de denuncias de tácticas de intimidación más agresivas y, en algunos casos, de violencia física empleada contra los periodistas, incluidos casos en que los periodistas han sido detenidos, interrogados y/o se ha procedido a la confiscación de sus equipos.

Espacio Público, una ONG local que se centra en la libertad de expresión en Venezuela, identificó 366 casos en los que se violó la libertad de expresión en 2016. El número de casos aumentó en octubre de 2016, habiéndose informado de 119 violaciones durante las protestas de octubre; las quejas más frecuentes eran la exclusión de periodistas de las zonas en que tenían lugar las protestas, y las demandas ilegítimas de permisos para cubrir eventos públicos que a veces culminan en actos de violencia. Emmanuel Rivas, de *El Pitazo*, fue alcanzado en varias ocasiones por perdigones disparados por la policía antidisturbios. Nairobys Rodríguez, también de *El Pitazo*, recibió una pedrada en la cabeza mientras la policía y los partidarios del Gobierno respondían violentamente a las protestas. Rubenis González de *Versión Final* también fue golpeado con una piedra y su vehículo de prensa sufrió daños. Las fuerzas de seguridad atropellaron y detuvieron brevemente a la reportera radial Rosa Reyes mientras entrevistaba a manifestantes. La policía también detuvo a Anderson Herrera, fotógrafo del periódico *El Oriental de Monagas* del estado Maturín, y lo obligó a borrar fotografías.

---

182 http://www.ohchr.org/en/NewsEvents/Pages/DisplayNews.aspx?NewsID=20343&LangID=E#sthash.UO4s5ZkC.dpuf

Los ataques no se han limitado a los periodistas venezolanos; las tácticas agresivas se han utilizado cada vez más contra los periodistas extranjeros.

El 3 de septiembre de 2016, Braulio Jatar, periodista venezolano nacido en Chile que dirige *Reporte Confidencial*, medio digital independiente que emite noticias en el estado de Nueva Esparta, fue detenido tras cubrir un cacerolazo espontáneo de protesta contra el presidente Maduro en Villa Rosa, isla Margarita. Al desconocerse su paradero por más de 36 horas, la desaparición de Jatar recibió una amplia atención tanto en Venezuela como a nivel internacional.

Aunque en el informe que SEBIN entregó al equipo encargado de la defensa de Jatar se le acusaba de haber organizado supuestas actividades de "desestabilización" con grupos de la Oposición, el periodista fue acusado oficialmente de lavado de dinero, lo que va aparejado de una pena de prisión de hasta 15 años. Supuestamente, dos testigos oculares afirmaron haber visto unos 25.000 dólares en efectivo que presuntamente fueron hallados en el vehículo de Jatar. No se ha podido encontrar a los testigos oculares para que corroboren su testimonio inicial; el periodista afirma que las pruebas eran falsas. Jatar sigue en prisión preventiva en una prisión de alta seguridad.

En octubre de 2016, el periodista estadounidense Matthew Gutman fue detenido por funcionarios del SEBIN mientras realizaba investigaciones para un reportaje sobre las condiciones hospitalarias en Valencia, estado Carabobo. Gutman y dos médicos fueron retenidos en la sede del gobierno en Valencia durante 72 horas, al término de las cuales Gutman fue conducido a un avión y forzado a regresar a los Estados Unidos. Los dos médicos fueron puestos en libertad.[183]

El 11 de febrero de 2017, los periodistas brasileños Leandro Stoliar y Gilzon Souza de Oliveira y los miembros de la organización

---

183 http://www.foxnews.com/world/2016/10/27/abc-news-matt-gutman-detained-in-venezuela-for-72-hours-for-reporting-on-health.html

anticorrupción *Transparencia Venezuela*, Jesús Urbine y María José Tua, fueron detenidos por agentes del SEBIN mientras tomaban fotografías y filmaban videos del puente Nigale en la ciudad de Maracaibo, como parte de una investigación sobre el escándalo de la empresa brasileña Odebrecht. Las computadoras, cámaras y teléfonos celulares de los periodistas fueron confiscados por las autoridades. Según se informa, permanecieron en detención preventiva durante casi 36 horas; los periodistas brasileños afirman que durante su detención fueron interrogados e intimidados por el SEBIN.

Numerosas oficinas de medios independientes, como *El Nacional*, *Diario de los Andes*, *Correo del Caroni* y el canal de noticias digitales *Crónica Uno*, también sufrieron actos de vandalismo o fueron objeto de violentos ataques.

Al rechazar el derecho a la libertad de expresión y al recurrir a actos criminales para acallar las críticas políticas, el Gobierno venezolano incurre en una violación directa de su propia Constitución, así como de sus compromisos internacionales. Una sociedad sin diálogo es simplemente injusta y antidemocrática.

RECOMENDACIÓN 6: SOLICITAMOS UNA NUEVA INTEGRACIÓN DEL TRIBUNAL SUPREMO DE JUSTICIA PARA LA CUAL DEBERÁN TRABAJAR CONJUNTAMENTE EL PODER EJECUTIVO Y EL PODER LEGISLATIVO CONFORME A SUS COMPETENCIAS DADO QUE LA ACTUAL INTEGRACIÓN ESTÁ COMPLETAMENTE VICIADA TANTO EN EL PROCEDIMIENTO DE DESIGNACIÓN COMO POR LA PARCIALIDAD POLÍTICA DE PRÁCTICAMENTE DE TODOS SUS INTEGRANTES.

Existe una seria preocupación sobre la legitimidad del Poder Judicial ya que un 50 por ciento de los magistrados titulares del TSJ, la máxima instancia judicial en el país, no cumplen con los requisitos establecidos por la Constitución y la Ley Orgánica del TSJ.

De acuerdo a la organización no gubernamental Acceso a la Justicia, del total de magistrados titulares, 16 no cumplen con la totali-

373

dad de requisitos.[184] Por ejemplo, uno de los requisitos constitucionales para ser magistrado del TSJ es ser un ciudadano de reconocida honorabilidad. Según la organización venezolana, sobre nueve de los magistrados "se cierne una duda razonable sobre su honor y reputación".[185] Uno de ellos fue procesado penalmente por homicidio en dos ocasiones, y también fue sancionado disciplinariamente. Otros cuatro jueces fueron suspendidos o destituidos de su cargo en algún momento de su trayectoria profesional, y los cuatro restantes fueron señalados por actuaciones poco éticas en el desempeño de sus funciones dentro del Poder Judicial. La lista publicada de dichos nueve magistrados incluye al recién nombrado Presidente del TSJ, Maikel Moreno Pérez, ya que "en dos ocasiones fue vinculado a casos de homicidio."[186]

El informe concluyó además que "al menos nueve de los 32 magistrados tenían militancia político-partidista, razón por la cual no podían ejercer el cargo, salvo que previamente hubiesen renunciado a sus partidos. Se desconoce si efectivamente presentaron dicha renuncia, pero sus nexos políticos y sus actuaciones frente al TSJ hacen sospechar que la vinculación con sus respectivas toldas políticas sigue vigente. De los 23 sin militancia político-partidista, al menos seis han dejado entrever su simpatía con el régimen a través de sus decisiones y discursos, lo que pone en duda si realmente act-

184 Acceso a la Justicia (2016), Informe sobre el cumplimiento de los requisitos exigidos por parte los magistrados del TSJ", julio 2016, http://www.accesoalajusticia.org/wp/wp-content/uploads/2016/07/Perfil-de-magistrados-del-TSJ-julio-2016.pdf

185 Acceso a la Justicia (2016), Informe sobre el cumplimiento de los requisitos exigidos por parte los magistrados del TSJ", julio 2016, pág. 7, http://www.accesoalajusticia.org/wp/wp-content/uploads/2016/07/Perfil-de-magistrados-del-TSJ-julio-2016.pdf

186 Acceso a la Justicia (2016), Informe sobre el cumplimiento de los requisitos exigidos por parte los magistrados del TSJ", julio 2016, pág. 8, http://www.accesoalajusticia.org/wp/wp-content/uploads/2016/07/Perfil-de-magistrados-del-TSJ-julio-2016.pdf

úan con autonomía e independencia, condiciones indispensables para ejercer el cargo de máximo juez de la República."[187]

Frente a las dudas sobre la legitimidad del TSJ, no solamente en relación a las cualificaciones sino también en relación a los procedimientos seguidos, la Asamblea Nacional creó la Comisión Especial para el Rescate de la Institucionalidad del Tribunal Supremo de Justicia el 7 de junio de 2016 encargada del estudio y análisis del proceso de selección de Magistrados y Suplentes del TSJ bajo la premisa de que "La Asamblea Nacional, con base a la potestad de auto tutela, tiene la facultad de revisar en cualquier momento sus propios actos, siempre que mediante sus atribuciones de investigación, revisión, estudio y análisis determine que los mismos han sido dictados en contravención de las formalidades y requisitos procedimentales establecidos en la Constitución, en el Reglamento de Interior y de Debates de la Asamblea Nacional y en las demás normas que se dicten al respecto de cada materia; en tal sentido, una vez comprobadas las violaciones o vicios que afectan su validez, podrá acordar su revocatoria o nulidad absoluta y consecuencialmente declarar la ineficacia de tales actos".[188]

La Comisión presentó un informe final en el que recomendó que la Asamblea declarase sin efectos "los actos de procedimiento del irrito proceso de selección de los Magistrados y Magistradas principales y suplentes del Tribunal Supremo de Justicia que culminó en diciembre de 2015". Asimismo, la Comisión recomendó proceder a designar cuanto antes a los miembros que deben conformar el Comité de Postulaciones Judiciales que habrá de encargarse del proce-

---

187 Acceso a la Justicia (2016), Informe sobre el cumplimiento de los requisitos exigidos por parte los magistrados del TSJ", julio 2016, pág. 41, http://www.accesoalajusticia.org/wp/wp-content/uploads/2016/07/Perfil-de-magistrados-del-TSJ-julio-2016.pdf

188 *Asamblea Nacional designó una Comisión Especial para el rescate de la institucionalidad del TSJ*, 8 de junio de 2016, http://monitorlegislativo.net/asamblea-nacional-designo-una-comision-especial-para-el-rescate-de-la-institucionalidad-del-tsj/

so de selección de los nuevos miembros del TSJ.[189] La Asamblea Nacional aprobó las recomendaciones de la Comisión en su sesión plenaria del 14 de julio.

El Tribunal Supremo de Justicia reaccionó con la Sentencia 614/2016 del 19 de julio de 2016 invalidando la decisión de la Asamblea. El máximo tribunal del país expuso, entre otras cosas:

- Que es nulo el acto Parlamentario por medio del cual los diputados y diputadas de la Asamblea Nacional aprobaron el informe presentado por la anulada "Comisión Especial para el Rescate de la Institucionalidad del Tribunal Supremo de Justicia, realizado en la Sesión Ordinaria de la Asamblea Nacional en fecha 14 de julio de 2016.

- Que cualquier Comisión y otro artificio o acción que tenga el objeto de anular la designación de Magistrados y Magistradas, subvierte el procedimiento constitucional para la remoción de Magistrados y Magistradas del Tribunal Supremo de Justicia y, por lo tanto, es irrito y nulo de toda nulidad y carente de validez, existencia y eficacia jurídica; y quienes participen en ellos están sujetos a la responsabilidad penal, civil y administrativa que corresponda.

- Que carecen de validez, existencia y eficacia jurídica todos los actos dictados en la Sesión Ordinaria de la Asamblea Nacional del 14 de julio de 2016, cuya nulidad absoluta por inconstitucional fue declarada en el punto precedente.

- Que el acto parlamentario dictado en la Sesión Extraordinaria del 23 de diciembre de 2015, en el cual fueron designados y juramentados 34 Magistrados y Magistradas para llenar las vacantes en el Tribunal Supremo de Justicia conserva su total validez y, en consecuencia, permanecerán en sus cargos en el Tribunal Supremo de Justicia para el periodo Constitucional correspondiente.

---

189 Informe Final, Comisión Especial para el Rescate de la Institucionalidad del Tribunal Supremo de Justicia, 7 de julio de 2016, http://www.asambleanacional.gob.ve/uploads/botones/bot_4c4923abf6878796d3058018b1166ddbdc9dfa6e.pdf

En vista de la neutralización sistemática de la Asamblea Nacional por parte del Tribunal Supremo descrita en la sección anterior, no es sorprendente que no se haya avanzado en la renovación de la legitimidad de los miembros del Tribunal Supremo elegidos por la anterior legislatura controlada por el gobierno a fines de diciembre de 2015.

RECOMENDACIÓN 7: EXHORTAMOS LA CREACIÓN DE UN MECANISMO DE COMBATE A LA CORRUPCIÓN INTEGRADO POR EXPERTOS INTERNACIONALES INDEPENDIENTES APOYADOS EN EL SISTEMA DE LAS NACIONES UNIDAS (CARACTERÍSTICAS DE LA CICIG) Y/O OEA.

La corrupción es un desafío central para la estabilidad y el crecimiento de nuestra región no sólo porque socava la confianza de los ciudadanos en su gobierno, sino porque tiene repercusiones económicas para el pueblo. Donde impera la corrupción, disminuyen la inversión y el crecimiento económico. En América existe uno de los mayores niveles de desigualdad entre ricos y pobres; con unos 168 millones de personas que viven en la pobreza, sigue siendo una de las regiones con el mayor grado de desigualdad en el mundo.[190]

La lucha contra la corrupción es un aspecto clave del ejercicio democrático del poder consagrado por la OEA y, como tal, es una prioridad para todos los Estados Miembros. El artículo 4 de la Carta Democrática Interamericana incluye la "probidad" como uno de los "componentes fundamentales del ejercicio de la democracia". La probidad, la ética y el decoro republicano no son mera ideología; son valores democráticos esenciales cuya puesta en práctica es fuente de esperanza para las nuevas generaciones. Las medidas que adoptemos para rechazar la colusión de la política y el dinero en la

---

190 CEPAL – Según las estadísticas del PNUD, es superior en un 18 por ciento al del África subsahariana y 36 por ciento superior al de Asia Oriental.

esfera pública, permitirá separarlas de la actividad política y de la participación en la toma de decisiones que moldea su futuro.

Al reconocer que la corrupción representa una grave amenaza para la democracia, los Estados Miembros hicieron de esa cuestión una prioridad en la primera Cumbre de las Américas celebrada en Miami en diciembre de 1994. Venezuela es uno de los firmantes originales de la Convención Interamericana contra la Corrupción de 1996. El artículo VI de la Convención señala "el requerimiento o la aceptación, directa o indirectamente"[191], "el ofrecimiento o el otorgamiento, directa o indirectamente",[192] "de cualquier acto u omisión en el ejercicio de sus funciones"[193] "por un funcionario público o una persona que ejerza funciones públicas, de cualquier objeto de valor pecuniario u otros beneficios, como dádivas, favores, promesas o ventajas para sí mismo o para otra persona o entidad, a cambio de la realización u omisión de cualquier acto en el ejercicio de sus funciones públicas".[194]

Venezuela es uno de los países más corruptos del planeta y su enorme riqueza petrolera está siendo expoliada sin piedad sistemáticamente por el Gobierno y las fuerzas armadas mientras el pueblo pasa hambre. En octubre de 2016, la Comisión de Contraloría de la Asamblea Nacional, que en ese momento estimaba que el daño al patrimonio de la Nación ascendía a 70.000 millones de dólares, presentó un atisbo de la escala de la corrupción en el país. El vicepresidente de la Comisión, Ismael García, advirtió que las investigaciones en materia de corrupción habrán de continuar porque existen otras cifras sobre desfalco a la Nación mucho más elevadas, que

---

191 Artículo VI.1(a) Convención Interamericana contra la Corrupción de 1996 http://www.oas.org/en/sla/dil/inter_american_treaties_B-58_against_Corruption.asp

192 Article VI.1(b) Ibid

193 Article VI.1(c) Ibid

194 Article VI.1(a),(b) Ibid

podrían llegar a los 300.000 millones de dólares, sustraídos empleando diversas tramas de corrupción.[195]

En la fecha del primer informe del Secretario General sobre Venezuela, el país ocupaba el puesto 158 en la lista de 168 países del Índice de Percepción de la Corrupción 2015 calculado por *Transparency International*. En su Índice de Percepción de la Corrupción de 2016, Venezuela ocupa el puesto 166 entre 176 países.[196] Tal vez más notable que el hecho de que el Índice de Percepción de la Corrupción continúe señalando a Venezuela como uno de los países más corruptos del planeta es que el Servicio Nacional de Inteligencia (SEBIN) detuvo a dos miembros de la sección venezolana de *Transpareny International* y a dos periodistas brasileños en Maracaibo, estado Zulia, el 11 de febrero, como ya se ha mencionado en este informe. El grupo investigaba las conexiones venezolanas con el escándalo de corrupción de Odebrecht.[197] *Transparencia Venezuela* había pedido previamente al Gobierno que publicara todos los contratos de obras públicas firmados con empresas brasileñas y llevara a cabo una exhaustiva investigación sobre los posibles aspectos venezolanos del escándalo.[198]

Mientras tanto, el Departamento de Justicia de Estados Unidos ha llevado a cabo una vasta investigación sobre una gran trama de corrupción y soborno que involucra a compañías energéticas en los Estados Unidos que trataban de obtener contratos con la empresa estatal Petróleos de Venezuela SA. En un comunicado de prensa del Departamento de Justicia de los Estados Unidos, dado a conocer el

195 *70 mil millones de dólares fueron desviados por corrupción: Contraloría de la AN*, Runrun.es, 16 de octubre de 2016, http://runrun.es/uncategorized/282939/70-mil-millones-de-dolares-desviados-por-corrupcion-contraloria-de-la-an.html
196 Transparency International 2016 Corruption Perceptions Index, Venezuela, https://www.transparency.org/country/VEN
197 *Transparency International Calls for the Immediate Release of Two Members of Its Venezuelan Chapter*, Transparency International, 11 de febrero de 2017, https://www.transparency.org/news/pressrelease/transparency_international_calls_for_the_immediate_release_of_two_members_o
198 https://transparencia.org.ve/project/transparencia-venezuela-investigara-a-constructoras-brasileras-en-el-pais/

16 de junio de 2016, Roberto Enrique Rincón Fernández, "dueño de
múltiples compañías de energía con sede en Estados Unidos se declaró culpable [...] de sobornos en el extranjero y evasión fiscal por
su papel en una trama para obtener, empleando medios corruptos,
contratos de energía de la petrolera estatal venezolana Petróleos de
Venezuela SA (PDVSA). Rincón "admitió haber sobornado a funcionarios [...] de PDVSA para garantizar que sus empresas figura-
sen en las listas de proveedores aprobados por PDVSA y se les con-
cediese prioridad en los pagos, de modo que se les pagase rápidamente antes de que lo fueran otros proveedores de PDVSA con fac-
turas pendientes".[199] Otros dos empresarios del sector energético,
Juan José Hernández Comerma y Charles Quintard Beech III, se
declararon también culpables ante un tribunal federal estadounidense en Houston el 10 de enero de 2017.[200]

Para comprender el alcance de la corrupción gubernamental generalizada y sistemática en el sector de la importación de alimentos
presentaremos dos ejemplos representativos. La investigación de
Associated Press ya mencionada describió cómo un empresario
sudamericano dijo que "pagó millones en sobornos a funcionarios
venezolanos a medida que empeoraba la crisis del hambre, incluidos ocho millones de dólares a personas que trabajan para el actual
ministro para la alimentación, el General Rodolfo Marco Torres.
Documentos bancarios del país del empresario muestran que era un
gran proveedor, y que entre 2012 y 2015 había recibido contratos
por valor de 131 millones de dólares de los ministros venezolanos
para la alimentación. Explicó que vendedores como él pueden so-
bornar a los militares porque el monto de lo que facturan al Estado
incluye grandes márgenes de beneficio. Por ejemplo, se apañó un

199 Businessman Pleads Guilty to Foreign Bribery and Tax Charges in Connection with
Venezuela Bribery Scheme, US Department of Justice, June 16, 2016,
https://www.justice.gov/opa/pr/businessman-pleads-guilty-foreign-bribery-and-tax-
charges-connection-venezuela-bribery-scheme

200 2 energy-industry businessmen plead guilty in Houston to foreign bribery charges in
connection with Venezuelan contract scheme, US Immigration and Customs Enforcement, January 10, 2017, https://www.ice.gov/news/releases/2-energy-industry-
businessmen-plead-guilty-houston-foreign-bribery-charges-connection

contrato de maíz amarillo por valor de 52 millones de dólares a un precio superior al doble del precio de mercado en ese momento, lo que quiere decir que solo por ese contrato hubo un sobrepago de más de 20 millones de dólares. Los presupuestos internos del ministerio obtenidos por AP demuestran que los sobrepagos continúan. Por ejemplo, en julio el Gobierno presupuestó 118 millones de dólares para la compra de maíz amarillo a un precio de 357 dólares la tonelada, lo que equivale a un sobrepago de más de 50 millones de dólares en relación con los precios imperantes ese mes".[201]

El segundo ejemplo en el mismo sector fue organizado supuestamente por el empresario venezolano Samark José López Bello, quien presuntamente ganó millones con la importación a precios inflados artificialmente de alimentos destinados a los Comités Locales de Abastecimiento y Producción (CLAP), programa gubernamental de distribución casa por casa de los productos alimenticios regulados de primera necesidad. La prensa informó que una empresa controlada por López "supuestamente compró 4.509.157 cajas de alimentos en México por un valor unitario de 8 dólares, mientras que el Gobierno venezolano pagó a la compañía más del triple, a razón de 35 dólares por caja". Esto quiere decir que para una inversión de poco más de 36 millones de dólares, la empresa de López recibió del Estado un pago de casi 158 millones."[202] El 13 de febrero de 2017, el Departamento del Tesoro de los Estados Unidos señaló a Samark López como "Narcotraficante Especialmente Designado" junto con el Vicepresidente de Venezuela Tareck El Aissami.

---

201 *Venezuela Military Trafficking Food as Country Goes Hungry*, The Associated Press, 1 de enero de 2017, http://bigstory.ap.org/article/69e87948759d4f0ab81326718bf-89032/venezuela-military-trafficking-food-country-goes-hungry

202 Negocio de Samark López con los CLAP ascendería a 121 millones de dólares, 21 de febrero de 2017, Runrun.es, http://runrun.es/nacional/298399/negocio-de-samark-lopez-con-los-clap-ascenderia-a-121-millones-de-dolares.html and *Venezuela Kingpin' Skimmed Millions from State Food Program: Report*, InSight Crime, February 22, 2017, *http://www.insightcrime.org/news-briefs/venezuela-kingpin-skimmed-millions-state-food-program-report*

El gobierno es un servicio al público. Los representantes electos del pueblo deben servir de instrumento para canalizar el sentir de la ciudadanía en el proceso de toma de decisiones del Estado. La legitimidad de un gobierno la otorga la ciudanía. Es una vocación para estar al servicio del bien común. No debe servir para que las personas se enriquezcan u obtengan poder. Requiere coherencia entre nuestras palabras y nuestras acciones. Ser capaz de respetar la posición de liderazgo, sin abusar del poder que lo acompaña. Nuestros principios morales no tienen sentido si no luchamos todos los días contra la corrupción y no tratamos de corregir las enormes desigualdades que padecen los ciudadanos de nuestros países.

Por lo tanto, reiteramos nuestra petición de que se establezca un mecanismo independiente para combatir la corrupción integrado por expertos internacionales independientes con el respaldo de las Naciones Unidas o la OEA.

RECOMENDACIÓN 8: EXHORTAMOS A INCORPORAR A LA COMISIÓN DE LA VERDAD EL APOYO TÉCNICO Y LA REPRESENTACIÓN DEL ALTO COMISIONADO DE LAS NACIONES UNIDAS PARA LOS DERECHOS HUMANOS.

El 24 de febrero de 2014, el Presidente Maduro pidió a la Asamblea Nacional el establecimiento de una Comisión de la Verdad para "investigar todos los crímenes fascistas"[203] que supuestamente fueron cometidos por fuerzas de la Oposición durante las protestas que sacudieron al país y que se saldaron con la pérdida de 43 vidas. Al mes siguiente, la Asamblea Nacional controlada por el Gobierno accedió a la petición y sin la presencia de los diputados de la Oposición, creó una Comisión.[204] El formato de la Comisión habría deja-

---

203 *Maduro pide a la AN creación de una Comisión de la Verdad*, El Universal, 24 de febrero de 2014, http://www.eluniversal.com/nacional-y-politica/protestas-en-venezuela/140224/maduro-pidio-a-la-an-creacion-de-una-comision-de-la-verdad

204 *El parlamento de Venezuela constituye una "comisión de la verdad" sin presencia de la oposición*, RTVE, 19 de marzo de 2014, http://www.rtve.es/noticias/20140319/parlamento-venezuela-constituye-comision-verdad-sin-participacion-oposicion/899760.shtml

do a la MUD con una escasa representación, razón por la cual ésta presentó su propia versión de una Comisión en abril del mismo año.

No fue sino hasta dos años después, el 12 de abril de 2016, que el Gobierno venezolano procedió a la formación de la Comisión de la Verdad, Justicia y Reparación de las Víctimas, cuya principal tarea giraba en torno de las violaciones de los derechos humanos y la prevención de golpes de Estado y otros intentos de socavar la democracia durante el período que va de 1999 a las protestas de 2014. En el momento de su creación, la Comisión era ampliamente percibida como la respuesta del Gobierno a la Ley de Amnistía aprobada por la Asamblea Nacional, que tenía por objeto garantizar la liberación de unos 115 presos políticos encarcelados por acciones que se remontaban a 1999. Esa ley fue finalmente rechazada por el Tribunal Supremo.[205]

La Comisión sería encabezada por el entonces vicepresidente de Venezuela, Aristóbulo Istúriz, el que, según el presidente Maduro, tenía "experiencia directa por haber vivido las circunstancias de los últimos 28 años".[206] Istúriz declaró que el mandato de la Comisión era "visualizar y escuchar [el testimonio] de las personas afectadas por los actos violentos ocurridos en el país [en 2014]".[207]

A continuación, se invitó a participar en la Comisión a Ernesto Samper, por aquel entonces Secretario General de UNASUR, al ex Primer Ministro de España, José Luis Rodríguez Zapatero, al ex Presidente de la República Dominicana, Leonel Fernández, y al ex Presidente de Panamá, Martin Torrijos. Los últimos tres miembros serían también más tarde coordinadores del fallido diálogo de 2016,

---

205 El Alto Comisionado de las Naciones Unidas para los Derechos Humanos (AC-NUDH) emitió una declaración el 12 de abril de 2016 en la que expresaba su sorpresa por el fallo del Tribunal Superior de Justicia contra la Ley de Amnistía y Reconciliación Nacional. A solicitud del Gobierno de Venezuela, el ACNUDH había enviado un análisis jurídico de esa Ley al Gobierno en que indicaba que el texto de la misma estaba acorde con las normas internacionales de derechos humanos.

206 http://www.telesurtv.net/english/news/Venezuela-Launches-Truth-and-Justice-Commission-Against-Coups-20160412-0021.html

207 https://venezuelanalysis.com/news/11932

que contó con el apoyo de la Santa Sede. Aunque la coalición de la Oposición fue invitada públicamente a participar en la Comisión, la MUD rechazó la invitación alegando la falta de imparcialidad de la iniciativa. La MUD fue particularmente crítica de la participación de Samper.

Tras los anuncios iniciales, no hay indicios de que la Comisión de la Verdad haya dado ningún paso sincero, ni de que Venezuela haya hecho gestiones para buscar asistencia técnica de la Oficina del Alto Comisionado de las Naciones Unidas para los Derechos Humanos.

VENEZUELA Y EL ALTO COMISIONADO DE LAS NACIONES UNIDAS PARA LOS DERECHOS HUMANOS

A pesar de ocupar actualmente un puesto en el Consejo de Derechos Humanos de la ONU por un período que tocará a su fin en 2018, Venezuela no ha demostrado una cooperación significativa con ese organismo de las Naciones Unidas.

En octubre de 2016, Venezuela presentó el segundo ciclo de su Examen Periódico Universal al Consejo de Derechos Humanos. Durante su declaración de apertura, el Alto Comisionado de las Naciones Unidas para los Derechos Humanos, Zeid Ra'ad Al Hussein (ACNUDH) declaró que Venezuela había rechazado visados al Representante Regional de la Comisión de Derechos Humanos señalando que,

"Su denegación total de acceso a mi personal es particularmente impactante a la luz de nuestras graves preocupaciones con respecto a las acusaciones de represión de voces de la Oposición y grupos de la sociedad civil; detenciones arbitrarias; el uso excesivo de la fuerza contra protestas pacíficas; la erosión de la independencia de las instituciones del estado de derecho; y una trágica disminución del disfrute de los derechos económicos y sociales, con un hambre cada vez más generalizada y un deterioro cada día mayor de la atención sanitaria. Mi Oficina seguirá muy de cerca la situación en el país y expresaremos nuestra preocupación por los derechos humanos del pueblo venezolano en cada oportunidad. El respeto de las normas internacionales de derechos humanos puede crear una estrecha senda por la que el Gobierno y la Oposición pueden avanzar, para abordar y resolver por vía pacífica los desafíos actuales del país, en particular a través de un diálogo fructífero que respete el imperio de la ley y la Constitución".[208]

El ACNUDH ha expresado su agradecimiento al Secretario General de la OEA por recomendar que Venezuela trabaje con su Oficina en la Comisión de la Verdad, y señalado que su Oficina está dispuesta a brindar asistencia para enfrentar los desafíos en materia de derechos humanos en Venezuela.

En octubre de 2014, el ACNUDH ya había emitido otra declaración en la que instaba a Venezuela a poner en libertad a "los manifestantes y políticos arbitrariamente detenidos".[209] La declaración hacía referencia específicamente a los casos de los destacados políticos de la Oposición Leopoldo López y Daniel Ceballos quienes, como ya se ha mencionado en este documento, siguen estando en prisión hasta la fecha.

Venezuela también continúa teniendo varias solicitudes de visita pendientes de los procedimientos especiales de la ONU[210] a las cuales no ha respondido, las que incluyen las del:

- Relator Especial de las Naciones Unidas sobre la vivienda adecuada como elemento integrante del derecho a un nivel de vida adecuado, y sobre el derecho a la no discriminación en este contexto (solicitada en 2017);

---

208 http://www.ohchr.org/EN/NewsEvents/Pages/Display-
     News.aspx?NewsID=20474#sthash.mgvJLu7I.dpuf

209 http://www.ohchr.org/EN/NewsEvents/Pages/DisplayNews.aspx?NewsID=15187

210 http://spinternet.ohchr.org/_Layouts/SpecialProce-
     duresInternet/ViewCountryVisits.aspx?Lang=en&country=VEN

- Relator Especial de la ONU sobre la independencia de magistrados y abogados (último recordatorio enviado en noviembre de 2015);

- Relator Especial de la ONU sobre la promoción y protección del derecho a la libertad de expresión (último recordatorio enviado en abril de 2015);

- Grupo de Trabajo de las Naciones Unidas sobre la Detención Arbitraria (último recordatorio enviado en marzo de 2015);

- Relator Especial de la ONU sobre la violencia contra la mujer, sus causas y consecuencias (último recordatorio enviado en febrero de 2014);

- Relator Especial de las Naciones Unidas sobre el derecho a la libertad de reunión pacífica y de asociación (último recordatorio enviado en octubre de 2013); y

- Relator Especial de la ONU sobre la tortura y otros tratos o penas crueles, inhumanos o degradantes (último recordatorio enviado en febrero de 2013).

IV. CONCLUSIONES Y PRÓXIMOS PASOS

Como se expresaba en el primer informe, estos documentos son un análisis imparcial, basado en hechos y circunstancias de comprobada veracidad, acerca de la evolución de la situación en Venezuela. La agenda planteada oportunamente se mantiene. Es hora de comenzar a buscar soluciones para los problemas planteados y a producir resultados concretos.

A medida que la situación se ha ido deteriorando, las recomendaciones del primer informe se han actualizado para reflejar los acontecimientos más recientes. Esas recomendaciones se proponen contribuir a encontrar una solución que, como se ha dicho desde un inicio, debe estar orientada al futuro de Venezuela, y debe corresponder al pueblo venezolano.

El orden constitucional de Venezuela debe restaurarse con carácter urgente de una manera acorde con los elementos esenciales y los componentes fundamentales de la democracia representativa, plasmados en los artículos 3 y 4 de la Carta Democrática Interamericana.

Sería inmoral que las acciones políticas que se instrumenten y ejecuten hoy en Venezuela sean simplemente movidas de fichas en un tablero que pretendiera disfrazar de democracia un país que sufre la violación sistemática de los derechos humanos de su pueblo, que ha visto morir el estado de derecho, que no tiene un sistema de garantías mínimas que se puedan hacer valer frente al autoritarismo, que sufre la violación sistemática de los principios y disposiciones constitucionales.

La ausencia de las garantías básicas en Venezuela hace que tampoco se pueda esperar que ninguna elección de gobernadores resuelva esos problemas estructurales, como no pudieron siquiera ser resueltos con la elección de los miembros de la Asamblea Nacional en diciembre de 2015. Cualquier cargo electivo que asuma un miembro de la Oposición puede ser retomado por el Gobierno sin ir por ningún procedimiento electoral como fue el caso de los cinco alcaldes de *Voluntad Popular*. Aun cuando se han producido procesos electorales, la ausencia de las garantías básicas del sistema democrático por la vulneración del principio de separación de poderes, dada la manipulación del sistema político desde un ejecutivo autoritario, hace que la expresión de la voluntad popular no sea respetada. Así como se censura el funcionamiento de la Asamblea Nacional electa por la voluntad del pueblo y se la declara en permanente desacato desde el Poder Judicial, es de esperar que se puedan ejercer medidas similares para impedir la expresión popular desde otros cargos públicos que pudieran ser electos. El sistema de partidos políticos se ha visto especialmente golpeado por la aplicación de una reglamentación harto restrictiva que se ejecuta con criterios que conllevan pautas de exclusión y no de inclusión. Resulta un despropósito que aquellos que han violado la constitución, en todas sus formas, aun en sus principios más elementales, pretendan aplicar un reglamento tan limitante de una forma tan estricta coartando claramente espacios de representación partidaria. La democracia exige la apertura de espacios de participación política, los registros de partidos y candidatos deben reflejar la mayor disposición a ofrecer opciones a la población, todas las opciones que necesita el pueblo y la Carta Democrática demanda que los Estados fortalezcan el sistema de partidos y no que lo debiliten (art. 5).

RECOMENDACIONES:

- Elecciones generales completas a la mayor brevedad con la presencia de observadores internacionales que cumplan con todas las normas internacionales de observación de comicios electorales. Ha quedado atrás el tiempo del referendo revocatorio -- la última solución constitucional. Ha habido una ruptura total del orden democrático y la única solución democrática es que el pueblo vuelva a tener en sus manos el poder de decidir su destino.

  Estas elecciones son imprescindibles para permitir al país regresar a la democracia y al estado de derecho así como para permitir al país implementar las soluciones sociales, financieras, económicas y políticas que necesita. La existencia de autoridades legitimadas por un proceso democrático legitima al país a recibir el apoyo financiero que necesita para reactivar su sector productivo, especialmente el petrolero.

- Celebrar nuevas elecciones generales permitirá implementar un sistema eficaz de lucha contra la corrupción tomando como modelos a la CICIG o a la MACCIH. Deberá iniciarse una campaña internacional en gran escala, para investigar el despilfarro de los recursos nacionales y la corrupción generalizada. Los fondos robados al pueblo venezolano deben ser devueltos, una vez que se haya restaurado el orden constitucional.

- Hasta tanto ello no suceda será fundamental la continuación de sanciones bilaterales por cualquiera de los países a personas vinculadas al Gobierno o a autoridades del Gobierno involucradas en casos de corrupción o narcotráfico. Cuando el Vicepresidente de cualquier país es objeto de medidas como las implementadas por el Departamento del Tesoro, cuando se le congelan fondos por más de 3.000 millones de dólares – monto que equivale a la mitad del valor de las importaciones de alimentos de Venezuela hace cinco años para que se comprenda adecuadamente la dimensión de la tragedia que existe en Venezuela y el precio en dolor que paga el pueblo venezolano – quedan plasmadas las variables de desestabilización política, económica y social que vive el país por tener autoridades como esas.

- La liberación inmediata de todos los presos políticos.

- El establecimiento inmediato de un canal para prestar asistencia humanitaria (con énfasis en los alimentos y la asistencia médica) al pueblo de Venezuela.

- El retorno al orden constitucional con pleno respeto de la separación de poderes de cada una de las ramas del Gobierno, de acuerdo con las normas establecidas en la Constitución de Venezuela. Estas medidas deben incluir:

  a. El restablecimiento de los poderes y competencias constitucionales de la Asamblea Nacional;

  b. El nombramiento por procedimientos constitucionales de los integrantes del Consejo Nacional Electoral; y

  c. El nombramiento por procedimientos constitucionales de los magistrados del TSJ

La Secretaría General de la Organización de los Estados Americanos continuará cooperando con las autoridades, los sectores políticos y los actores sociales en Venezuela para apoyar esta necesidad urgente. Asimismo, reitera su voluntad de colaborar directamente y de participar activamente en todas las maneras posibles para contribuir a alcanzar esos objetivos.

La Secretaría General sigue estimando todavía que la crisis institucional en Venezuela exige cambios inmediatos en las acciones del Poder Ejecutivo, como ya se ha señalado. Las continuas violaciones de la Constitución, en particular en lo que respecta al equilibrio entre las distintas ramas del Gobierno, el funcionamiento y la integración del Poder Judicial, las violaciones de los derechos humanos, el incumplimiento del referendo revocatorio y la falta de respuesta a la crisis humanitaria en el país, que socava el pleno disfrute de los derechos sociales de la población, implican que la comunidad hemisférica debe asumir su responsabilidad de seguir adelante y dar los próximos pasos, con arreglo a los procedimientos establecidos en el artículo 20.

Desde la última discusión de la situación en Venezuela en el Consejo Permanente, se han realizado amplios esfuerzos diplomáticos para promover la normalización de la situación y restaurar las instituciones democráticas.

Los continuos esfuerzos de diálogo han fracasado, porque el Gobierno de Venezuela ha demostrado reiteradamente que no participan en esos procesos de buena fe. En lugar de progresar, los derechos de los venezolanos se han visto menoscabados, y ha empeorado la crisis económica, social, política y humanitaria.

Los arreglos cosméticos a la democracia, como ofrecer elecciones para gobernadores o ir liberando presos políticos por cuentagotas, no cambian la naturaleza del régimen. Una parodia de democracia no es democracia. En palabras de la ex presa política y ahora líder política Aung San Suu Kyi "a veces pienso que una parodia de una democracia podría ser más peligrosa que una dictadura manifiesta, porque le da al pueblo la oportunidad de evitar hacer al menos algo al respecto."

Como se ha señalado al inicio de este informe, Venezuela es un caso singular en la región, siendo el único ejemplo de una democracia que ha caído a una velocidad vertiginosa en un autoritarismo absolutamente violatorio de los principios establecidos en los artículos 3 y 4 de la CDI. Esta es una realidad que debemos estar dispuestos a reconocer, no en voz baja ni a puerta cerrada, sino en voz alta, en público, dejando constancia. Debemos mirar hacia adelante y definir los pasos tangibles que nos corresponde dar para contribuir a que Venezuela regrese al orden constitucional y retome la senda de la democracia y la prosperidad.

Como dijo José Antonio Marina, "Se trata también de reconocer que las normas éticas son imprescindibles, pero que para funcionar armónicamente deben ser cumplidas por todos, y que una muestra de inteligencia social es ser poco tolerantes con los infractores." Nuestras normas éticas están plasmadas en la CDI y en la Carta fundacional de la OEA, que son nuestras herramientas para proteger la democracia en el continente de las infracciones que puedan cometer los gobiernos. Usemos nuestro capital comunitario principal, nuestra inteligencia y las normas éticas que tenemos para ayudar a Venezuela.

Es imposible pensar en un futuro para Venezuela sin devolverle la soberanía al pueblo porque las soluciones políticas que no se sostienen en la gente son degradables y degradantes. Son especialmente degradables porque carecen de legitimidad, son especialmente degradantes porque deslegitiman a quien las ejerce.

EL ÚNICO CAMINO POSIBLE HACIA UNA VENEZUELA DEMOCRÁTICA:

Como Secretario General de la Organización de los Estados Americanos (OEA) debo lamentar que el informe que he redactado sea abundante en atropellos, en vulneración de derechos, en cercenamiento de libertades civiles, políticas y electorales, en pobreza, en hambre, en privación de libertad, en tortura, en censura y en todo el catálogo de violaciones de la dignidad política, social y personal.

En mi calidad de titular del órgano central y permanente de la Organización he de reconocer la frustración que implica que la organización internacional más antigua del mundo no haya podido detener a tiempo el espiral de deterioro y descomposición política, económica y social en un país tan importante de nuestra región.

Al redactar este informe tres certezas me acompañan: la de los hechos objetivos, fácticos y demostrados contenidos en estas páginas; la de la importancia de los principios interamericanos, y la de que la democracia volverá, más temprano que tarde, a ser el sistema de gobierno en Venezuela.

Como amigo de Venezuela y de su pueblo, sin embargo, he de reconocer los límites del multilateralismo y de la acción exterior para intentar sosegar el desenfreno y la insensatez de una administración y un sistema de gobierno que han llevado a su país al extremo, nunca visto en la historia reciente del Hemisferio, del descalabro democrático más absoluto en aras de una élite que busca preservar su riqueza, privilegios y escapar al afán de la justicia.

A lo largo de las páginas precedentes hemos repasado el accionar de la subregión, de la región y de la comunidad interamericana e internacional para restablecer la normalidad institucional en Venezuela.

Desde mayo de 2016 hasta la fecha la comunidad interamericana e internacional han hecho uso en la práctica de toda la panoplia y el espectro de instrumentos que contempla la Carta Democrática Interamericana en su artículo 20 para detener los desbordes institucionales en la República Bolivariana de Venezuela y para restablecer el orden constitucional y la normalidad democrática.

Hemos visto gestiones diplomáticas y de buenos oficios llevadas a cabo, incluso en este mismo Consejo Permanente y que fueron rechazadas en forma categórica por la Canciller de Venezuela; hemos visto a los países del Mercosur puestos en la obligación de suspender a Venezuela de su membresía; se ha considerado necesaria la intervención de UNASUR en función de mediador con la consiguiente ausencia de logros; hemos asistido a la intervención de la diplomacia de la Santa Sede y a la frustración manifestada por su Secretario de Estado Pietro Parolín ante los sistemáticos e intencionales incumplimientos del Gobierno; incluso la anterior administración estadounidense desplegó esfuerzos en dicho marco mancomunado sin obtener progresos.

La negación persistente del Gobierno venezolano y su incumplimiento absoluto de lo acordado han hecho fracasar sistemáticamente en la práctica la vía de las gestiones diplomáticas y los buenos oficios prevista en el artículo 20 de la CDI. Ha cerrado y agotado de hecho la perspectiva de todo camino diplomático en este sentido.

El Gobierno venezolano ha rechazado no sólo a la diplomacia y los buenos oficios de más de un país de la región, sino también a una de las diplomacias más antiguas del mundo.

Se trata de un fracaso que no únicamente -y no principalmente- cierra en las bruces de la comunidad interamericana la posibilidad de interceder, sino que -sobre todo- condena a la gente de Venezuela al desmantelamiento absoluto de la democracia y el sistema de derechos y al derrumbe total de las condiciones humanitarias, económicas y sociales.

Pese a toda la falta de resultados hasta el momento, estoy, sin embargo, convencido de que la OEA, como baluarte del Sistema Interamericano y de sus valores democráticos, aún tiene la posibilidad de influir sobre la realidad venezolana.

Pocas sanciones morales y políticas más fuertes existen para los gobernantes de un país que la mirada y las medidas que puedan tomar sus pares. En un continente signado por la solidaridad democrática, que todos nuestros países asumieron como derecho positivo al firmar la Carta Democrática Interamericana, el instrumento más fuerte que existe es la reprobación de los pares. No sólo por su valor internacional. Sino principalmente por la deslegitimación interna que para un gobierno que vulnera derechos implica la censura colectiva de sus pares del Hemisferio.

No existe en la historia cercana de los países del Sistema Interamericano que un dictador haya triunfado contra la voluntad colectiva de los países democráticos. Somos el continente que, en su historia reciente, se enorgullece de hacer de la democracia su bandera y de haber cerrado el paso -desde la aprobación de la CDI, a cuanto dictador ha intentado perpetuarse como gobernante y regir los destinos de su pueblo.

Y el signo de la geografía continental ha sabido poner a la solidaridad como estandarte liberador. Cuando las sombras dictatoriales se abatieron sobre el Cono Sur fueron México, Venezuela (¡cuán importante recordarlo ahora!), los EE.UU. del Presidente Carter, la CIDH y muchos otros quienes nos ayudaron a enterrar la oscuridad despótica.

Cuando el avasallamiento institucional y fratricida invadió Centroamérica fueron los pueblos latinoamericanos a través de esfuerzos nacionales y del Grupo de Contadora quienes acudieron al auxilio.

Cuando Perú fue objeto del aplastamiento del estado de derecho, cuando en Venezuela el Presidente Chávez sufrió un golpe de Estado, cuando tantos otros países se asomaron al abismo del terror autocrático el Hemisferio fue solidario y los recuperó para la democracia.

Esa es hoy la obligación moral y ética, el imperativo categórico que tenemos como naciones y como Organización: recuperar a Venezuela para los principios del Sistema Interamericano y devolver la democracia al país.

Tengo para mí, con total certeza, que comparto con los Jefes de Estado y de Gobierno de las Américas que éste es el continente que cree que Videla, Gregorio Alvarez, Pinochet, Fujimori, Pérez Jiménez, Noriega, Trujillo, los Duvalier, Stroessner, Somoza y tantos otros no son tan sólo un pie de página sino que tienen una dimensión trágica en la historia de nuestros países. Ese es el destino de Nicolás Maduro y Diosdado Cabello. Es nuestro trabajo librar a cualquiera de nuestras naciones de esos infortunios a partir de la solidaridad interamericana.

Fue Albert Einstein quien dejó dicho que la vida es muy peligrosa; no por aquellos que hacen el mal, sino por aquellos que se sientan a ver lo que pasa. La propia creación de la OEA y la firma de su CDI y nuestra historia demuestran que éste no es un continente que se siente a ver lo que pasa. Somos un continente comprometido con nuestros valores, con la democracia, con los derechos humanos, con la seguridad, con el desarrollo.

Como continente rechazamos el autoritarismo, nos repugna la tortura, peleamos contra el narcotráfico y la delincuencia organizada, rechazamos la censura, hacemos de la pobreza un estigma a derrotar. Todos nuestros Jefes de Estado y de Gobierno, nuestros Cancilleres leen con la misma tristeza con que yo lo escribo un informe como el presente.

Y abogamos por el diálogo efectivo y conducente en todas sus formas. En el caso de Venezuela hemos agotado las vías de diálogo, de buenos oficios, de misiones de fact finding, de gestiones diplomáticas, de acercamiento.

Lo hemos hecho en casi todos los esquemas posibles:

6. En el Consejo Permanente en 2016 con resoluciones proponiendo el apoyo de los países de la región al diálogo y con actitudes de buenos oficiantes,

    • En diferentes configuraciones de países tales como:

      - Mercosur,

      - Unasur,

      - Grupo de los 15,

      - Grupo de los 15 ampliado,

    • En formatos que involucraron Estados de la región o de fuera de la misma.

Y todo fue rechazado categóricamente por el Gobierno venezolano. O por la vía de la negativa directa o por la de empantanar las iniciativas de diálogo en el fango del incumplimiento perpetuo.

Intentar replicar ejercicios de mediación, gestiones diplomáticas, buenos oficios, misiones al terreno a través de nuevas configuraciones, mediadores u otras personalidades sólo daría nuevamente al Gobierno la oportunidad de ganar tiempo para mantener sus privilegios, al tiempo que prolongaría la miseria de la gente y el aplastamiento de sus derechos. Estoy convencido de que se trataría de un paso en falso sin otro resultado que un nuevo fracaso. El pueblo venezolano ya no tiene más tiempo para ello. Seria marcar un retroceso al año 2014, implicaría tomar de rehén al pueblo venezolano y a su sufrimiento.

ARTÍCULO 21 DE LA CARTA DEMOCRÁTICA INTERAMERICANA

Nuestros predecesores fueron sabios en la redacción de la CDI y en el abanico de posibilidades y de medidas que el Capítulo IV contempla. Es sabido que agotada la vía de las gestiones diplomáticas y los buenos oficios del Artículo 20 se abre la posibilidad de la suspensión a través del Artículo 21.

La misma no ha de ser vista como una sanción al pueblo de Venezuela. Todo lo contrario. El pueblo venezolano, que en su gran mayoría no se siente representado por la administración actual y que es víctima de sus injusticias, hace tiempo que la reclama.

Quienes gobiernan Venezuela siempre han tenido la posibilidad y el poder de restablecer la vigencia de la Constitución y, por ende, la democracia en el país. Ellos tienen en sus manos asegurar la separación de poderes, garantizar la independencia del Poder Judicial y del CNE, devolver los derechos electorales al pueblo, abrir un canal humanitario, devolver sus poderes constitucionales a la Asamblea Nacional y liberar a los presos políticos. No lo han hecho porque su lógica ha sido autoritaria y represiva. Estimamos que debería de haber sido hecho en el marco del dialogo y ello hubiera sido muy útil para legitimar el proceso y a su coordinador, el ex Presidente Zapatero. La agenda de soluciones es esta, son las recomendaciones que hemos formulado aquí, sin resolver la agenda que ha sido planteada no habrá democracia nuevamente en Venezuela.

El régimen venezolano aún puede hacerlo y debe intentar reconducir los desbordes institucionales y recobrar el orden constitucional y democrático. Aunque el deterioro institucional y de los derechos civiles y políticos ha sido muy fuerte en este último año y especialmente en los últimos tres meses es posible una reversión rápida a partir de las responsabilidades de Venezuela respecto a la Carta Democrática Interamericana. El primer llamado de los países debe ser reconociendo la alteración del orden constitucional y pidiendo su restablecimiento inmediato en función de sus disposiciones constitucionales y de los artículos 3 a 16 de la Carta Democrática. La OEA ofrece su colaboración para que sea hecho en función de los ineludibles compromisos de Venezuela con el Sistema Interamericano. Si el sistema político no está en condiciones de responder positivamente a las recomendaciones en el plazo perentorio de 30 días, y atendiendo al tiempo transcurrido desde mayo de 2016, deberá aplicarse el procedimiento del artículo 21. La señal inequívoca de retomar el rumbo institucional por parte del país es que se realice en los próximos 30 días un llamado a elecciones generales, la liberación de los presos políticos, la validación de las leyes que han sido anuladas así como la elección de un nuevo CNE y un nuevo TSJ conforme a los procedimientos establecidos en la Constitución.

El escenario ideal es una solución democrática. Elecciones generales completas en Venezuela a la mayor brevedad que sean libres, justas y transparentes; elecciones que se ajusten a todos los estándares internacionales y, por lo tanto, incluyan la presencia de observadores internacionales que cumplan con todas las normas internacionales de observación de comicios electorales.

Entiendo, en consecuencia y por todo lo expuesto, que si no se realizan elecciones generales bajo las condiciones estipuladas, pasaría a ser el momento necesario para aplicar la suspensión a Venezuela de las actividades de la Organización en función del Artículo 21 de la Carta Democrática Interamericana.

El Artículo 20 es claro en el procedimiento estipulado a este respecto: "Si las gestiones diplomáticas resultaren infructuosas o si la urgencia del caso lo aconsejare, el Consejo Permanente convocará de inmediato un período extraordinario de sesiones de la Asamblea General para que ésta adopte las decisiones que estime apropiadas..."

Y el Artículo 21 habilita a la medida que creo necesaria: "Cuando la Asamblea General, convocada a un período extraordinario de sesiones, constate que se ha producido la ruptura del orden democrático en un Estado Miembro y que las gestiones diplomáticas han sido infructuosas, conforme a la Carta de la OEA tomará la decisión de suspender a dicho Estado Miembro del ejercicio de su derecho de participación en la OEA con el voto afirmativo de los dos tercios de los Estados Miembros. La suspensión entrará en vigor de inmediato. El Estado Miembro que hubiera sido objeto de suspensión deberá continuar observando el cumplimiento de sus obligaciones como miembro de la Organización, en particular en materia de derechos humanos."

Esta medida, que lamentablemente considero necesaria, no resulta excluyente con mantener las actividades de la OEA enfocadas en restablecer la paz social y la democracia en el país: "Adoptada la decisión de suspender a un gobierno, la Organización mantendrá sus gestiones diplomáticas para el restablecimiento de la democracia en el Estado Miembro afectado".

Es claro que los valores de la Organización y de nuestros países no permiten compartir la mesa del Consejo Permanente ni de otros órganos de la OEA con un gobierno que rompe el orden democrático, que viola con impunidad los derechos de sus nacionales, que mantiene presos políticos sólo por el hecho de disentir, que tortura, que roba, que corrompe, que trafica drogas y que mantiene a su población sometida a la falta de alimentos, de medicinas y de dinero para subsistir.

Al proponer la suspensión del Gobierno de Venezuela de las actividades de la Organización lo hago con la convicción de que lo será por un breve lapso. Venezuela siempre será parte de la OEA y su presencia es fundamental para todos los países y para la Secretaría General.

Para ello sólo será necesario que su próximo Gobierno vuelva a compartir los valores en común que son condición imprescindible para pertenecer a la Organización. Al proponer al Consejo Permanente que considere la decisión de la suspensión lo hago poniendo por delante los principios y el valor superior de las víctimas, encarnadas en el pueblo venezolano. Se trata de uno de esos momentos en que los países y las personas debemos poner por delante nuestros valores por sobre los intereses nacionales o personales.

Aprobar la suspensión del desnaturalizado Gobierno venezolano es el más claro esfuerzo y gesto que podemos hacer en este momento por la gente del país, por la democracia en el continente, por su futuro y por la justicia.

SOLIDARIDAD CON EL PUEBLO DE VENEZUELA

La gente de Venezuela puede seguir contando con la OEA y con su Secretaría General. Desde mi posición de Secretario General reitero el ofrecimiento de trabajar en forma conjunta para recuperar el tejido democrático en el país y para establecer los programas de cooperación en materia humanitaria, social, de lucha contra la corrupción y en todos los demás aspectos que resultan urgentes y necesarios.

La prioridad es la gente. El bienestar de la gente es el espejo donde debemos mirarnos al hacer política, cuanto hagamos debe reflejar los derechos del pueblo y su felicidad. ¿Cuánta fuerza debe tener un pueblo para hacer valer sus derechos? ¿De dónde viene esa fuerza? ¿Dónde están los liderazgos cuando más se necesitan? Cuando la fuerza reside solamente en la gente es porque el sistema político como tal ha fracasado o porque sus liderazgos están fuera del mismo, en este caso, incluso encarcelados o neutralizados bajo amenazas.

¿Qué podemos hacer? ¿Cuál es la salida real? La gente cuando habla de salida real habla de derrocar a un gobierno; nosotros debemos hablar de elecciones. Esa es la única salida real que existe. Una salida sin elecciones es una salida irreal, es posponer la agonía del país fuera de la democracia, la constitución y la institucionalidad.

Lo expuesto por la Secretaría General de la OEA en este informe no constituye en absoluto un ejercicio de critica anti venezolana, sino muy por el contrario, se trata de un aporte constructivo en defensa de los derechos de todos los venezolanos, especialmente de los perseguidos y los presos de conciencia, de los que pasan hambre, de los que están enfermos, de los que luchan cada día por sobrevivir, y muy especialmente de los que tienen miedo a expresarse, miedo a la represión, a la tortura e incluso a la muerte. Una vez más actuamos al amparo del derecho y la obligación que tenemos de proteger la democracia y los derechos humanos de todo el continente americano.

Agradecería que esta comunicación se distribuyera entre los Estados Miembros.

Aprovecho esta oportunidad para reiterar a Vuestra Excelencia las seguridades de mi más alta consideración.

Luis Almagro
Secretario General

XIX. PRESENTACIÓN EN LA MESA REDONDA SOBRE LA SITUACIÓN POLÍTICA Y DE DERECHOS HUMANOS EN VENEZUELA [(*)]

21 de marzo de 2017

Como Secretario General de la Organización de los Estados Americanos, en mayo de 2016 presenté al Consejo Permanente un informe en el que se detallan las graves perturbaciones al orden constitucional y democrático en Venezuela.

Casi un año después y con gran decepción he presentado un informe de seguimiento en el que se detalla el ulterior deterioro de la situación en el país. Venezuela se ha convertido en una dictadura. Unas elecciones cabales, libres y justas constituyen la única solución, la posibilidad de salida democrática para la continua crisis en ese país.

El orden constitucional debe ser restaurado con urgencia en Venezuela. Hay que trabajar de manera congruente con los elementos esenciales de la democracia representativa y los componentes fundamentales del ejercicio de la democracia, nada más ni nada menos que los artículos 3 y 4 de la Carta Democrática Interamericana.

Su Constitución se ha reducido a meras palabras sobre el papel. Ya no hay Estado de derecho porque el Poder Judicial está cooptado

---

(*)   Véase en http://www.oas.org/es/acerca/discurso_secretario_general.asp?sCodigo=17-0032.

por el Ejecutivo. El Poder Judicial ha anulado todas las decisiones y leyes aprobadas por la Asamblea Nacional, marginando así al Poder Legislativo, anulando de facto, dejando sin efecto a la Asamblea Nacional El pueblo venezolano ha perdido sus derechos electorales, se le negó un Referéndum Revocatorio, así como se le ha negado la posibilidad de votar en elecciones regionales a gobernadores.

Hoy día, si el Gobierno quiere mandar preso a un ciudadano, simplemente lo hace, si lo quiere torturar, lo tortura y lo hace con impunidad. El pueblo venezolano está a merced de un régimen autoritario que le niega sus derechos más básicos y no le ofrece ningún recurso para responder.

No hay ninguna manera de que ningún ciudadano venezolano hoy pueda defender y hacer valer sus derechos. No hay ningún plan de garantías individuales que puedan estar vigentes en el Estado venezolano hoy. El Gobierno venezolano ha insistido en sus negativas e incumplimientos, y sigue rechazando salidas diplomáticas. Los "buenos oficios" y las "gestiones diplomáticas" emprendidas durante todo el 2016 y parte de 2017 han fracasado; el apoyo del Consejo Permanente al diálogo ha sido reprobado en varias ocasiones, incluso en términos descalificadores y agraviantes.

No ha habido avances en intentos por parte de otras organizaciones regionales, y el diálogo solamente ha significado un ulterior retroceso del punto de vista institucional en el país.

El Gobierno ha mostrado un patrón sistemático de abusos. Los críticos y opositores políticos son reprimidos, golpeados y encarcelados, y sigue aumentando el número total de presos políticos mientras que el Gobierno arbitrariamente arresta, detiene y, si desea, libera a los opositores con impunidad.

Para marzo de 2017 se cuentan ya 116 presos políticos mantenidos en condiciones inhumanas y degradantes. Este numero se altera, sube y baja de acuerdo a los ajustes que el gobierno realiza, pero se mantiene muy por encima de los 83 que había cuando comenzó el proceso de diálogo.

En septiembre de 2016 se presentó ante la Corte Penal Internacional una acusación contra 33 altos funcionarios del Gobierno, El Gobierno de Venezuela no solo se ha convertido en una dictadura, sino en una Tiranía que no ofrece garantías legales para ningún ciudadano.

En noviembre de 2016, dos sobrinos de la Primera Dama de Venezuela fueron declarados culpables de narcotráfico en un tribunal federal de Nueva York. Sus confesiones son por demás duras, en el sentido de involucramiento institucional del gobierno de Venezuela en los procesos de exportación del narcotráfico.

El Departamento del Tesoro de Estados Unidos ha designado como narcotraficante activo al Vicepresidente de Venezuela, con lo cual han quedado congelados sus activos de casi US$3 mil millones, una cantidad equivalente a la mitad del costo de las importaciones de alimentos del país en 2012.

Mientras tanto, decenas de millones de venezolanos padecen hambre porque el Gobierno es incapaz de importar suficientes alimentos para satisfacer las necesidades del país.

Luego de que el Ejército se hiciera cargo de la distribución de alimentos en julio de 2016, el tráfico de alimentos se hizo habitual y se estima que ahora genera cientos de millones de dólares en ganancias ilícitas.

Millones de personas no pueden comprar lo suficiente para alimentarse dado que la moneda y sus salarios han perdido valor como resultado de que en el país se registran los más altos índices de inflación de todo el mundo.

Venezuela debería ser uno de los países más ricos del Hemisferio. Sin embargo, el PIB está en caída libre, la pobreza ha alcanzado niveles sin precedente, los niveles de desnutrición han aumentado en todo el país, las enfermedades consideradas erradicadas como la difteria han reaparecido, la corrupción es generalizada y el país padece uno de los índices más altos de violencia en el mundo.

Esta situación que detallo en mi informe está basada en el análisis imparcial de los hechos y las circunstancias que sufre el pueblo venezolano, hechos y circunstancias documentados en parte a través de la ardua y valiente labor de defensores de derechos humanos y otras organizaciones de la sociedad civil que luchan por preservar el estado de derecho y la democracia en el país.

Hoy nos acompañan para esta mesa redonda representantes de cuatro organizaciones que citamos en el informe, Estas organizaciones han tenido que recorrer un largo camino para tener sus cinco o diez minutos acá, han tenido que superar obstáculos en el propio país y obstáculos dentro de la propia organización.

Un Gobierno no puede juzgarse a sí mismo, los juzgan sus ciudadanos. Debe ser juzgado por su propio pueblo. Este es el papel clave que deben de jugar los ciudadanos y la sociedad civil, contribuir a la fiscalización.

Una sociedad civil fuerte, e independiente es esencial para la democracia y actúa como garante de los principios y valores democráticos. La sociedad civil es un actor estratégico en nuestros esfuerzos por promover y defender la democracia y los derechos humanos.

Y la voz de la sociedad civil nunca va a ser acallada dentro de la Organziación de los Estados Americanos mientras yo sea Secretario General de la misma.

Como institución, la OEA tiene la responsabilidad de servir de plataforma para que la sociedad civil se pueda expresar. La democracia es un derecho de los pueblos y está establecido en el artículo 1 de la Carta Democrática Interamericana.

La OEA nunca puede ser utilizada como instrumento para silenciar a la sociedad civil que valientemente defiende los derechos humanos especialmente de los más vulnerables.

La OEA debe ser el bastión del sistema interamericano y de sus valores democráticos. Debemos estar dispuestos a identificar aquellas medidas tangibles que permitan el restablecimiento del orden constitucional y el camino hacia la democracia en Venezuela.

Hoy en Venezuela todos necesitan justicia, necesitan justicia los 43 que murieron en las manifestaciones de 2014, necesitan justicia y necesitan verdad, necesita justicia cada uno de los venezolanos que ha visto sus derechos avasallados en este tiempo, necesitan justicia los que han visto sus derechos electorales vetados en su utilización. Necesitan justicia cada uno de los venezolanos. Devolverle la voz al pueblo a través de la celebración de elecciones generales es un paso imprescindible en ese camino.

El pueblo venezolano puede seguir contando con la OEA y la Secretaría General pues le reiteramos nuestro compromiso de trabajar juntos para restablecer la democracia.

XX. EDITORIAL: "CÓMO VENEZUELA PUEDE EVITAR LA SUSPENSIÓN DE LA OEA" [(*)]

24 de marzo de 2017

WASHINGTON – Los países de América Latina y el Caribe han estado plagados de dictaduras a lo largo de su historia. Para evitar el regreso de los regímenes autocráticos, en el año 2001, los 34 países de la Organización de los Estados Americanos (OEA) firmaron la Carta Democrática Interamericana, mediante la cual acordaron que la democracia es un derecho de los ciudadanos que los gobiernos deben garantizar.

Sin embargo, Venezuela, un país suramericano de más de 30 millones de habitantes, actualmente enfrenta ese viejo y familiar dilema.

Es por eso que el 14 de marzo, hice un llamado para tener elecciones justas y libres, como una manera de evitar la suspensión de Venezuela en la OEA, de acuerdo con la Carta Democrática Interamericana. Además, exhorto a los miembros de la OEA a que se unan a esta causa.

El gobierno venezolana suspendió el referendo revocatorio del presidente Nicolás Maduro el pasado mes de octubre y también las elecciones de 2016 de gobernadores estatales, con lo cual revocó los

---

(*) Editorial de The New York Times, 24 de marzo de 2016, en https://www.nytimes.com/es/2017/03/24/como-venezuela-puede-evitar-la-suspension-de-la-oea/?ref=nyt-es-LA.

derechos electorales de sus ciudadanos, y violó las leyes establecidas en su constitución.

La oposición ganó la mayoría de la Asamblea Nacional en 2015,
pero la Corte Suprema de Justicia, controlada por el poder ejecutivo, despojó al parlamento de sus poderes. En los últimos tres años,
miles de venezolanos han sido detenidos por sus ideas, más de 100
personas (entre ellas, Leopoldo López un destacado líder de la oposición) siguen encarceladas en condiciones desgarradoras, y las
fuerzas de seguridad estatales se reservan el derecho de detener y
torturar arbitrariamente y a voluntad.

El gobierno del presidente Maduro es un régimen autoritario, ineficiente y corrupto. Hay una grave escasez de alimentos, los enfermos no tienen acceso a las medicinas, la inflación anual es de
700 por ciento y el país tiene una de las tasas más altas de homicidios en el mundo. Mientras la población de Venezuela soporta esta
carga, se estima que los fondos públicos perdidos a causa de la corrupción de la clase dominante ascienden a 300 mil millones de
dólares, y los altos funcionarios de gobierno están cada vez más
coludidos con el narcotráfico.

No podemos seguir mirando hacia otro lado. Los países miembros
de la OEA deben reivindicar su compromiso con la democracia.

Hago un llamado al gobierno de Maduro para que celebre elecciones presidenciales transparentes y equitativas con el fin de evitar
la suspensión de Venezuela de la OEA. Todos los presos políticos
deben ser puestos en libertad, deben garantizarse los derechos y
libertades fundamentales, y deben establecerse canales de ayuda
humanitaria que funcionen. Restablecer los derechos básicos del
pueblo es crucial para permitir que Venezuela permanezca dentro
del grupo de países democráticos del hemisferio.

La Carta Democrática Interamericana establece dos medidas que
podemos utilizar como recurso de acción: los artículos 20 y 21. El
artículo 20 establece que, si se produce una alteración del orden
constitucional que socave gravemente la democracia en un país

miembro, pueden llevarse a cabo iniciativas diplomáticas, entre ellas los esfuerzos de mediación.

Desde el año 2014 hasta la fecha, la Unión de Naciones Suramericanas, la OEA, el Mercado Común del Sur (Mercosur), el Vaticano y el Departamento de Estado de Estados Unidos, entre otros, se han esforzado por establecer un diálogo constructivo con el gobierno venezolano, pero no han tenido éxito. Esto se debe, en parte, a que el objetivo del gobierno ha sido crear la ilusión de un diálogo sin comprometerse verdaderamente con hacerlo efectivo.

Esas iniciativas han fracasado. ¿Qué se puede hacer? ¿Cuánto tiempo más el pueblo de Venezuela debe seguir sufriendo la opresión y la privación?

Si Venezuela no retoma un camino democrático dentro de un mes, debe ser suspendido de la OEA. Los 33 países de la región deben mostrar unidad y defender una democracia bajo asedio. La secretaría general y los países miembros se han reunido esta semana para coordinar acciones destinadas a ese objetivo.

De acuerdo con la Carta Democrática Interamericana, cuando se suspende la adhesión de un país –el último caso fue Honduras en 2009– este pierde "su derecho a participar en la OEA". La exclusión de un país de las naciones democráticas de América envía un claro mensaje político, económico y comercial a la comunidad internacional y a los principales actores económicos en un momento crítico: regimen non gratum.

Si el gobierno de Maduro quiere evitar las consecuencias potencialmente desastrosas de una suspensión, debe hacer un verdadero compromiso con la democracia y tomar medidas claras para restablecerla.

Creo, como lo hace cualquiera que tiene fe en la democracia del hemisferio, que exigir esto es nuestra obligación moral.

Pero seamos claros: no estamos en contra del diálogo. Estamos en contra del fracaso del diálogo.

La suspensión es el último recurso que se encuentra en nuestro marco regulatorio para presionar al actual gobierno de Venezuela, que se enfrenta al aislamiento y a la pérdida de legitimidad, para que realice elecciones presidenciales que devuelvan la democracia, la libertad y la prosperidad al país.

Luis Almagro

XXI. DECLARACIÓN EN RESPALDO A LA DECLARACIÓN DE 14 PAÍSES SOBRE VENEZUELA(*)

24 de marzo de 2017

Respaldo con firmeza la declaración sobre la situación en Venezuela que -en el marco de la Carta de la OEA, de la Carta Democrática Interamericana y de la promoción, defensa y protección de la democracia y los derechos humanos- fue emitida ayer por 14 países de la organización.

Estoy plenamente de acuerdo, como señalara en mis dos informes, que la suspensión es una medida para tomar al final del proceso y veo positivamente que el referido grupo de países deja abierta esa posibilidad.

Como Secretario General de la OEA destaco el llamado por los países firmantes de atender en forma urgente y prioritaria: la liberación de presos políticos, el respeto a la legitimidad de las decisiones de la Asamblea Nacional y la necesidad de contar con un calendario electoral, teniendo en cuenta **todas las elecciones** que han sido pospuestas violando los derechos electorales de la gente, elementos todos que demuestran una clara alteración del orden constitucional.

Definitivamente, como dice la Declaración, *"el diálogo y la negociación son la vía idónea para llegar a soluciones duraderas a*

(*)   Véase enhttp://www.oas.org/es/centro_noticias/comunicado_prensa.asp?sCodigo=C-017/17..

los problemas" del país, y es fundamental que, una vez que sean restablecidos los elementos esenciales de la democracia, los venezolanos se comprometan, en ese marco, a la reconstrucción de su país.

Es muy importante que el cumplimiento de los acuerdos resultantes de anteriores acciones de buenos oficios sea realizado en el marco de la Constitución, como señala la Declaración; eso quiere decir que sólo los acuerdos que son constitucionales pueden ser puestos en práctica.

En el Informe que presenté la semana pasada constaté el agravamiento profundo en Venezuela de todas las variables políticas, económicas, sociales y humanitarias que ya había señalado en mayo de 2016, con énfasis en la pérdida de la democracia, de los derechos civiles y políticos de la gente y de la desinstitucionalización del país.

Una vez más, reitero la disposición de la Secretaría General de cooperar con Venezuela para poner fin a las vulneraciones de derechos civiles y políticos y recuperar para su pueblo sus derechos económicos y sociales.

La recuperación de la institucionalidad democrática en Venezuela es tarea de todos los países de la región y de todas las personas que creemos en las libertades, los valores y los principios.

Al tiempo de respaldar el trabajo de evaluación crítica realizado por los 14 países firmantes, me permito alentar a la unidad de los gobiernos de la región a continuar y profundizar el esfuerzo colectivo para volver a contar con una Venezuela democrática en la OEA.

XXII. EXPOSICIÓN DURANTE EL CONSEJO PERMANENTE SOBRE VENEZUELA[(*)]

28 de marzo de 2017

La defensa de la democracia es el aspecto central del mandato de esta institución, y es el pilar fundacional de las relaciones internacionales en el hemisferio. Las libertades fundamentales, los derechos humanos y la democracia no existen sólo cuando es conveniente, deben imperar en todo momento.

Nuestro compromiso con la democracia ha sido de nuestra propia elección, todos los Estados Miembros negociaron y firmaron voluntariamente la Carta Democrática y la Carta de la OEA. Constituyen elementos esenciales y identidad regional, y consagran nuestros valores democráticos.

No es intervencionista la defensa internacional de la democracia, como no es intervencionista la protección internacional de los derechos humanos. Debemos demostrar nuestro compromiso con el pueblo de Venezuela, un pueblo que ha sido generoso con la historia de nuestros países, que ha amparado tanta disidencia y ha sido perseguido por tanta dictadura en los años '70 y comienzos de los '80.

Es una deuda fundamental que tenemos con ese pueblo. No podemos olvidarlo. El orden constitucional debe ser restaurado con urgencia. El artículo 1 de la Carta Democrática Interamericana esta-

---

(*) Véase en http://www.oas.org/es/acerca/discurso_secretario_general.asp?sCodigo=17-0046

blece que los pueblos de las Américas tienen derecho a la democracia, y sus gobiernos la obligación de promoverla y defenderla. Debemos seguir adelante ese principio fundamental de legitimidad.

Nos sumamos a los reclamos que se han hecho hoy de restablecimiento del orden democrático, y resolver las condiciones que implican la alteración del orden constitucional en Venezuela. Nos sumamos a los reclamos de la liberación de presos políticos que han firmado 14 países, es un clamor continental desde Alaska a Tierra del Fuego. Nos sumamos a los reclamos para que se asegure la separación de poderes. Nos sumamos a los reclamos para que haya soluciones dirigidas a resolver la crisis económica, social y humanitaria del país.

Los pasos que hemos dado son pasos gigantescos. Los países han demostrado sus compromisos con asumir las discusiones importantes de la agenda temática de nuestro continente a la hora de defender la democracia. En ese sentido, valoramos especialmente la convocatoria de este Consejo Permanente, así como otros que se han convocado en otras ocasiones.

También respaldamos ulteriores acciones y discusiones que sucedan a esta reunión para evaluar colectivamente la situación en Venezuela.

No respaldamos ninguna invasión. Nuestras soluciones y requerimientos son lo opuesto a un golpe de Estado: llamar a elecciones en un plazo breve es lo opuesto a un golpe de Estado. Es la solución democrática. Es devolverle la soberanía al pueblo, que es a quien pertenece.

Reiteramos nuestro compromiso, como Secretario General, con el llamado que se ha hecho de forma urgente y prioritaria de la liberación de los presos políticos, el respeto a la legitimidad de las decisiones de la Asamblea Nacional y la necesidad de contar con un calendario electoral teniendo en cuenta todas las elecciones que han sido pospuestas violando los derechos electorales de la gente. Elementos todos que demuestran una clara alteración del orden constitucional

Gracias Señor Presidente.

XXIII. VENEZUELA: SECRETARIO GENERAL DE LA OEA DENUNCIA AUTO GOLPE DE ESTADO[(*)]

30 de marzo de 2017

El Secretario General de la Organización de los Estados Americanos (OEA), Luis Almagro, denuncia el auto-golpe de Estado perpetrado por el régimen venezolano contra la Asamblea Nacional, último poder del Estado legitimado por el voto popular.

"Aquello que hemos advertido lamentablemente se ha concretado", sentenció el Secretario General.

El Tribunal Supremo de Justicia (TSJ) ha dictado dos decisiones por las que despoja de sus inmunidades parlamentarias a los diputados de la Asamblea Nacional y, contrariando toda disposición constitucional, se atribuye las funciones de dicho Poder del Estado, en un procedimiento que no conoce de ninguna de las más elementales garantías de un debido proceso.

Por la primera de ellas, del 27 de marzo de 2017, el TSJ declara la inconstitucionalidad de acuerdos legislativos calificando como actos de traición a la patria el respaldo a la Carta Democrática Interamericana, instrumento jurídico al cual Venezuela ha dado su voto al tiempo de aprobarlo y fue el primer país en solicitar su aplicación en el año 2002.

(*)   Véase   en   http://www.oas.org/es/centro_noticias/comunicado_prensa.asp?sCodigo=C-019/17.

Por el segundo fallo, del 29 de marzo, este tribunal declara la "situación de desacato y de invalidez de las actuaciones de la Asamblea Nacional", en forma que no conoce respaldo constitucional ni en las atribuciones de la Asamblea (art.187 de la Constitución), ni mucho menos en la de la Sala Constitucional del TSJ (art.336 de la Constitución) y que viola la separación de poderes que la propia Constitución exige sea respetada por todos los jueces los que deben "asegurar su integridad" (art.334).

Las normas internacionales regionales y universales a las que Venezuela soberanamente ha adherido, y que por ello la obligan a su cumplimiento, reafirman el respeto a la separación de poderes como garantía ineludible para la protección de los derechos de los ciudadanos y la defensa del sistema democrático y del estado de derecho.

Las dos sentencias del TSJ de despojar de las inmunidades parlamentarias a los diputados de la Asamblea Nacional y de asumir el Poder Legislativo en forma completamente inconstitucional son los últimos golpes con que el régimen subvierte el orden constitucional del país y termina con la democracia.

La decisión del TSJ expresa en su numeral 4.4: "Se advierte que mientras persista la situación de desacato y de invalidez de las actuaciones de la Asamblea Nacional, esta Sala Constitucional garantizará que las competencias parlamentarias sean ejercidas directamente por esta Sala o por el órgano que ella disponga, para velar por el Estado de Derecho".

Asumir la restauración de la democracia es tarea de todos. Hoy es hora de trabajar unidos en el hemisferio para recuperar la democracia en Venezuela, con cuyo pueblo todos tenemos deudas que nos obligan a actuar sin dilaciones. Callar ante una dictadura es la indignidad más baja en la política.

"La cuestión es sólo entre la libertad y el despotismo", nuestros opresores, y son nuestros opresores porque la libertad de los pueblos es la esencia misma de nuestra libertad, sólo por serlo forman el objeto de nuestra lucha.

El Secretario General de la OEA dijo que es urgente la convocatoria de un Consejo Permanente en el marco del artículo 20 de la Carta Democrática y constató que se ha llegado a este punto a pesar de las advertencias formuladas en los informes del 30 de mayo de 2016 y 14 de marzo de 2017.

El líder de la OEA recordó el carácter preventivo que tiene la Carta Democrática Interamericana, que debió haber sido accionada con rigurosidad para no lamentar otro golpe de Estado en el hemisferio.

XXIV. EXPOSICIÓN EN LA SESIÓN EXTRAORDINARIA DEL CONSEJO PERMANENTE SOBRE VENEZUELA [*]

3 de abril de 2017

Gracias, señor presidente. Mi reconocimiento a este Consejo Permanente por la resolución aprobada. Mi reconocimiento a la presencia de la señora canciller de la República Argentina, Susana Malcorra, quien nos ilustrara y nos dejara sus profundas reflexiones así como el posicionamiento del Mercosur en este ámbito. También a la presencia del Vice Canciller de Costa Rica, Alejandro Solano, que nos presidiera en el uso de la palabra con importantes reflexiones.

Obviamente no compartimos que se suspenda una sesión del Consejo Permanente unilateralmente sin consultar a los 20 países que la proponen. Sí, reconocer de Bolivia ella auto-excluirse de la presidencia cuando era un tema que ellos sentían muy cerca de su interés nacional. Eso es creo algo importante que debemos reconocer llegado a este punto de la tarde.

El tema es que mientras nosotros deliberábamos aquí o estábamos por empezar a deliberar, tenemos cuatro presos políticos más en Venezuela: Roberto Enrique (presidente del COPEI), Eduardo

---

(*)   Véase en video en https://www.youtube.com/watch?v=-LbPHOPR6j8. Véase nota de prensa sobre dicha Sesión en http://www.panorama.com.ve/poli-ticayeconomia/Reinicio-sesion-extraordinaria-del-Consejo-Permanente-de-la-OEA-sobre-Venezuela-20170403-0051.html y http://www.el-nacional.com/noticias/mundo/oea-aprobo-resolucion-por-retorno-del-orden-constitucional-venezuela_88722.

Vetencourt (de Lima, militante del COPEI), el coronel Ricardo Somascal y el capitán Ángelo Heredia. Dos diputados fueron agredidos, uno con un corte profundo sobre el ojo -el diputado Juan Requesens-, y uno con una fractura -diputado José Brito. Esto demuestra la seriedad de lo que estamos hablando.

En Venezuela, mientras nosotros discutíamos acá, llegaba el preso político número 117. Definitivamente, no se puede negar que no hay un problema y que no existe una alteración del orden constitucional. Hemos acumulado demasiada información en este tiempo. Ustedes saben: hemos presentado dos informes que son largos, documentados y basados en hechos.

Hay una figura que todavía a mí me cuesta asimilar en todo este proceso. Es la figura del desacato. Diversas sentencias... La sala constitucional del Tribunal Supremo de Justicia insiste en la figura del desacato por parte de la Asamblea Nacional. Repiten expresiones de fallos anteriores. Definitivamente, el pretendido desacato a decisiones de la Asamblea Nacional, las decisiones del Tribunal y las propias acciones del Tribunal. Por lo cual esa figura del desacato ha permitido, por ejemplo, que el presupuesto se apruebe en otro ámbito, que la rendición de cuentas se haga en otro ámbito, que las designaciones se hagan en otro ámbito.

Ustedes se pueden imaginar que las garantías parlamentarias están dadas en la base de la independencia de poderes, las que la Asamblea Nacional supuestamente desacata decisiones del poder judicial. El poder judicial invalide lo que haga cualquier cosa, cualquier ley que dicta, pasada, presente y futura. Y se atribuye la función del legislador por sí o por quien decida, legislador elegido por la sala de un Tribunal, órgano elegido por la sala de un Tribunal... Es volver a antes de Montesquieu. O sea, pobre, Montesquieu, pobre la evolución jurídica que han tenido nuestros países de separación e independencia de poderes. Peor aún, la definición de desacato que parece dar esta sala es la de sumisión del poder legislativo, a lo que decidan los demás poderes del Estado.

La Asamblea Nacional, dicen textualmente, debe seguir no solo las pautas que la propia constitución provee, sino también las disposiciones que el resto de los poderes del Estado dicta. Pregunto, llegado el caso, eso se aplica también para las leyes del Poder Ejecutivo y podría entonces esa sala o quien ella designe, ejercer también las funciones del Ejecutivo. Es prácticamente el despropósito en el derecho constitucional.

El desacato se da, además, cuando se incumple una orden de una autoridad jerárquicamente superior. De acuerdo con la Constitución venezolana, como ocurre con cualquier constitución de un Estado respetuoso del Estado de Derecho, los poderes del Estado son independientes. La Asamblea Nacional es elegida por votación universal y le compete legislar sobre el funcionamiento de las distintas ramas del poder nacional, entre los cuales está el poder judicial.

Es la Asamblea Nacional también la que selecciona definitivamente y puede remover también a los jueces del Tribunal Supremo de Justicia. Difícil ver en todo ello una relación de jerarquía superior del poder judicial sobre el legislativo que se ajuste a la definición de desacato. La Constitución de la República Bolivariana de Venezuela no tiene ninguna mención de desacato, ni le da ninguna competencia al poder Judicial para poder cumplir condiciones del Legislativo y mucho menos para ejercer sus competencias parlamentarias, por ninguna razón y menos por una causal inexistente en su texto.

La marcha atrás que dio el TSJ al no atribuirse funciones la Asamblea Nacional, no solo pone de manifiesto lo absurdo del fallo original, sino demuestra una vez más que la corte está completamente cooptaba por el Ejecutivo.

Nos podríamos enfocar hoy nuevamente en la situación humanitaria. Quise mencionar a los nuevos cuatro presos políticos, a los dos diputados agredidos. Definitivamente desde el punto de vista jurídico, la alteración del orden constitucional ha sido absolutamente profunda y devastadora en Venezuela.

El reconocimiento por parte de este cuerpo en el día de hoy es un paso importantísimo para recuperar la democracia, el restablecimiento de la democracia en ese país y que nadie dude de las mejores intenciones de todos los países aquí representados y del propio Secretario General.

Todos hemos querido que esto se resolviera mucho antes. Hubo oportunidades para el gobierno venezolano en mayo del año pasado, en junio del año pasado, en septiembre del año pasado, en octubre del año pasado, en noviembre del año pasado sumándose el Vaticano al diálogo. El Gobierno de Venezuela ha tenido más oportunidades que ningún otro país al que se le ha aplicado la Carta, incluso el propio Gobierno de Venezuela fue el primero en invocar esta Carta Democrática Interamericana, cuando el golpe de Estado contra el presidente Chávez. El primer país en invocar la carta y hoy verdaderamente la posición que ha tenido… que tuvo el presidente Chávez, ha sido completamente subvertida por sus delegados aquí presentes. Como su legado político e histórico.

Gracias.

XXV. CONDENA A LA REPRESIÓN CONTRA MANIFESTACIÓN PACÍFICA^(*)

4 de abril de 2017

El Secretario General de la Organización de los Estados Americanos (OEA), Luis Almagro, condenó hoy el uso de gases lacrimógenos, disparos, balas de goma y represión a manifestaciones pacíficas en Venezuela.

Lo sucedido hoy en Caracas, dijo Almagro, "me lleva a condenar del modo más enérgico la brutal represión llevada a cabo por el gobierno de Venezuela contra manifestantes en las calles de la capital venezolana".

La manifestación convocada al amparo del derecho a la libre expresión y a la libertad de protesta, a favor de la destitución de los magistrados del Tribunal Supremo de Justicia, fue reprimida con violencia por la Policía Nacional Bolivariana, a la que se sumaron fuerzas civiles de choque al servicio del régimen autoritario instalado en Caracas.

Este nuevo atropello constituye una violación adicional a los derechos civiles y políticos de la población, a la vez que atenta contra el derecho a la vida y la integridad física de los opositores venezolanos.

(*) Véase en http://www.oas.org/es/centro_noticias/comunicado_prensa.asp?sCodigo=C-024/17.

"Es absolutamente inadmisible que el desenfreno autoritario que ha llevado al gobierno de Venezuela a abandonar la democracia a través de un auto golpe de Estado, y a situarse al margen de la legalidad constitucional interamericana, se vuelque una vez más en represión contra su propio pueblo", dijo.

"Como Secretario General de la Organización de los Estados Americanos (OEA) -- dijo Almagro-- me veo una vez más en la obligación de exigir al gobierno venezolano el inmediato cese de la ilegalidad, el restablecimiento de la democracia, el reconocimiento de las libertades civiles y políticas de la gente, y el inmediato fin de la represión".

XXVI. LLAMAMIENTO AL RÉGIMEN DE VENEZUELA A CESAR LA REPRESIÓN EN FORMA INMEDIATA ^(*)

7 de abril de 2017

El **Secretario General de la Organización de los Estados Americanos (OEA), Luis Almagro**, instó hoy al Gobierno de Venezuela a cesar el uso de la violencia y de otras herramientas de represión en contra de manifestantes opositores que protestan pacíficamente en defensa de la democracia y el Estado de Derecho en su país.

Un manifestante muerto y decenas de heridos y detenidos es el saldo inicial de la represión de la víspera, que busca sofocar el clamor por elecciones libres, la única forma de salida para un país devastado por la crisis política y el saqueo

Las protestas del jueves produjeron más heridos y detenidos, *"en forma absolutamente arbitraria e indiscriminada, como una muestra más de autoritarismo"*, y el asesinato de Jairo Ortiz, de 19 años. *"Este crimen debe llamar a la democracia en el país, a hacer justicia, a superar la ignominia de la cobardía de sus asesinos"*, dijo.

El **Secretario General Luis Almagro** hizo también referencia a la responsabilidad de los militares en este momento. "Se trata de un

---

(*)   Véase Comunicado de Prensa en http://www.oas.org/es/centro_noticias/comunicado_prensa.asp?sCodigo=C-029/17.

autoritarismo que se escuda en las fuerzas armadas que, lejos de actuar como las fuerzas del orden, actúan como las fuerzas de la represión y del terror. Es un autoritarismo que, en su escalada de odio y vergüenza, contagia también de odio y vergüenza a las fuerzas armadas. Este régimen autodenominado cívico-militar es el responsable no sólo de la pérdida de la Democracia y de la crítica situación alimentaria en Venezuela, es también responsable de incitar al odio mediante la represión", subrayó.

"La protesta pacífica y el derecho a la libertad de reunión pacífica son derechos universales que debe respetar cualquier gobierno, especialmente los gobiernos democráticos", afirmó, y añadió: *"Esto revela nuevamente que en Venezuela no existe estado de derecho y que se violan metódicamente los derechos humanos"*.

En su más reciente informe al Consejo Permanente sobre la situación en Venezuela, el **Secretario General** reveló la sistemática represión y criminalización de voces de la oposición y grupos de la sociedad civil, las detenciones arbitrarias y el uso excesivo de la fuerza contra protestas pacíficas por parte del régimen autoritario venezolano.

"La utilización de las fuerzas de seguridad del Estado para reprimir manifestaciones en favor de los derechos constitucionales y principios democráticos resulta absolutamente inaceptable y nos retrotrae a los momentos más oscuros de la historia de nuestros países", agregó. *"A la dramática situación de Venezuela no deben sumársele mártires como resultado de la violencia de Estado"*.

El **Secretario General Almagro** instó a los responsables políticos que gobiernan el país a *"deponer su actitud represiva, que sólo puede conducir a más aplastamiento de libertades y a situaciones de mayor dolor y duelo"*.

Hizo también referencia a que *"es absolutamente impropio de la institución militar plegarse al autoritarismo, sus fiscales no son acusadores de presos políticos, sus servidores no son torturadores, sus oficiales no son instrumento de la represión, sus oficiales no son la mano de la corrupción"*.

Así decía **Monseñor Oscar Arnulfo Romero** en su más dolorosa homilía: *"Yo quisiera hacer un llamamiento, de manera especial,
a los hombres del ejército. Y en concreto, a las bases de la Guardia
Nacional, de la policía, de los cuarteles... Hermanos, son de nuestro mismo pueblo."*

*"Son palabras que creíamos aprendidas en la región. Sin em-
bargo, la codicia del poder gubernamental venezolano y su afán de
perpetuarse han dividido terriblemente a los venezolanos, y hacen
que la voz del héroe salvadoreño interpele hoy nuevamente las con-
ciencias de quienes creemos en la democracia, en las libertades
civiles y en el valor y derecho de los pueblos"*, dijo el **Secretario
General**.

El líder de la OEA agregó que *"resulta absolutamente necesario
-bajo sus obligaciones políticas, morales y jurídicas –tanto a nivel
interno como internacional- que el régimen venezolano cese inmediatamente todo acto de represión violatorio de derechos por parte
de las fuerzas de seguridad del Estado y de los grupos civiles de
choque que responden al oficialismo en Venezuela"*.

*"Hoy me veo obligado a advertir al gobierno de Venezuela que
los demócratas del continente no aceptaremos pagar con sangre
venezolana las deudas de democracia, libertades, prosperidad,
Constitución y derechos que sus gobernantes han contraído a costi-
llas del pueblo"*, concluyó el **Secretario General de la OEA**, al
tiempo de hacer un nuevo llamado a *"elecciones, el único camino
para que Venezuela tenga un Gobierno legítimo surgido del único
soberano: el pueblo"*.

Referencia: C-029/17

XXVII. LLAMAMIENTO AL GOBIERNO DE VENEZUELA A RESPETAR LA VOZ DEL PUEBLO Y DIRIMIR LAS DIFERENCIAS EN ELECCIONES [(*)]

9 de abril de 2017

No puedo evitar admirar el coraje del pueblo en la calle. Cuando nadie ha solucionado esta crisis humanitaria y política, ni por mediaciones, ni por diálogos amañados, el pueblo ha decidido hacer escuchar su voz en el continente entero, como lo manda la Constitución Bolivariana en su artículo 350.

Hace apenas unas horas hacíamos un llamado al cese de la represión autoritaria en Venezuela.

Hace apenas unas horas condenábamos la inhabilitación del Gobernador Henrique Capriles recordando que sólo el pueblo a través de las urnas es quien inhabilita a sus dirigentes.

Hace apenas unas horas hacíamos un llamado a los militares de espíritu democrático a asumir su rol de defensa de las instituciones y no plegarse al autoritarismo y a represión.

Este sábado, miles y miles de venezolanos salieron a manifestarse frente al autoritarismo en Venezuela y la represión se hizo una vez más presente, se incendió el local de Henrique Capriles, y los soldados del régimen tuvieron que obedecer las órdenes dictatoria-

---

(*) Véase Comunicado de Prensa en http://www.oas.org/es/centro_noticias/comunicado_prensa.asp?sCodigo=C-030/17.

les y represivas para enfrentar a sus hermanos venezolanos en la calle una vez más.

El pueblo es simplemente la fuerza más maravillosa del universo, ni el cercenamiento de los derechos, ni las elecciones revocatorias y regionales no realizadas, ni la tortura, ni los asesinatos de francotiradores cobardes, ni el fuego, ni el odio, lo pueden detener.

Usar la represión, la intimidación y el terror como herramienta de imposición del poder es el síntoma mas claro de debilidad del régimen.

El pueblo venezolano ya no teme estos atropellos porque sabe que puede mas que la represión, que unirse pacíficamente en reclamo de sus derechos constitucionales es de justicia. Que ese es el verdadero y legitimo poder, su voz y su capacidad de elegir su futuro.

Las imágenes recorrieron el mundo durante todo el día mostrando el enfrentamiento entre venezolanos.

Nos ha llegado información respecto al uso de gases lacrimógenos que pueden generar quemaduras, hace apenas unas horas hubo victimas, un muerto, heridos y detenidos, y el pueblo no temió.

Decimos al régimen que no es en la calle donde deben enfrentarse los venezolanos, es en elecciones.

No son las armas las que legitiman un gobierno, son las elecciones.

No son los Poderes corrompidos por la ausencia del estado de derecho los que deben inhabilitar dirigentes políticos, son las elecciones.

Varios Gobiernos del Continente ya han manifestado su preocupación por los hechos represivos y la inhabilitación del Gobernador Henrique Capriles.

Me sumo a sus expresiones, condeno la escalada autoritaria en la que se ha empecinado el Gobierno de Venezuela y hago un llamado a dicho gobierno y a las fuerzas armadas a no enfrentar a venezolanos contra venezolanos en la calle, sino en elecciones libres.

Cuando está el pueblo de un lado y las armas del otro, no hay democracia, no hay revolución, no hay justicia, es simplemente la represión de una dictadura que no acepta los designios de la gente.

Aquí no hay invasión, no hay bombardeo, es un pueblo decidido a dejar el pellejo en la calle ante una tiranía que le niega sus libertades fundamentales, que le niega las elecciones que merece y el gobierno legítimo que merece.

Las proscripciones y el ataque a locales partidarios son testimonio de la cobardía política de una dictadura que teme por sobre todas las cosas a la expresión de la gente.

El único soberano de una nación es el pueblo, violar sus derechos y negarle su expresión es condenar al país a la ignominia del sometimiento a un dictador. No se puede pretender que eso sea aceptado.

No se puede pretender tampoco que el pueblo acepte a un Tribunal Supremo de Justicia, TSJ , que es el brazo ejecutor de la dictadura cuando justamente intenta sacarse de encima esa dictadura.

El TSJ es justamente el artífice de las decisiones que llevaron a la reciente resolución del Consejo Permanente de la OEA.

El pueblo venezolano sabe que su voz es mas fuerte y se escucha en el mundo, aun a pesar de los intentos del régimen de silenciarla por la fuerza.

Reclamo al Gobierno de Venezuela la liberación de los presos políticos y rehabilitación de dirigentes como paso inmediato e ineludible hacia elecciones libres.

No hay mejor camino que las elecciones para dirimir las diferencias.

La legítima autoridad democrática se ha perdido, y el gobierno ha decidido optar por el autoritarismo y la represión para mantener un poder que no le pertenece, que le pertenece a los venezolanos.

La autoridad debe volver a los venezolanos. Y que en las elecciones se enfrenten para delegar su autoridad.

La magnitud de la cobardía de un régimen está dada por la dimensión de violencia utilizada para acallar a un pueblo.

La magnitud de la valentía de un pueblo está dada por la dimensión de su voz hoy en la calle para recuperar la Democracia.

Referencia: C-030/17

XXVIII. MENSAJE DEL SECRETARIO GENERAL DE LA OEA SOBRE EL AUMENTO DE LA REPRESIÓN EN VENEXZUELA ^(*)

11 de abril de 2017

Día tras día la represión va en aumento en Venezuela.

Es autoritario reprimir a manifestantes que reclaman democracia.

El régimen ha sumado el criminal hábito de lanzar bombas lacrimógenas vencidas -cuya peligrosidad se multiplica- y hasta de hacer uso de un helicóptero para arrojarlas indiscriminadamente sobre los manifestantes.

En uno de los episodios más repudiables, esta práctica criminal alcanzó a un hospital de Caracas, donde pacientes y personal de la salud fueron afectados por los gases lacrimógenos.

Aún a pesar de estos abusos y agresiones, el pueblo de Venezuela ha demostrado su altura moral y su capacidad para fortalecerse ante la adversidad. Ha demostrado su capacidad para seguir reclamando lo que es de justicia y le fuera ilegítimamente arrebatado, la posibilidad de expresarse libremente a través del voto para elegir su futuro.

(*) Véase el video del mensaje en https://vimeo.com/212832854. Igualmente en https://www.youtube.com/watch?v=DVTUb1qOl7E

Como Secretario General de la Organización de los Estados Americanos (OEA) seguiré condenando enérgicamente cada vez que la población sea objeto de semejantes atropellos y muestra de incivilidad.

Como Secretario General de la OEA debo manifestar que:

No podemos admitir las vidas venezolanas que el régimen está dispuesto a sacrificar para perpetuarse en el poder.

No podemos admitir los heridos y detenidos que consideran necesarios para no perder sus privilegios.

No podemos admitir que la Guardia Nacional Bolivariana y demás fuerzas de seguridad del Estado continúen con la represión, siguiendo instintos criminales.

Los demócratas de la región no aceptamos convivir con un régimen que ha vaciado de contenido a las palabras "democracia", "derechos humanos", "libertad", "constitución", "diálogo", "paz", "probidad."

Nuestra región no debe someterse a las amenazas de desestabilización que su gobierno genera.

No podemos admitir que se siga encarcelando e inhabilitando a líderes políticos opositores para continuar en el poder.

No podemos llamar revolución a este régimen que subyuga a su pueblo, que no le permite votar, que no le permite tener una Asamblea Nacional libre. No podemos admitir a un régimen que no administra justicia sino que la desvirtúa, que tiene a su gente sin medicamentos, ni alimentos y aterrados por la inseguridad.

Ha llegado hace mucho tiempo la hora de devolver la soberanía a la gente de Venezuela. De llamar a elecciones generales que permitan al pueblo decidir mediante el voto lo que hoy está expresándose en las calles.

La frontera entre la tiranía y la democracia está hoy marcada por la ambición de su Gobierno de permanecer en el poder sin someterse al escrutinio popular.

Realizo nuevamente un llamado, acompañando a todo el pueblo de Venezuela, para que se lleven a cabo elecciones generales en paz. Para que la gente vuelva a ser dueña de su destino como país.

La realidad se ha encargado de demostrar que no han sabido honrar sus compromisos de diálogo.

Hoy exigimos que el régimen responda directamente a su gente, aquello que el pueblo está reclamando en las calles.

El régimen sabe que la solución pacífica y legítima a esta crisis está en sus manos y que es mucho más digna políticamente que mantener la represión y el abuso: Un llamado a elecciones generales.

Esa si sería una inequívoca demostración de amor a la Patria. Una inequívoca demostración de que quieren lo mejor para su país.

Es el único modo en que Venezuela puede volver a vivir en paz y su gente contar con prosperidad, y los derechos básicos de libertad, salud, alimentos y educación debidamente contemplados.

Estoy seguro que en toda la región y aún más allá estamos dispuestos a cooperar con los venezolanos para encontrar las soluciones que los devuelvan a la vía democrática y a la reconstrucción social que el pueblo merece.

La soberanía de un país pertenece al pueblo, si el pueblo es silenciado y reprimido y no se le permite expresarse en las urnas, ese país ha dejado de ser soberano, sino que es simplemente una patética marioneta del juego del Poder.

APÉNDICE 1:

ACUERDO DE LA ASAMBLEA NACIONAL EN APOYO DE LA APLICACIÓN DEL ARTÍCULO 20 DE LA CARTA DEMOCRÁTICA INTERAMERICANA, COMO MECANISMO PARA EL RESTABLECIMIENTO EN PAZ DEL ORDEN CONSTITUCIONAL EN VENEZUELA [(*)]

LA ASAMBLEA NACIONAL DE LA
REPÚBLICA BOLIVARIANA DE VENEZUELA

En defensa de la Constitución, la Democracia y los
Derechos Humanos

ACUERDO EN APOYO DE LA APLICACIÓN DEL ARTÍCULO 20 DE LA CARTA DEMOCRÁTICA INTERAMERICANA, COMO MECANISMO PARA EL RESTABLECIMIENTO EN PAZ DEL ORDEN CONSTITUCIONAL EN VENEZUELA

CONSIDERANDO

Que la Carta Democrática Interamericana de la Organización de Estados Americanos (OEA), suscrita por los 34 Estados miembros que la conforman, incluyendo a la República Bolivariana de Venezuela, el 11 de septiembre de 2001, establece un régimen internacional de garantía de la democracia representativa en el continente

---

[(*)] Véase en http://www.asambleanacional.gob.ve/uploads/documentos/doc_e2ec6cee39175e9e932f6c4b1ced4813999e3e01.pdf

americano, el cual se sustenta en el reconocimiento de que: "Los pueblos de América tienen derecho a la democracia y sus gobiernos la obligación de promoverla y defenderla. La democracia es esencial para el desarrollo social, político y económico de los pueblos de las Américas" (art. 1);

CONSIDERANDO

Que entre los elementos esenciales de la democracia dicho instrumento consagra, entre otros, la celebración de elecciones periódicas, libres y justas como expresión de la soberanía del pueblo, los derechos humanos, y la separación e independencia de los poderes públicos (art. 3); y entre sus componentes fundamentales, el respeto por los derechos sociales y la libertad de expresión y el respeto al estado de derecho (art. 4);

CONSIDERANDO

Que la Carta Democrática Interamericana considera que la lucha contra la pobreza es primordial para la consolidación de la democracia y en tal sentido propugna: "todas las acciones necesarias para la creación de empleo productivo, la reducción de la pobreza y la erradicación de la pobreza extrema" (art. 12);

CONSIDERANDO

Que la Carta Democrática Interamericana sirve de marco a instrumentos como la Carta Social de las Américas (Cochabamba, 2012), que establece una vinculación estrecha entre la democracia, los derechos humanos, el 2 desarrollo sustentable y el bienestar cuando refiere en su artículo 1° que: "Los pueblos de América tienen una legítima aspiración a la justicia social y sus gobiernos la responsabilidad de promoverla. El desarrollo con equidad fortalece y consolida la democracia, en tanto ambos son interdependientes y se refuerzan mutuamente. Los pueblos de América tienen derecho al desarrollo en un marco de solidaridad, equidad, paz, libertad, y los Estados el deber de promoverlo con el fin de erradicar la pobreza, en particular la pobreza extrema, y alcanzar niveles de vida dignos para todas las personas...";

CONSIDERANDO

Que esta Asamblea Nacional ha declarado en reiterados Acuerdos que en Venezuela se ha producido una ruptura del orden constitucional que afecta gravemente el orden democrático, lo cual se pone de manifiesto, entre otras circunstancias, en la ausencia de separación de poderes, particularmente a causa del control del Tribunal Supremo de Justicia y de todo el Poder Judicial por el Ejecutivo Nacional; en la existencia de un Presidente que gobierna por decreto, al margen de la Constitución, sirviéndose de un estado de excepción perpetuo y contrario a los principios constitucionales; en la corrupción convertida en política oficial; en la criminalización de la disidencia y la discriminación política en todos los órdenes; en la violación generalizada de los derechos humanos y en la negación del derecho a la participación política mediante el referendo revocatorio y la celebración de elecciones en la oportunidad constitucionalmente exigida;

CONSIDERANDO

Que un resultado doloroso de esta concentración de poderes, de la consecuente ausencia de controles y del desconocimiento del pluralismo político, ha sido un elevado número de presos, perseguidos y exilados políticos hasta tal punto que quienes se encuentran detenidos por estos motivos no pueden obtener su liberación ni siquiera mediante orden de excarcelación expedida por el juez competente, porque las instrucciones de la policía política están en la práctica por encima de la Constitución;

CONSIDERANDO

Que el cauce pacífico constitucionalmente establecido para resolver esta grave crisis política y social son las elecciones o consultas populares (arts. 5, 62 y 70 de la Constitución), pero el Gobierno Nacional se ha rebelado contra este último reducto de institucionalidad al lograr inconstitucionalmente la suspensión indefinida del referendo revocatorio, en acción concertada con jueces incompetentes en materia electoral; y luego el Consejo Nacional Electoral ha suspendido de facto las elecciones de Gobernadores o Gobernadoras y de Diputados y Diputadas a los Consejos Legislativos de los

23 Estados del país, siendo que debían realizarse en el 2016 pues el mandato constitucional de aquellos terminó en enero de 2017;

CONSIDERANDO

Que la crisis humanitaria sin precedentes que vive Venezuela supone la vulneración de derechos sociales como la salud y la alimentación, y hasta el propio derecho a la vida está en serio riesgo por la falta de medicinas e insumos médicos y por el hambre que aqueja a los venezolanos y venezolanas, lo cual es imputable exclusivamente a las reiteradas y erradas políticas restrictivas del Gobierno Nacional, sin que se adopten los correctivos necesarios y sin que se permita la entrada de ayuda humanitaria o cooperación internacional;

CONSIDERANDO

Que el Gobierno Nacional no ha sido capaz de garantizar la seguridad pública y ha colocado al derecho a la vida en una situación de riesgo permanente, lo cual se evidencia en los índices de homicidios y de violencia, que están entre los más altos en el mundo, dado que durante el 2016 se registró una alarmante cifra de 28.479 homicidios, de acuerdo con las estadísticas del Observatorio Venezolano de Violencia;

CONSIDERANDO

Que el día martes 14 de marzo de 2017, el Secretario General de la OEA hizo pública una actualización de su informe sobre la situación de la República Bolivariana de Venezuela, que originalmente fuera presentado al Consejo Permanente de la OEA el 23 de junio de 2016, la cual será discutida próximamente por el Consejo Permanente;

CONSIDERANDO

Que desde mayo de 2016 esta Asamblea Nacional, ha instado la actuación de la OEA en relación con la crisis social e institucional del país, y elaboró un informe al respecto que fue enviado al Secretario General de esta organización a los fines de que evaluara, en el marco de sus atribuciones, la activación de mecanismos pacíficos de solución del conflicto que aqueja a Venezuela, tal como también ha solicitado el respaldo de otros organismos 4 internacionales, como la UNASUR, el MERCOSUR, la ONU y la Unión Interparlamentaria;

CONSIDERANDO

Que ante el secuestro de la democracia perpetrado por el gobierno nacional y las instituciones que le están subordinadas, es preciso reclamar una contribución más amplia y firme de la comunidad internacional, para evitar que el desmantelamiento de la institucionalidad democrática se haga irreversible y se instale sin remedio una dictadura que cause mayores daños al pueblo venezolano.

ACUERDA

PRIMERO: Expresar que la evolución de la situación del país desde mayo de 2016, cuando esta Asamblea Nacional envió el informe antes mencionado al Secretario General de la OEA, revela una agudización del desmantelamiento de la institucionalidad democrática y de la persecución política, aunada a la creciente crisis humanitaria, y hace aún más grave y palmaria la alteración del orden constitucional y democrático que sufre Venezuela.

SEGUNDO: Apoyar la convocatoria inmediata del Consejo Permanente, de acuerdo con el artículo 20 de la Carta Democrática Interamericana, de modo que se realice una apreciación colectiva de la situación del país y en especial de la alteración del orden constitucional y democrático.

TERCERO: Instar al Consejo Permanente de la OEA a acudir con urgencia a los mecanismos previstos en el artículo 20 de la Carta Democrática Interamericana, para restituir el derecho al voto y garantizar la celebración de elecciones oportunas y en igualdad de condiciones.

CUARTO: Requerir que esos mecanismos aseguren también:

1. La liberación inmediata de todos los presos políticos.

2. El establecimiento de un canal humanitario que permita el acceso inmediato de alimentos y medicinas a la población.

3. El respeto de las facultades constitucionales de la Asamblea Nacional.

4. La separación de poderes y, en particular, la autonomía e independencia constitucional en la composición y funcionamiento del Tribunal Supremo de Justicia y del Consejo Nacional Electoral.

5. El respeto, protección y garantía de los derechos humanos.

QUINTO: Exhortar a los Gobiernos de los Estados partes de la OEA, a que respalden, por medio de los respectivos representantes diplomáticos, la discusión en el Consejo Permanente de la severa crisis humanitaria e institucional que padece Venezuela, y la adopción de medidas efectivas que favorezcan una pronta canalización electoral del conflicto político y social.

SEXTO: Convocar a todos los sectores del país a debatir junto a sus representantes parlamentarios, en los espacios sociales y comunitarios, sobre las acciones que deben tomarse para consolidar la lucha en beneficio de la institucionalidad democrática en Venezuela.

SÉPTIMO: Dar publicidad al presente Acuerdo.

Dado, firmado y sellado en el Palacio Federal Legislativo, sede de la Asamblea Nacional de la República Bolivariana de Venezuela, en Caracas a los veintiún días del mes de marzo de dos mil diecisiete. Años 206° de la Independencia y 158° de la Federación.

JULIO ANDRÉS BORGES JUNYENT

Presidente de la Asamblea Nacional

FREDDY GUEVARA CORTÉZ
Primer Vicepresidente

DENNIS FERNÁNDEZ SOLORZANO
Segunda Vicepresidenta

JOSÉ IGNACIO GUÉDEZ
Secretario

JOSÉ LUIS CARTAYA
Subsecretario

APÉNDICE 2:

DECLARACIÓN SOBRE VENEZUELA DE LOS REPRESENTANTES DE ARGENTINA, BRASIL, CANADÁ, CHILE, COLOMBIA, COSTA RICA, ESTADOS UNIDOS DE AMÉRICA, GUATEMALA, HONDURAS, MÉXICO, PANAMÁ, PARAGUAY, PERÚ Y URUGUAY

Reiteramos que el diálogo y la negociación son la vía idónea para llegar a soluciones duraderas a los problemas que afronta el hermano pueblo venezolano" (*)

Comunicado N° 118.- Secretaría de Relaciones Exteriores, México 23 de marzo de 2017

Los gobiernos de Argentina, Brasil, Canadá, Chile, Colombia, Costa Rica, Estados Unidos de América, Guatemala, Honduras, México, Panamá, Paraguay, Perú y Uruguay, profundamente preocupados por la situación por la que atraviesa la hermana República Bolivariana de Venezuela, reiteramos nuestro compromiso con la promoción y defensa de la democracia y los derechos humanos en el marco de la Carta de la Organización de los Estados Americanos y la Carta Democrática Interamericana.

Recibimos el informe del Secretario General de la OEA sobre Venezuela, el cual evaluaremos con detenimiento con miras a acordar el curso de acción que corresponda dentro de la Organización. Sin perjuicio de ello, consideramos que la suspensión de un país

---

(*)   Véase en http://www.gob.mx/sre/prensa/declaracion-sobre-venezuela

miembro, como se desprende de la propia Carta Democrática Interamericana, es el último recurso y que antes de esa decisión deben agotarse los esfuerzos diplomáticos en un plazo razonable.

Reiteramos que el diálogo y la negociación son la vía idónea para llegar a soluciones duraderas a los problemas que afronta el hermano pueblo venezolano.

En este sentido, hacemos un llamado para que se cumplan a cabalidad los acuerdos alcanzados en el marco de las mesas establecidas durante el proceso de acompañamiento impulsado por los ex presidentes y la Santa Sede y avancen en la pronta identificación de soluciones concretas, con apego a las disposiciones de la Constitución de la República Bolivariana de Venezuela, para garantizar la efectiva separación de poderes y el respeto al Estado de Derecho y a las instituciones democráticas.

Consideramos urgente que se atienda de manera prioritaria la liberación de presos políticos, se reconozca la legitimidad de las decisiones de la Asamblea Nacional, según la Constitución, y que se establezca un calendario electoral, que incluya las elecciones pospuestas.

Finalmente, los gobiernos que suscribimos esta declaración reiteramos nuestra disposición a colaborar con el pueblo y el gobierno de Venezuela en todo aquello que pueda contribuir a una solución de los desafíos políticos, económicos y sociales en ese país y nos mantendremos atentos a los esfuerzos para abordar estos desafíos durante las próximas semanas a fin de considerar los próximos pasos necesarios.

APÉNDICE 3:

DECLARACIÓN DE LOS EXPRESIDENTES DE (IDEA) CONDENANDO AL GOLPE DE ESTADO EN VENEZUELA

30 de marzo de 2017

Los Ex Jefes de Estado y de Gobierno firmantes de las declaraciones de Iniciativa Democrática de España y las Américas (IDEA) expresamos nuestra más severa condena del golpe de Estado que se ha consumado en Venezuela con las decisiones 155 y 156 de su Tribunal Supremo de Justicia, dictadas los días 27 y 29 de marzo, mediante las que se abroga éste el ejercicio de las competencias constitucionales de la Asamblea Nacional desconociéndola, le pone final a la inmunidad parlamentaria de que gozan sus diputados, y le encarga a Nicolás Maduro Moros, Presidente de la República Bolivariana, gobernar al país por decreto, mediante un régimen de excepción y, de ser el caso, apelando a la Justicia Militar.

Resulta más grave lo así ocurrido cuanto que se sucede en el marco del debate abierto en el Consejo Permanente de la Organización de los Estados Americanos, a instancias de su Secretario General, Luis Almagro, y mediante la aprobación de la mayoría de los Estados miembros para considerar la ruptura del orden constitucional y democrático en Venezuela y para ayudarla, conforme a los términos de la Carta Democrática Interamericana, a encontrar una salida a su grave crisis institucional y humanitaria mediante la realización de elecciones generales, que devuelvan la decisión del destino de ese país hermano a manos de la soberanía popular.

Requerimos de nuestros gobiernos, de la opinión pública internacional y de la comunidad internacional en su conjunto elevar sus voces de protesta y adoptar las medidas que autorice el Derecho internacional a fin de que se conjure dicho golpe de Estado y se le preste auxilio a la población venezolana, que sufre de una hambruna generalizada y es víctima de la violencia sistemática del Estado y sus grupos armados paraestatales.

Manifestamos nuestra firme solidaridad con el pueblo de Venezuela en esta hora crucial, con los distintos integrantes de su sociedad civil y los parlamentarios de los distintos partidos democráticos que hacen vida en la Asamblea Nacional, por sus esfuerzos sostenidos a objeto de preservar la paz en medio de la persecución que sufren y el coraje de sus luchas con vistas a la reconstitución democrática.

Oscar Arias, Costa Rica	Osvaldo Hurtado, Ecuador
José María Aznar, España	Luis Alberto Lacalle H., Uruguay
Nicolás Ardito Barletta, Panamá	Ricardo Lagos E., Chile
Belisario Betancur, Colombia	Jamil Mahuad, Ecuador
Armando Calderón Sol, El Salvador	Mireya Moscoso, Panamá
Felipe Calderón H., México	Andrés Pastrana, Colombia
Rafael Ángel Calderón, Costa Rica	Sebastián Piñera, Chile
Laura Chinchilla, Costa Rica	Jorge Tuto Quiroga, Bolivia
Alfredo Cristiani, El Salvador	Miguel Ángel Rodríguez, Costa Rica
Fernando de la Rúa, Argentina	Julio María Sanguinetti, Uruguay
Vicente Fox, México	Álvaro Uribe V., Colombia
Eduardo Frei T., Chile	Juan Carlos Wasmosy, Paraguay
César Gaviria T., Colombia	

Es auténtica:

Asdrúbal Aguiar
www.idea-democratica.org

APÉNDICE 4:

RESOLUCIÓN DEL CONSEJO PERMANENTE DE LA OEA SOBRE LOS SUCESOS EN VENEZUELA[(*)]

3 de abril de 2017

EL CONSEJO PERMANENTE DE LA ORGANIZACIÓN DE LOS ESTADOS AMERICANOS,

REITERANDO los principios y recordando los mecanismos establecidos en la Carta de la Organización de los Estados Americanos y la Carta Democrática Interamericana para el fortalecimiento y preservación de la institucionalidad democrática en los Estados Miembros;

REAFIRMANDO que la promoción y protección de los derechos humanos y las libertades fundamentales es condición fundamental para la existencia de una sociedad democrática;

REAFIRMANDO asimismo que la separación e independencia de los poderes públicos es uno de los elementos esenciales de la democracia representativa;

EXPRESANDO su profunda preocupación por la alteración inconstitucional del orden democrático en la República Bolivariana de Venezuela y nuestro apoyo continuo al diálogo y la negociación para dar lugar a una restauración pacífica del orden democrático,

---

(*) CP/RES. 1078 (2108/17)

DECLARA que:

1. Las decisiones del Tribunal Supremo de Venezuela de suspender los poderes de la Asamblea Nacional y de arrogárselos a sí mismo son incompatibles con la práctica democrática y constituyen una violación del orden constitucional de la República Bolivariana de Venezuela. A pesar de la reciente revisión de algunos elementos de dichas decisiones, es esencial que el Gobierno de Venezuela asegure la plena restauración del orden democrático.

RESUELVE:

1. Urgir al Gobierno de Venezuela a actuar para garantizar la separación e independencia de los poderes constitucionales y restaurar la plena autoridad de la Asamblea Nacional.

2. Mantenerse dispuesto a apoyar las medidas que permitan el retorno al orden democrático a través del ejercicio efectivo de la democracia y el estado de derecho en el marco constitucional de Venezuela.

Seguir ocupándose de la situación en Venezuela y emprender, en la medida que sea necesario, gestiones diplomáticas adicionales para fomentar la normalización de la institucionalidad democrática, de conformidad con la Carta de la Organización de los Estados Americanos y la Carta Democrática Interamericana, incluyendo la convocatoria de una reunión de nivel ministerial.

APÉNDICE 5:

LA COMISIÓN INTERAMERICANA DE DERECHOS HUMANOS URGE A LA PROTECCIÓN AL DERECHO A PROTESTAS EN VENEZUELA Y EL RESPETO A LA LIBERTAD DE EXPRESIÓN

11 de abril de 2017

Washington, D.C. - La CIDH urge al Estado venezolano a respetar y garantizar las condiciones necesarias para el ejercicio de los derechos políticos, la libertad de expresión y el derecho de reunión pacífica de quienes protestan en el país.

De acuerdo con la información disponible, agentes de la Policía Nacional Bolivariana (PNB) y de la Guardia Nacional Bolivariana (GNB) utilizaron cordones policiales, carros lanza aguas y gases lacrimógenos para obstaculizar y dispersar las manifestaciones llevadas a cabo en Caracas y en otras ciudades del país, entre el 30 de marzo y el 8 de abril de este año. También se registró la presencia de grupos armados civiles que golpearon y amenazaron a manifestantes, incluidos diputados nacionales.

En la manifestación realizada el 4 de abril fueron desplegados operativos policiales y militares para impedir el paso de diputados, líderes políticos y manifestantes que se dirigían a la Asamblea Nacional. La actuación policial y militar desató enfrentamientos entre agentes de seguridad y grupos de manifestantes. Según la información obtenida, seis policías y nueve manifestantes habrían resultado heridos, uno de ellos por arma de fuego. La conducta estatal tam-

bién habría sido discriminatoria, en tanto que partidarios del gobierno habrían podido movilizarse sin obstáculos policiales para
participar en manifestaciones en apoyo al gobierno.

Asimismo, se conoció que el 5 de abril funcionarios de la GNB y
la PNB incursionaron en la sede de la Universidad de Carabobo,
dispararon con perdigones y armas de fuego a estudiantes que parti-
cipaban en protestas y arrojaron bombas de gases lacrimógenos
dentro del edificio de la Federación de Centros de Estudiantes. Al
menos dos estudiantes habrían resultado heridos por arma de fuego
y otros con perdigones. La GNB informó que se ordenó la destitución de los agentes de la GNB que participaron en la operación y
que se abrirá una investigación por estos hechos.

Los días 6 y 8 de abril las protestas que se dirigían a la Defensor-
ía del Pueblo en Caracas fueron nuevamente bloqueadas y dispersa-
das con gases lacrimógenos por parte de los funcionarios de seguridad. El gobierno habría ordenado el cierre de 17 estacione: del me-
tro de la ciudad. Según la información disponible, se registraron
detenciones y decenas de manifestantes heridos. Un joven de 19
años de edad, Jairo Ortiz, murió el 6 de abril en una protesta a las
afueras de Caracas. La CIDH insta al Estado de Venezuela a promover una rápida investigación por la muerte del joven, que permita
establecer si se trató de una ejecución extrajudicial y en consecuencia, aplicar las responsabilidades judiciales correspondientes.

De especial preocupación resulta la información recibida sobre
ataques y confiscación de equipos y materiales de periodistas y trabajadores de medios de comunicación, por parte de funcionarios de
seguridad y grupos de civiles armados durante estas manifestaciones. También se registró la detención por parte de autoridades policiales de un camarógrafo a quien se le prohibió cubrir la marcha del
6 de abril. Los ataques contra periodistas que cubren situaciones de
esta naturaleza violan la libertad de expresión pues se les impide
ejercer su derecho a buscar y difundir información, y se genera un
efecto de amedrentamiento. También se priva a la sociedad del derecho a conocer la información que los periodistas obtienen. En este
sentido, la CIDH reitera la importancia de la más amplia protección

a la libertad de expresión de los medios de comunicación en Venezuela especialmente sobre la coyuntura registrado en el país.

La situación de Venezuela es materia de seguimiento tanto por la Comisión Interamericana como por los órganos políticos de la OEA. Los órganos del sistema interamericano han enfatizado que en este tipo de situaciones, la relación entre los derechos políticos, la libertad de expresión y el derecho de reunión pacífica resulta aún más manifiesta, especialmente cuando se ejercen de manera conjunta con la finalidad de reclamar la efectividad de la democracia. La Corte Interamericana ha afirmado que "las manifestaciones y expresiones relacionadas a favor de la democracia deben tener la máxima protección posible" y que la protesta en este contexto debe ser entendida como parte del derecho de defender la democracia.

Preocupa a la CIDH las declaraciones estigmatizantes por parte de altos funcionarios públicos y amenazas de persecución penal en contra de manifestantes y sus líderes políticos y sociales. Asimismo, la CIDH se preocupa por las prácticas de violencia en las protestas.

De otro lado, la existencia de actos de violencia aislados en las protestas no puede justificar la restricción de los derechos a la reunión pacífica y la libertad de expresión, ni el uso indiscriminado y desproporcionado de la fuerza. La Comisión ha enfatizado que cuando una manifestación o protesta conduce a situaciones de violencia debe entenderse que el Estado no fue capaz de garantizar su ejercicio. La obligación del Estado es abstenerse de restringir arbitrariamente el ejercicio de los derechos de reunión pacífica y libertad de expresión, proteger a los participantes y a los terceros presentes de ataques de particulares, así como de asegurar la gestión de las demandas y los conflictos sociales y políticos de fondo para canalizar los reclamos.

La CIDH ha expresado en reiteradas ocasiones su preocupación por la falta de garantías para el ejercicio de los derechos a la libertad de expresión, reunión pacífica y participación política en Venezuela. Por esta razón, la Comisión reitera su llamado al Estado a cumplir con sus obligaciones internacionales en materia de derechos humanos incluyendo el deber de facilitar las manifestaciones y protestas que se han convocado a partir de las decisiones del TSJ. En particular, insta al Estado a respetar los siguientes estándares internacionales:

- Reconocer públicamente los derechos a la reunión pacífica y libertad de expresión, sin discriminación por razones de opinión política.

- Abstenerse de exigir autorización previa para la realización de manifestaciones públicas u otros requisitos excesivos que dificulten su realización.

- Facilitar las manifestaciones públicas, incluidas las contra-manifestaciones, y cooperar con los organizadores de las manifestaciones para que desempeñen su función, sin discriminación por razones de opinión política. En el caso que la acción de personas aisladas o grupos de personas, incluidos agentes provocadores y contramanifestantes, tenga el propósito de perturbar o dispersar reuniones, los Estados tienen la obligación positiva de proteger activamente las reuniones afectadas por estas prácticas.

- Abstenerse de impedir el paso, registrar o detener a los participantes que se estén dirigiendo a una reunión a menos que exista un peligro claro y manifiesto de violencia inminente.

- Abstenerse de realizar amenazas y hacer uso arbitrario de la justicia penal en contra de manifestantes, activistas o referentes sociales o políticos por su participación en una protesta social, o el señalamiento de haberla organizado, o por el hecho de formar parte de grupo o entidad organizadora o convocante.

- Excluir la participación de militares y fuerzas armadas de los operativos de manejo de manifestaciones públicas.

- Excluir las armas de fuego de los dispositivos utilizados para el control de las protestas sociales. El uso de este tipo de armas es una medida extrema, y que no deben utilizarse excepto en aquellas oportunidades en que las instituciones policiales no puedan reducir o detener con medios menos letales a quienes amenazan su vida e integridad, o la de terceras personas, y nunca para disparar indiscriminadamente a una multitud o grupo de personas en estos contextos.

- Adoptar e implementar estrictamente protocolos específicos de uso progresivo y proporcional de armas menos letales, y sancionar su uso indiscriminado.

- Abstenerse de incurrir en prácticas de detenciones masivas, colectivas o indiscriminadas y cumplir con todos los requisitos impuestos por las leyes internas y los estándares internacionales en las detenciones que las fuerzas de seguridad efectúen en contextos de protesta social, particularmente para asegurar que las personas detenidas y sus familiares reciban información precisa respecto de los motivos de la detención y del sitio del alojamiento.

- Garantizar que los periodistas y comunicadores que se encuentran realizando su labor informativa en el marco de una manifestación pública no sean detenidos, amenazados, agredidos, o limitados en cualquier forma en sus derechos por estar ejerciendo su profesión.

- Abstenerse de utilizar medios directos o indirectos para impedir la circulación de opiniones, críticas o denuncias contra autoridades del gobierno.

- Iniciar investigaciones sobre los hechos reportados, así como reforzar todas aquellas acciones que garanticen que las investigaciones iniciadas se realicen de forma diligente e imparcial, y se establezcan las responsabilidades a que haya lugar.

La CIDH es un órgano principal y autónomo de la Organización de los Estados Americanos (OEA), cuyo mandato surge de la Carta de la OEA y de la Convención Americana sobre Derechos Humanos. La Comisión Interamericana tiene el mandato de promover la observancia de los derechos humanos en la región y actúa como órgano consultivo de la OEA en la materia. La CIDH está integrada por siete miembros independientes que son elegidos por la Asamblea General de la OEA a título personal, y no representan sus países de origen o residencia.

No. 044/17

ÍNDICE GENERAL

459

463

www.ingramcontent.com/pod-product-compliance
Lightning Source LLC
Chambersburg PA
CBHW022345280326
41935CB00007B/76